KB156375

중국어 학습자의 문법오류연구

중국어 학습자의 문법오류연구

周小兵·朱其智·邓小宁 편저

유재원·최재영·정연실·노지영·백지훈 역

한국문화사

중국어 학습자의 문법오류연구

초판인쇄 2014년 10월 10일
초판발행 2014년 10월 15일

원   제 外国人学汉语语法偏语研究
편 저 자 周小兵·朱其智·邓小宁
역   자 유재원·최재영·정연실·노지영·백지훈
펴 낸 이 김 진 수
펴 낸 곳 **한국문화사**
등   록 1991년 11월 9일 제2-1276호
주   소 서울특별시 성동구 광나루로 130 서울숲IT캐슬 1310호
전   화 (02)464-7708 / 3409-4488
전   송 (02)499-0846
이 메 일 hkm7708@hanmail.net
홈페이지 www.hankookmunhwasa.co.kr

책값은 뒤표지에 있습니다.

ISBN 978-89-6817-173-4 93720

이 도서의 국립중앙도서관 출판시도서목록(CIP)은 e-CIP 홈페이지
(http://www.nl.go.kr/cip.php)에서 이용하실 수 있습니다.
(CIP제어번호: CIP2014027970)

■ 서문

　제2언어로서의 중국어 교육에 종사하는 사람들은 외국인이 중국어를 학습하는 과정 중에서 나타나는 각종 오류에 대해 흔히 언어 연구, 중국어 연구, 제2언어로서의 중국어 교육 및 습득연구의 무궁무진한 보고라고 하는데, 일리 있는 말이라 생각된다. 그런데 그 '보고'의 개발 규모가 크지 않고, 심도 있는 발굴 또한 이루어지지 못하고 있어 아쉽다. 학습자의 중국어 오류 분석에 관한 서적들이 이미 나와 있지만, 대다수가 형식과 의미적 측면에서의 정오 판정에만 국한되어 있고 오류 발생의 원인에 대해서는 거의 다루지 않고 있다. 일부 학교에서 오류 분석을 목적으로 학습자의 중간언어 코퍼스를 구축하고 있지만, 활용 범위와 효용 면에서 제한적이다. 이에 中山大學의 周小兵 교수가 앞장서서 열정적이고 교육 경험이 풍부하며 제2언어 교육 및 습득 이론의 학문적 소양을 갖춘 교사들을 조직하여 '중국어 중간언어 오류표기 말뭉치'를 구축해냈다. 이 말뭉치에는 학습자의 중국어 작문 60만 자가 수집되어 있는데, 그 중 문법과 한자 등에 대해 다각도로 오류를 표시한 가공된 말뭉치가 40만 자에 달한다. 이 말뭉치에 기반을 두고, 國家汉办의 '十五' 과학연구 기획 프로젝트와 國家社科基金의 '十一五' 기획 프로젝트를 맡아, 학습자의 문법오류에 대해 대규모의 심도 있고 전면적인 연구를 3년간 진행하였고, 그 결과물이 드디어 세상에 나오게 되었다.

　학습자는 중국어 학습 과정 중에 종종 각양각색의 '실수'를 범하게 되는데, 그러한 실수를 발견하고 수정하는 일이 이전의 경우 교사의 책임으로만 인식되었던 것 같다. 그런데 1990년대로 접어들면서, 중국의 제2언어 습득에 관한 연구논저들에서 '오류'라는 말을 많이 사용하기 시작했다. '오류'는 영어의

error를 번역한 것이고, mistake는 '실수' 또는 '착오'로 번역되었다. 이와 같은 번역의 상이함은 관념의 전환과 제2언어 학습 및 습득현상에 대한 연구자들의 인식의 발전적 변화를 의미하는 것이었다. 소위 오류는 제2언어 학습 과정 중 학습자의 언어가 목표언어의 규칙에서 벗어나는 현상을 가리킨다. 오류를 통해 드러나는 것은 목표언어의 규칙과 학습자 언어 간의 '차이'로, 이러한 오류는 대체로 규칙성을 띄며 원인 규명이 가능하기 때문에 일시적인 실수로 규정해서는 안 된다. '오류'는 제2언어 습득연구에서 중요한 개념으로, 제2언어 학습자의 언어인지의 심리적 과정을 관찰할 수 있는 중요한 창구로 간주된다.

대조분석, 오류분석 및 중간언어 연구는 제2언어 습득연구라는 하나의 목표를 향해 나아가는 삼두마차라는 말이 있다. 대조분석의 목적은 주로 목표언어 학습에 대한 모국어의 간섭현상을 찾아내어 습득상의 난점과 학습자가 범할 가능성이 있는 오류를 예측하고 설명하는 데 있다. 그러나 실제 학습자의 오류는 모국어의 간섭뿐만 아니라 여러 요인의 복합적인 영향으로 인해 발생한다. 1970년대 이후, 오류분석 이론은 제2언어 학습자가 목표언어를 사용할 때 보이는 과잉일반화 현상 등과 같은 모국어 간섭 이외의 일련의 오류발생 원인들을 귀납하였다. 오류분석의 연구 목적은 오류분석을 통해 중간언어 체계를 구축하는 것과 제2언어 학습 중 발생하는 문제의 원인을 찾아내는 것인데, 이는 언어 대조분석과 불가분의 관계에 있다. 본서는 중간언어 말뭉치에 기반을 두고 중국어와 외국어의 언어대조에서 출발하여 학습자의 오류를 분석함으로써, 중간언어의 특징을 드러내고 학습자가 습득해 가는 목표언어의 발전 과정을 보여줄 뿐 아니라, 습득 과정에 대한 심리학적 분석을 통해 오류를 해석하고 예측함으로써 제2언어 습득에 필요한 교육 대책과 습득 전략을 제시해주고 있다. 대조분석, 오류분석 및 중간언어 연구는 삼위일체가 되어 제2언어 습득연구와 제2언어로서 중국어 교육연구의 심화 및 발전을 위한 공동의 견인차 역할을 하고 있다.

본서의 특징은 다음과 같다.

중국어와 외국어 대조분석의 측면에서 본서는 제2언어 습득 중 모국어의 부정적 전이에 대해 중점적으로 분석하고 있다. 이를 위해 영어, 일본어, 한국어, 베트남어, 태국어, 스페인어, 불어 등 다수의 언어를 대상으로 대량의 언어 간 오류를 소개하고 있다. 언어별 상이한 상황에 근거하여 품사, 문장성분, 어순, 문형 및 표현 등 다방면에 걸친 모국어의 간섭현상을 분석하고 있는데, 이는 현재 오류분석 관련 연구 중에서 가장 많은 언어를 다루고 있는 것이다. 언어 간 오류는 중국어 문법연구에 일정한 기준과 새로운 시각을 제시해 줄 수 있다.

문법오류연구의 절차적 측면에서 본서는 전면적이고 과학적이며 엄격함을 추구한다. 오류분석은 일반적으로 말뭉치 선정, 오류 판정, 오류 분류, 오류 해석, 오류평가의 다섯 가지 절차를 따른다. 본서는 이 다섯 가지 절차의 토대 위에 오류 수정, 오류발생 원인 고찰 및 교육적 제언을 추가했다. 오류 수정의 측면에서는 학습자가 원래 표현하고자 한 의미를 유지하고 중국어 규칙과 직관력에 부합하며, 최대한의 간략화 및 학습자의 언어 수준에 근접한다는 네 가지 활용성을 지닌 원칙을 제시하고 있다. 학습자의 문법오류는 상황이 복잡하고 오류발생 원인 역시 단순하지 않기 때문에 다양한 수정 방법이 존재할 수 있다. 게다가 말뭉치에서 추출한 문법오류는 주로 구체적인 맥락과 유리되고, 선·후행문이 없는 단문에서 발생한 오류이기 때문에 수정이 매우 어려운 경우가 있고, 심지어는 '적격문'을 '오류문'으로 수정하고도 알지 못하는 경우도 있다. 이외에도, 뚜렷하게 유형별 귀납이 가능한 오류는 수정하기 쉽지만 오류 정도에 있어 차이가 나는 경우 수정하기가 어렵다. 이에 본서는 수정의 원칙을 세워 선도적 방법을 제시해주고 있다.

본서는 '교육상 오도'를 별도의 장절로 구성하여 기술하고 있는데, 이는 반드시 다루어야 할 내용이지만 '용기'가 필요한 작업이기도 하다. 본서는 몇 세트의 교재를 검토한 뒤 교재에서 학습자의 오류를 직·간접적으로 유발하는 요인에 대해 적절한 지적을 하고 있는데, 쉽지 않은 일을 해낸 것으로 높이 살만 하다. 외국어 주석의 정확성 문제를 예로 들면, 우리는 흔히 교재 중의 주석을 이해할 수 없다거나 혹은 주석대로 표현하였더니 오류가 발생했다는 등과 같은 학습자의 반응을 접하게 되는데, 이러한 결과가 바로 교재가 오도한 경우에 속한다. 외국어 주석의 부정확성 외에도 학습자의 오류를 유발하는 교재의 문제는 어휘 및 문법항목에 대한 부정확하고 전면적이지 못한 설명, 본문 중의 언어적 오류, 연습문제 설계오류 등 다수가 있다. 본서는 특히 '得'구문과 어림수 표시법을 실례로 들어 교육상의 오도를 분석하고 있는데, 가치 있는 정보로서 참고할 만하다.

언어연구에서 흔히 '있다고 말하기는 쉬워도, 없다고 말하기는 어렵다'고들 한다. 제2언어 습득연구에서는 '분석은 쉬우나 해석은 어렵다'라고 바꿔 말할 수 있다. 본서는 모국어의 부정적 전이, 목표언어 규칙의 과잉일반화, 교육상의 오도, 의사소통전략 오류 등의 측면에서 학습자의 문법오류발생 원인을 자세히 분석하고 있다. 이러한 분석 외에도 학습자의 심리과정과 인지과정의 측면에서 제2언어 습득의 본질에 대한 해석이 필요하다. 이에 본서는 인지과학의 이론에 근거하여 언어보편성, 보편문법과 제2언어 습득과의 관계, 유·무표성과 오류의 발생, 자연도의 정도성과 오류 발생 등의 측면에서 문법오류에 대해 해석을 시도하고 있다. 해석은 때로는 개인적인 관점일 수 있기 때문에 언제나 이견 없는 보편성을 추구할 필요는 없다. 다양한 관점의 해석이 존재할 수 있는데, 어떠한 해석이라도 그 해석이 이치에 맞고 일정한 근거를 갖추고 있다면 사람들에게 천착의 기회를 줄 수 있는 동시에 참신한 정보로 다가갈 수 있다.

周小兵 교수의 연구 프로젝트는 끝이 났고, 책 역시 탈고가 되었다. 이에 周小兵 교수가 내게 서문을 써 줄 것을 부탁해왔는데, 오류분석에 문외한인 나로서는 그저 두서없이 '독후감' 정도의 글로 周小兵 교수의 부탁에 화답할 수밖에 없다. 아울러 나에 대한 周小兵 교수의 믿음에 감사의 뜻을 전한다.

赵金铭

본서는 제2언어 또는 외국어로서의 중국어 학습 중에 발생하는 문법오류를 어떻게 분석·연구하고, 그러한 문법오류를 어떻게 적절하면서도 효과적으로 교수 및 학습할 것인지에 대해 주로 소개하고 있다.

본서는 총론, 중국어 대조와 모국어의 부정적 전이, 목표언어 규칙의 과잉일반화, 교육상의 오도, 의사소통전략 오류, 문법오류의 인지적 해석 등 여섯 부분으로 구성되어 있다.

제1부 총론

문법오류연구의 의미와 현황, 문법오류연구의 방법과 절차를 소개하였다. 연구방법을 소개하는 장에서는 풍부한 말뭉치를 예로 들어 문법오류의 유형, 연구방법 및 절차를 자세히 소개함으로써 오류에 대한 연구 및 교육에 실용적인 바로미터의 역할을 할 수 있도록 하였다.

제2부 중국어 대조와 모국어의 부정적 전이

중국어와 외국어 간 정확한 대조를 토대로 영어, 일본어, 한국어, 베트남어, 태국어, 스페인어, 불어가 모국어인 학습자들이 모국어의 영향을 받아 범하는 언어 간 오류를 자세히 분석하였다.

제3부 목표언어 규칙의 과잉일반화

목적어, 결합, 혼합, 담화, 구조유발 등 몇 가지 언어 내적 요소에 의해 발생하는 오류를 고찰하였는데, 내용이 풍부하고 서술이 분명하다.

제4부 교육상의 오도

교재의 외국어 주석, 해석과 설명, 본문, 연습문제 등 교육상 오도에 의한 오류를 탐색하였고, 특히 '得'구문과 어림수 표시법의 두 문법항목에 대해 심도 있게 고찰하였다.

제5부 의사소통전략 오류

학습자가 바꾸어 말하기, 의식적 전이, 회피책략 등 세 가지의 의사소통전략을 사용하면서 범하게 되는 오류에 대해 고찰하였다.

제6부 문법오류의 인지적 해석

오류를 유발하는 인지적 요인을 언어보편성, 유무표성, 자연도 등과 관련지어 탐색하였고 의문문을 실례로 들어 분석하였다.

본서의 특징은 다음과 같다.

[1] 내용이 풍부하고 관점이 참신하며, 습득 및 교육이론을 관련된 기초 이론과 융합함으로써 체계성을 갖추었다.

[2] 수집한 풍부한 말뭉치(2,000여 개의 오류 포함)에 대해 다양한 이론과 방법을 적용해 심도 있게 연구함으로써 중국어 오류분석과 습득연구의 일부 난점들을 해결하였다. 예를 들어, 문법항목 '수량차등비교문', '不比'구문 관련 오류에서 습득 규칙을 탐색함으로써 중국어와 외국어 간 문법 및 사유방식상의 근본적인 차이점들을 규명해냈다.

[3] 개념을 과학적이고 명확하게 제시하였고 논지 전개에 있어 심도 있는 내용을 쉽게 표현했으며, 실례를 풍부하고 정확하게 들고 있어 가독성이 뛰어나다.

[4] 기초연구와 신흥연구를 유기적으로 결합하여 응용연구에 접목함으로써 활용도가 높아 제2언어 또는 외국어로서 중국어 교육 및 학습을 실질적으로 촉진할 수 있다.

본서는 국내·외 제2언어 또는 외국어로서 중국어 교육에 종사하는 교사, 중국어 교육 전공의 학부생, 중국어 교육 관련 전공(심리학, 외국어 등)의 대학원생, 중국어 전공의 학부생, 중국 문자학 전공의 대학원생 등이 보기에 적절하다. 이외에도 제2언어 또는 외국어로서 기타 언어 교육에 종사하는 교사 역시 참고할 수 있다.

■ 역자서문

이 책은 2007년 중산대학교 周小兵 교수 외 중국어센터의 교사가 집필한
『外国人学汉语语法偏误分析』의 번역서이다. 이 책은 60만자 분량의 학습
자 작문을 바탕으로 중국어를 학습하는 과정에서 부딪히게 되는 각종 오류에
대해 오류발생의 원인을 중심으로 분석했다.

서문에서도 말한 바 있듯이 외국인이 중국어를 학습하는 과정 중에 나타나
는 각종 오류는 언어 연구, 중국어 연구, 제2언어로서의 중국어 교육 및 습득연
구의 무궁한 보고이다. 그러나 그에 비해 이에 대한 심도 있는 연구는 아직
미흡한 상태이다. 한국의 상황도 크게 다르지 않다. 중국어에 대한 관심과 열기
가 그 어느 때보다 높고 중국어 학습에 대한 수요 또한 급증하고 있는 상황에서
도, 오류 연구를 포함한 중국어교육 관련 연구 성과는 상대적으로 많이 부족하
다. 특히 학습자가 당면한 난점을 해결하는, 학습자 눈높이에 맞춘 교수-학습방
법에 대한 고민은 아직 부족하다고 할 수 있다. 오류 분석 관련 논문 또한 꾸준
히 발표되고 있으나 개별 오류문에 대한 연구에 그치고 있고 전문적인 오류연
구 관련 저서도 많지 않다. 본서의 번역은 이러한 문제 인식에서 시작되었다.

'오류'는 제2언어 학습 과정 중 학습자의 언어가 목표언어의 규칙에서 벗어
나는 현상을 가리킨다. 이러한 오류는 대체로 규칙성을 띠며 원인 규명이 가능
하기 때문에 단순한 '실수'로 판단해서는 안 된다. 오류는 모국어의 간섭 외에
도 여러 복합적인 원인으로 인해 발생하기 때문에 오류에 대한 연구는 제2언어
학습상의 난점을 해결하는 것 외에도 제2언어 습득의 본질과 언어보편성에 접
근한다는 의의가 있다. 따라서 국내외 중국어교육을 담당한 교수자 뿐만 아니

라 중국어교육 전공자 및 학습자들을 대상으로 하는 본서의 번역은 분명 의미 있는 작업이라 할 수 있겠다.

이 책을 읽는 독자들을 위해 몇 가지 사항을 일러둔다.

(1) 원서는 총 6부 20장으로 구성되어 있는데, 이 중 일본어 모국어 화자의 오류, 베트남어 모국어 화자의 오류, 태국어 모국어 화자의 오류, 스페인어 와 불어 모국어 화자의 오류 등 4개의 장은 번역에서 제외하였다.
(2) 번역 과정에서 보충 설명이 필요한 경우 '역자주'로 처리하였다.
(3) 원서에서 제시한 한국어가 어색한 경우 적절하게 수정하였다.
(4) 술어는 영어 병기를 원칙으로 하되 최초 1회만 영어를 병기하였다.
(5) '찾아보기'는 한국어·중국어·영어 술어와 쪽수를 함께 제시하였다.
(6) 인명, 학교명, 논저명 등 고유명사는 원어 사용을 원칙으로 하였다.
(7) 예문 앞에 있는 '*'는 오류문을 의미한다.

전공 영역에 상관없이 중국어를 가르치는 일은 모든 교수자가 고민하고 연구하는 일이다. 이론을 근간으로 실제 교수-학습 현장에서 적용 가능한 중국어교육방법을 모색하는 단계에서, 학습자 오류에 대한 좀 더 체계적이고 심도 있는 이해는 향후 중국어교육의 학문적 발전에 기여할 수 있을 것으로 기대한다.

2014년 8월
역자 일동

■ 차례

제5부 의사소통전략 오류

제14장 의사소통전략이 유발하는 오류의 유형

제6부 문법오류의 인지적 해석

제15장 언어보편성, 유표성, 자연도와 오류 해석

제16장 의문문 오류의 인지적 해석

제1부
총론

제1장 문법오류연구의 의의 및 현황

제1절 문법오류연구의 의의

오류(error)는 중간언어(interlanguage) 현상의 하나로, '중간언어와 목표언어 (target language) 규칙 간의 차이'를 가리키며, 본서에서는 주로 제2언어(second language)로서의 중국어 습득(acquisition)상의 문법오류에 대해 논의하고자 한다. 먼저 아래의 예를 보자.

(1)   *他们学习汉语和教英语。
적격문: 他们学习汉语并教英语。
(2)   *我昨天见面了老师。
적격문: 我昨天跟老师见了面。

이러한 오류는 중국어 모국어 화자에게는 거의 나타나지 않지만, 외국인 중국어 학습자에게는 자주 나타난다.

이와 같은 문법오류에 대해서는 체계적인 연구가 필요하다. 오류분석(error analysis)에 대해서 가장 먼저 체계적으로 논술한 Corder(1967)에 의하면 오류에는 다음과 같은 세 가지 기능이 있다. 첫째, 교수자는 오류를 통해 학습자의 학습 상황을 이해할 수 있다. 둘째, 연구자는 오류를 통해 학습자가 어떻게 언어를 학습하는지 이해할 수 있다. 셋째, 학습자는 오류를 통해 목표언어의 규칙을 발견할 수 있다.

오류연구는 중국어교육을 하나의 독립된 학문으로 정립하는데 있어 매우 중요한 내용 중 하나이다. 陆俭明(1999)은 외국어로서의 중국어 연구에는 네 가지 절차가 있다고 보았다. 그 중 두 번째 절차가 바로 '중-외대조 연구와 오류분석 연구를 강화하여 가능한 한 교육 목적에 부합하는 중국어교육을 실시하는 것'이다.

아래에서는 몇 가지 측면에서 오류연구의 중요성에 대해서 논의해 보고자 한다.

1. 문법오류에 대한 연구는 중국어 습득연구를 심화시킬 수 있다

제2언어 습득연구는 1960년대 말에서 70년대 초에 시작되었다. 30년이라는 짧은 기간 동안 제2언어 습득연구는 제2언어 교육과 어깨를 나란히 하는 신흥 학문이 되었다. 제2언어 습득연구에서 관심을 갖는 문제로는 사람들은 제2언어를 어떻게 학습하는가, 제2언어 학습의 경로, 단계, 과정 및 규칙은 무엇인가, 제2언어 학습과 제1언어(first language) 습득 사이에는 어떠한 공통점과 차이점이 있는가 등이 있다. 제2언어 습득연구는 제2언어를 학습할 때 학습자의 심리적인 특징과 과정을 설명하고, 대뇌 속에서 작용하는 '블랙박스(blackbox)'의 실체를 밝히는데 주력한다.

다수의 제2언어 교수자들이 인정하듯이 '교육'에 대한 연구와 '학습'에 대한 연구를 유기적으로 연계하고, 또 학습자가 지닌 습득상의 특징과 규칙을 충분히 파악해야만 더욱 효과적인 제2언어 교육이 이루어질 수 있다. 또한 현대적인 의미에서의 오류연구는 단지 습득연구를 위한 선행과제일 뿐만 아니라 습득연구와 교육 연구를 연결하는 교량이기도 하다.

1.1 오류 발생의 원인과 경로에 대해 고찰한다

습득연구와 오류연구는 모두 심리학적 방법을 통해 각종 전이(transfer)가 제2언어를 습득하는데 있어서 어떠한 영향을 미치며, 또한 어떠한 경로를 통해 발생하는지를 고찰한다. 예컨대, 예문(1)과 같은 오류는 학습자가 모국어의 영향을 받은 것이 분명하다. 왜냐하면 영어에서는 다음과 같이 말할 수 있기 때문이다.

(3) They learn Chinese **and** teach English.

영어를 비롯한 많은 언어에서 명사(구)를 연결하는 접속사와 동사(구)를 연결하는 접속사는 동일하다. 따라서 학습자들은 중국어를 사용할 때에도 서술어 역할을 하는 동사성 어구를 '和'로 연결하는 오류를 범하게 된다.

예문(2)의 경우는 발생 원인이 좀 더 복잡하다. 첫째, 모국어의 전이 작용이 일어난 것이 분명하다. 예컨대 영어에서는 다음과 같이 말할 수 있다.

(4) I **met** my teacher yesterday.

불어, 한국어, 일본어, 베트남어 등과 같이 많은 언어의 경우 '见面'과 의미가 동일한 단어들은 모두 목적어를 가질 수 있다. 학습자는 모국어 동의어의 통사적 결합 규칙을 중국어에도 그대로 적용하여 예문(2)와 유사한 오류를 범하게 된다.

둘째, 목표언어 규칙의 과잉일반화(overgeneralization)도 영향을 미칠 수 있다. 예컨대, 중국어에서는 다음과 같이 말할 수 있다.

(5) a. 我昨天<u>见</u>了老师。
　　b. 我昨天<u>看见</u>了老师。

'见, 看见'과 '见面'은 모두 동일한 형태소를 가지고 있고, 초급 단계 학습자들이 보기에는 의미도 비슷하다. '见, 看见'이 목적어를 가질 수 있으므로 학습자는 '见面'도 목적어를 가질 수 있을 것이라고 생각한다.

셋째, 교육상의 오도로 인하여 오류가 발생하기도 한다. 다수의 교재와 사전에서 '见面'을 영어의 'meet'로 설명하고 있다. 학습자의 입장에서 보면 'meet'은 사람을 가리키는 명사를 목적어로 취할 수 있기 때문에 '见面'도 당연히 그럴 수 있다고 생각한다. 이것 역시 일종의 전이 혹은 유추(analogy)현상이다.

요컨대, 오류가 발생하는 원인은 매우 복잡하다. 오류연구에서는 오류를 발생시키는 각종 원인을 찾아내고, 학습자가 오류를 범하는 심리적 기제를 밝혀야 한다. 오류연구의 지속적인 심화는 분명 제2언어 습득연구의 발전을 가져올 것이다. 그러나 현재로서는 오류와 관련된 연구가 많이 부족하다. 예컨대, 예문(2)의 경우 모국어의 전이, 목표언어 규칙의 과잉일반화, 교육상의 오도 등 세 가지 요인 가운데 어느 것이 주된 역할을 하는지, 혹은 이 세 가지 요인은 학습자와 학습 단계에 따라 각각 다른 역할을 하는지, 혹은 또 다른 어떤 요인이 있는 것은 아닌지 등에 대해서 확실히 알 수가 없다. 분명한 것은 오류연구는 제2언어 습득연구를 발전시키고, 제2언어 습득 시 학습자의 심리적 요인을 설명하는 데 중요한 의미를 지닌다는 점이다.

1.2 중간언어의 발전 과정과 규칙에 대해 고찰한다

중간언어는 어떻게 발전하고, 어떠한 단계를 거치며, 어떠한 규칙을 가지고 있는가? 이것은 제2언어 습득연구에서 가장 관심을 가지는 문제 가운데 하나이다. 그리고 오류연구는 중간언어의 발전 과정을 밝히는 중요한 수단이 된다.

孫德金(2005)은 北京语言大学의 중간언어 말뭉치(corpus)를 기반으로 영어 모국어 화자의 동태조사 '了, 着, 过' 사용 상황에 대해 고찰한 바 있다. 그는 '了'구문 579개, '着'구문 199개, '过'구문 74개를 수집하고 8단계의 학습 시수 등급에 따라 이 세 가지 동태조사에 대한 오류율을 조사하여 다음과 같은 통계 결과를 얻었다.

[표1-1] '了' 사용상의 오류율

학습시수 등급	총 문장수	오류문수	오류율
1	27	7	26%
2	142	39	27%
3	120	22	18%
4	133	36	27%
5	98	21	21%
6	41	7	17%
7	10	2	20%
8	8	1	13%
계	579	135	23%

[표1-2] '着' 사용상의 오류율

학습시수 등급	총 문장수	오류문수	오류율
1	5	2	40%
2	60	26	45%
3	34	7	21%
4	37	5	14%
5	53	5	9%
6	9	0	0
7	1	0	0
계	199	45	23%

[표1-3] '过' 사용상의 오류율

학습시수 등급	총 문장수	오류문수	오류율
1	0	0	0
2	20	13	65%
3	13	7	54%
4	20	4	20%
5	13	1	8%
6	5	1	20%
7	3	0	0
계	74	26	35%

통계에 따르면 영어 모국어 화자의 세 개의 상표지(aspect marker) 습득 규칙
은 다음과 같이 정리할 수 있다.

> 습득 초기에는 '过'의 난이도가 가장 높고, 그 다음은 '着'이고, 그
> 다음이 '了'이다. 그러나 학습수준이 높아짐에 따라 '着'와 '过'의 오류
> 율이 급격히 떨어지므로 고학년 학습자들은 그 용법을 거의 습득한 것으
> 로 보인다. 반면, '了'는 습득 초기부터 학습자들이 많이 사용하기는 하
> 지만, 사용상의 문제점을 해결하기가 어려워 학습단계가 높아져도 여전
> 히 그 용법을 제대로 알지 못한다.

이상의 분석을 통해, 중간언어의 발전 과정을 연구하기 위해서는 오류에 대
한 고찰이 반드시 필요함을 알 수 있다. 만일 특정한 언어항목에 나타난 오류와
정확한 표현에 대하여 과학적인 고찰과 통계 작업이 수행된다면, 해당 언어항
목에 대한 학습자의 습득 과정을 알 수 있으며, 따라서 습득 규칙도 쉽게 정리
해 낼 수 있을 것이다.

2. 문법오류에 대한 연구는 중국어교육을 발전시킬 수 있다

2.1 오류를 설명하고 교정하는 데 도움이 된다

과거의 중국어교육에서는 오류에 대한 연구를 소홀히 했으며, 교수자들은
교수-학습 과정에서 어떻게 적절하게 오류를 교정해야 하는지를 몰랐고, 어떻
게 오류를 설명해야 하는지에 대해서는 더욱 몰랐다. 이러한 교육은 다음과
같은 결과를 야기했다. 즉, 많은 학습자들은 오류를 범하고도 그 사실을 알지
못하거나 자신이 오류를 범했다는 것은 알지만 정확한 표현이 무엇인지는 모른
다. 또, 오류를 범한 것도 알고 정확한 표현이 무엇인지도 알지만 왜 틀렸는지,
관련 문법규칙은 무엇인지에 대해서는 알지 못한다.

예컨대, 다음은 한 학습자가 범한 오류의 예이다.

(6) *釜山是在韩国第二大城市。

경험이 부족한 한 젊은 교수자는 이 문장은 '釜山在韩国是第二大城市'로 고쳐야 하며, 그 이유는 전치사구는 동사 앞에 와야 하기 때문이라고 설명했다. 이 교수자는 오류를 발견했으며 또한 교정한 문장도 중국어 문법에 부합하지만, 그의 설명은 여전히 보완이 필요하다. 문법오류에 대한 교정과 설명은 일반적으로 다음 몇 가지 원칙에 부합해야 한다(제2장 제2절 참조).

첫째, 교정 후의 문장은 목표언어의 문법규칙에 부합해야 하며, 학습자의 표현 의도를 정확하게 나타낼 수 있어야 한다. "釜山在韩国是第二大城市"는 문법적으로는 문제가 없다. 그러나 이 문장보다는 예문(7)이 중국어의 문법규칙에 부합하고 학습자의 표현 의도를 보다 정확히 나타낼 수 있다.

(7) 釜山是韩国第二大城市。

이 문장은 (8)과 같이 구조화할 수 있다.

(8) '고유명사1+是+고유명사2 또는 일반명사1+관형어+일반명사2'

상술한 형식에 각각의 단어를 채워 넣으면 다음과 같이 문법에 맞는 다양한 문장들을 만들어 낼 수 있다.

> 中国是世界人口最多的国家。
> 台湾岛是中国最大的岛。
> 他是我们班最高的同学。
> 我是我们班第二高的同学。

일련의 오류분석 과정을 통해서 상술한 형식을 가르칠 수 있고, 또한 이미 배웠지만 완전하게 습득하지 못한 구문을 보다 확실하게 가르칠 수 있다.

둘째, 문법규칙의 설명은 언어의 실제 사용 상황에 부합해야 한다. '전치사구는 동사 앞에 위치한다'는 규칙은 좀 더 논의가 필요한데, 그 이유는 중국어에서 전치사구는 동사의 뒤에 위치할 수도 있고(他坐在椅子上) 명사성 어구의 앞에 위치할 수도 있기 때문이다(在韩国的时候/对这个问题的看法). 예문(6)에서는 전치사구가 동사 앞에 위치하는 것이 마땅하지만, 앞에서 보았듯이 전치사구가 동사 앞에 위치하는 문장은 표현 방식이나 어감의 측면에서 볼 때 이상적인 문장이라고는 할 수 없다. 그러므로 이러한 설명은 보완이 필요하다.

셋째, 규칙에 대한 설명은 체계적이어야 한다. 한국인 학습자가 중국어를 사용할 때 '在'가 포함된 구를 남용하는 현상은 결코 우연이 아니다. 예를 들면 다음과 같다.

> *汉城是在韩国的第一个城市。
> *听说昆明是在中国最漂亮的地方。
> *我住的西大门区, 是在汉城四个很有名的大门之一。
> *我热爱在汉城的冬天。

상술한 예에서 앞의 세 문장은 예문(6)과 유사한 구조로, 이 문장들에서 '在'만 삭제하면 형식(8)이 된다. 형식(8)의 교육을 통해 관련 의미를 표현하도록 한다면 일거양득의 효과를 거둘 수 있는 반면, 전치사구만 동사 앞으로 옮기도록 한다면 교육의 효과는 그다지 크지 않다.

그리고 네 번째 오류문은 앞의 세 문장과 구조는 다르지만, '在'만 삭제하면 올바른 문장이 된다. 그러므로 이러한 오류들을 '在'의 첨가오류로 보고, '在'를 삭제하는 방법으로 교정하는 것이 비교적 적절한 설명 및 교정 방법이라고 할 수 있다. 이와 같은 방법을 통해서 오류를 좀 더 체계적으로 설명할 수 있다.

요컨대, 문법오류에 대한 체계적이고 깊이 있는 연구는 교수자가 오류를 보다 효과적으로 설명하고 교정하는데 도움을 주며, 또한 학습자의 중국어 문법 학습을 촉진시켜 오류를 감소시킴으로써 문법에 맞는 문장을 더욱 잘 사용할 수 있게 한다.

2.2 문법규칙을 이해하는 데 도움이 된다

학습자의 문법오류를 정확하게 분석하는 것은 학습자 특히 중·고급 단계의 학습자에게 매우 중요하다. 문법규칙을 이해하는데 있어 오류연구의 중요성에 대해 周小兵(1996)은 다음 두 가지 내용을 언급한 바 있다.

(1) 학습자로 하여금 오류의 발생 원인 및 중국어와 모국어의 차이를 이해하게 함으로써 오류의 발생을 피하거나 줄일 수 있다. 동시에 관련 문법규칙을 충분히 습득하게 하여 문법에 맞는 문장을 만들 수 있도록 한다.

(2) 학습자에게 중국어 문법 학습에 대한 의욕을 불러일으킬 수 있다. 성인에게 외국어를 교육할 때 목표언어의 문법을 잘 습득시키기 위해서는 규범적인 문장을 가르쳐야 할 뿐 아니라 학습자가 만들어낸 오류문도 잘 분석해줘야 하는데, 후자의 학습 효과가 더 클 때도 있다. 이는 많은 학습자들이 여러 차례 오류를 범하고 난 후에야 문법 학습을 중요하게 생각하기 때문이다. 즉, 정오를 대조하고 원인을 규명하는 것이 단지 규범적인 문장을 통해 문법규칙을 설명하는 것보다 훨씬 효과적이다. 이것은 마치 일반인들이 질병에 걸리고 나서야 의료 지식을 적극적으로 학습하게 되는 것과 같은 이치로, 의료 지식은 예방과 치료를 통해서 습득된다.

교수-학습 경험을 통해 알 수 있듯이, 훌륭한 교수자는 교수-학습 과정 중에서

적절하게 오류를 분석함으로써 학습자가 관련 문법규칙을 자연스럽게 습득하도록 할 수 있다. 이러한 분석은 전문적인 오류분석 수업과 문법 수업에서 이루어질 수도 있지만, 대부분의 경우는 여러 유형의 각기 다른 수업에서 상황에 따라 적절하게 이루어진다.

중요한 것은 교수자가 오류를 설명할 때 학습자에게 문법규칙을 잘 전달할 수 있느냐 하는 점이다. 한 일본인 중국어 학습자는 일부 교수자를 다음과 같이 비판했다.

> "많은 선생님들은 오류문을 교정할 때 '이유는 묻지 마세요. 어쨌든 이렇게 말하는 게 맞습니다. 그렇게 말하면 틀려요.'라고 하십니다. 우리는 성인이므로 어린 아이가 말을 배우는 것과는 다릅니다. 선생님께서 이렇게 말씀하시면 우리는 기분이 상하고 할 말을 잃습니다."

이 말은 중국어를 교육하고 연구하는 교수자들의 마음도 아프게 한다.

최근 20년간의 오류연구를 통해 중국어교육학계에서는 적지 않은 오류에 대해 비교적 과학적인 설명을 할 수 있게 되었고, 또한 관련 문법규칙들을 정리해 냈다. 만약 교수자가 이런 성과를 학습하고 이해할 수 있다면 학습자가 관련 문법규칙을 습득하는데 매우 큰 도움이 될 것이다. 물론 이 밖의 많은 문법오류에 대해서는 아직도 합리적인 해석을 하지 못하고 있다는 점도 염두에 두어야 한다. 이런 오류들을 통해 중국어의 실제사용 상황에 부합하는 문법규칙을 정리하는 일은 장차 중국어교육학계와 중국어문법학계가 공동으로 해결해야 할 어렵고도 큰 과제라 하겠다.

2.3 목적에 부합하는 교육을 하는 데 도움이 된다

어떤 측면에서 보면 오류는 학습 난이도를 알려주는 척도이기도 하다. 특정 문법항목의 오류 출현 빈도와 오류 지속 시간은 종종 해당 문법항목의 학습

난이도를 반영한다. 즉, 오류가 많이 발생하고 오류가 지속되는 시간이 긴 문법 항목일수록 학습상의 난점이자 교육의 핵심사항이 된다.

동태조사 '了, 着, 过'를 예로 들어 보자. 모국어가 서로 다른 학습자들의 상황을 살펴본 결과, '过'와 관련된 오류의 출현 빈도가 가장 낮은데, 이러한 오류는 초급 단계에서는 비교적 많이 나타나지만 중급단계에 이르면 거의 나타나지 않는다. 반면, '了'와 관련된 오류는 출현 빈도가 가장 높으며, 초급단계에서 고급단계까지 지속적으로 출현한다. 한편 '着'와 관련된 오류의 출현 빈도는 중간을 차지한다. 이를 통해 '了'의 학습 난이도가 가장 높고, '着'가 그 다음이며, '过'가 가장 낮다는 사실을 알 수 있다. 그러므로 학습 난이도에 따라 교육의 핵심사항을 적절히 배치해야 한다.

그밖에, 큰 문법항목은 몇 개의 작은 문법항목으로 세분할 수 있는데, 각각의 세부 항목에 나타나는 오류 상황은 모두 다르다. 만약 모든 세부 문법항목의 오류 상황을 깊이 있게 연구할 수 있다면 보다 과학적이고 세심하게 목적에 부합하는 교육을 할 수 있다. '着'는 동태를 나타낼 수도 있고 정태를 나타낼 수도 있는데, 李蕊·周小兵(2005)의 연구에 따르면 동태를 나타내는 '着'의 오류가 정태를 나타내는 '着'의 오류보다 훨씬 많다. 孙德金(2005)의 연구에 의하면 모국어가 영어인 학습자의 경우 '着'의 오류는 주로 활동정태와 종결정태에 출현하고, 활동정태의 오류는 대부분 '着'를 사용해서 동작의 지속을 나타내는 문장에 출현한다. 그러므로 '着'의 교육에서는 동태를 나타내는 '着'에 더욱 관심을 기울여야 한다.

2.4 요강·교재·사전을 편찬하는 데 도움이 된다

기존의 중국어교육 요강과 교재는 이론 연구의 성과와 중국어교육을 결합하여 교육 현장에서 비교적 좋은 효과를 거두기도 했지만, 그럼에도 불구하고 여전히 몇 가지 문제들이 남아있다.

요강과 교재에서 가장 중요한 것은 언어의 실제 사용 상황을 과학적으로 반영하는 것이다. 그러나 기존의 요강과 교재는 이러한 점에 있어 매우 취약하다. 예컨대, 학습자들은 다음과 같은 오류를 자주 범한다.

*我们班有二十一二十二个学生。
*桌子上有十七十八斤水果。

이러한 오류는 언어항목의 학습 난이도와도 관련이 있지만, 교재의 설명이 불충분한 것과도 관련이 있다.

姚清垠(제13장 참조)의 고찰에 따르면, 이웃하는 두 개의 숫자로 어림수를 나타내는 방법에 대해 다섯 종류의 중국어교재에서는 다음과 같이 매우 간략하게 설명하고 있다.

两个相邻的数字或数词连用可以用来表示概数。
이웃하는 두 개의 숫자 혹은 수사를 나란히 써서 어림수를 나타낼 수 있다.

이러한 설명은 간결하기는 하지만, 학습자들의 입장에서 보면 중국어의 실제 사용 상황에 부합하지 않는다는 문제점을 지니고 있다. 왜냐하면 이웃하는 두 개의 숫자가 모두 어림수를 나타낼 수 있는 것은 아니기 때문이다. 학습자가 만약 이러한 설명대로 표현한다면 위에서 제시한 것과 같은 오류를 범하기가 쉽다. 실제로 나란히 붙여 쓸 수 있는 것은 1~9 사이의 숫자 몇 개로 제한되며, 작은 수를 먼저 쓰고 큰 수를 뒤에 쓰는 형식으로 두 개씩 붙여 써야 한다 (단, 9와 10은 붙여 쓸 수 없다). 일부 교재에서는 이와 같은 내용을 충분히 설명하지 않고 지나치게 간단히 서술하고 있기 때문에 학습자에게도 도움이 되지 않고, 따라서 오류를 유발하기도 쉽다.

또 어떤 교재는 중국어교육에서 필요한 내용들을 충분히 고려하지 않거나 중국어교육의 특징을 충분히 반영하지 않아서 실제 사용에 있어서 몇 가지 문제점과 불편을 야기한다. 예컨대, 문법항목의 학습 난이도에는 고저의 구분이 있다. 施家炜(1998)의 연구에 따르면, 어떤 요강에서는 '把书打开(合上)'와 같은 '把'구문은 비교적 쉬운 문법항목으로 분류하고, '把书放在桌子上'과 같은 '把'구문은 비교적 어려운 문법항목으로 분류했다. 그러나 습득 상황을 보면, 학습자들은 전자보다는 후자를 먼저 습득한다. 만약 관련 오류의 출현 상황을 충분히 이해한다면, 문법항목의 난이도를 보다 확실히 파악할 수 있을 것이며, 이에 근거해서 문법항목의 설명이나 연습문제 등을 적절히 처리할 수 있다.

많은 교재의 경우 'A比B+형용사'(他比小王高)와 'A不比B+형용사'(他不比小王高) 두 가지 문법항목이 초급 단계의 동일한 과에 출현한다. 그러나 중간언어 연구에 따르면, '不比'구문과 '比'구문을 동시에 습득하기가 매우 어렵다. 陈珺·周小兵(2005)의 연구에 따르면, 중급 단계, 심지어는 고급 단계의 학습자들도 '不比'구문을 제대로 이해하지 못하고 있으며 오류 출현 빈도 또한 매우 높다고 하는데, 그 이유로 다음의 세 가지를 들고 있다.

첫째, '不比'구문은 구조적으로는 '比'구문의 부정형식이지만 '比'구문과 상반되는 의미를 나타내지는 않는다. '不比'구문은 발화에 대한 부정으로, 상대방이 한 말을 부정하거나 많은 사람들이 당연한 이치라고 여기는 것을 부정하기 때문에 '比'구문보다 습득 난이도가 훨씬 높다. 따라서 이 구문은 초급 단계 보다는 중급 단계의 두 번째 학기에 교육하는 것이 적절하다.

둘째, 많은 교재들이 초급 단계에서 '不比'구문과 '比'구문을 동시에 가르쳐서 혼동을 야기하고 오류를 유발하기도 한다. 예컨대, 'A不比B+형용사'(他不比你高)와 'A没有B+형용사'(他没有你高) 두 가지 구문을 혼동하거나 두 가지 구문을 뒤섞어 사용하기도 하며(*他没有不比你高), 'A不比B+형용사' 구문으로 'A没有B+형용사' 구문의 의미를 표현하기도 한다.

셋째, 중급 단계의 두 번째 학기가 되면 학습자들은 '不比'구문을 이해할 수준이 되지만, 이 구문에 대한 적절한 교육은 이루어지지 않는다.

만약 '比'구문과 '不比'구문의 오류 출현 상황(오류의 지속 시간이나 빈도 등)에 대해 통계를 내고 관련 오류에 대해 과학적으로 고찰하고 분석할 수 있다면, 이 두 가지 문법항목의 제시 시점을 합리적으로 조정할 수 있을 것이다.

요컨대, 교재에서 문법항목의 제시 순서, 문법항목 기술과 규칙에 대한 설명의 정확성, 문법 설명의 분량과 연습 문제 설계의 합리성 등은 모두 오류의 유형과 빈도에 의해 결정된다고 할 수 있다. 따라서 학습자의 오류에 대해 깊이 있게 연구할 수 있다면, 요강과 교재를 끊임없이 개선하여 보다 적합한 요강과 교재를 편찬함으로써 좀 더 나은 교육을 할 수 있을 것이다.

이밖에, 오류연구는 사전의 편찬에도 도움이 된다. 李大忠(1993)은 한 학습자가 '*宿舍里来了三位人'이라고 쓴 문장을 보고, 왜 그렇게 썼는지 물었더니 『现代汉语词典』에서 '位'에 대해 '用于人'이라고만 되어 있고 구체적인 설명과 예문이 없었다고 대답한 사례를 제시했다. 필자의 연구에서도 '수사+位+人'은 자주 출현하는 오류임이 발견되었다. 『现代汉语词典』은 중국인을 대상으로 편찬된 사전이며, 현재까지 제2언어로서의 중국어 학습자를 위해 편찬된 사전은 매우 적다. 또한 제2언어 학습자를 대상으로 한 기존의 사전에 수록된 단어 설명 역시 중국어교육에서 필요한 내용과 특징을 충분히 고려하지 않았다. 예컨대, 단어로 단어를 풀이하거나 구체적인 용법이 충분히 제시되어 있지 않다. 오류에 대한 깊이 있는 연구가 이루어진다면 학습자들이 어려워하는 부분을 알 수 있고, 학습의 어려움을 야기하는 원인을 파악할 수 있으므로 목적에 부합하는 학습자용 사전을 편찬할 수 있을 것이다.

3. 문법오류연구는 중국어 이론 연구를 발전시킬 수 있다

학습자의 오류에 대한 전면적이고도 정확한 해석을 위해서는 반드시 관련 문법규칙에 대한 연구가 선행되어야 한다. 예를 들어 앞에서 제시한 예문(2)에 대한 해석도 관련 문법규칙에 대한 설명이 우선되어야 한다. 물론, 이론 연구의 성과를 근거로 '见面'은 술목식 이합사이기 때문에 목적어를 가질 수 없다고 해석할 수도 있지만, 이러한 해석은 다음과 같은 의문점을 남긴다. 상용하는 이합사 '帮忙'과 새로 출현한 이합사 '出台'는 왜 목적어를 가질 수 있는가? 술목식 이합사는 일반적으로 목적어를 가지지 않는데, 그렇다면 목적어를 가지는 이합사에는 어떤 것들이 있으며, 또 목적어를 가질 수 있는 특수한 조건에는 어떠한 것들이 있는가? 이러한 문제들이 바로 이론 연구에서 아직 해결하지 못한 문제들이다.

陆俭明(2005)은 중국어교육의 실질적인 필요성과 학습자들이 제기했거나 그들이 가지고 있는 여러 문제들 때문에, 중국어 이론 연구자들은 반드시 단어와 문장구조의 용법에 대한 연구, 특히 의미론적 배경에 대한 연구를 강화해야 한다고 지적하면서 다음 두 예문을 제시했다.

> *田中，走，去跳舞！
> 적격문: 田中，走，跳舞去！
> *商量以后，我们分了工，爱丽丝布置会场去，大卫买饮
> 料去，⋯⋯
> 적격문: 商量以后，我们分了工，爱丽丝去布置会场，大卫去买饮
> 料，⋯⋯

陆俭明은 이 두 문장이 어색한 이유를 문법이 아니라 화용론적 요구에 부합되지 않기 때문이라고 보았다. 그의 연구(1985)에 따르면, '去+VP'는 행위자가 '어떠한 일을 하는지'를 강조하고, 'VP+去'(목적관계 표시)는 행위자의 위치를 강조한다. 이 두 구조의 미세한 차이는 과거의 중국어문법 연구자들은 관찰하지 못했던 사항으로, 학습자가 중국어를 공부할 때 나타난 오류를 통해 학자들의 관련 연구가 이루어진 예이다.

과거의 이론 연구는 대부분 모국어 화자의 시각에서 문제를 보았고, 중국어 문법에 부합하는 언어현상 속에서만 문제를 제기해 왔다. 이러한 시각은 단방향적이고 지엽적이며 정태적인 것이다. 그러나 오류에 대한 연구는 학습자의 시각과 다중언어의 대조적 측면에서 중국어를 조망해야 한다. 또한 중국어문법에 부합하지 않는 중간언어 현상 속에서 문제점을 찾고, 중간언어의 발생과 발전과정의 측면에서 통시적으로 연구할 필요가 있다. 이러한 연구는 과거의 연구에 비해 보다 입체적이고 다각적이며 동태적인 것이다. 이러한 새로운 관점은 이론, 방법, 절차 및 수단을 연구하는데 창의적인 발전을 가져올 것이며, 중국어 이론 연구의 새로운 돌파구가 될 것이다.

马真(1983)은 외국인 학습자와 모국어 화자의 오류를 분석함으로써 '反而'이 다음과 같은 일정한 의미적 배경을 가진다는 사실을 발견했다.

> A: 어떠한 상황이 발생함.
> B: 일반적으로는 A가 또 다른 상황을 발생시킴.
> C: 또 다른 상황이 발생하지 않음.
> D: 또 다른 상황과 상반되는 상황이 출현함.

'反而'은 바로 'D'와 같은 의미적 배경에서 출현하며, 앞의 세 가지 항목 중 'B'와 'C'는 거의 출현하지 않는다. 예를 들어 '进入五月, 反而更冷了.'라는 문장의 의미적 배경은 다음과 같다.

> A: '进入五月'
> B: 일반적으로는 5월이 4월보다 따뜻하다.

C: 따뜻하지 않다.

D: '反而更冷了'

많은 경우 학습자의 모국어에 '反而'과 정확히 대응되는 단어가 없어서 '反而'이 일반적인 전환관계만을 나타낸다고 생각하기 때문에 오류가 발생하게 된다.

과거에는 중국어 다항부사어의 순서에 대한 연구가 많지 않았다. 刘月华(1983)는 부사어를 크게 묘사성부사어와 비묘사성부사어로 구분하고, 이를 다시 세분하여 중국어 다항부사어의 배열 규칙을 제시하였다. 그의 연구는 중국어교육의 필요성을 고려한 것이었으나 연구의 범위가 방대하여 오류분석이 세밀하지 못하고, 일부 결론은 대략적인 분석에 그쳤다. 예컨대, '也'와 시간을 나타내는 단어의 순서에 대한 설명에 있어서 '也'는 선행과 후행이 모두 가능한 것으로 보았다. 이후 陈小荷(1996)가 중간언어 말뭉치를 이용하여 '也'에 관한 오류에 대해 통계와 분석 작업을 수행했다. 그는 '也'와 관련된 네 가지 오류 유형과 그 출현 빈도 및 관련 오류의 발생 조건에 대해서 고찰했으며, 이와 관련된 중국어의 실제 사용 상황을 기술함으로써 다음과 같은 보다 세밀한 문법규칙을 도출해 내었다.

> '也'의 사용적 측면에서 볼 때, 시간사구는 두 가지로 나누어야 한다. 하나는 체언성시간사구, 즉 '刚才, 以前, 这时候, 那时候, 有时候, ……的时候'등과 같은 시간사 혹은 시간사에 준하는 구로, 이들은 일반적으로 '也'의 앞에 놓인다. 또 하나는 '常常, 经常, 时常, 时而'등과 같은 시간이나 빈도를 나타내는 부사로, 이들은 일반적으로 '也'의 뒤에 위치한다.

周小兵(1991)의 '除'구문에 대한 연구는 학습자의 문법오류에 초점을 맞추어(예를 들면 '*除爬山外, 他们都游泳了。' '*除了排球, 所有球类运动他也喜欢。') 중국어와 외국어의 관련문형에 대한 대조 작업을 하였으며, 이를 통하여 포함식과 배제식의 차이를 설명했다. 즉 영어에서는 전치사로 나타내는 반면, 중국어에서는 부사나 기타 수단을 통해 나타낸다고 했다.

9) Other persons in the class left besides him.

　　除了他, 班里其他人也走了。(포함식)

10) Other persons in the class left except him.

　　除了他, 班里其他人都走了。(배제식)

11) All rooms are occupied except this room.

　　除了这一间, 全住满了。(배제식)

중국어에는 이 밖에도 몇 가지 무표지 구문들이 있는데, 이는 의미 조합에 근거하여 이해할 수밖에 없다.

12) 除了注释, 这篇文章才3000字。

13) 除了稍小一点, 这套房间还不错。

위에 제시한 중국어와 외국어의 차이점은 학습자로 하여금 어려움을 느끼게 하기 때문에 오류를 발생시키는 원인이 된다.

상술한 바와 같이 중국어교육 및 오류분석에 기초한 연구는 중국어 문법의 이론 연구에서 매우 중요한 의미를 지니는데, 이는 오류연구가 중국어 문법연구를 더욱 발전시키는 원동력이 된다는 사실을 의미한다.

20세기 초부터 영어는 전 세계적으로 신속하게 그 영역을 넓혀왔다. 영어는 외국인의 문법오류에 대한 합리적인 연구뿐만 아니라 외국어교육의 실질적 필요성에 적절히 대응함으로써 현대영어 문법연구에 질적인 성장을 가져왔으며, 현대영어 문법체계의 확립을 촉진시켰다. 만약 중국어 문법연구에 있어서 오류분석에 대한 필요성을 인식하고 제2언어로서의 중국어의 수요를 충분히 고려

한다면, 중국어 문법연구 또한 반드시 영어와 같은 실질적인 성과를 거둘 수 있을 것이다.

제2절 오류연구와 대조분석, 중간언어 이론

'오류'는 중국어에서 여러 가지로 번역된다. 이에 대해서는 盛炎(1993)이 비교적 상세히 설명한 바 있다.

Corder는 학습자의 잘못을 'mistake'와 'error'로 구분했다. 전자는 일반적으로 '失误(mistake 혹은 lapse)'로 번역되는데, 이에 대해서는 이견이 없다. 후자의 경우는 '错误', '差误'(吴棠), '误差'(王宗炎), '偏误'(鲁健骥) 등과 같이 다양하게 번역되는데, 그중 '偏误'를 가장 보편적으로 사용한다. 따라서 본서에서도 '偏误'라는 술어를 사용하기로 한다.

1. 오류연구와 대조분석

오류연구에는 대조분석이 필수적이다. 대조분석은 중간언어 이론이 탄생하기 이전의 외국어 교육에서 언어의 난점을 분석하는데 사용되던 주요 방법이다. 대조분석의 주요 기능은 모국어와 목표언어의 공통점 및 차이점에 대한 비교를 통하여 목표언어 학습에서 나타나는 모국어 간섭 현상의 규칙을 정리해내고, 학습상의 난점과 오류를 예측, 설명하는 데 있다(제3장 참조). 王力(1985)는 일찍이 다음과 같이 언급한 바 있다.

> "외국인을 대상으로 하는 교육에 있어서 가장 효과적인 방법은 중국어와 외국어를 비교하여 가르치는 것이다. 즉, 중국인이 보기에는 쉽지만 외국인이 배우기에는 어려워하는 점을 드러내야 한다. 중국어는 음성,

문법, 어휘 등 세 가지 측면에서 모두 중국어 고유의 특징을 내포하고 있는데, 이러한 특징이 학습상의 난점이 되는 경우가 많다. 무엇보다도 학습자들이 이러한 난점을 극복할 수 있도록 해주어야 한다."[1]

전통적인 오류분석은 대조분석과 연계된 것으로, 교육에 실질적인 도움을 준다. 예컨대, 대조분석과 오류분석을 통해 교수-학습상의 난점을 예측하고, 교수-학습 순서를 매기며, 교재의 부족한 점을 보완할 수 있다. 즉, 흔히 발견되는 오류를 수집하여 분류한 후 목표언어와 모국어의 관련 언어항목을 대조함으로써 모국어의 부정적 전이(negative transfer)가 오류의 발생에 미치는 영향이 무엇인지를 찾아내고, 아울러 학습상의 난점을 예측한다. 예컨대, '*他们学习汉语和教英语'와 같은 오류가 발견되면 병렬관계를 나타내는 중국어와 영어의 접속사를 대조함으로써 오류 발생 원인을 찾아내고, 중국어 접속사 교육에 대한 의견을 제시한다.

대조분석은 제2언어 교육에 있어서 매우 긍정적인 역할을 했지만, 실제 교육 경험을 통해서 다음과 같은 사실을 알게 되었다. 모국어의 간섭 현상으로는 예측하거나 설명할 수 있는 범위가 제한적이어서, 대조분석을 통해 예측해 낸 몇몇 학습상의 난점에 대해 학습자들이 진히 어려움을 느끼지 않는 경우도 있고, 대조분석 방법으로는 실질적인 난점을 예측해내지 못하는 경우도 있다. 따라서 중간언어 이론이 도입되기 전까지는 대조분석과 매우 밀접한 관계에 있는 오류분석이 하나의 체계를 갖출 수 없었다. 그러나 중간언어 이론이 도입되면서부터 오류연구도 점차 체계를 갖추었으며, 언어 내 전이(intralingual transfer), 교육상의 오도, 의사소통전략(communication strategies)의 영향 및 문화적인 요인의 간섭 등과 같은 모국어 간섭 이외의 기타 원인들을 찾아내었다.

---

[1] 赵金铭(1985), 「把汉语教学与研究推向新高潮--第一届国际汉语教学讨论会论文举要」, 『语言教学与研究』(第4期)에서 재인용.

2. 오류분석과 중간언어 이론

중국어에 있어서 오류연구가 제2언어 교육계의 새로운 발전을 가져온 것은 중간언어 연구의 도입과 매우 밀접한 관계가 있다.

'중간언어'라는 술어는 Selinker가 1969년에 제창한 것으로(1972년에 정식으로 발표됨), 이는 학습자가 제2언어를 습득하는 과정 중에 만들어낸 것이다. 중간언어는 모국어와도 같지 않고 목표언어와도 같지 않은 일종의 언어 지식 체계이며, 점차 목표언어에 근접해가는 발전 단계를 가리킨다. 중간언어 연구에서는 학습자가 사용하는 목표언어 형식을 하나의 독립적이며 동적인 체계로 보고 연구하며, 이를 통해 외국어 학습의 규칙을 발견하고, 성인의 외국어 학습 과정을 밝힌다.

학습자의 중간언어는 두 부분으로 이루어진다. 첫째는 목표언어와 일치하는 부분, 즉 목표언어의 문법에 부합하는 부분이고, 둘째는 목표언어와 일치하지 않는 부분, 즉 목표언어의 문법에 부합하지 않는 부분이다. 후자의 경우가 바로 본서의 주요 논의 대상이다. 중간언어는 오류가 발생한 부분뿐만 아니라 정확하게 사용된 부분에 대해서도 연구할 필요가 있다. 특히 학습자가 정확하게 사용한 부분(목표언어와 일치하는 부분)은 어떻게 증가하며, 또 오류가 발생한 부분(목표언어와 일치하지 않는 부분)은 어떻게 감소하는지를 연구해야 하는데, 이것이 바로 습득 과정이다. 물론 습득 과정 연구의 목적은 습득 규칙을 도출해냄으로써 학습자를 보다 잘 지도하고자 하는 데 있다. 요컨대, 중간언어의 연구 범위는 오류연구의 범위보다 넓다. 이 두 가지 연구는 그 관계가 매우 밀접하고 상호 의존적이며 또한 상호 촉진 작용을 한다고 할 수 있다. 중간언어 이론이 뒷받침되어야 오류연구가 더욱 심화될 수 있고, 오류연구의 이론과 체계도 더욱 잘 갖추어 질 수 있다.

'오류분석은 중간언어 이론을 구성하는 요소 가운데 하나'로(魯健驥, 1993),

그 연구 성과는 중간언어 이론에 보탬이 되어야 하고, 또 역으로 중간언어 이론을 발전시켜야 한다. 미국의 S. N. Sridhar는 「对比分析、偏误分析和中介语: 一个目标的三个方面」이라는 논문을 발표한 바 있는데, 이 논문에서 그는 대조분석, 오류분석, 중간언어의 관계에 대해 비교적 합리적으로 논술했다. 1990년 孙德坤은 Jack C. Richards의 논문인 「错误分习、中介语和第二语言习得」를 번역했고, 후에 「错误分析、中介语和第二语言习得述评」이라는 글을 발표하여 중간언어 이론, 오류분석 및 제2언어 습득연구와 관련된 논문에 대해 상세히 논평했다. 이 논문들은 오류연구를 이해하는데 큰 도움이 된다.

제3절 문법오류연구 현황

중국어의 문법오류연구는 크게 두 단계로 나눌 수 있다. 제1단계는 1980년대 중엽부터 90년대 중엽까지로, 이 시기에는 중간언어를 도입하고 중간언어 이론을 이용하여 중국어 문법오류 분석 연구를 수행했다. 제2단계는 90년대 중엽부터 현재까지로, 오류연구의 발전기라 할 수 있는데, 이 두 단계는 鲁健骥의 「中介语研究十年」(1996)이 발표된 해를 분수령으로 삼는다.

1. 제1단계

1960년대 이전에는 제2언어를 학습하는 과정 중에 발생한 오류에 대해서 주로 언어 대조분석의 방법으로 예측, 설명하고 분석했다. 중국 내에서는 60년대부터 이미 학습자의 오류문을 수집하고 정리하는 작업이 시작되었지만, 선진적인 이론의 뒷받침이 없었기 때문에 실제 교육에 있어서의 역할은 제한적이었다. 그러나 중간언어 이론과 오류분석 이론이 도입됨으로써 사고의 전환점을 마련하였다.

1.1 魯健驥의 연구

80년대 초 중국의 중국어교육에서 중간언어 이론을 이용하여 학습자들의 중국어 오류를 분석할 것을 제창한 사람으로는 마땅히 魯健驥를 꼽아야 할 것이다. 그는 중간언어 이론과 오류분석 이론의 발전 과정에 있어서 양자를 결합하는 역할을 했다.

1983년 말 미국의 黎天睦 교수가 北京语言学院에서 강의를 할 때, 강의 중에 魯健驥가 「中介语理论和偏误分析」를 발표했다. 그때부터 중간언어 이론은 중국어교육학계의 주목을 받기 시작했다. 1984년 魯健驥는 또 「中介语理论与外国人学习汉语的语音偏误分析」라는 논문을 발표했는데, 이 논문에서 그는 중간언어와 오류의 개념에 대해 개략적으로 설명하고 실수와 오류를 구분하였으며, 중간언어의 몇 가지 주요 발생 원인을 토대로 학습자들이 중국어를 배울 때 나타나는 음성오류(phonological error)에 대해서도 분석했다. 이것이 중국 내에서 발표된 최초의 오류분석 관련 논문으로, 이 논문은 중국어 문법오류 분석에 있어 선봉적인 역할을 했다. 그 후 그는 또 「外国人学习汉语的词语偏误分析」(1987), 「外国人学习汉语的语用失误」(1993)와 「外国人学习汉语的语法偏误分析」(1994) 등 세 편의 논문을 발표했는데, 그중 1994년에 발표된 논문이 바로 중국어 문법오류에 대해 전문적으로 논의한 최초의 논문이다. 이 논문은 오류분석 이론에 기초하여 오류의 형식상의 유형을 분류했는데, 오류의 성격에 따라 누락오류(omission), 추가오류(addition), 대체오류(selection), 어순오류(misordering) 등의 네 가지로 나누었다. 이에 기초하여 학습자가 중국어를 처음 배울 때 각종 문법항목에 나타나는 문법오류의 유형, 학습전략(learning strategies) 및 교육상의 오도가 문법오류에 미치는 영향 등에 대해 심도 있게 논의했다.

이 논문들은 서로 연관된 내용을 다루고 있는 연구 성과로, 중국어교육에 있어서의 음성, 어휘, 문법, 화용 등 몇 가지 측면에 대해 거시적, 미시적 각도에서 합목적적인 연구를 수행했으며, 오류분석에 있어서 지침서적인 의의를 지닌다. 그는 또 「偏误分析与对外汉语教学」(1992), 「中介语研究中的几个问题」 (1993), 「中介语研究十年」(1996) 등 이론적인 의의를 갖는 논문과 그간의 연구 성과를 종합하는 성격의 논문을 발표했는데, 이 논문들은 정도는 다르지만 모두 중간언어 연구와 오류분석 연구를 발전시켰다.

1.2 중국어 이론 연구, 습득연구 및 오류분석의 결합

朱德熙(1989)가 지적한 바와 같이 '중국어교육이라는 특수한 연구 대상은 다음의 두 가지 내용을 포함한다. 하나는 중국어 연구이다. 이는 중국어교육의 기초로, 중국어에 대한 연구 없이 중국어교육은 발전할 수 없다. 다른 하나는 중국어교육 본연의 연구로, 이는 결코 교육 경험의 문제가 아니다.' 당시[2] 중국어 문법 연구 분야의 대표적인 인물로는 王还, 陆俭明, 邓守信, 李英哲, 屈承熹, 刘月华 등이 있었다. 그리고 중국어교육 분야에서는 또 다른 많은 전문가들이 중국어 문법오류에 대해 연구를 하고 있었는데, 이론적으로 접근하기도 하고 교육의 실제 상황과 연계하기도 하면서 실질적인 작업을 하고 있었다.

赵金铭(1989)은 「近十年对外汉语教学研究述评」이라는 논문에서 당시의 제2언어 연구 및 문화 대조 연구에 관한 글을 소개했는데, 이러한 대조 연구는 문법오류연구의 발전에 기초를 마련해주었다. 이듬해 盛炎(1990)은 그의 저서인 『语言教学原理』에서 하나의 독립된 장을 할애하여 중간언어 이론과 오류분석에 대해 논의하고, 외국의 선진 이론을 참고해서 오류의 발생 원인, 오류분석의 과정 및 오류의 분류에 대해 비교적 상세하게 서술했다.

中国人民大学의 李大忠은 외국인 학습자를 대상으로 10년 동안 오류분석 수업을 진행하면서, 중간언어 이론을 바탕으로 기존의 진부한 오류문 분석 모델

---

[2] 역자주: 1980년대 중반에서 1990년대 중반을 가리킨다.

에서 점차 탈피하여 「学生的类推错误和老师的词语教学」(1989), 「谈错误分析课--十年实践的回顾和总结」(1992) 등과 같은 일련의 논문을 썼다. 孙德坤은 1993년에 발표한 논문 「中介语理论与汉语习得研究」에서 Hatch가 중간언어 연구와 관련해서 제기한 열 가지 문제들을 소개하고, 이 문제들을 해결하려면 반드시 비교 연구를 해야 한다고 보았다. 아울러, 모국어별·연령별·학습환경별·교수법별로 특정 목표언어를 습득하는 중간언어 체계를 비교하고, 제2언어 학습자의 중간언어와 해당 목표언어를 제1언어로 습득하는 어린이들이 구사하는 중간언어와의 차이점을 비교했다. 이러한 연구들은 중간언어 이론에 바탕을 두고 있기 때문에, 문법오류의 발생 원인을 연구하고 이러한 발생 원인에 영향을 미친 요인들을 비교하는데 좋은 참고자료가 된다.

대표적인 논문으로는 田善继의 「外国人汉语非对比性偏误分析」(1995)가 있는데, 이 논문은 비대조성오류에 대한 분석에서 모국어의 간섭을 가장 중요한 변수로 보던 당시의 연구 경향에 큰 변화를 가져왔다. 이 논문에서는 출현빈도가 높은 오류를 대체, 유추, 간략화, 회피, 오도 등의 다섯 가지 유형으로 분류했는데, 이는 중국의 해당 분야 연구에서는 매우 독창적인 것이었다. 특히 간략화, 회피, 오도에 대한 분석은 향후 문법오류연구의 발전방향을 제시하였고, 또한 선행 연구의 미흡한 부분을 보완하였다. 이외에 吕必松, 刘珣 등도 자신의 논저에서 중간언어 연구와 오류에 대해 서술했다.

이밖에 추적조사와 오류분석을 결합한 논문도 있다. 孙德坤 등은 두 명의 영어 모국어 학습자가 중국어를 습득하는 상황을 추적 조사하여 풍부한 기초자료를 얻었으며, 孙德坤의 「外国学生现代汉语"了"的习得过程初步分析」(1993)는 바로 이러한 기초 자료를 바탕으로 이루어진 논문이다. 이후 동일한 문법항목에 대해 赵立江(1996)도 「外国留学生使用"了"的情况调查与分析」라는 논문을 발표했는데, 이 논문은 전자에 비해 추적조사 기간도 길고 조사 방법도 다양해졌다. 상술한 논문들은 통시적 관점에서 학습자의 학습 단계별 문법항목 오류를 고찰한 것으로, 중국어교육의 발전에 많은 기여를 했다.

周小兵은 교수-학습 과정에서 발견되는 학습자의 오류를 중국어 문법 연구 및 중-외 대조와 결합해서 심도 있는 연구를 했다. 그의 「浅谈"除"字句」(1991), 「"常常"和"通常"」(1994), 「谈汉语时间词」(1995) 등은 모두 이러한 유형의 연구로, 이러한 연구들은 모두 중국어교육과 중국어문법 이론 연구에 기여했다. 그밖에 그는 『病句分析课的教学』(1996)에서 자신의 교육 경험을 바탕으로 오류문 분석 수업의 중요성, 문법오류문의 분류, 교수 방법, 교재 편찬과 교실 수업 등의 문제에 대해 상세하게 논의했으며, 교수-학습과 습득 과정 중에 나타나는 몇 가지 어려운 문제들을 효과적으로 해결했다.

1.3 오류연구에 대한 보편적인 관심과 중간언어 말뭉치의 구축

중간언어와 중국어 오류에 대한 연구는 중국어교육학계 전반에서 중시를 받기 시작했으며, 『世界汉语教学』, 『语言教学与研究』, 『语言文字应用』 등의 간행물에는 관련 논문이 연이어 발표되었다. 제1차에서 제4차까지의 '国际汉语教学讨论会'에서는 대조분석에 관한 글이 빠짐없이 발표되었고, 제4차 '国际汉语教学讨论会'에서는 '오류분석, 언어 대조 및 중간언어'를 '중국어 교수-학습연구' 분야의 주요 의제로 삼았다. 이밖에 1985년 이후에 출판된 『对外汉语教学论文』(1985), 『对外汉语教学论文选评』(1993) 등의 중국어교육 논문집과 상술한 학술회의 논문집에는 모두 중간언어와 오류분석 관련 논문이 수록되어 있다.

제1단계에서는 문법오류 분석에 관한 첫 번째 전문서인 佟慧君의 『外国人学汉语病句分析』(1986)가 출판되기도 했다. 이 책은 영어, 불어, 독어, 일어, 스페인어, 한국어, 베트남어가 모국어이거나 교수언어인 학습자의 작문에서 2,020개의 오류문을 수집해서, 크게 단어와 문장 두 부분으로 나눈 후 명사부터 접미사 '们'까지 12품사와 주술문에서 강조문까지 아홉 가지 문형을 관련 항목으로 다루고, 매 항목을 오류의 특성에 따라 다시 분류하여 분석했다. 몇몇 문법항목에 대한 설명이 다소 간략하고, 시대적인 제약과 연구 성과의 한계로 인해 일부 오류문의 선정과 분류에 문제가 있기는 하지만(肖奚强(2001), 「略论偏误分析的基本原则」 참조), 선구적인 역할과 당시 학계에서의 위상에 대해서는 긍정적으로 평가해야 할 것이다.

1990년대부터 北京语言学院의 陈小荷와 储诚志는 국가급 연구프로젝트인 '중국어 중간언어 말뭉치' 구축에 착수하여, 중국어 학습 이론과 제2단계 중국어 오류연구에 신뢰할 만한 말뭉치 자료를 제공했다.

1.4 소결

앞서 살펴본 바와 같이, 제1단계의 문법오류연구는 주로 연구범위, 오류의 발생 원인, 오류 유형의 분류 등 세 가지 사항에 집중되어 있다.

문법오류의 분류와 분석은 형식적으로 문법에 부합하는지의 여부를 기초로 이루어진 것이 대부분이고, 연구 범위는 주로 문장층위에 국한되는 정태적 분석으로, 이 경우 동태적 과정을 반영할 수가 없다3. 같은 맥락에서 鲁健骥 (1993)도 다음과 같이 언급한 바 있다. "구조적인 측면에서만 정확성 여부를 판단하게 되면 수박 겉핥기 식 분석이 될 가능성이 많다. 특히 오류가 발생하지 않은 부분의 복잡성에 대해서는 주의를 기울이지 않았다." 왜냐하면 경우에 따라서는 형식적으로 '옳게 썼느냐'와 '완전히 습득했느냐'는 별개의 문제이기 때문이다. 습득 여부는 보다 큰 배경(예를 들어 단락, 문맥, 화용 등)속에서 검토되어야 한다. 王建勤, 孙德坤 등의 학자들도 이런 현상에 주의를 기울이기는 했지만, 텍스트, 담화(discourse) 등의 각도에서 문법오류를 분석한 논문은

---

3 역자주: 여기서의 정태적 분석이란 고립된 한 문장을 대상으로 분석하는 것을 가리키며, 반대로 동태분석은 해당 문장을 포함하는 단락 전체를 분석대상으로 하는 것을 가리킨다.

거의 없다. 다행스럽게도 이러한 문제들은 제2단계 연구에서 점차 학자들의 관심을 모았고, 그 결과 우수한 논저들이 발표되었다.

오류의 발생 원인4에 대한 학자들의 의견은 완전히 일치하지는 않지만, 크게 '모국어간섭'과 '과잉일반화' 등의 두 가지로 정리할 수 있다5. 또 많은 학자들이 '교육상의 오도'에 주목하고, 훈련과 설명 등의 측면에서 개선방안을 제시하기도 했다.

오류 발생의 또 다른 요인으로는 학습전략, 중국어에 대한 학습자의 태도, 문화와 의사소통전략 등이 있다. 이러한 요인에 대해서는 간단하게 언급을 하기는 했지만 상세한 논의가 이루어지지 않았으므로, 더욱 깊이 있는 연구가 이루어져야 할 것이다. 특히 의사소통전략과 관련해서 王建勤(1994)은 다음과 같이 언급한 바 있다.

"많은 양의 목표 언어가 입력될 경우, 학습자는 한 번에 완전히 소화 흡수할 수 없기 때문에, 이를 간단한 체계로 간략화한다. 간략화는 학습 자가 일반적으로 사용하는 학습 전략의 하나이지만 이 역시 의사소통전 략을 활용한 결과일 것이다. 학습자는 순조로운 의사소통과 발화의 연속 성을 유지하기 위해 의사소통에 영향을 주지 않는 기능어(功能词)를 생 략하며, 특히 학습자가 언어형식보다 의사소통 내용에 주의를 기울이고 있을 때 이러한 현상이 더욱 두드러진다."

이처럼 의사소통전략이 학습자의 문법오류 발생에 있어 중요한 영향을 미친

---

4 '원인(原因)'은 '来源'이라고도 하며, 몇몇 연구자들은 이것을 '중간 언어에 영향을 미치는 심리적 요인'(鲁健骥, 1984) 또는 '오류의 연원'(盛炎, 1990)이라고도 하는데, 서술하고 있는 내용은 모두 유사하다.
5 鲁健骥 「偏误分析与对外汉语教学」의 표현을 인용한 것이다. 이밖에 盛炎은 '언어 간 전이'와 '언어 내 전이'(「语言教学原理」, 1990)라 했고, 王健勤은 '언어 전이'와 '목표언어 규칙의 일반화'라고 했다.

다는 사실은 이미 이론적으로 주목을 받기 시작했으며, 제2단계 연구를 심화하는 계기를 제공하였다.

오류 유형의 분류는 항상 오류의 발생 원인과 결부된다. 학자들은 대부분 누락오류, 추가오류, 대체오류, 어순오류의 4분법을 따르는데, 이는 주로 형식적인 측면의 분류이다. 田善継(1995)는 그의 글에서 비대조성 오류를 대체오류, 유추오류, 회피오류, 간략화오류, 오도오류 등의 다섯 가지로 분류했으며, 이중 회피오류, 간략화오류, 오도오류를 제시함으로써 선행연구에서 언급조차 되지 못했던 문제들을 해결했고, 또 제2단계의 연구에 선도적인 역할을 했다.

제1단계의 연구는 상당한 성과를 거두었지만 문제점 또한 적지 않으므로, 향후 한층 더 발전되고 보완되어야 할 것이다.

2. 제2단계

2.1 오류분석의 심화와 확대

제1단계 10년간의 오류분석은 매우 현저한 성과를 거두어 오류분석의 거시적인 틀이 기본적으로 완성되었다. 또한 최근 10년의 오류분석은 이전보다 더욱 세분화되어서 교육 내용이나 대상에 잘 부합하는 논문이 많이 발표되었다. 이러한 논문들은 오류의 발생 원인 및 처리 방법 등에 많은 노력을 기울임으로써 중국어교육의 발전에 매우 긍정적인 역할을 함과 동시에 중국어문법연구의 발전에도 기여하였다.

연구자들 또한 관점을 넓히고 기존의 한계를 뛰어넘어 오류분석의 연구 범위를 확대시켰는데, 많은 연구자들이 화용론, 텍스트언어학, 나아가 수사 및 문화 측면의 오류에까지 관심을 가짐으로써 성과가 점점 늘어났다. 예를 들면, 鲁健骥(1999)의 「外国人学汉语的篇章偏误分析」는 중간언어 연구, 특히 오류분석의 새로운 동향을 접목한 연구이다. 그는 대표성을 띠는 데이터 중에서 텍스트와 관계있는 오류에 대해 분석하면서 중간언어 연구 범위 확대의 필요성에 대해 강조하였으며, 아울러 이에 관한 구체적인 의견들을 제시했다.

한편, 기존의 오류연구는 주로 학습자의 글말을 중심으로 진행되었으며, 입말 연구는 언어 자료의 수집이 어렵다는 이유로 다소 경시된 측면이 있다. 그러나 다행스럽게도 이 시기에 와서는 丁安琪·沈兰(2001)의 「韩国留学生口语中使用介词"在"的调查分析」와 같이 학습자의 입말 오류에 대한 연구들도 나타났다. 중국어 학습의 최종 목표는 의사소통을 하는데 있어 중국어를 정확히 사용하는 것이므로, 입말에서 나타난 오류 또한 앞으로 연구자들이 더 많은 관심을 기울여야 할 분야이다.

또한 이 시기의 연구자들은 새로운 연구방법과 성과, 특히 최근 몇 년간 유행하고 있는 인지이론을 흡수함으로써 오류분석이 비교적 강한 학제적 성격을 띠고 있음을 보여주고 있다. 다음으로는 오류연구에 있어서 중간언어 말뭉치를 사용함으로써 연구 자료가 더욱 풍부해지고, 설득력도 갖추게 되었다. 그밖에도 의미론, 통계학, 문화 간 의사소통 이론 등도 오류분석에 도입하여 가치 있는 연구 성과를 거두었다.

또한 제2언어 습득연구에 있어서 오류분석의 위상이 날로 높아져 중간언어 이론의 발전에 긍정적인 영향을 끼쳤을 뿐만 아니라, 이로 말미암아 오류분석의 성과를 바탕으로 한 습득에 관한 연구가 많이 출현하게 되었다는 점도 주목할 만하다. 예를 들면, 周小兵(2004)의 「学习难度的测定与考察」에서는 오류분석과 학습 난이도 연구를 결합하여 네 가지 측면에서 학습 난이도를 측정하고, 다른 여러 언어와의 대조를 통하여 세 가지 언어항목의 학습 난이도를 분석했다.

이밖에 오류연구가 유형학 연구와 결합한 것도 주목할 만한 점 가운데 하나이다. 赵金铭(2006)의 「差比句偏误的类型与共性」은 언어의 보편성과 학습자의 모국어에 나타난 차등비교문의 유형을 결합하여 오류의 유형학적 의미를 분석하고, 중국어 차등비교문 오류에 나타난 언어 유형과 언어의 보편성 문제에 대해 논의했다.

2.2 오류분석과 중국어 이론 연구의 결합

문법 교육은 중국어교육에 있어서 매우 중요한 내용 가운데 하나이다. 또한 중국어 문법 자체에 아직도 여러 논쟁거리가 남아있지만, 문법오류에 대한 연구는 실제 현장교육에 도움이 될 뿐만 아니라, 중국어 문법 이론 연구 또한 발전시킬 수 있기 때문에 점점 더 중시되고 있으며, 연구 성과 또한 매우 두드러진다. 여기서는 대표적인 관점 몇 가지를 간단히 정리해 보고자 한다.

중국어에서 허사는 매우 중요한 문법 기능을 하며, 교수·학습의 핵심이자 난점이기 때문에 허사에 관한 연구는 매우 많다. 예를 들면, 李大忠(1995)의 「语法偏误分析二题」에서 '都'와 '凡是'에 대한 오류분석, 陈小荷(1996)의 「跟副词"也"有关的偏误分析」, 丁安琪·沈兰(2001)의 「韩国留学生口语中使用介词"在"的调查分析」, 邓小宁(2002)의 「"一直"与"一向"的多角度分析」, 韩在均(2003)의 「韩国学生学习汉语"了"的常见偏误」, 聂丹(2004)의 「语气副词"竟"及其教学」 등이 있다. 周小兵·赵新(2002)의 「对外汉语教学中的副词研究」는 중국어 이론과 중국어 습득 및 오류분석 등 세 가지를 결합한 연구로, 중국어교육에 있어 선도적, 지침서적 역할을 하였다. 이러한 연구는 모두 오류분석의 기초 위에서 중국어 모국어 화자가 쉽게 발견할 수 없는 문제점을 드러내어 새로운 각도에서 중국어 문법을 논의하게 하였으며, 설득력 있는 결과들을 도출함으로써 중국어 이론 연구를 상당히 발전시켰다. 그 중 陈小荷는 중간언어 말뭉치를 이용하여 사용 빈도 통계를 내고 이를 통해 '也'와 관련된 오류 유형과 오류 발생의 언어내적 조건을 살펴보았는데, 이는 매우 새로운 접근 방식으로 중국어 교육 연구와 이론 연구에 모두 시사하는 바가 크다.

중국어가 가지고 있는 일련의 특수한 문법 형식들 또한 연구의 주요 관심사이다. 그 예로는 李大忠(1996)의 「"使"字兼语句偏误分析」, 姜德梧(1999)의 「从HSK(基础) 测试的数据统计看"把"字句的教学」, 吕滇雯(2000)의 「日本留学生汉语偏误之(一): 动词重叠」, 肖奚强(2000)의 「韩国学生汉语语法偏误分析」, 刘苏乔(2002)의 「表比较的"有"字句浅析」, 劲松(2002)의 「被字句的偏误和规范」, 武惠华(2001)의 「功能型语法偏误中的"违规同现"现象探析」, 王振来(2004)의 「韩国学生学习被动表述的偏误分析」, 肖奚强(2005)의 「外国学生"除了"句式使用情况的考察」, 周小兵·何黎金英·杨氏金枝(2004)의 「越南留学生学习汉语难点分析」 등이 있다.

이러한 논문들은 모두 교육 내용이나 교육 대상에 잘 부합하는 연구로, 중국어 교수자들로 하여금 학습자들이 범할 수 있는 문제에 주의를 기울이도록 함으로써 실제 교육 현장에서 매우 중요한 역할을 한다. 吕滇雯, 肖奚强, 王振来, 周小兵 등의 연구 또한 대조분석과 결합하여 모국어가 같은 학습자들에게서 나타나는 오류 상황에 대해 분석했다. 姜德梧는 통계학적 방법을 이용하여 중국어의 오랜 난제 중 하나인 '把'구문에 대한 참신한 연구 결과를 얻어내었다. 이러한 연구를 통해 도출된 결론들은 비교적 객관적이며 연구방법 또한 향후 우리가 지향해야 할 점이다.

오류연구 또한 이론 연구의 많은 성과들을 참고하였는데, 方绪军(2001)의 「中介语中动词句的配价偏误分析」는 결합가 이론을 오류연구에 응용한 것이다. 袁毓林(2005)의 「试析中介语中跟"没有"相关的偏误分析」는 주제어나 초점 등과 같은 중국어 이론 연구의 개념들을 오류분석에 도입하여 관련 내용을 설명하고 설득력 있는 결론을 얻어냄으로써 오류의 발생 원인에 대해 새롭게 인식하게 되었다.

2.3 일련의 저서들의 출간

최근 10년 동안 아래와 같은 많은 오류연구 관련 저서들이 출간되었다.

먼저 李大忠(1996)의『外国人学汉语语法偏误分析』는 단순한 오류문 분석에 머물지 않고 학습자 오류문을 충분히 수집하여, 어휘 교육의 각도에서 상용하는 부사, 접속사, 조사, 특수 구문, 보어 등과 같이 오류가 쉽게 발생하는 언어 항목을 찾아내고, 이를 유형별로 귀납했다. 이 책은 오류의 발생 원인과 중국어 규칙에 대한 설명이 비교적 충분하고, 중국어교육에 있어서 매우 합목적적이고 실용적이다.

程美珍(1997)이 편찬한『汉语病句辨析九百例』는 중-영대조 형식을 취하고 있다. 이 책은 주로 영어가 모국어 또는 교수언어인 중국어 학습자를 대상으로 학습 과정에서 보편적으로 나타나는 대표적인 오류문에 대해 분석했다. 이 책은 900개의 오류문을 선정하여 영어를 사용하는 학습자들이 중국어를 배울 때 범하는 96가지 사용상의 오류를 개괄해냈다. '오류문'을 먼저 제시하고 그 뒤에 '적격문'을 제시한 후 수정한 이유를 합리적으로 설명했는데, 그 설명이 평이하고 이해하기 쉬워 중국어 학습자, 특히 영어 모국어 학습자에게 큰 도움이 된다.

张起旺·王顺洪(1999)이 편찬한『汉外语言对比与偏误分析论文集』은 중-일대조 연구와 오류분석을 주요 내용으로 하고 있으며, 아울러 중-영대조, 중-한대조, 문화 간 의사소통 등의 내용도 다루고 있다. 이 책에서는 언어별 오류분석을 상세히 다룸으로써, 오류를 피상적으로만 분석할 뿐 오류의 발생 원인에 대해서는 주목하지 않았던 과거의 연구 경향을 바로잡았다. 또한 문화와 수사에 대한 오류분석도 다루고 있는데, 비록 깊이에 있어서는 다소 부족한 점도 있지만 오류분석의 영역을 확대시켰다는 점이 주목할 만하다.

吴丽君 등(2002)의『日本学生汉语习得偏误研究』는 인지 이론과 중간언어 이론을 바탕으로 오류를 연구했으며, 동시에 담화 오류와 문화 오류 부분을

하나의 장절로 독립시켜 논의하기 시작한 예로, 일본인 학습자를 위한 중국어 교육에 있어서 매우 실질적인 의미를 지닌다.

2004년부터 시작된 中山大学 周小兵 교수팀의 '汉语中介语偏误标注语料库'6의 구축 및 확대는 중국어 오류연구에 유용한 기초 데이타를 제공하였다. 이후 周小兵 교수팀은 国家汉办의 연구 프로젝트인 '语法点选取与排序的依据'도 성공적으로 수행하였으며, 그 연구성과(李蕊·周小兵 2005; 陈珺, 2005; 李英·邓小宁2005)는 오류분석이 문법항목의 학습 난이도 및 제시 순서에 관한 연구와 유기적으로 연계되었음을 보여준다.

오류연구는 제2언어 습득연구의 중요한 구성 요소로 중간언어 연구에 있어서도 중요한 참고가 되고, 중국어 이론 연구를 발전시킬 수 있다는 점에서 매우 큰 의의를 지닌다. 따라서 향후 더욱 새로운 연구들이 지속적으로 진행되어 중국어교육의 발전에 기여할 수 있기를 기대한다.

---

6 이 말뭉치는 中山大学 '211사업'인 『逻辑认知研究』의 하위 프로젝트로서, 외국인 학습자의 작문 60만자를 수록했으며, 문법, 한자 등의 오류를 다각도로 표기한 데이터가 40만자에 이른다.

■ 参考文献

陈　珺·周小兵. 比较句的选项和排序. 语言教学与研究. 2005 (2)
陈小荷. 跟副词"也"有关的偏误分析. 世界汉语教学. 1996 (2)
程美珍. 汉语病句辨析九百例. 华语教学出版社. 1997
邓小宁. "一直"与"一向"的多角度分析. 汉语学习. 2002 (6)
丁安琪. 沈兰 韩国留学生口语中使用介词"在"的调查分析. 语言教学与
　　研究. 2001 (6)
方绪军. 中介语中动词句的配价偏误分析. 语言教学与研究. 2001 (4)
韩在均. 韩国学生学习汉语"了"的常见偏误. 汉语学习. 2003 (4)
姜德梧. 　从HSK(基础)测试的数据统计看"把"字句的教学. 　汉语学习.
　　1999 (5)
劲　松. 被字句的偏误和规范. 汉语学习. 2002 (2)
李大忠 谈错误分析课-十年实践的回顾和总结. 中国对外汉语教学学会
　　第四次学术讨论会论文选 北京语言学院出版社. 1993
李大忠. 语法偏误分析二题. 中国人民大学学报. 1995 (4)
李大忠. "使"字兼语句偏误分析 世界汉语教学. 1996 (1)
李大忠. 外国人学汉语语法偏误分析. 北京语言大学出版社. 1996
李　蕊·周小兵. 对外汉语教学中助词"着"的选项与排序. 世界汉语教
　　学. 2005 (1)
李　英·邓小宁. "把"字句语法项目的选取与排序研究. 语言教学与研究
　　2005 (3)
刘苏乔. 表比较的"有"字句浅析. 语言教学与研究. 2002 (2)
刘　珣. 语言学习理论的研究与对外汉语教学. 语言文字应用. 1993 (2)
刘月华. 状语的分类和多项状语的顺序. 语法研究与探索 (第1辑). 北京
　　大学出版社. 1983
鲁健骥. 中介词理论与外国人学习汉语的语音偏误分析. 语言教学与研
　　究 1984 (3)
鲁健骥. 外国人学习汉语的词语偏误分析. 语言教学与研究. 1987 (4)
鲁健骥. 偏误分析与对外汉语教学. 语言文字应用. 1992 (1)
鲁健骥. 外国人学习汉语的语用失误. 汉语学习. 1993 (1)

鲁健骥. 中介语研究中的几个问题. 语言文字应用. 1993 (1)

鲁健骥. 外国人学习汉语的语法偏误分析. 语言教学与研究. 1994 (1)

鲁健骥. 中介语研究十年. 中国对外汉语教学学会成立十周年纪念论文选. 北京语言学院出版社. 1996

鲁健骥. 外国人学 汉语的篇章偏误分析. 第六届国际汉语教学讨论会论文选. 北京大学出版社. 2000

陆俭明. 关于"去+VP"和"VP+去"句式. 语言教学与研究. 1985 (5)

陆俭明. 卷首语. 语言文字应用. 1999 (1)

陆俭明. 对外汉语教学与汉语本体研究的关系. 语言文字应用. 2005 (1)

吕必松. 对外汉语教学的理论研究问题刍议. 语言文字应用. 1992 (1)

吕必松. 汉语中介语研究的意义与策略. 语言文字应用. 1993 (2)

吕必松. 论汉语中介语的研究. 语言文字应用. 1993 (2)

吕滇雯. 日本留学生汉语偏误之(一)：动词重叠. 汉语学习. 2000 (5)

马 真. 说"反而". 中国语文. 1983 (3)

聂 丹. 语气副词"竟"及其教学. 语言教学与研究. 2004 (5)

盛 炎. 语言教学原理(六章). 重庆出版社. 1990

盛 炎·沙 砾. 对外汉语教学论文选评. 北京语言学院出版社. 1993

孙德金. 描写与实证-汉语要素的多视角考察. 北京语言大学出版社. 2005

孙德坤. 外国学生现代汉语"了·le"的习得过程初步分析. 语言教学与研究. 1993 (2)

孙德坤. 中介语理论与汉语习得研究. 语言文字应用. 1993 (4)

田善继. 外国人汉语非对比性偏误分析. 汉语学习. 1995 (6)

佟慧君. 外国人学汉语病句分析. 北京语言学院出版社. 1986

王建勤. 中介语产生的诸因素及相互关系. 语言教学与研究 1994 (4)

王建勤. 汉语"不"和"没"否定结构的习得过程. 第五届国际汉语教学讨论会论文. 1996

王振来. 韩国学生学习被动表述的偏误分析. 云南师范大学学报(对外汉语教学与研究版). 2004 (4)

吴丽君等著. 日本学生汉语习得偏误研究. 中国社会科学出版社. 2002

武惠华. 功能型语法偏误中的"违规同现"现象探析. 中国对外汉语教学学会第七次学术讨论会论文集. 人民教育出版社. 2002

肖奚强. 韩国学生汉语语法偏误分析. 世界汉语教学. 2002 (2)

肖奚强. 略论偏误分析的基本原则. 语言文字应用. 2001 (1)

肖奚强. 外国学生"除了"句式使用情况的考察. 语言教学与研究. 2005 (2)

语言教学与研究编辑部编. 对外汉语教学论集. 北京语言学院出版社. 1985

袁毓林. 试析中介语中跟"没有"相关的偏误分析. 世界汉语教学. 2005 (2)

张起旺. 王顺洪 主编. 汉外语言对比与偏误分析论文集. 北京大学出版社. 1999

赵金铭. 把汉语教学与研究推向新高潮 - 第一届国际汉语教学讨论会论文举要. 语言教学与研究. 1985 (4)

赵金铭. 把汉语教学与研究推向深入 - 第二届国际汉语教学讨论会论文举要. 语言教学与研究. 1987 (4)

赵金铭. 近十年对外汉语教学研究述评. 语言教学与研究. 1989 (1)

赵金铭. 汉语教学与研究的发展和创获 - 第四届国际汉语教学讨论会论文举要. 世界汉语教学. 1993 (4)

赵金铭. 对外汉语教学与研究的现状与前瞻. 中国语文. 1996 (6)

赵金铭. 差比句偏误的类型语共性. 汉语教学学刊 (2). 北京大学出版社. 2006

赵立江. 外国留学生使用"了"的情况调查和分析. 北京语言文化大学入选第五届国际汉语教学讨论会论文集汇编. 1996

周小兵. 浅谈"除"字句. 对外汉语教学研究. 中山大学出版社. 1991

周小兵. "常常"和"通常". 语言教学与研究. 1994 (4)

周小兵. 谈汉语时间词. 语言教学与研究. 1995 (3)

周小兵. 病句分析课的教学. 中国对外汉语教学学会第五次学术讨论会论文选. 北京语言学院出版社. 1996

周小兵. 越南留学生学习汉语难点分析. 第七届国际汉语教学讨论会论文选. 北京大学出版社. 2004

周小兵. 学习难度的测定和考察. 世界汉语教学. 2004 (1)

周小兵·赵新 等. 对外汉语教学中的副词研究. 中国社会科学出版社. 2002

朱德熙·在纪念. ≪语言教学与研究≫ 创刊十周年座谈会上的发言. 语言教学与研究. 1989 (3)

제2장 문법오류의 연구 방법

제1절 오류의 유형

1. 참오류와 거짓오류

어떠한 문장과 단락에 오류가 발생했으며 또 오류항목은 어디에 있는지를 찾아내는 것이 오류연구에서 우선적으로 해결해야 할 문제이다. 먼저 아래의 예문을 보면서 어떤 문장에 오류가 발생했고 어떤 문장에 오류가 발생하지 않았는지, 또 오류가 발생했다면 그 오류항목은 무엇인지를 살펴보자.

    (1) 他回家的时候, 在这地方来了一个农民。
    (2) 在北京最有名的饭店是北京饭店。
    (3) 有的坐在椅子, 有的散步, 有的聊天, 有的下棋。
    (4) 有的人在公园打太极拳或跳芭蕾舞, 有的人在马路上(练)长跑等等。
    (5) 那时候, 警察在前面来了。
    (6) 士兵们写了信, 把信插入衣袋里。

이상의 예문에 대해서 일부 논저에서는 모두 오류로 보기도 하나, 필자가 보기에는 예문(1), (3), (5)만 참오류이고, 예문(2), (4), (6)은 거짓 오류이다.

먼저 오류항목을 보자. 예문(1)에서는 전치사 '在'가 불필요하게 추가되었고, 예문(3)에서는 방위사 '上'이 누락되었으며, 예문(5)에서는 전치사 '从'이 '在'로 대체되었다. 이 세 문장은 각각 다음과 같이 고칠 수 있다.

(1′) 他回家的时候, [ ]这地方来了一个农民。

(3′) 有的坐在椅子上, 有的散步, 有的聊天, 有的下棋。

(5′) 那时候, 警察从前面来了。

이제 이와 관련된 문법규칙에 대해 살펴보자. 예문(1)에서의 문법규칙은 다음과 같다. 존현문에서는 장소명사가 주어의 위치에 와야 하며 전치사구는 일반적으로 존현문의 주어가 될 수 없다. 예문(3)에서의 문법규칙은 다음과 같다. '在'의 목적어는 일반적으로 장소명사나 방위사구(사물명사+방위사)로 구성되며 일반적인 사물명사는 '在'의 목적어가 될 수 없다. 예문(5)에서의 문법규칙은 다음과 같다. 동사가 위치 이동의 의미를 나타내고 부사어가 동작의 기점을 나타낼 때는 일반적으로 '在'가 아니라 '从'을 쓴다.

예문(2), (4), (6)은 겉으로 보기에는 예문(1), (3), (5)와 유사한 듯하지만, 사실 이들 사이에는 큰 차이가 있다. 예문(2)의 '在北京'은 비록 문두에 있기는 하지만 주어가 아니다. 이 문장은 일반적인 판단문으로, 주어는 수식구인 '最有名的饭店'의 '饭店'이고, '在北京'은 부사어일 뿐이다. 따라서 '在'의 출현이 얼마든지 가능하다. 예문(2)를 오류로 본 것은 아마도 '在北京'을 존현문의 주어로 간주했기 때문일 것이다.

예문(4)의 '公园'은 일반명사가 아니라 장소명사이기 때문에 독립적으로 '在'의 목적어가 될 수 있다. 예를 들면 다음과 같다.

他喜欢在公园看书。
我在公园等你。

이와 유사한 장소명사로는 '学校, 银行, 商店, 车站, 机场' 등이 있는데, 이들이 '在'의 목적어가 될 때는 그 뒤에 '里' 등과 같은 방위사를 써서 방위사구를 이룰 필요가 없다. 예문(4)와 같은 오류는 학습자가 '椅子' 등과 같은 사물명사와 '公园' 등과 같은 장소명사의 특징을 혼동했기 때문에 발생한 것이다.

예문(6)의 '把信插入衣袋里'는 중국어 모국어 화자의 실제 언어 사용 상황에 부합한다. '入'는 동태적 의미를 나타내는 것이므로 여기서는 정태적 의미를 나타내는 '插在衣袋里'를 써야 한다고 보는 견해도 있으나, 이는 문법 개념이나 문법 술어에 얽매여 언어의 실제 사용 상황을 간과한 것이다.

예문(2), (4), (6)과 같은 문장을 오류로 보는 견해와 달리, 필자는 이를 오해로 인해 빚어진 '거짓 오류'라고 생각한다.

그밖에도 통사적 오류는 없지만 중국어 모국어 화자가 잘 사용하지 않는 동일한 의미의 문장을 사용하는 경우가 있다. 예를 들면 다음과 같다.

a. 有时候写不出来东西, 我十分烦恼。

어떤 교수자는 '생략문에서 반복 출현한 부분 중에 남겨두어야 할 것은 첫 번째 것'으로 보고 예문a를 다음과 같이 고치기도 한다.

b. 我有时候写不出来东西, 十分烦恼。

사실 이 두 문장은 모두 중국어 문법에 부합한다. 주된 차이점은 주어 '我'가 첫 번째 절에 출현했느냐 아니면 두 번째 절에 출현했느냐에 있다. 또 다른 차이점이 있다면 아마도 예문a의 사용빈도가 예문b보다 다소 낮다는 점일 것이다. 따라서 예문a를 오류로 보고 이를 교정하거나 설명할 필요는 없다.

또 어떤 문장의 경우 구조와 의미가 제대로 갖추어지지 않은 것으로 보는 교수자도 있다. 예를 들면 다음과 같다.

a. 走路25分钟。

b. 走路需要25分钟。

어떤 교수자는 '走路'는 이합동사이기 때문에 그 뒤에 시량보어를 쓸 수 없으며 성분을 추가하여 하나의 절을 이루어야 한다고 보기 때문에, 예문a를 예문b와 같이 고치기도 한다. 그러나 중국어 모국어 화자의 입말에는 예문a와 유사한 표현 형식이 자주 나타난다.

거짓 오류가 발생하는 원인은 대략 아래의 두 가지로 정리할 수 있다.

1.1 규칙의 과잉일반화

어떤 문법규칙의 사용범위를 비합리적으로 확대시키는 경우가 이에 해당한다. 예컨대, 예문(2)를 오류로 간주한 것은 '전치사구는 일반적으로 존현문의 주어로 쓰이지 않는다'는 규칙을 '전치사구는 문두에 올 수 없다'고 일반화했기 때문이다. 예문(4)를 오류로 본 것은 '일반적인 사물명사가 '在'의 목적어로 쓰일 때는 방위사를 써야 한다'는 규칙을 장소명사에까지 확대했기 때문이다.

다음과 같은 예도 규칙의 과잉일반화에 의한 오류로 간주된다.

(7) 他唱歌很好听。

(8) 他说汉语很流利。

중국어 교재에서는 '得'보어구문에 대해 일반적으로 다음과 같이 설명하고 있다. 즉, 동사 뒤에 목적어와 보어1가 동시에 올 때는 동사를 한 번 반복한 후 그 뒤에 '得'를 써야 한다. 예컨대, 예문(7), (8)에서 나타내고자 하는 의미는

---

[1] 역자주: 본문에서는 결과보어로 서술되어 있으며, 예문(7)의 '好听', (8)의 '流利'를 가리킨다.

다음과 같이 표현해야 한다.

(9) 他唱歌唱得很好听。

(10) 他说汉语说得很流利。

그러나 중국어의 실제 사용 상황을 통해서 알 수 있듯이 예문(7), (8)도 문법에 맞는 문장이다. 중국어에는 이와 유사한 문장이 상당히 많다.

"이러한 문장에서는 문장성분을 어떻게 구분해야 하는가?"라고 문제를 제기하는 사람이 있을 수 있다. 여기에는 일반적으로 두 가지 분석법이 있는데, 하나는 '他唱歌'를 주어(주술구가 주어의 역할을 함)로 보고 그 뒤의 성분을 서술어로 보는 방법이고, 또 하나는 '他'를 주어로 보고 '唱歌很好听'을 주술구가 서술어의 역할을 하는 것으로 보는 방법이다. 물론 '화제' 개념을 도입하는 방법도 있으나 여기서는 논외로 한다.

위에서는 이러한 거짓 오류에 대한 잘못된 판정이 문법규칙의 과잉일반화에서 기인한 것이라고 했지만, 보다 정확히 말하자면 문법 지식을 충분히 갖추지 못하였거나 문법적 판단 능력이 부족했기 때문이다. 예컨대, 예문(4)를 오류로 오인한 원인은 아마도 '公园'과 '椅子'를 같은 종류로 간주하여 이들이 모두 일반적인 사물명사라고 생각했기 때문일 것이다.

규칙의 과잉일반화에 의한 오류는 외국인 학습자뿐만 아니라 중국어 모국어 화자도 범할 수 있다.

1.2 목표언어 지식의 부족

목표언어에 대한 이해가 불충분하여 자신이 듣거나 보지 못한 문장을 오류로 간주하는 경우가 이에 해당한다. 예를 들면 다음과 같다.

(11) 你去北京不?

(12) 想吃什么就吃。

　위의 두 문장은 중국어 문법에 완전히 부합하지만, 어떤 교수자는 이 두 문장을 오류로 간주하기도 한다. 일반적으로 외국인 교수자의 중국어 능력이 중국어 모국어 화자에 미치지 못하기 때문에 자신이 배웠던 지식을 판단의 기준으로 삼는 경우가 많은데, 그러한 기준에 맞지 않으면 오류로 판단할 가능성이 있다. 위의 예문(11), (12)가 바로 외국인 중국어 교수자가 오류로 잘못 판단한 예이다.

　이와 같은 잘못된 판정은 규칙의 과잉일반화와 관련이 있다. 구체적으로 말하면 교수자 자신이 중국어를 학습할 때 접했던 지식이나 규칙이 충분히 갖추어지지 않았기 때문이다.

　외국인 중국어 교수자가 학습한 중국어 문법 지식은 전면적이지 못한 경우가 종종 있다. 예컨대, 의문문을 학습할 때 교수자는 보통 전형적인 예-아니오 의문문, 의문사의문문, 선택의문문, 긍정-부정의문문 등은 가르치지만 긍정-부정의문문의 변형 형식과 생략 형식에 대해서는 일반적으로 설명을 하지 않는다. 게다가 그들은 일상생활 속에서 예문(1)과 같은 문장을 들어볼 기회가 별로 없기 때문에 이러한 예들을 오류로 판정한다.

　이와 같은 잘못된 오류 판정은 언어 대조가 전면적이지 못한 점과도 관련이 있다. 예컨대, 상술한 예문(11), (12)와 같은 문형은 베트남어와 같은 일부 언어에는 존재하기도 한다. 국외의 중국어 교수자는 중국어를 학습할 때 이러한 문장을 접할 기회가 일반적으로 거의 없다. 국내외 중국어 교수자들이 보는 학교 문법 교재를 포함하여 그들이 학습하는 중국어 교재에도 이러한 문장에 대한 언급은 거의 없다. 따라서 그들은 중국어에 이러한 종류의 문형이 없다고 생각한다. 중국어와 외국어를 대조해보면, 자연히 이것이 중국어와 해당 외국어의 차이점이라고 생각하게 된다. 따라서 중국어 학습자가 이러한 문장을 말하는 것이 발견되면 그들은 이를 오류라고 잘못 판단한다.

물론, 규칙의 과잉일반화나 목표언어에 대한 지식의 부족은 모두 언어적 직관력이 좋지 않은 것이라고 볼 수 있다. 후자의 경우는 당연히 중국어에 대한 직관력이 부족한 것이고, 전자의 경우는 중국어에 대한 직관력이 완전하지 못한 문법규칙과 전면적이지 못한 문법 지식에 의해 변질된 것이라고 결론지을 수 있다.

2. 오류와 실수

S. P. Corder는 오류연구의 중요성을 가장 먼저 체계적으로 논술한 학자이다. 그는 일찍이 오류와 실수를 구분해야 함을 지적한 바 있다(1967).

2.1 오류(error)

오류란 학습자가 목표언어의 문법규칙을 일정 정도 습득한 후에 나타나는 체계적인 잘못을 말한다. 이때 학습자는 문법에 맞는 문장을 만들어낼 수는 있으나 목표언어의 문법을 습득하는데 있어서는 정확성이 떨어진다. 따라서 목표언어 규칙의 과잉일반화에 의한 오류 또는 모국어 문법규칙의 부정적 전이에 의한 오류가 자주 발생한다.

이때 발생하는 오류에 대해서 학습자는 자신이 왜 그렇게 말했는지는 설명할 수 있지만, 어느 부분이 잘못되었는지는 대부분 알지 못하며, 스스로 교정하기는 더더욱 어렵다. 이때 교수자는 오류를 교정하고, 교정하는 내용에 대해서는 관련된 문법규칙을 설명하고, 경우에 따라서는 오류의 발생원인을 설명할 수 있어야 한다. 이러한 교육이 적절히 이루어진다면 매우 쉽게 효과를 볼 수 있다. 예를 들어서 초·중급단계의 학습자는 다음과 같은 오류를 범하기도 한다.

*他打完篮球，一点累。
　　*我的头一点痛。

　　위와 같이 말한 이유를 물어보면 일본인 학습자는 "'一点'은 '적다'는 뜻을 나타내고, 두통이 적으므로 '一点痛'이라고 말했습니다."라고 할 것이다. 또는 "우리나라 말에서는 그렇게 말할 수 있습니다."라고 할 수도 있다. 왜냐하면 중국어의 '有点, 一点, 稍微'는 일본어에서는 'すこし'라는 단어 하나로 나타낼 수 있으며, 'すこし'는 긍정적 의미의 형용사 앞에 올 수 있기 때문이다.
　　어느 정도 교수 경험이 있는 교수자는 이런 오류를 쉽게 설명하고 바로 잡을 수 있다. 예를 들면 다음과 같다.

　　　'一点'은 '他买了一点水果'와 같이 일반적으로 명사 앞에서 수량이
　　　적음을 나타낸다. 어떠한 성질이나 상태의 정도가 높지 않음을 나타낼
　　　때는 '他有点累'와 같이 형용사 앞에 '有(一)点'을 사용할 수 있다.

　　또한 학습자가 이러한 설명에 근거하여 '他有一点聪明', '房间有点干净' 등과 같은 오류를 범하지 않도록 학습자에게 중국어 문장에는 긍정적 의미와 부정적 의미의 구분이 있음을 알려주어야 하며, 교수자는 또한 적절하게 설명을 덧붙여야 한다. 예를 들면 다음과 같다.

　　　'有(一)点+형용사'는 일반적으로 만족스럽지 못한 상황을 나타낸다.
　　　'房间有点脏'이라고 말할 수는 있으나 '房间有点干净'이라고 말할 수
　　　는 없다. 만일 만족스러운 상황을 나타내려 한다면 '比较'를 사용할 수
　　　있다. '比较'의 정도는 '有(一)点' 보다 높아서 '他的房间比较干净',
　　　'他的房间比较脏'과 같이 만족스러운 상황에 사용할 수 있을 뿐만 아
　　　니라 만족스럽지 못한 상황에도 사용할 수 있다.

초급단계 두 번째 학기 학습자에게는 설명을 좀 더 많이 해도 된다. 예를 들면 다음과 같다.

'一点'은 형용사 앞에도 올 수 있는데, '他一点也不累'와 같이 일반적으로 '一点(+也)+不+형용사'의 형식으로 어떤 성질이나 상태가 근본적으로 존재하지 않음을 나타낸다.

중급단계의 학습자에게는 더욱 많은 설명을 할 수 있다. 예를 들면 다음과 같다.

'一点'이 형용사 뒤에 올 경우 '这双鞋大一点'과 같이 일반적으로 대조 후에 어떤 사람이나 사물이 모종의 성질에 있어서의 정도가 다른 사람이나 사물에 비해 높음을 나타낸다. 그러나 '了'가 사용될 경우는 '了'의 위치에 따라 그 의미가 달라진다. '形容词+了+一点'은 '他高了一点'에서와 같이 변화가 발생하였음을 나타내기도 하고, '这件衣服短了一点'에서와 같이 만족의 기준을 벗어났음을 나타내기도 한다. '形容词+一点+了'는 '苹果长得大一点了'에서와 같이 변화가 발생하였음을 나타낼 뿐만 아니라 이러한 변화가 화자나 당사자에게 만족스러운 것임을 나타낸다.

성인 학습자의 경우 오류는 반드시 교정하고 관련 설명을 해주어야 한다. 중국어 수준이 서로 다른 학습자에게 난이도를 조절하여 설명을 한다면 매우 좋은 효과를 얻을 수 있다.

2.2 실수(mistake)

실수란 학습자가 자동적 메커니즘을 완벽하게 형성하지 못하여 우연히 범하게 되는 잘못을 가리킨다. 학습자는 일부 문법항목의 규칙들은 이미 완전히 습득하여 대부분의 경우 정확한 문장을 만들 수 있다. 다만 모국어 화자만큼 익숙하지 않거나 부주의, 의외 등의 원인으로 인하여 잘못이 나타나기도 한다.

실수의 경우 학습자는 본인이 실수한 부분에 대해서 스스로 설명할 수 있다. 즉, 잘못된 부분과 그 원인을 파악하고 스스로 교정할 수도 있다. 실수에 대하여 교수자는 설명할 필요가 없다. 필요하다면, 의문의 뉘앙스를 가지고 학습자가 잘못 말한 부분을 반복해서 말해준다면 학습자 스스로 알 수 있을 것이다.

실수는 제2언어 학습자에게서 출현할 뿐만 아니라 모국어 화자에게서도 자주 나타난다. 모국어 화자의 실수는 대부분이 지나치게 긴장하거나 부주의하기 때문에 발생하며, 이는 일반적으로 말실수(slip of the tongue)와 글실수(slip of the pen)의 두 종류로 분류할 수 있다.

2.3 오류와 실수의 차이

외국어 교육에 있어서 실수는 연구의 핵심이 아니며 오류가 연구의 주요 내용이다.

문제는 오류와 실수의 구분 방법이다. 예를 들어 학습자가 '他觉点累'라고 말했다면, 이는 오류인가 실수인가? Ellis(1994)는 다음과 같은 두 가지 변별 기준을 제시하였다.

1) 사용빈도를 본다.

어떤 학습자에게서 동일한 유형의 잘못이 빈번하게 출현한다면 이것이 바로 오류이다. 이는 학습자가 관련 문법규칙을 완벽히 습득하지 못했음을 의미한다. 잘못이 이따금 출현할 뿐이며 해당 문법항목에 대한 정확한 표현이 대부분을 차지한다면 이것은 실수이다. 오류와 실수를 구분하기 위해서는 동일 문법항목에 대한 정확한 용법과 잘못된 용법의 출현빈도를 살펴보아야 함을 알 수 있다.

2) 사용자가 스스로 교정할 수 있는지 본다.

학습자가 스스로 잘못을 교정할 수 있는지 본다. 학습자가 스스로 교정을 할 수 없다면 이것이 바로 오류인데, 이는 학습자가 관련된 규칙을 완전히 습득하지 못하였음을 의미한다. 학습자가 스스로 교정을 할 수 있다면 이것은 실수이다. 이는 학습자가 이미 규칙을 습득하였으나, 단지 부주의, 혹은 다른 원인으로 인하여 잘못을 범한 것임을 의미한다.

2.4 체계의 각도에서 본 오류

S. P. Corder는 또한 체계 전 오류(presystematic error), 체계오류(systematic error), 체계 후 오류(postsystematic error) 등의 세 가지 개념을 제시하였다. 뒤의 두 가지는 각각 대체로 앞에서 다룬 '오류'와 '실수'에 대응된다. 설명이 필요한 것은 체계 전 오류이다.

체계 전 오류란 학습자가 목표언어 규칙을 얼마 습득하지 못했을 때 형성된 것으로 체계성을 갖추지 못한 오류이다. 이러한 잘못을 저지르는 부류는 주로 초급 학습자이다. 그들은 표현하고 싶은 내용은 많으나 목표언어의 규칙에 대한 학습과 습득의 정도가 초보단계이므로 목표언어를 사용해서는 본인의 의사를 명확하게 표현할 수 없다. 단지 이제 막 습득한 몇 가지 목표언어 규칙과 모국어 또는 제1외국어의 지식을 차용하여 표현할 수밖에 없는데, 이러한 표현은 형식과 내용에 있어서 많은 모순을 지니게 된다.

이러한 오류의 특징은 다음과 같다.

첫째, 표현 의도가 분명하지 않다. 청자는 화자의 발화에 근거하여 화자가 표현하고자 하는 내용을 이해하기 어려운 경우가 있다.
둘째, 오류항목이 많다. 한 문장 안의 여러 곳에 오류가 있을 수 있다.
셋째, 임의성이 강하다. 동일한 의미를 표현하는데 여러 가지 형식을 혼용한다.

넷째, 이유를 설명할 수 없다. 교수자가 왜 해당 형식을 사용했느냐고 질문하면 학습자는 대답하지 못하는 경우가 종종 있다.

이상의 특징들은 학습자의 오류가 규칙적인 체계를 이루고 있지 못함을 의미한다. 아래의 예문을 보자.

你最近难吗? 嗯, 不好吗? ('难, 不好'의 의미는 모두 '身体不好'이다.)
书, 桌子, 我看。 (의미는 '书放在桌子上, 我要看'이다.)

체계 전 오류에 대해서 교수자는 일반적으로 용인하는 태도를 취하여야 하며, 이를 지적하거나 설명하거나 오류를 교정할 필요가 없다. 왜냐하면 학습자가 표현하고자 하는 내용은 이미 자신의 표현능력을 훨씬 넘어섰기 때문에 이를 지적하고, 설명하고, 교정하더라도 큰 효과를 볼 수 없다. 초급 학습자에게는 이를 받아들여, 소화하거나 응용할 능력이 없기 때문이다.

물론 체계 전 오류와 체계 오류의 경계가 분명하지 않은 경우도 있다. 이 두 가지 오류의 중간 단계에 있는 특정한 오류들에 대하여, 교수자는 어떤 표현은 정확하지 않다고 적절히 지적하고 아울러 정확한 표현을 제시할 수 있으며, 일부 오류에 대해서는 설명과 교정을 할 수 있다.

3. 표층 오류와 심층 오류

먼저 아래의 예문을 보자.

(13) *这双鞋子一点大。
(14) *这双鞋子有点大。我想, 你男朋友穿一定合适。

예문(13)의 경우 문제가 있음을 쉽게 알 수 있다. 그 이유는 오류가 문장 내부에 분명히 드러나 있기 때문이다. 예문(14)는 두 개의 문장으로 구성되어 있는데, 첫 번째 문장만 보아서는 문법적으로 문제가 없으나 두 번째 문장을 보고나면 어색함을 느끼게 된다. 두 문장을 비교해보면, 첫 번째 문장은 비문임을 알 수 있다. 여기서 '有点大'는 '比较大'나 '大一点'으로 수정해야 한다. '有点大'는 화자가 어떤 사람, 사건, 사물에 대해서 만족스럽지 못한 태도를 나타내기 때문이다. 예문(14)는 아마도 '두 사람이 신발을 고른다. 방금 보았던 신발은 작다. 지금 본 신발은 방금 보았던 것보다 조금 크다.'와 같은 맥락에서 사용되었을 것이다. 그러므로 화자는 다음과 같이 말해야만 한다.

(14′) 这双鞋大一点。我想，你男朋友穿一定合适。

예문(14′)에서 '大一点'은 조금 전에 보았던 그 신발과 비교해서 말한 것이다. 예문(13)과 같이 단문에서 문법규칙에 부합하지 않는 것은 표층오류라고 한다. 한편 단문 자체만으로는 문법규칙에 어긋나지 않으나(예를 들면 '这双鞋子有点大'), 예문(14)와 같이 문맥상 문제점이 드러나는 것을 심층오류라고 한다. 기존의 오류연구에서는 주로 표층오류에 관심을 가졌으며 심층오류에 대해서는 별로 관심을 가지지 않았다.

Ellis(1994)는 오류평가가 문맥의 영향을 받는 경우가 많다고 지적한 바 있다. 그러나 지금까지 이루어진 많은 오류평가 실험은 독립된 문장에 출현한 오류에 집중되어서 통사오류를 중시하였을 뿐이며 문맥오류는 소홀히 했다.

과거에는 심층오류에 대한 연구가 많지 않았으며 분류 기준 역시 통일되지 않았다. 위의 정의 및 필자의 연구에 의하면 심층오류는 적어도 의미오류, 담화오류, 화용오류 등의 세 가지로 분류할 수 있다. 본고에서는 이 세 가지 오류를 아래와 같이 별도의 장절로 다룸으로써 이 문제의 중요성을 부각시키고자 한다.

4. 의미오류, 담화오류, 화용오류

4.1 의미오류

의미오류란 화자의 의도를 정확하게 표현하지 못한 오류를 말한다. 예를 들자면 예문(14)에서 화자가 표현하고자 했던 것은 '这双鞋子大一点'이지만, 결론적으로는 '这双鞋子有点大'라고 말했다. 이 경우 '这双鞋子有点大'는 자체적으로는 문제가 없으나 화자의 의도를 정확하게 표현해내지는 못했다. 화자의 의도는 전후 문장의 맥락을 통해 알 수 있다. 다시 몇 가지 예를 보자.

(15) *(我家有三个孩子, 我哥哥, 我, 我妹妹。我哥哥比我高,)我妹妹不比我高。

(16) *(对不起, 这次找他是没有办法的事。) 我们真的不要再打扰他。

(17) *(小王上午去的学校。) 现在他已经来了。

예문(15)에서 화자가 표현하려는 의미는 '我妹妹没有我高'였으나 화자가 'A没有B+형용사' 문형을 습득하지 못하였거나, 'A没有B+형용사'와 'A不比B+형용사'의 차이를 몰랐기 때문에 'A不比B+형용사' 문형을 사용한 것이다. 예문(16)의 경우 뒷 문장만 보면 틀린 부분이 없다. 여기서 '不要'는 명령·요구·경고 등의 뉘앙스를 나타낸다. 그렇지만 앞 문장을 보면 화자가 표현하고자 했던 것은 '不想'임을 알 수 있다. 예문(17)도 뒷 문장만을 보면 틀린 부분이 없으나 괄호 안의 문장을 보면 화자가 표현하고자 했던 것은 '他已经回来了'임을 알 수 있다.

의미오류를 심층오류라고 규정짓는 까닭은, 해당 문장 자체에는 문법적으로 틀린 부분이 없으며 문맥을 통해서만 비로소 오류가 어디에 출현하였는지를 알아낼 수 있기 때문이다. 기존의 연구에서는 의미오류의 존재를 간과하였기 때문에 깊이 있는 연구를 찾아보기 어렵다.

4.2 담화오류

담화오류란 문장의 결속 원칙을 어긴 오류를 말한다. 우선 아래의 두 예를 보자.

(18) *我觉得这个不是一个问题, <u>但是</u>一个很好的事情。

(19) *他在东欧长大, 在美国工作, 到了澳大利亚后继续教书。因此他说话 时还有一种有较重的美国口音。<u>这儿</u>常使我们学生互相闹笑话。

문장의 결속 측면에서 보면 예문(18)의 뒷 문장에 사용된 '但'은 '而'로 수정 해야 하며, 예문(19)의 뒷 문장에 사용된 '这儿' 역시 '这'로 수정해야 한다. 이 두 예문은 뒷 문장만 보면 문제가 없으나 앞 문장과 연결시켜보면 접속사와 대체사의 대체오류 문제가 발생하게 된다. 이 두 예에서 문장이 길어질수록 뒷 문장에 출현하는 결속 성분의 가능성은 높아지고, 오류 판정도 어려워진다 는 것을 알 수 있다. 다음 예문을 보자.

(20) *大夫带上眼镜, 他觉得高兴极了, 一切都看得清楚。但是他一看他的 妻子就愣了半天没说话。他差不多二十年没看清楚他的妻子。<u>那时 候</u>他觉得她很丑, 就说: "我的眼病太严重了, 带眼镜也不行。"他把眼 镜还给了售货员。

예문(20)에서 서술하고자 한 것은 '20년 전'과 비교하였을 때 비교적 가까 운 시점에 발생한 일이므로 '那时候'를 '这时候'로 바꾸는 것이 좋다. 예문 (20)에서 언급한 것으로는 이외에도 서술 시점, 사고 발생 시점과 이 두 시점을 참조로 한 상대시점이 있다. 학습자의 입장에서 보면 예문(20)은 문장 결속 난이도가 매우 높고, 따라서 오류 판정 난이도 역시 높다.

4.3 화용오류

화용오류란 청자, 화자(또는 문장에서 지시하는 인물)의 신분, 지위, 관계가 서로 부합하지 않거나 의사소통 상황의 화제와 서로 부합하지 않는 오류를 가리킨다. 아래의 예를 보자.

(21) 你几岁了?

예문(21)은 통사적으로는 전혀 문제가 없다. 이 문장을 10세 미만의 아동에게 사용하였을 경우에도 문제는 발생하지 않는다. 그러나 성인, 특히 노인에게 사용한다면 문제가 된다. 이는 청자의 연령을 고려하지 않았기 때문에 의사소통원칙에 위배된 것이다.

이러한 유형의 오류는 모국어의 부정적 전이에서 기인하였을 가능성이 있다. 예를 들어서 'How old are you'는 중국어에서 여러 가지 형식으로 번역될 수 있다.

a. 你多少岁?
b. 你多大了?
c. 你多大年纪了?

학습자는 어떤 대상에게 어떻게 표현해야 하는지를 잘 모른다. 사실 이런 오류는 중국의 여러 방언지역의 각기 다른 표현에서 기인한 것일 수도 있다. 예를 들어, 월(粤)방언에서는 일반적으로 '你几多岁?(직역하면 '你多少岁?'이다)'라는 표현을 쓰는데, 이때 상대방의 나이가 얼마나 많은가에 대해서는 고려하지 않는다. 만일 이러한 표현을 북방방언 지역의 노인에게 사용한다면 의사소통상의 장애를 초래할 것이다.

吴丽君(2002)은 일본인 학습자의 화용오류를 분석한 바 있다.

(22) *我的朋友们都很忙, 可是他们特意的访问我的家。

예문(22)에서 '访问'은 주로 공식 석상에서 주로 사용하는 문체이므로 입말체에는 적합하지 않다. 따라서 이는 '来我家看我'로 수정하는 것이 좋다.

의사소통 상황에 부합하지 않는 예도 적지 않다. *吕文华·鲁健骥*(1993)는 이탈리아인 학습자가 선생님과 헤어질 때 '你好'라고 말하는 예를 든 적이 있다. 이탈리아어에는 'ciao'라는 단어가 있는데, 이 단어는 만날 때와 헤어질 때 모두 사용할 수 있기 때문이다. 사실 이와 유사한 예는 기타 모국어의 학습자에게서도 찾아볼 수 있다. 예를 들어 태국어에서도 만날 때와 헤어질 때 모두 하나의 단어를 사용하기 때문에 중국어를 막 배우기 시작한 태국인 학습자들은 헤어질 때에도 '你好'라고 말할 수 있다.

베트남에서는 면전에서 선생님을 부를 때 '你'를 사용하지 않고 '老师'를 사용한다. 따라서 베트남인 학습자는 중국에 와서 중국어를 한참 배운 뒤에도 중국인 교수자와 대화할 때 '你'가 아닌 '老师'를 사용할 가능성이 높다. 이때 중국인 교수자는 학습자가 여러 차례 반복적으로 사용한 '老师'가 다른 교수자를 가리키는 것이라고 이해할 수도 있다.

5. 총체적 오류와 국부적 오류

Ellis(1997)는 오류의 정도를 평가할 때 총체적 오류와 국부적 오류로 분류할 수 있다고 보았다. 총체적 오류(global error)는 문장 전체의 구조에 영향을 미쳐서 내용을 이해하는데 어려움을 야기하는 오류를 가리키며, 국부적 오류(local error)는 문장 안의 어떤 한 성분에만 영향을 미칠 뿐, 문장의 내용을 이해하는 데는 영향을 미치지 않는 오류를 가리킨다. 예를 들면 다음과 같다.

(23) *The policeman was in this corner whistle.

(24) *She gave me two ticket.

예문(23)은 문장 전체의 구조에 잘못이 있으므로 총체적 오류이고, 예문(24)는 단어 'ticket'이 복수형식을 취하지 못한 국부적 오류이다. 그러나 상술한 정의 중의 '내용을 이해하는데 어려움을 야기한다'는 점과 '내용을 이해하는데 영향을 미치지 않는다'는 점이 다소 모호하다. 예문(24)의 오류는 확실히 '문장의 내용을 이해하는 데는 영향을 미치지 않는다'. 반면에 예문(23)의 오류는 조금 어색하기는 하지만 내용을 이해하지 못할 정도는 아니다.

물론 이러한 구분을 연구에 참고할 수 있음은 말할 나위가 없다. 중국어를 습득하는 과정 중에 나타나는 문법오류 역시 정도에 따라 위의 두 가지로 구분할 수 있다. 다음 예를 보자.

(25) *天气暖和, 很多人去河边或者去公园看樱花。入学、参加工作等, 这个季节也是新生活开始的季节。

(26) *天气很冷, 冷风刮, 有时下雪。

예문(25)는 확실히 이해하기 어려울 뿐만 아니라 교정하기도 어렵다. 잘 관찰해 보면 이 문장은 학습자의 모국어인 일본어 화제문의 영향을 받은 것임을 알 수 있다. '入学, 参加工作等'은 사실상 '新生活'와 관계있는 것이므로 다음과 같이 수정할 수 있다.

(25´) 天气暖和, 很多人去河边或者去公园看樱花。这个季节也是<u>入学、参加工作等</u>新生活开始的季节。

이처럼 예문(25)는 전체적인 구조에 문제가 있기 때문에 이해하기가 어려울 뿐만 아니라, 교정하기에도 어려움이 따른다는 사실을 알 수 있다. 이 예문에서 확장하여 '총체적 오류'를 정의할 때 다음 세 가지 사항을 고려해볼 필요가 있다.

첫째, 전체적인 구조에 문제가 있다.
둘째, 내용을 이해하기가 어렵다.
셋째, 교정하기가 어렵다.

이 세 가지 사항은 그렇게 간단하지 않을 뿐더러 층위를 구분하여 고찰해야 한다. 예문(23)과 비교했을 때, 예문(25)의 전체적인 구조 문제는 더욱 심각하고, 이해의 난이도 및 교정의 난이도 역시 더욱 높다.

상대적으로 예문(26)은 서로 이웃한 단어가 잘못 배열되었을 뿐이며, 문장을 이해하는데 아무런 영향을 미치지 않는다. 따라서 교정도 쉬운 편이다('冷風刮'를 '刮冷風'으로 고치면 된다). 이 경우는 단지 국부적 오류일 뿐이다.

제2절 연구 절차

1. 오류 수집

오류연구에서 우선적으로 해야 할 일은 관련 오류를 수집하는 것이다. 소위 오류란 학습자가 스스로 생산해낸 언어자료이지 연구자가 아무런 근거 없이 만들어낸 것이 아니다. 상상해낸 것도 아니고 대조분석의 결과에 근거하여 만들어낸 것도 아니다.

오류 수집에는 여러 가지 방법이 있는데, 대체로 두 가지 큰 부류와 네 가지 작은 부류로 나눌 수 있다.

1.1 공시적(cross-sectional) 방법과 통시적(longitudi-sectional) 방법

공시적 방법이란 연구자가 학습자의 어느 특정 단계에서 출현한 오류를 수집하는 방법을 가리키고, 통시적 방법이란 비교적 긴 시간 동안 출현한 오류를 수집하는 방법을 가리킨다. 어떠한 수집 방법을 취할 것인가는 연구 목표에 따라 결정된다.

연구자가 오류를 발견한 후 해당 문법항목의 오류를 비교적 체계적으로 연구하고자 한다고 가정해보자. 구체적으로 말해서, 해당 오류가 보편성을 띠는지, 얼마나 많은 학습자가 관련 오류를 범할 것인지, 오류의 빈도는 얼마인지, 관련 오류는 내부적으로 몇 개의 오류항목으로 세분할 수 있는지, 관련 중국어 문법 규칙을 어떻게 설명할 것인지, 어떻게 중국어와 학습자 모국어의 공통점 및 차이점에 근거하여 모국어의 부정적 전이 현상을 탐색할 것인지 등을 알아보고자 한다고 가정해보자. 이때 연구자는 몇몇 학급 내지는 몇몇 학교의 학습자를 대상으로 조사 작업을 수행하여 이 분야의 학습자 오류를 수집할 수 있는데, 조사 작업은 1회 혹은 여러 차례에 걸친 목적성이 있는 문법 연습일 수도 있고 작문일 수도 있으며 대화 녹음일 수도 있다.

예컨대 학습자가 '我也太极拳会打了'라고 말하는 것이 발견되었을 경우 교수자가 '也'의 위치상의 오류가 보편적인지, '也'의 위치 오류의 내부에는 몇 가지 오류 상황이 내포되어 있는지 이해하고자 한다면 교수자는 더욱 폭넓은 범위에서 '也'와 관련된 오류를 수집할 필요가 있다.

만일 하나의 문법항목이 습득되는 과정을 이해하고자 하거나 학습자의 학습단계별 습득 상황이 어떠한지를 알고자 한다면 반드시 비교적 긴 시간, 예컨대 3개월이나 6개월 심지어는 1년이나 2년 동안의 학습자 언어자료를 수집해야 한다. 통시적 오류 자료를 수집하는 데는 비록 많은 시간이 걸리기는 하지만, 꼭 매일 수집해야 하는 것은 아니다(물론, 여건이 허락한다면 매일 수집하는 것이 좋음).

일반적인 방법은 일정 시간(3~5일, 10일, 15일) 간격을 두고 1회씩 수집을 한다. 마찬가지로 언어자료를 수집하는 방법은 매번 목적성 있는 문법 연습일 수도 있고, 작문 혹은 대화나 말하기 녹음일 수도 있다.

예컨대 孫德坤 등(1993)은 영어 모국어 화자의 중국어 '了' 습득 과정을 고찰하기 위하여 학습자 두 명을 대상으로 2주에 한 번, 학습자 당 한 시간씩 총 여덟 차례에 걸쳐 이야기를 나누면서 추적 조사를 실시했다. 대화 내용은 모두 녹취했다. 그의 연구를 통하여 영어 모국어 학습자는 담화 중에 '了₂'를 먼저 사용하고, 대략 2주 후에 '了₁'을 사용하며, 그런 다음에야 '了₂'와 '了₁'을 동시에 사용하여 표현한다는 사실을 알 수 있었다.

공시적인 방법과 통시적인 방법은 각각 나름대로의 특성을 지니고 있다. 공시적인 방법은 비록 짧은 시간 내에 이루어지지만 많은 학습자들의 오류를 수집할 수 있는 반면, 통시적인 방법은 비록 긴 시간 동안 이루어지지만 많은 학습자의 오류를 수집할 수가 없다.

여기서 우리는 사회언어학에서 사용하는 술어를 차용하여 통시적 언어자료와 공시적 언어자료에 대해 논의할 수 있다. 통시적 언어자료(오류 포함)는 습득 단계를 정확하게 반영하기 때문에 중간언어 발전의 '실질적인 시간'을 알 수 있다. 공시적인 방법으로 학습자의 단계별(예컨대, 초급, 중급, 고급단계) 언어자료(오류 포함)를 수집했다면 이 역시 단계별 언어자료에 대한 대조분석을 통하여 습득 단계를 알 수 있다. 따라서 동일한 시간에 수집된 단계별 공시적 언어자료는 중간언어 발전의 '추정 시간'을 알 수 있다.

두 가지 자료 수집 방법은 각각 나름의 특성을 지니고 있기 때문에 양자를 결합하여 사용할 수 있다. 예컨대, 赵효江(1996)은 '了'의 사용 상황을 고찰하기 위하여 2년에 가까운 시간 동안 한 명의 영국인 학습자를 추적 조사했다. 동시에 그는 평가의 방식으로 중국어를 처음 배우는 학습자부터 2학년 학습자까지 네 단계의 학습자를 대상으로 공시적인 연구도 수행했다. 두 언어자료를 통해 얻어낸 결론은 상호 검증의 역할도 하고, 또 설득력도 비교적 강하다.

1.2 자연법(natural law)과 비자연법(nonnatural law)

자연법이란 대화나 작문을 통해 오류를 수집하는 방법을 가리키고, 비자연법이란 문법 연습이나 평가를 통해 오류를 수집하는 방법을 가리킨다.

일반적으로 전자(특히 자유로운 대화)를 통해 수집된 언어자료는 비교적 자연스럽고 학습자의 실제 언어 상황을 반영한다. 학습자는 주로 표현하고자 하는 내용에 보다 관심을 가지기 때문에 이때 발생하는 문법오류의 빈도는 비교적 높다. 후자를 통해 수집된 언어자료는 자연스러움이 덜하며 언어 상황의 사실성도 그다지 높지 않다. 즉, 연습과 평가이기 때문에 학습자는 주로 표현 형식에 신경을 쓰므로 오류 발생 빈도가 그다지 높지 않다.

그러나 연구자가 가장 필요로 하는 특정적인 오류는 자연법으로 수집한 언어자료에는 많지 않은 반면, 전문적으로 설계한 문법 연습이나 평가에서는 전체적인 오류율은 높지 않지만 연구자가 얻고자 하는 오류는 오히려 많은 편이다. 따라서 많은 연구자들이 후자를 선호한다.

자연언어자료의 수집 방법에 대해서는 자세하게 이야기할 필요가 없다. 수집된 언어자료(오류 포함)로는 말뭉치를 구축할 수 있는데, 현재 北京语言大学에 중간언어 말뭉치가 있다. 이는 주로 학습자들의 작문에 기초하여 구축한 것으로, 가공을 거친 언어자료가 100여만 자에 달하며, 현재 가공 중에 있는 자료도 100만 자이다. 이 밖에 台湾师范大学에 영어 모국어 학습자의 중간언어 말뭉치가 있고 中山大学에 중간언어 오류표기 말뭉치가 있는데, 가공을 거친 언어자료가 이미 40만 자에 달한다. 이러한 말뭉치는 모두 글말 자료를 기초로 구축한 것이다. 앞으로 입말 자료에 기초한 중간언어 말뭉치가 구축되기를 기대해 본다.

비자연언어자료의 수집에는 구체적인 방법이 많다. 참고로 몇 가지 예만 들어보기로 한다.

陈珺·周小兵(2005)은 학습자들의 수량차등비교문과 '不比'구문 사용 상황을 고찰하기 위하여 다음과 같은 문제를 설계했다.

调查二

请用每一题中的词组成一个完整的句子:

1. 分钟 他 我 比 三 快
2. 首 他 三 多 比 我 唱歌
3. 得 重 那个包 多 比 这个包
4. 法国 德国 比 多 得 漂亮
5. 他儿子 大 两岁 比 我儿子
6. 瘦 了 你 以前 多 比
7. 重要 多 心灵美 外表美 得 比
8. 两度 今天 比 的 温度 昨天 低
9. 产量 的 比 三分之一 今年 了 去年 提高
10. 比我 快 跑 他 跑步 得 一点

调查三

请用括号中的词语完成下面的句子:

1. 我是专科生, 很多人觉得本科生比专科生强, 但我觉得自己的能力_____。(本科生)

2. A: 你要是没钱用, 就先拿去用吧。
   B: 你家的情况也_____(我家), 我怎么能拿你的钱。

3. 很长时间中国的电视上几乎全部都是外国动画片。昨天晚上, 中央电视一台播出了≪西游记≫, 这部国产画片吸引了很多孩子, 看后都说"好"。国产动画片_____(外国动画片)。

4. 许多人都喜欢喝牛奶, 不喜欢喝豆浆(soybean milk)。认为牛奶比豆浆营养丰富(rich nutrition)。其实, 豆浆与牛奶各有各的好处, 豆浆_____(牛奶)。

5. A: 你们觉得选美比赛的结果怎么样?我觉得第一名_____(第二名)。

  B: 嗯, 我也觉得第二名比第一名更漂亮。不过, 第一名问题回
     答得更好。

6. 虽然这次比赛他们赢了, 不过我们一定要相信自己_____(他
   们), 下次我们一定可以打败他们。

7. 我爸爸脾气很坏, 可是我妈妈的脾气也_____(爸爸), 他们俩常
   常吵架。

8. 黄河和李伟成绩差不多, 可是老师常常表扬黄河, 不表扬李伟。
   李伟很不高兴, 他问老师"老师, 我的成绩_____(黄河), 你为什
   么不表扬我?"

또 李蕊·周小兵(2005)은 동적인 상태를 나타내는 '着₁'과 정적인 상태를
나타내는 '着₂'의 사용 상황을 고찰하기 위하여 다음과 같은 통제적 선택형을
사용했다. a류 문장은 정태문(static sentence)이고 b류 문장은 동태문(dynamic
sentence)이다. 학습자들이 평가 의도를 알지 못하도록 하기 위하여 연습문제를
설계할 때 순서를 뒤바꾸어 놓았고, 아울러 연구 내용과는 관계없는 간섭항목
(interference term)을 삽입하기도 했다.

  1a. 昨天一天, 他房间的门关( )。

  1b. 那天我们很开心, 大家说( )笑( ), 忘记了时间。

  2a. 教室里的灯一直亮( )。

  2b. 雨不停地下( )。

  3a. 他穿( )一件新大衣。

  3b. 小王正写( )给父亲的信。

  4a. 他拿( )一束花走了进来。

  4b. 他抚摸( )孩子的头说: "下次不能这样做了。"

  5a. 阿里房间的墙上挂( )他女朋友的照片。

5b. 公园的草地上跑( )很多快乐的孩子。

11a. 这两天, 他的车在楼前边停( )。

11b. 她忙极了: 饭还在锅里煮( ), 孩子不停地哭, 这时, 电话铃响了。

6. 我们正说( )话, 老师进来了。

7. 我们聊( )聊( ), 吃饭的时间到了。

그밖에 그림 보고 말하기, 그림 보고 작문하기, 영상 보고 구술 혹은 기술하기 등과 같이 자연법과 비자연법을 절충한 오류 수집 방법도 있다. 이러한 방법은 입력을 통제하는 기능을 하기 때문에 학습자로 하여금 연구자가 얻고자 하는 언어자료를 출력하도록 유도할 수 있다. 예컨대, 陈珺·周小兵(2005)은 수량차 등비교문에 대한 언어자료를 수집하기 위하여 다음과 같은 조사를 실시했다.

调查一:

请用比较句描写下列图画(可写多句):

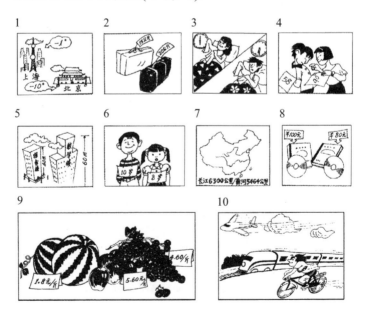

2. 오류 판정

오류 판정에는 두 가지 의미가 있는데, 첫째는 중간언어 자료 중에서 오류가 발생한 문장이나 텍스트를 찾아내는 것이고, 둘째는 오류항목이 어디에 있는지를 확인하는 것이다. 예컨대, 아래의 글에서 오류가 발생한 문장 및 오류항목의 위치를 찾아보자.

(27) *我认为写作课很重要。虽然现代已经发达了电脑的水平, 但许多人忘记单词越来越多。在日本也老师教我们写作, 但是用日语写的, 写日记, 很简单应用文, 写一件事。上个学期也我上了写作课, 学写信, 自荐信, 履历表, 听后编故事等。我觉得有一些进步。于是, 这个学期我要努力学习写作。

만일 이 글을 마침표에 따라 끊으면 여섯 개의 문장으로 나눌 수 있다. 두 번째 문장에서는 형용사 '发达'가 목적어 '电脑的水平'을 취한 것이 오류항목이고, 세 번째 문장에서는 '也'의 위치가 잘못된 것과 '的'가 누락된 것이 오류항목이다. 네 번째 문장에서는 '也'의 위치가 잘못된 것, 여섯 번째 문장에서는 '于是'를 사용한 것이 각각 오류항목이다.

오류 판정은 오류연구에 있어서 매우 중요하다. 오류 판정은 주로 언어적 직관력과 문법 지식에 근거한다.

2.1 언어적 직관력의 사용

오류 판정의 가장 좋은 방법은 물론 언어적 직관력에 기대는 것이다. 중국어 모국어 화자가 만일 훌륭한 언어적 직관력을 갖추고 있다면 이에 근거하여 문장 혹은 텍스트에 오류가 있는지 없는지를 알 수 있다. 예컨대, 예문(27)에서

훌륭한 언어적 직관력이 있다면 대체적으로 오류가 발생한 위치와 오류항목을 바로 식별해 낼 수 있다.

모국어가 중국어가 아닌 교수자의 경우, 언어적 직관력에 근거하여 오류를 판정하기에는 다소 어려움이 있다. 또한 중국의 방언 지역에서 성장했거나 방언의 영향을 많이 받은 교수자의 경우도 언어적 직관력으로 오류를 판정하기는 다소 어렵다.

2.2 문법 지식의 활용

문법 지식을 활용하는 것은 주로 오류항목을 확정하기 위해서이다. 언어적 직관력으로 어떤 문장이나 텍스트에 오류가 발생했음을 발견했을 때 문법 지식을 통하여 구체적인 오류항목을 확정해야 한다. 예를 들면 다음과 같다.

(28) a. *坐了十分钟时间车，就到了一个很大的游乐园。
  b. *在印尼大部分孩子们很孝顺对父母，父母说什么他们都听和做父母的要求。

문장a는 오류항목을 확정하기가 어렵지 않다. '坐'는 목적어 '车'를 가지고 있고 '坐'와 '车' 사이에 동작의 지속을 나타내는 '十分钟'[2]이 있다. 뒤에 '车'가 있기 때문에 '十分钟'은 또 다시 '时间'을 수식할 수 없다. 문장b에는 오류항목이 여러 개 있어서 확정하기가 쉽지 않다. 첫 번째 오류항목은 행위의 대상을 나타내는 '对父母'가 서술어 '孝顺'의 뒤에 와서는 안된다는 점이다. 두

---

[2] '十分钟'이 '坐'의 보어인지 아니면 '车'의 관형어인지에 대해서는 문법서마다 견해가 다르다. 생략할 수 있다고 보는 견해도 있고, 동작 지속의 의미를 강조하면 형식상 '坐'의 보어가 될 수 있다고 보는 견해도 있으며, 뒤에 '的'를 쓰면 '车'의 형식상의 관형어가 될 수 있다고 보는 견해도 있다.

번째 오류항목은 두 번째 절의 두 서술어 성분을 '和'로 연결할 수 없다는 점이고, 세 번째 오류항목은 '做'는 '要求'와 결합할 수 없다는 점이다.

주의해야 할 점은, 문법 지식은 정확하게 사용하되 남용해서는 안된다는 것이다. 어떤 교수자는 오류를 판정할 때 중국어에 대한 언어적 직관력을 무시하고 문법 지식을 부정확하게 사용한다. 그 결과 적격문을 오류로 잘못 판정하기도 한다. 필자는 '2. 오류와 실수'에서 이미 거짓 오류 문제에 대해서 논의한 바 있다. 여기에서 예를 하나 더 들어보자.

(29) 我是釜山出生的。

어떤 교수자는 '장소명사는 단독으로 부사어가 될 수 없으며, 반드시 '在'를 추가하여 전치사구를 이루어야 한다'고 생각한다. 필자의 생각으로는 '장소명사는 단독으로 부사어가 될 수 없다'는 것을 하나의 규칙으로 보기에는 부족한 점이 있다. 만일 그것을 하나의 규칙으로 본다면 많은 예외 상황이 있을 수 있는데, 이때 예외 조건에 대해서도 분명히 설명할 수 있어야 한다. 예를 들면 다음과 같다.

(30) 屋里坐。
(31) 我广州出生，北京长大，上海读大学，香港工作。
(32) 他是美国读的博士。

예문(30)은 명령문이자 하나의 습관적 표현이기도 하다. 예문(31)은 몇 개의 절로 구성되어 있는데, 각 절 내의 처소사는 대조의 초점이다. (32)는 '是……的' 강조문이다. 사실 언어적 직관력으로만 보아도 예문(29)는 오류가 아님을 알 수 있으며, 이와 유사한 문장은 중국어에 매우 많다. 예를 들면 다음과 같다.

(33) 我是广州出生的，但上中学时还不会说广州话。

(34) 他是黑龙江出生的，她是海南出生的。最南边和最北边的谈起恋爱来了。

2.3 오류의 분류

제1절에서는 오류의 유형에 대해 논의했는데, 여기에서는 오류의 분류에 대해 논의해보기로 한다.

우선 언어적 직관력과 중국어의 지식을 기반으로 참오류를 확정하여 거짓 오류가 발생하지 않도록 해야 한다.

그 다음으로는 오류와 실수를 구분하고, 체계 전 오류, 체계 오류 및 체계 후 오류를 구분해야 한다. 만일 체계 전 오류에 속한다면 대부분 설명이나 교정이 필요 없는데, 그 이유는 설명을 하더라도 별 소용이 없기 때문이다. 체계 후 오류에 속하는 경우도 대체로 설명이 필요 없다. 체계 오류의 경우만 정확한 식별과 설명이 필요하다.

체계 오류 중에 통사적인 문제가 있는 표층오류는 당연히 분명하게 식별해야 한다. 또한 단문의 통사 층위에서는 식별이 어려운 심층오류에 대해서도 오류가 발생한 언어 환경을 진지하게 연구하고, 언어 환경과 관련된 각종 요인을 분석하여 정확하게 판정하고 설명해야 하다.

오류항목을 확인한 후에는 총체적 오류와 국부적 오류를 구분해야 한다. 총체적 오류는 진지하게 설명해야 하며, 국부적 오류는 출현 빈도와 사용자의 수에 따라 설명할 필요가 있는지 없는지를 결정한다.

3. 오류 교정

오류항목이 확정되면 오류 교정 작업을 해야 한다. 오류 교정에 대해 과거에는 거의 논의한 바가 없다. 그러나 교육의 각도에서 보았을 때 이는 오류연구의 주요 요소 가운데 하나이다. 만일 오류 교정(rectification) 방법이 합리적이지 못하면 오류연구 전체의 질과 오류분석을 통한 교육 효과에 지대한 영향을 미치게 된다.

오류를 교정할 때는 일반적으로 아래의 몇 가지 사항에 주의해야 한다.

3.1 학습자의 표현 의도에 위배되어서는 안 된다

오류 교정의 첫 번째 원칙은 바로 학습자의 표현 의도를 정확하게 드러내는 것이다. 오류 교정은 주로 목표언어의 문법규칙에 맞지 않는 형식을 바로잡는 것으로, 오류 교정으로 인하여 학습자의 표현 의도가 바뀌어서는 안 된다. 먼저 다음 예를 보자.

(35) *刚结婚以后，他们很幸福。

예문(35)는 다음과 같이 교정할 수 있다.

(35′) 结婚以后，他们很幸福。

교정 후의 문장은 통사적 오류는 없어졌지만 학습자의 표현 의도에 위배되었다. 학습자가 표현하고자 했던 바는 다음과 같다.

(35″) 刚结婚那段时间，他们很幸福。

어떤 오류는 언어 단위 자체만으로는 학습자의 표현 의도를 확정하기가 어렵다. 예를 들면 다음과 같다.

(36) *那时候还有多十个月的时间。

    a. 那时候还有十多个月的时间。

    b. 那时候还有十个多月的时间。

(37) *关门以前11点。

    a. 以前11点关门。

    b. 11点以前关门。

이러한 경우 학습자의 표현 의도가 a인지 b인지를 확정하기가 어렵다. 이때 앞뒤 문맥을 통해서 확정할 수 없다면 학습자에게 물어보아야 한다.

3.2 중국어 문법규칙과 언어적 직관력에 부합해야 한다

교정 후의 문장이나 단락은 중국어 문법규칙에 부합해야 한다. 이 점은 마치 당연한 것처럼 보이지만, 실제로 교정을 거친 후의 일부 문장에 여전히 오류가 존재하는 경우도 있다. 다음 예를 보자.

(38) a. *他们开始会议。

   →b. *他们开始进行会议。

(39) a. *昨天我没看了一个电影。

   →b. *昨天我没看一个电影。

이러한 '수정 후 오류'는 대체로 중국어가 모국어가 아닌 교수자에게서 나타난다. 이 상황은 두 가지로 분류할 수 있다.

첫째, 오류를 교정하였지만 새로운 오류가 출현했다. 예를 들어, 예문(38)a에 대한 교수자의 해석은 다음과 같다. "한국어 동사 '시작하다'와 중국어 '开始'는 의미는 같지만 용법은 다르다. 전자는 용언목적어와 체언목적어를 모두 수반할 수 있지만 후자는 용언목적어만을 수반할 수 있다. 한국인 학습자는 모국어의 영향을 받아 '开始' 뒤에 체언목적어를 수반하였다."는 것이다. 사실 이러한 해석은 매우 타당하다. 그러나 교수자는 오히려 교정 후의 예문(38)b에서 또 하나의 유사한 오류를 범하였으니, 용언목적어만 수반할 수 있는 '进行' 뒤에 체언목적어를 쓴 것이다. 이런 상황이 발생한 이유는 아마도 교수자의 부주의, 중국어 지식의 부족, 모국어의 부정적 전이 등일 것이다. 참고로 제시할 수 있는 적격문은 '他们开始开会'이다.

둘째, 특정 오류항목에는 주의를 기울였지만 또 다른 오류항목을 누락시켰다. 예를 들어, 예문(39)a에는 두 가지 오류항목이 있다. 첫째, '没看' 뒤에 '了'를 잘못 추가하였다. 둘째, 부정문 동사구의 목적어에 수량관형어 '一个'를 사용하였다. 교수자는 첫 번째 오류항목에는 주의하였지만 두 번째 오류항목을 빠뜨린 것이다. 따라서 수정 후의 (39)b에는 여전히 오류가 존재한다. 정확한 교정 방법은 '一个'를 없애는 것이다.3

이러한 상황은 흔히 발생한다. 다음 예를 보자.

(40) a. *他想来想去, 终于决定了买两套月饼。

　　→b. *他想来想去, 终于决定了买两盒月饼。

(41) a. *毕业之后工作两年, 于是想转业。

　　→b. *毕业之后工作两年, 于是想转行。

예문(40)에서는 '套'를 '盒'로 수정하였지만 '决定' 뒤의 '了'를 삭제하지 않았다. 한편 예문(41)에서는 '转业'를 '转行'으로 수정하였지만 '于是'는 수

---

3 동사 앞의 부정어구는 모든 양에 대한 부정을 표시하는 것이기 때문에 뒤의 목적어는 일반적으로 수량어구를 사용해서 수식할 수 없다. 물론, 수량어구가 범지칭성을 나타내는 '一 +단위사'라면 문장은 성립할 수 있지만 (39)a가 나타내려고 하는 의미는 이와 같지 않다. 전체부정의 일반적인 표현 방식은 '一个电影也没看'과 같이 '一 +단위사+명사+부정사+동사'이다.

정하지 않았다.

일부 오류의 경우 교정 후의 문장은 중국어 문법규칙에는 부합하지만 언어적 직관 측면에서는 가장 이상적인 문장이 아닌 경우도 있다. 아래 오류의 교정을 예로 들어 보자.

(42) *我藏自己在门的后面。

이 예문은 다음과 같이 교정할 수 있다.

　我把自己藏在门的后边。

위의 문장은 비록 문법규칙을 위반한 것은 아니지만, 수사적인 필요가 아니라면 왠지 어딘가 좀 어색하다. 다음 문장이 중국어 모국어 화자의 언어적 직관에 더욱 들어맞는다.

　我藏在门的后边。

다른 예를 보자.

(43) *来中国以后, 我两次到长城了。

어떤 이는 위의 예문을 다음과 같이 교정하기도 한다.

　来中国以后, 我到长城去了两次。

위와 같이 교정하는 것도 가능해 보이기는 하지만, 다음 예문이 더욱 적절하다.

来中国以后, 我去了两次长城。

3.3 최소화(minimization)해야 한다

오류를 교정할 때 원문 구조의 수정, 원문 어휘의 첨삭 및 교체는 가능한 한 적어야 한다. 예를 들어 아래의 오류는 몇 가지 형태로 교정할 수 있다.

(44)　a.　*我被他骂。

　　　b.　我被他骂了一顿。

　　　c.　我被他骂哭了。

　　　d.　我被他骂了。

문장b에는 동태조사 '了'와 수량보어 '一顿'이 추가되었고, 문장c에는 결과보어 '哭了'가 추가되었으며, 문장d에는 동태조사 '了'만 추가되었다. 이 세 예문을 비교해보면, 문장d가 간단하게 교정하였을 뿐만 아니라 원문의 의미와도 가장 부합한다. 반면에 다른 두 문장은 너무 많이 고쳐서 원문의 의미와 반드시 일치하리라고 볼 수 없다. 문장c의 '哭了'는 분명히 원문에 없는 의미이고, 문장b의 '一顿'은 원문의 의미보다 더 심각할 수 있다.

물론 최소화는 정확한 교정과 설명을 전제로 한다. 예컨대, 예문(45)와 같이 교정한다면 간단하기는 하겠지만, 교정 후의 문장은 중국어 모국어 화자의 언어적 직관에 부합하지 않는다.

(45)　*他的宿舍只有到星期日才被干净。

　　　?他的宿舍只有到星期日才被打扫干净。

원문과 비교해보면 교정 후의 문장은 '打扫'라는 동사 하나만 추가되었을 뿐이며 중국어 모국어 화자의 언어적 직관에는 부합하지 않는다. 만일 수동자 주어가 무생물(예를 들면 위의 문장 중의 '宿舍')이고, 서술하는 내용 또한 화자가 만족하는 것이라면 일반적으로 '被'를 사용하지 않는다. 따라서 위 오류문을 교정할 때에는 술어동사 '打扫'를 추가해야할 뿐만 아니라 '被' 또한 삭제하여야 한다.

3.4 학습자 수준에 맞추어야 한다

외국어 교육의 원칙 가운데 하나는, 교육 내용이 학습자 수준에 대체적으로 맞아야 한다는 것이다. 즉, 학습단계에서 너무 앞서 나가거나 너무 뒤떨어져서도 안 된다는 것이다. 오류의 교정도 이와 마찬가지여서, 이미 가르쳤던 지식에 기초하여 오류를 교정하는 것이 가장 좋다. 만일 이런 방식의 교정이 어렵다면 현재 학습단계에서 크게 벗어나지 않는 지식의 설명을 통해서 교정해야 한다.

정확한 표현이 학습자의 수준과 너무 큰 차이가 난다면 학습자는 이를 습득할 수 없다. 다음 예를 보자.

(46) *你是一点老师，一点朋友。

이 오류는 다음과 같은 두 가지 방법으로 교정할 수 있다.

    a. 你既是老师，又是朋友。
    b. 你是老师，又是朋友。

예문a 중의 '既'는 좀 어렵고 b의 표현이 비교적 적합하다. 왜냐하면 학습자가 초급단계의 첫 번째 학기를 다니고 있어 수준이 높지 않음을 오류에서 읽어낼 수 있기 때문이다. 이때 '既'를 가르친다면 첫째로 학습자가 이해하기 어렵고, 둘째로 습득하기 어려우며, 셋째로 기억하기도 어렵다. '又'는 아마도 학습자가 이미 배웠을 것이며, 아직 배우지 않았다 하더라도 학습하기에 상대적으로 쉬운 편이다.

오류의 교정이 학습단계에서 너무 뒤쳐져 있다면 학습자가 새로운 지식을 습득하는데 불리하다. 다음 예를 보자.

(47) *一边你说, 一边我记。

이 오류도 다음과 같이 교정할 수 있다.

    a. 你说我记。
    b. 你一边说, 我一边记。

위의 두 가지 교정 방법은 모두 올바른 것이지만, 학습자가 '一边A, 一边B'를 배웠기 때문에 오류의 교정에 있어서도 선택이 있어야 한다. 상대적으로 예문a는 너무 간단해서 학습자가 이미 학습한 문법항목을 확실히 다지는데 불리하다. 반면에 예문b는 교수자가 오류 교정과 함께 관련 문법지식을 설명하고, 이를 통해 학습자가 막 학습한 문법지식을 확실히 다질 수 있다.

3.5 오류항목을 적절히 선택해야 한다

앞에서는 학습자의 문장에 출현한 모든 오류를 교정하는 것에 대해 설명하였다. 그러나 실제 연구와 교육에 있어서 이런 방법을 사용하는 경우는 매우 적다. 사람의 인지능력에는 한계가 있기 때문에 구체적인 연구에 있어서 연구자는 주로 특정한 문법항목 하나, 혹은 관련된 문법항목 몇 개를 고찰하며, 모든 오류항목에 대하여 연구를 하는 경우는 매우 드물다. 앞에서 설명하였던 세 가지 오류를 다시 보자.

(39) *昨天我没看了一个电影。
(40) *他想来想去, 终于决定了买两套月饼。
(41) *毕业之后工作两年, 于是想转业。

만일 '了'와 관련된 오류만을 연구하고자 한다면, 예문(39), (40) 중의 '了'에
집중하여 '了'를 삭제하고 관련 문법규칙과 오류발생 원인을 설명하면 되며,
'一个', '套'의 추가오류에 대해서는 상관하지 않아도 된다. 한편 동사의 대체
오류만을 연구하고자 한다면 예문(41)의 '于是'의 대체오류는 상관하지 않아
도 되고, 접속사의 대체오류만을 연구하고자 한다면 '转业'의 대체오류 역시
상관하지 않아도 된다.

오류항목을 선택하는 것은 임의적인 것이 아니며, 일반적으로 다음과 같은
몇 가지 원칙이 있다.

> 첫째, 학습자가 가장 많이 범하는 오류항목.
> 둘째, 이전의 연구자가 연구한 적이 없는 오류항목, 연구를 하였지만
> 빠뜨렸거나 부족한 부분이 있는 오류항목.
> 셋째, 이론 연구, 중국어-외국어 대조와 밀접한 관련이 있는 오류항
> 목, 몇몇 이론이나 방법 및 모형을 이용해서 설명하기 쉬운 오
> 류항목.

예컨대, (27)에는 여러 개의 오류항목이 있다.

(27) 我认为写作课很重要。虽然现代已经发达了电脑的水平, 但许多人
忘记单词越来越多。在日本也老师教我们写作, 但是用日语写的, 写

日记, 很简单应用文, 写一件事。上个学期也我上了写作课, 学写信,
自荐信, 履历表, 听后编故事等。我觉得有一些进步。于是, 这个学期
我要努力学习写作。

출현빈도가 가장 높은 것은 '也'의 어순오류이다. '也'의 어순오류 양상을
고찰하여, 관련 문법규칙을 설명하고, 어순오류가 발생하게 된 언어 간 요인,
언어 내 요인, 문장 내 요인을 탐색하는 것은 매우 가치가 있다. 따라서 우수한
연구자는 위와 같은 오류항목을 선택할 것이다.

연구자의 인지능력에 한계가 있다고 본다면, 학습자의 인지능력에는 더욱
많은 한계가 있다. 그러므로 학습자의 오류를 교정해줄 때에도 모든 오류를
고려할 수는 없다. 선택의 원칙은 다음과 같다.

첫째, 오류연구의 제1원칙과 마찬가지로 출현빈도가 가장 높은 오류
　　　를 선택해야 한다.
둘째, 학습자의 문법 수준에 비교적 가까운 항목, 혹은 학습자가 배우
　　　기는 했으나 습득은 하지 못한 항목, 혹은 곧 배울 항목을 선택
　　　해야 한다. 학습자의 학습 단계를 넘어서는 항목은 설명해도 별
　　　효과가 없다.

4. 오류 기술

오류의 기술이란 주로 오류의 문법형식에 대한 기술을 가리키는 것으로, 여
기에는 두 가지 방법이 있다.

4.1 전통적인 문법 범주의 관점에서 기술하기

전통적인 문법 범주란 품사(명사, 동사 등 10여 개의 품사), 문장(주어, 서술

어 등, '在'구문, '把'구문 등의 특수구문 등)을 가리킨다. 예를 들면 다음과
같다.

  *我旅行中国。
  *最近我比较很忙。
  *我把这本书没看完。

첫 번째 문장은 동사의 오류이다. '旅行'은 목적어를 수반할 수 없으므로
'我去中国旅行'으로 고쳐야 한다. 두 번째 문장은 부사의 오류이다. '比较',
'很'은 함께 사용할 수 없으므로 둘 중 하나를 삭제하여야 한다. 세 번째는
'把'구문의 부정사의 위치가 틀린 것으로 부정사를 '把'의 앞에 놓아야 한다.
  과거의 많은 오류분석 저서들은 모두 이러한 방법을 사용하였다. 佟慧君
(1986)의 『外国人学汉语病句分析』는 '단어 부분'과 '문장 부분'으로 구성하
였으며, 이 두 부분을 다시 몇 개의 하위 범주(예컨대, 단어 부분은 명사, 대체사,
수사, 단위사, 형용사, 동사, 조동사, 부사, 전치사, 접속사, 조사, 어미'们'으로
분류)로 나누고, 각각의 하위 범주를 다시 더 작은 부류(예컨대, 대체사는 인칭
대체사 오류, 의문대체사 오류, 지시대체사 오류로 분류)로 나누었다. 程美珍
(1997)이 편찬한 『汉语病句辨析九百例』 역시 이러한 방법으로 기술했다.
  이러한 방법의 장점은 전통적인 문법 술어를 사용함으로써 전통적인 언어
교육과 접목시킬 수 있다는 것이다.

4.2 수학범주의 관점에서 기술하기

  수학범주에 입각하여 오류 형식을 바른 형식과 대조해서 양자의 차이점을
정리한다. 일반적으로 추가오류, 누락오류, 어순오류, 대체오류, 혼합오류의 5
가지로 분류한다.

4.2.1 추가오류(addition error)

추가오류는 '添加'라고도 하며, 문장이나 단락에서 불필요한 언어단위가 더해진 오류를 가리킨다. 예를 들면 다음과 같다.

(48) *明天你有去银行吗?
(49) *那篇文章被修改完了。
(50) *我们在一起去了北京玩。

예문(48)은 '有'의 추가오류이다. 표준중국어의 긍정식 동사는 '有' 없이 동작을 표시한다. 예문(49)는 '被'의 추가오류이다. 표준중국어의 피동문에서 수동자 주어가 사물이고, 동작과 동작의 결과가 화자가 만족스러워 하는 일을 표시할 때는 일반적으로 '被'를 사용하지 않는다. 예문(50)은 '在'의 추가오류이다. 중국어에서는 비이동동작을 나타내는 동사는 '在一起'의 수식을 받을 수 있지만(在一起住, 在一起看电影), 이동동작을 나타내는 동사는 일반적으로 '在'를 사용하지 않는다(*在一起来看你, *在一起跑过去).

4.2.2 누락오류(omission error)

누락오류란 문장이나 단락에서 반드시 있어야 하는 언어단위가 누락된 오류를 가리킨다. 예를 들면 다음과 같다.

(51) *他在广州住了六月。
(52) *如果不去中国, 我们就去香港或别有意思的地方。
(53) *明天早上你到朋友吗?

예문(51)에서는 '月' 앞에 '个'가 있어야 한다. 예문(52)에서는 '别' 뒤에

'的'가 있어야 한다. 예문(53)에서는 '朋友' 뒤에 '那儿'이 있어야 하는데, 그 이유는 중국어에서 사람을 가리키는 명사는 장소를 나타낼 수 없으므로 '到'의 목적어가 될 수 없기 때문이다. '那儿', '那里', '这儿' 등을 더하면 적격문이 된다.

4.2.3 어순오류(sequential error)

어순오류는 '错位'라고도 하며, 문장이나 단락에서 한 개 혹은 여러 언어단위의 위치나 순서가 잘못된 오류를 가리킨다. 예를 들면 다음과 같다.

(54) *小王比较跑得快。
(55) *我想写用中国人的思想、语气。
(56) *北方人吃很少米饭。

예문(54)에서 정도부사 '比较'는 형용사 '快' 앞에 위치해야 한다. 예문(55)에서 '用中国人的思想、语气'는 부사어로, '写' 앞에 위치해야 한다. 예문(56)에서 '很少'는 부사어로 '吃' 앞에 위치해야 하며, 빈도가 낮음을 나타낸다. 중국어에서 '很少'는 일반적으로 단독으로는 목적어를 수식하지 않는다.

4.2.4 대체오류(substitution)

대체오류는 '替代'라고도 하며, 특정한 통사적 위치에 사용할 수 없는 언어단위를 사용한 오류를 가리킨다. 예를 들면 다음과 같다.

(57) *我和她是隔壁。
(58) *他很喜欢我，到底我们结婚了。
(59) *小李通常迟到。

예문(57)에서는 '隔壁'를 '邻居'로 고쳐야 한다. 전자는 처소사이므로 '住在隔壁'로 쓸 수 있으며, 후자는 사람을 가리키는 명사이다. 예문(58)에서는 '到底'를 '最后'나 '后来' 등으로 고쳐야 한다. '最后'나 '后来'는 일반적인 시간명사로, 문장의 의미에 부합되지만, '到底'는 부사(副词)로 뉘앙스를 나타내거나 결과를 강조한다. 예문(59)에서는 '通常'을 '常常'이나 '总是'로 고쳐야 한다. '通常'은 어떠한 행위나 사건이 일반적인 상황에서 규칙적으로 발생하는 것을 나타내며, 동사만 수식하는 경우는 거의 없다. '他通常第一节课迟到', '他通常迟到10分钟'처럼 '第一节课', '10分钟'과 같은 단어들이 있으면 '通常'을 쓸 수 있다.

4.2.5 혼합오류(mix-up error)

혼합오류는 두 개 혹은 그 이상의 통사구조가 혼합된 오류를 가리킨다. 예를 들면 다음과 같다.

(60) *他们的日子过得更加和美多了。
(61) *咖喱每个人都认识(了), 但是很少知道咖喱不仅是黄色的, 还有红、绿、白、黑等都有。
(62) *她又不是广东人, 哪儿有资格给人家教广州话的道理呢?

예문(60)은 '他们的日子过得更加和美了'와 '他们的日子过得和美多了'가 혼합된 것이다. 적격문으로 고치려면 두 개의 구문 중에서 하나를 선택하면 된다. 예문(61)은 '很少知道咖喱不仅是黄色的, 还有红、绿、白、黑等'과 '很少知道咖喱黄色、红、绿、白、黑等都有'이 혼합된 것이다. 후자보다는 전자가 조금 더 적절한 문장이라고 할 수 있다4. 예문(62)는 '哪儿有资格给人

---

4 '是黄色的'를 '有黄色的'로 고치는 것이 더 좋다.

家教广州话呢'와 '哪儿有给人家教广州话的道理呢'가 혼합된 것이다. 역시 둘 중에서 하나만 선택하면 적격문이 된다.

수학범주의 각도에서 오류 유형을 분류하는 것은 비교적 개괄적이어서 분산되어 있는 유형을 추상적인 유형으로 정리해 낼 수 있으므로, 적격문과 오류문의 차이점을 파악하는데 도움이 된다.

물론 최근의 연구는 상술한 두 가지 방법을 겸합해서 운용하는 경우가 많다. 즉, 먼저 문법범주를 이용해서 분류를 한 뒤, 문법범주의 구체적인 분석에서 수학범주를 이용하기도 하고, 먼저 수학범주를 이용해서 분류를 한 뒤, 문법범주로 구체적인 분석을 하기도 한다.

4.3 문법규칙 설명하기

오류분석의 최종 단계에서는 관련 문법규칙을 개괄하고 설명해야 한다. 다시 말해서, 목표언어의 문법규칙에 대한 개괄과 설명은 오류분석의 관건이라고 할 수 있다. 이러한 단계가 있어야 연구자는 오류분석을 통해 언어의 실제 사용 상황에 부합하는 더 많은 규칙을 정리할 수 있고, 교수자는 오류를 더 잘 분석하고 규칙을 더 잘 설명할 수 있다. 또한 학습자는 오류분석을 통해 관련 문법규칙을 습득함으로써 오류를 줄일 수 있고, 문법을 더 잘 활용할 수 있다. 사실, 상술한 오류 유형의 분류에서 관련 문법규칙을 모두 설명하였다.

문법규칙에 대한 설명이 정확하지 않으면 부작용이 생길 수 있다. 예를 들면 다음과 같다.

(63) *有一天他看到镜子里的自己多难看。

예문(63)에서 '多'를 '很'으로 고쳐야 한다는 것은 일반적으로 알고 있는 사실이다. 다만 이와 관련된 문법규칙의 설명에서 다음과 같은 설명은 재론의 여지가 있다.

형용사가 보어로 쓰일 때는 일반적으로 복잡성분을 사용하며, 또 앞에는 '很'이 함께 온다. 이 문장에서는 '多'를 썼는데, 이는 옳지 않다.

사실 '多难看'은 보어가 아니라 목적어('镜子里的自己多难看'은 '看到'의 목적어임) 역할을 하는 내포문의 서술어이며, '多'는 얼마든지 형용사 앞에 올 수 있다. 위 문장의 경우 내포문만 독립시켜서 다음과 같이 말할 수 있다.

镜子里的自己多难看!

위의 오류문과 관련된 문법규칙은 특정 문장 성분에 대한 평서문과 감탄문의 제약에 관한 것이어야 한다. 평서문에서는 형용사 술어 앞에 일반적으로 '很, 非常, 挺'과 같은 정도부사를 쓰고, 감탄문에서는 형용사 술어 앞에 일반적으로 '多(么), 真' 등을 쓴다. 예를 들면 다음과 같다.

a. 他写的汉字很 / 非常漂亮。
b. 他写的汉字真 / 多漂亮!

예문(63)은 평서문(他看到……)이므로, 감탄문에만 출현할 수 있는 '多'를 사용할 수 없다. 학습자가 이러한 규칙을 확실하게 습득한다면 오류는 줄어들 것이고 중국어를 더욱 정확하게 사용할 수 있을 것이다. 반면 앞에서 예로 들었던 부정확한 규칙에 따라 설명한다면 다음과 같은 부작용이 발생할 것이다. 첫째, 이러한 설명으로는 문제를 해결할 수 없으므로 학습자는 또 다시 오류를 범할 수 있다. 둘째, 학습자는 '多'류 부사를 사용하는 것을 회피하게 될 것이며, '多'류 부사를 갖는 감탄문을 사용해야 할 때 '很'류 부사만 갖는 평서문을 선택하게 될 것이다.

5. 오류 발생의 원인 규명

오류 발생의 원인을 찾는 것은 오류연구에서 가장 어려운 부분이다. 이는 언어학, 심리학, 교육학 등과 관련이 있으며, 오류연구 중에서도 제2언어 습득 연구의 학제적 특징이 가장 잘 드러나는 부분이다. 동시에 오류 발생의 원인을 밝히는 것은 오류연구에서도 매우 중요한 부분이다. 제2언어 습득의 관점에서 보면, 오류 발생의 원인을 이해해야만 제2언어 습득의 특징과 규칙을 제대로 파악할 수 있고, 중간언어 발전의 과정과 단계도 확실하게 알 수 있다. 교수-학 습의 관점에서 보면, 오류 발생의 원인을 분명히 알아야 확실한 목표를 가지고 교수-학습을 할 수 있는데, 여기에는 교육과정5, 교재 및 사전의 편찬 등을 포함 한다. 또 구체적인 교수-학습 방안을 효과적으로 시행할 수도 있다.

오류의 발생에는 다양한 원인이 있는데, 여기에서는 다음 다섯 가지에 대해 살펴보고자 한다.

5.1 모국어의 부정적 전이

모국어의 부정적 전이란 학습자가 모국어의 문법규칙을 목표언어에 그대로 적용함으로써 발생하는 오류이다. 영어가 모국어인 학습자(와 일부 기타 언어가 모국어인 학습자)에게는 간혹 다음과 같은 오류가 출현하기도 한다.

    *我们的教室很大和很干净。

---

5 역자주: 教学大纲은 '교수요목'이라고도 번역하는데, 본문에서는 한국의 교육학에서 사용하는 용어인 '교육과정'으로 번역하였다. 교육과정이란 교육의 전체적인 방향성, 틀, 교육내용을 모두 포함한다.

위의 예문은 영어(혹은 다른 언어) 문법의 영향을 받은 것이다.

Our classroom is very big and clean.

모국어가 일본어인 학습자에게는 다음과 같은 오류가 출현하기도 한다.

*我比他10公分高。

이러한 오류가 발생한 원인은 일본어의 차등비교문에서는 다음 예문처럼 도량형을 나타내는 단어를 형용사 앞에 두기 때문이다.

わたし　は　　あなた　より　１０センチ　高い。
나　　(조사)　당신　보다　10센티　　크다

상술한 오류를 '언어 간 오류(语际偏误)'라고 할 수 있다.

모국어 부정적 전이의 원인을 찾기 위해서는 반드시 학습자의 모국어를 잘 알아야 한다. 모국어가 중국어인 교수자는 학습자의 모국어를 알지 못하기 때문에, 모국어 부정적 전이의 원인을 찾는데 어려움을 겪는다. 그러나 교수자가 이러한 인식을 가지고 있다면 여러 가지 방법으로 학습자 모국어의 상응하는 표현을 알아내어, 중국어-외국어 대조를 효과적으로 할 수 있으며, 이를 통해 언어 간 오류의 원인을 발견할 수 있다. 구체적인 방법은 다음과 같다.

첫째, 학습자에게 왜 그렇게 말하거나 쓰는지에 대해 물어본다.
둘째, 동일한 모국어를 사용하는 고학년 학습자에게 물어본다.
셋째, 교재나 사전 같은 참고 자료를 찾아본다.
넷째, 해당 언어의 전문가에게 자문을 구한다.

학습자의 모국어를 습득한 중국어 교수자의 경우는 대조를 통해 오류의 발생 원인을 찾는다는 인식만 가지고 있다면, 보다 쉽게 언어 간 오류를 판정하고 그 발생 원인을 찾을 수 있다.

모국어의 부정적 전이와 관련된 구체적인 내용은 제3장~제5장을 참조하기 바란다.

5.2 목표언어 규칙의 과잉일반화

목표언어 규칙의 과잉일반화란 목표언어의 특정 문법 현상과 관련된 규칙을 완전히 이해하지 못한 채, 이를 부적절하게 유추하여 적합하지 않은 범위까지 확대하는 것을 말한다. 예를 들면 다음과 같다.

> *我喜欢我家, 我国家。
> *全星期都有课。
> *他稍微高。

학습자는 '我家'라고 말할 수 있으므로 '我国家'도 가능하다고 생각하고, '全天'과 '全年'이 문법에 맞는 표현이므로 '全星期'도 당연히 그럴 것이라고 생각하며, '他比较高'라고 할 수 있으므로 '他稍微高'라고도 말할 수 있다고 생각한다.

초급 단계에서는 목표언어 규칙의 과잉일반화보다는 모국어의 부정적 전이의 영향을 더 많이 받고, 고급 단계에서는 모국어의 부정적 전이보다는 목표언어 규칙의 과잉일반화의 영향을 더 많이 받는다고 일부 언어학자들은 주장한다.

목표언어 규칙의 과잉일반화에 의한 오류이므로 '언어 내 오류'라고도 할 수 있는데, 현재로서는 '언어 내 오류'의 분류와 체계에 대한 연구는 거의 이루어지지 않고 있다.

목표언어 내부 규칙의 과잉일반화에 의한 오류에 대해서는 이 책의 제6장~
제10장을 참조하기 바란다.

5.3 교육상의 오도

부적절한 교육도 오류를 유발할 수 있다. 陆俭明(2006)은 다음과 같이 지적
한 바 있다.

> 우리는 외국인 학습자에게 중국어 동사는 장소 목적어를 가질 수 있
> 다고 말하면서 '吃食堂' '吃馆子' '泡澡堂子' 등의 예를 들고, 이때 '吃
> 食堂'은 '在食堂吃饭'의 뜻이며, '吃馆子'는 '去 / 在馆子吃饭'의 뜻
> 이라고 설명한다. 학습자가 이러한 내용을 학습한 뒤 앞에서 말한 대로
> 사용한 결과, 다음과 같은 오류가 발생했다.
>
> a. *我现在吃勺园7号楼食堂。
> b. *今天我们吃餐厅吧。
> c. *今天我一直看书图书馆。

몇 가지 예를 더 들어 보자. 많은 교재에서 중국어 2음절 형용사는 AABB의
형식으로 중첩할 수 있다고 설명하고 있다. 일부 교수자는 형용사의 중첩을
설명할 때 소수의 2음절 형용사만 이렇게 중첩할 수 있다는 설명을 하지 않기
때문에, 학습자들이 다음과 같은 오류를 범한다.

> *这里的风景美美丽丽的。
> *他刻刻苦苦地学习。

어떤 교재에서는 이웃하는 두 개의 숫자를 연이어 말하면 어림수를 나타낼

수 있다고 설명하고 있는데, 이로 인해 학습자는 다음과 같은 오류문을 사용하기도 한다.

　　*这个西瓜很大，十五十六斤。
　　*他看上去三十七三十八岁。

어떤 의미에서는 이러한 오류도 잘못된 유추에 의해 발생한 것으로 볼 수 있는데, 잘못된 유추의 발생 원인 가운데 하나가 바로 교육상의 오도이다.

이러한 오류가 발생한 원인을 확인하기 위해서는 질문 등의 방법을 통해 작성자에게서 직접 답을 얻어야 한다. 물론 교재나 교수법을 사용하여 학습자에게 연습문제를 풀게 하는 방법으로 해당 교재나 교수법이 오류를 유발하는지를 확인할 수도 있다.

교육상의 오도가 유발하는 오류에 대해서는 제11장~제13장을 참조하기 바란다.

5.4 의사소통전략의 사용

학습자가 목표언어 지식이 부족한 상태에서 의사소통을 하다 보면 오류가 발생하기도 한다. 예를 들면 다음과 같다.

S1: 中国和韩国的地铁比较，怎么样？
S2: *椅子不一样，广州椅子很好，因为<u>火</u>的时候很安全，但是汉城的地铁不安全，很容易<u>火</u>。

'불이 붙는다'는 의미를 나타내려면 '着火'라고 해야 한다. 그러나 화자는 이 표현을 모르기 때문에 명사 '火'를 사용한 것이다. 제2언어로 의사소통을 할 때, 직관적인 사물을 나타내는 명사로 동작을 나타내는 동사 또는 성질을 나타내는 형용사를 대체하는 현상이 자주 보인다. 이러한 오류가 상술한 세 가지 오류와 다른 점은, 학습자는 본인이 하는 말이 목표언어 규칙에 부합하지 않을 수도 있다는 사실을 알면서도 의사소통의 흐름을 유지하기 위하여 이렇게 표현할 수 밖에 없다는 것이다.

의사소통전략은 학습자가 의사소통을 지속하기 위하여 사용하는 전략이다. 그러나 이러한 오류를 발생시키는 원인은 모국어의 부정적 전이, 목표언어 규칙의 과잉일반화 등과도 일정정도 관계가 있다.

의사소통전략으로 인해 발생한 오류에 관한 구체적인 내용은 제14장을 참조하기 바란다.

5.5 언어보편성 요인

언어보편성 요인이란 언어의 보편성, 유표성, 자연도 등을 가리킨다. 우리는 위에서 오류를 발생시키는 원인은 모국어의 부정적 전이, 목표언어 규칙의 과잉일반화, 교육상의 오도, 의사소통전략 등의 요인과 일정한 관계가 있음을 살펴보았다. 이러한 요인은 모두 인지활동과 관련이 있다고 할 수 있다. 아래에서 '언어보편성 요인'에 대해서 논의하는 것은 오류의 발생 원인을 좀 더 잘 설명하기 위한 것이다.

5.5.1 언어보편성

변형생성문법에서는 핵심문법6은 보편문법의 규칙을 따르고 있어서 습득이 용이하나, 주변문법은 보편문법의 규칙과 일치하지 않아서 인지하는데 혼란을 가져오기 쉽다고 본다. 예를 들면 다음과 같다.

---

6 역자주: 핵심문법에서는 통사구조의 규칙만을 연구하고, 주변문법에서는 문법과 관련된 단어의 지식, 의미 지식, 음성 지식 등을 연구한다.

a. 他要求我立刻走。

b. 他答应我立刻走。

예문a의 '走'는 왼쪽의 행위자주어인 '我'에 가까이 있으므로 이 문장은 핵심문법의 특징을 나타내고 있다. 따라서 제2언어 학습자들이 일반적으로 쉽게 습득하고 오류가 잘 발생하지 않는다. 예문b의 '走'는 행위자주어인 '他'와 멀리 떨어져 있고, 중간에 대체사 '我'까지 삽입되어 있으므로 주변문법의 특징을 나타내고 있다. 따라서 제2언어 학습자들이 쉽게 습득하지 못하여 다음과 같은 추가오류를 자주 범한다.

*他答应我他立刻走。

학습자의 심리적 측면에서 보면, '他'를 한 번 더 반복하여 '走'와 가까운 위치에 출현시키는 것이 비교적 안전하다고 느끼기 때문이다.

5.5.2 유표성

유표성은 언어보편성과 관련이 있다. 표지의 유무와 강약은 언어의 인지에 영향을 미친다. 일반적으로 무표 혹은 유표성이 약한 언어항목은 인지와 습득이 쉽기 때문에 먼저 습득되는 경우가 많으며, 유표 혹은 유표성이 강한 언어항목은 인지와 습득이 어렵기 때문에 나중에 습득되는 경우가 많다. 예를 들면, 모든 언어 중에서 평서문은 무표 혹은 유표성이 약한 언어항목으로 배우기 쉽고 잘 틀리지 않는다. 이에 반해 부정문은 유표 혹은 유표성이 강한 언어항목으로 배우기 어렵고 잘 틀린다. 따라서 제2언어 학습자가 목표언어를 사용할 때 부정문은 오류가 쉽게 발생한다.

표지는 언어들 간의 대조에서도 나타난다. 예를 들면, 같은 부정문일지라도 어떤 언어는 '부정사+동사'(중국어), 어떤 언어는 '조동사+부정사+동사'(영어),

어떤 언어는 '동사+부정사'(한국어)의 구조로 되어 있다.7 상대적으로 '부정사
+동사'는 무표적인 것으로, 사용지역이 넓고 이에 해당하는 언어가 많다. 나머
지 두 종류는 유표적인 것이다. 모국어가 유표적인 학습자(영어 모국어 화자)가
무표적인 중국어 부정식을 학습할 때, '부정사+동사' 구조는 배우기 어렵지 않
다. 그러나 모국어가 무표적인 학습자(중국어 모국어 화자)가 유표적인 영어
부정식을 학습할 때 '조동사+부정사+동사'의 구조는 배우기가 쉽지 않다.

　　부정을 분류해 보면, 단순 부정은 유표성이 상대적으로 약한 편이어서 배우
기가 쉽다. 그러나 상(aspect)의 부정은 유표성이 상대적으로 강하기 때문에
배우기가 어렵다. 구체적인 예를 하나 들어보자.

　　　*上星期我不看电影了。(上星期我没看电影。)

　　'不X'는 상의 특징을 나타내지 않으므로 보편성은 높지만 유표성은 약하다.
'没X'는 '과거, 완료'상의 특징을 나타내므로 보편성은 낮지만 유표성은 강하다.
제2언어 습득에 있어서 유표성이 약한 언어형식의 인지난이도는 상대적으로 낮
아서 습득이 용이하다. 학습자는 '没'대신 '不'를 사용하는 경우처럼 유표성이
강한 언어항목 대신 유표성이 약한 언어항목을 사용한다. 문미의 '了'는 학습자가
과거 상의 특징을 나타내려는 의식을 가지고 있음을 보여준다. 그러나 '没X'의
구조로 표현하지 못하고 유표성이 약한 '不X'뒤에 '了'를 첨가하여 나타내었다.
이는 언어보편성 요인이 작용한 것이라고 볼 수 있다(자세한 내용은 제6부 참조).

---

7 역자주: 이에 해당하는 예로는 중국어는 '不去', 영어는 'Do not go', 한국어는 '가지
　않는다'가 있다.

5.5.3 자연도[8]

언어항목의 형식과 의미 사이의 관계가 간단명료한가의 여부는 학습자가 언어항목을 인지하고 습득하는데 영향을 끼친다. 예를 들면, 행위나 동작의 반복을 표시할 때, 어떤 언어들은 한 가지 언어형식을 사용하는데, 그 형식과 의미의 관계가 간단명료하기 때문에 쉽게 학습하고 습득할 수 있다. 예를 들면 영어의 'again'이 이에 해당한다. 빈면 중국이에서는 '再, 又, 还'가 자주 사용된다. 초급단계 학습자들은 이를 사용해서 반복의 의미를 나타내는데, 이때 다음과 같은 오류가 발생할 수 있다.

> *他上个星期<u>再</u>去了北京。
> *我明天<u>又</u>看电影。

보편적으로 사용되는 교재에서는 대부분 '又'는 과거에 발생한 동작의 반복을 나타내고, '再'나 '还'는 미래에 발생할 동작의 반복을 나타낸다고 설명하고 있다. 그러나 학습자들이 이러한 설명에 따른다고 해도 오류가 발생할 수 있다.

> *明天<u>再</u>是中秋节，我们<u>再</u>要去长城看月亮。
> *下个月我要<u>还</u>去长城。

따라서 다음과 같은 설명이 필요하다. 미래에 반드시 출현할 사건과 반드시 발생할 규칙적인 사건에 대해서는 '又'를 쓰며, 조동사와 함께 사용할 때 '再'는 일반적으로 조동사 뒤에 놓이고, '还'는 일반적으로 조동사 앞에 놓인다.
그러나 학습자들은 고급단계에 이르러서도 여전히 오류를 범한다.

---

[8] 역자주: 자연도(naturalness)란 언어형식이 내포하고 있는 의미가 단순한가 혹은 다중적인가에 따라서 사용자가 자연스럽게 받아들일 수 있는 정도를 말한다.

*我十年前去过天津, 前年又去的时候, 发现变化很大。

　수식을 받는 동사가 나타내는 행위가 과거에 발생한 것이라 하더라도, 시간을 나타내는 부사어 중에 출현할 때는 '又'를 쓸 수 없고, 반드시 '再'를 써야 한다(李英·徐霄鷹, 2002).

　위에서 살펴본 바와 같이, 중국어에서 동작이나 행위의 반복을 나타내는 '又, 再, 还'의 쓰임은 매우 복잡함을 알 수 있다. 이들은 비록 의미는 유사하지만 구체적인 용법에는 많은 차이가 있다. 중국어 모국어 화자의 경우는 언어적 직관력에 의존하기 때문에 잘못 말하지는 않지만, 그 규칙을 분명히 설명해내지는 못한다. 중국어가 모국어가 아닌 화자의 경우는 이러한 언어항목에 대한 인지와 습득에 있어서 많은 어려움을 겪기 때문에 오류가 빈번하게 발생한다.

　언어항목이 간단한가 복잡한가도 자연도와 관계된다. 일반적으로 복잡한 구조(예를 들면 관계절을 내포하고 있는 내포구조)는 간단한 구조보다 인지난이도가 높다. 학습자가 간단한 문장을 말할 때는 오류가 발생하지 않겠지만, 복잡한 문장을 말할 때는 오류가 발생할 수 있다.

　　a. 他去了天津吗?
　　b. *我不知道他去了天津吗?

6. 오류평가와 교육적 적용 방안

　오류평가와 교육적 적용 방안은 오류연구의 마지막 단계이다. 오류분석은 교수학습의 발전을 목표로 하고 있다. 오류분석의 마지막 단계인 오류 평가는 교수자가 오류의 심각성을 판단하는 기준을 확립함으로써, 어떤 유형의 오류를 중점적으로 다루어야 하는지 결정하도록 돕는데 그 의의가 있다.

6.1 오류 평가

오류 평가는 주로 오류의 심각성에 대해 평가하는 것을 말한다. 2절에서 오류의 분류에 대해 논의할 때, '총체적 오류와 국부적 오류'에 대해 언급하였는데 이 분류 또한 오류평가의 일부분으로 볼 수 있다. 일반적으로 총체적 오류는 자세하게 다루어야 하는 반면, 국부적 오류는 선별해서 다룰 수 있다. 자세하게 다룬다는 것은 다음과 같은 몇 가지 내용을 포함한다.

첫째, 이해난이도가 높은 항목은 우선 발화자가 무엇을 표현하고자
했는지를 정확히 파악해야 한다.
둘째, 오류에 대해서 과학적인 분류와 합당한 교정, 세밀하고 정확한 기술
및 다각적인 원인 분석을 통한 합리적인 적용 방안을 제시해야 한다.

국부적 오류에 대해서는 심각성에 따라 단계별 감정을 실시한다. 출현빈도가 높은지, 구조적 문제가 많은지, 교정하기가 어려운지, 설명하기가 어려운지 등에 따라 각기 다른 층위로 분류하여 선별적으로 다루어야 한다.

6.2 교육적 적용 방안

평가의 목적은 미래의 교수-학습을 위한 준비에 있다. 총체적 오류와 국부적 오류 가운데 비교적 심각한 내용에 대해서는 연구 결과를 근거로 하여 합리적이고 실현 가능한 교육적 적용 방안을 마련해야 한다.

교육적 적용 방안은 다음 몇 가지로 나눌 수 있다.

첫째, 교육과정이나 교재에서 해당 오류와 관련된 언어항목을 어떻게 처리할 것인가.

예를 들면 다음과 같다. 해당 언어항목을 교육과정이나 교재에 넣을 것인가

말 것인가, 교육과정의 어느 등급에 배치할 것인가, 교재의 어느 단계에 배치할 것인가, 해당 언어항목을 서로 연관된 몇 개의 하위 언어항목으로 나누어서 다룰 것인가 말 것인가, 한꺼번에 제시할 것인가 아니면 순차적으로 제시할 것인가, 만약 후자의 경우라면 중간에 어느 정도의 시간 간격을 둘 것인가.

둘째, 어떻게 설명할 것인가.

예를 들면 다음과 같다. 어떤 형식의 외국어 주석이 가장 합리적인가, 예문을 어떻게 제시할 것인가, 어떠한 예문을 제시할 것인가, 특정 언어항목에 대한 최초 설명 단계에서 부정형식을 포함할 것인가 말 것인가.

셋째, 어떻게 연습을 할 것이며, 연습문제는 어떻게 설계할 것인가.

예를 들면 다음과 같다. 李蕊·周小兵(2005)에서는 '着'에 관한 오류를 고찰한 뒤 다음과 같은 적용 방안을 제시하였다. 첫째, 정적인 상태를 표시하는 '着'와 동적인 상태를 표시하는 '着'를 구분해서 지도할 필요가 있다. 정적인 상태를 표시하는 '着'는 첫 번째 학기에 가르치는 것이 가장 좋고, 동적인 상태를 표시하는 '着'는 두 번째 학기에 가르치는 것이 좋다. '正说着, 他走进来了', '说着说着, 他就哭了'와 같은 두 문형은 세 번째 학기에 가르치는 것이 적절하다. 둘째, '着'의 부정형식은 가르칠 필요가 없다.

또 다른 예를 들어보자. 崔希亮(2005)에서는 유럽과 미국 학습자가 중국어 전치사를 습득할 때 나타나는 여러 오류 경향을 고찰한 후 다음과 같이 지적하였다. '우리가 조사한 오류발생률은 교수자 혹은 교재 편찬자에게 어떠한 전치사가 학습상의 난점인지 알려주며, 우리가 조사한 오류 유형은 교수자와 교재 편찬자에게 각각의 전치사가 학습과정에서 어떠한 문제점이 있을 수 있는지를 알려 준다.' 아울러 다음과 같은 세 가지 의견을 제시했다.

첫째, 학습자별로 다르게 나타나는 학습상의 난점을 파악한다.
둘째, 유럽과 미국 학습자들이 중국어 전치사를 학습하는 과정에서
      부딪히게 되는 문제점을 총체적으로 파악한다.

셋째, 영상도식(schema)으로 형식과 의미 사이의 문제를 설명한다.

이상으로 오류연구의 절차를 여섯 단계로 나누어 설명하였다. 사실상 이 여섯 단계는 그 경계가 확실히 구분되는 것은 아니며, 이들 사이의 관계는 매우 밀접하다. 다시 말하자면 오류의 식별, 교정, 기술 및 원인 분석 등은 경우에 따라 동시에 수행할 수 있다. 예컨대 다음과 같은 예가 발견되었다고 가정해 보자.

*上个学期也我上了写作课。

연구자는 언어적 직관력에 의해서 이것이 부사 ‘也’의 위치 오류임을 알 수 있으며, 아울러 ‘上个学期我也上写作课’로 교정할 수 있다. 이어서 오류의 발생 원인이 모국어의 부정적 전이 및 문장 내 요소(문두에 시간을 나타내는 어구 ‘上个学期’가 있음)와 관련이 있음을 파악할 수 있다.

이들 요소는 서로 연관된 것으로, 만약 하나의 요소에서 문제가 발생하면 다른 요소도 영향을 받게 된다. 예를 들어 보자.

*除了小香以外, 别的同学们去旅行了。

오류를 식별할 때, 만약 ‘别的同学们’ 하나만 오류로 판정했다면 위의 예문은 다음과 같이 교정할 수 있다.

除了小香以外, 同学们去旅行了。

이와 관련된 규칙에 대한 설명은 다음과 같다. 사람을 가리키는 명사 뒤에 ‘们’이 있을 때는 그 앞에 ‘别的’를 쓸 수 없다. 오류의 발생 원인은 모국어의 부정적 전이이다. 위에서 말한 오류문은 베트남 학습자에게서 나타난 것이다.

베트남어에서는 'cac hoc sinh khac'이라고 하는데, 이를 중국어로 직역하면 '別的同学们'이 된다. 이 오류는 국부적인 문제로 판단할 수 있는데, 그 이유는 단지 주어의 역할을 하는 명사성 어구에만 관련되어 있기 때문이다.

문제는 오류를 식별할 때 또 다른 오류 하나를 빠뜨렸다는 점이다. 즉, 문장의 주어와 서술어 사이에 '都'가 누락되었다. 이 예문은 다음과 같이 교정할 수 있다.

除了小香以外, 同学们都去旅行了。
除了小香以外, 別的同学都去旅行了。

또 하나의 관련 규칙은 다음과 같다. 만약 '除'구문이 배제식이라면, 주절 부분에는 일반적으로 '都', '全' 등을 사용해야 한다. 이 오류는 모국어의 부정적 전이와 관련이 있으며, 문장 의미의 복잡성 및 의미와 형식 간의 복잡성과도 관련이 있다. '都'는 주절의 서술어 부분 및 주어 부분 뿐만 아니라 주어 앞에 위치한 부사어와도 밀접한 관계가 있다. 따라서 이는 총체적 오류로 볼 수 있다.

물론, 오류를 교정하는 과정에서 일부분은 올바르게 교정하였으나 다른 부분의 교정에 문제가 있을 경우, 둘 사이에 모순이 발생할 수 있다. 예를 들면 다음과 같다.

*施工队觉得, 这点障碍被他们克服得了。[9]

분석자는 이 문장의 술어동사 뒤에 가능보어가 있으므로 '被'피동구문의 의미적 요구에 부합하지 않는다고 보았다. '被'피동구문은 의미상 동사술어의 결과가 특정적인 것이어야 하므로, 동사 뒤에 보통 완성이나 결과를 나타내는 어구들이 사용되거나, 동사 자체에 이러한 의미를 나타내는 성분을 포함하고

---

[9] 이 예문과 이에 대한 설명은 『外国人学汉语语法偏误分析』(李大忠, 1996)에서 발췌한 것이다.

있다. 반면, 가능보어는 '가능'이라는 말이 나타내는 바와 같이 단지 서술어가 모종의 결과를 발생시킬 가능성만을 나타낸다.

분석자는 오류의 식별과 기술은 잘 했지만, 오류의 교정 부분에 대해서는 좀 더 살펴볼 필요가 있다. 분석자는 다음 두 가지 교정 방법이 있다고 보았다.

······这点障碍能被他们克服。
······这点障碍他们克服得了。

대조를 통해 알 수 있듯이, 두 번째 문장은 잘 고쳤으나 첫 번째 문장에는 여전히 문제점이 있다. 사실 '被'피동구문에서 조동사 '能'을 사용하는 것은 가능보어를 사용하는 것과 효과가 같으므로, 가능의 의미와 '被'피동구문에서 요구되는 특정적인 결과는 여전히 모순된다.

그러므로 이러한 모순을 피함과 동시에 학습자가 이해하기 쉬운 구문을 사용하려면 이 오류문은 다음과 같이 교정하는 것이 가장 바람직하다.

······这点障碍他们能克服。

■ 参考文献

陈　珺·周小兵. 比较句语法项目的选择和排序. 语言教学与研究. 2005 (2)
崔希亮. 欧美学生汉语介词习得的特点及偏误分析. 世界汉语教学
　　2005 (3)
桂诗春. 应用语言学. 湖南教育出版社. 1988
黄　冰. 第二语言习得入门. 广东高等教育出版社. 2004
李大忠. 外国人学汉语语法偏误分析. 北京语言大学出版社. 1996
李　蕊·周小兵. 对外汉语教学助词"着"的选项与排序. 世界汉语教学.
　　2005 (1)
李　英·徐霄鹰. 表示重复义的"还"与"再". 对外汉语教学中的副词研
　　究. 中国社会科学出版社. 2002
陆俭明. 对外汉语教学与汉语本体研究的关系. 语言文字应用. 2006 (1)
吕文华·鲁健骥. 外国人学汉语的语用失误. 汉语学习. 1993 (1)
盛　炎. 语言教学原理. 重庆出版社. 1990
孙德坤. 外国学生现代汉语"了"的习得过程初步分析. 语言教学与研究.
　　1993 (2)
吴丽君. 日本学生汉语习得偏误研究. 中国社会科学出版社. 2002
肖奚强. 略论偏误分析的基本原则. 语言文字应用. 2001 (1)
赵立江. 汉语"了"的习得过程: 个案研究二 汉语作为第二语言的习得研
　　究. 北京语言大学出版社. 1997
周小兵. 留学生汉语病句分析. 中山大学内部使用教材\. 1990
周小兵. 第二语言教学论. 河北教育出版社. 1996
周小兵·李海鸥. 主编 对外汉语教学入门. 中山大学出版社. 2004
Coder S. P., The Significance of Learners'Errors International Review of
　　Applied Linguistics. 1967 (5)
Ellis R., Understanding Second Language Acquisition, 上海外语教育出版
　　社. 1999
Ellis R., The Study of Second Language Acquisition. 上海外语教育出版社. 1999

제2부
중-외 대조와
모국어의 부정적 전이

제3장 대조분석과 언어 간 오류

제1절 대조분석의 흥기와 발전

대조분석은 현재 중국 내 중국어교육학계에서 비교적 잘 알려진 이론 가운데 하나로, 대조언어학(contrastive linguistics)이라고도 하며, 두 가지 혹은 그 이상의 언어를 공시적으로 대조하여 공통점과 차이점을 밝혀낸다.

대조분석은 역사가 오래된 학문이자 신흥 학문이기도 하다. 언어 대조는 언어 접촉이 발생하기 시작하면서부터 있어 왔으나 1941년에 이르러서야 미국의 언어학자 B. Whorf가 처음으로 대조언어학이라는 술어를 사용했다. 그는 「语言与逻辑」에서 언어 사이의 차이점을 전면적으로 분석했다. 1945년부터 C. C. Fries는 여러 편의 논문과 강연에서 이 문제에 대해 논의한 바 있다. 그는 미시건 대학에서 대조언어학 연구의 기초를 다졌으며, 대조 연구의 기초 위에서 언어 교재를 편찬할 것을 주장하였다. 하나의 전문적인 학문으로서 대조분석을 언어 교육에 응용한 것은 R. Lado에서 시작되었다. 1957년에 출판된 그의 『Linguistics Across Culture』(跨文化的语言学)는 언어 대조의 이론, 방법 및 절차에 대해 체계적으로 기술하여 외국어교육에 커다란 영향을 끼쳤다.

대조분석의 목적 가운데 하나는 외국어교육의 발전에 도움을 주는 것이다. R. Lado는 외국어의 습득 과정을 주로 모국어 습관에서 외국어 습관으로 전이

되는 과정으로 보았다. 모국어와 외국어의 구조가 같을 때는 유익한 전이가 발생하는데, 이를 긍정적 전이(positive transfer)라 하고, 모국어와 외국어의 구조가 다를 때는 유해한 전이가 발생하는데, 이를 부정적 전이(negative transfer)라고 한다. 외국어교육의 목적은 유익한 전이를 촉진시키고 유해한 전이를 극복함으로써 학습자들이 새로운 외국어 습관을 가지도록 하는데 있다. 외국어 교수자가 대조분석 방법으로 두 언어를 비교할 수 있다면 목표언어를 학습하는 학습자의 어려움이 어디에 있는지를 알 수 있으며, 따라서 목표에 부합하는 교육을 할 수 있다. C. C. Fries와 R. Lado 등은 문화 배경이 다른 학습자의 모국어와 가르치고자 하는 제2언어, 즉 영어를 체계적으로 대조분석하고, 이러한 기초 위에서 모국어가 다른 학습자가 사용할 영어 교재를 편찬했다.

Chomsky의 변형생성문법론이 출현하고 인지심리학이 다시 고개를 들면서 구조주의언어학(structural linguistics)과 행동주의심리학을 기초로 한 대조분석 이론은 심각한 도전을 받게 되었다. 1960년대 말, 중간언어 이론이 출현하였는데, 이 이론에서는 학습자의 오류는 모국어의 간섭에 의해 발생할 뿐만 아니라 여러 가지 요인의 영향을 받은 결과로 보았다. 따라서 사람들은 오류분석(error analysis)에 주목하기 시작했다. 1970년대 이후 오류분석은 상당 부분 대조분석을 대신하게 되었지만 여전히 언어 대조 연구를 벗어날 수는 없었다. 1980년대에 이르러서는 대조화용론, 담화대조분석 등과 같은 영역의 연구가 전개되기 시작했으며, 또한 일부 대조분석 연구자들은 촘스키의 언어 이론과 결합하여 언어 보편적 현상의 가설 등에 대한 근거를 모색하였다.

제2절 대조분석의 절차와 난이도위계 모형(difficulty hierarchy)

대조분석이 가능한 이유는 각종 언어 사이에 공통점과 차이점이 있기 때문인데, 이러한 공통점과 차이점은 기술이 가능한 것으로, 사람들이 제2언어를 학습할 때 전이를 발생시키는 원인이 되기도 한다.

고전적인 대조분석은 일반적으로 다음과 같은 절차에 따라 진행된다.

첫째, 기술(description)

학습자의 모국어와 목표언어에 대해 정확하고 분명하게 기술한
다. 이러한 기술은 특정한 문법 체계를 근거로 한다.

둘째, 선택(selection)

특정 언어항목, 규칙 또는 구조를 선택하여 대조한다.

셋째, 대조(contrast itself)

두 언어 사이의 특수한 점을 찾아낸다. 이때 참조점이 유효한가
(즉 비교가능성을 갖추고 있는가)에 기초해야 한다.

넷째, 예측(prediction)

학습과정 중에 나타날 수 있는 오류와 난점에 대해서 예측한다.

대조분석에서의 예측을 형식화하고 주관적인 요소의 간섭을 배제하기 위해서
응용언어학자들은 각종 난이도위계 모형을 제시하여 학습상의 난이도를 분류했다.

Hammerly는 음성, 어휘, 문법 층위의 난이도를 분류하고 특정 난이도의 심화
요인을 지적했으며, 아울러 난이도가 가장 높은 것이 반드시 의사소통에 있어서
도 가장 중요한 것은 아니라고 보았다. 구체적인 내용은 그가 제시한 문법 난이
도위계 분류 모형(盛炎, 1990:112에서 재인용)에서 살펴보자.

[표3-1] 문법 난이도위계 분류 모형

	모국어	제2언어
1	없음	통사 모형1 혹은 범주
2	어순 차이	
3	통사 모형2 혹은 범주	없음
4	일치(인칭, 성, 수, 격 등)	
5	형태 모형의 분산	
6	형태 모형의 집중	

1에서 6으로 갈수록 난이도는 낮아진다. 해멀리는 학습 과정에서 통사적인 문제가 형태 문제보다 큰 것으로 보았는데, 이는 주로 서양 언어학자의 경험에 기초하여 얻어낸 결론이다. 필자가 보기에 이 표는 중국어와 같이 형태변화가 거의 없는 언어에 적용하기에는 적절하지 못하다.

Stockwell 등은 영어와 스페인어의 대조를 통하여 스페인어를 학습하는 영어 모국어 화자를 위하여 난이도 등급의 기준을 제시하였다(Ellis, 1994:307에서 재인용).

[표3-2] 난이도 등급의 기준

난이도 유형	L₁(영어)→ L₂(스페인어)	예
1 분리	$X \rightarrow x \ y$	'for'가 'por'나 'para'에 대응됨
2 새로움	$0 \rightarrow 0$	성(性)의 문법 범주
3 결핍	$X \rightarrow 0$	'do'가 시태를 나타냄
4 합체	$x \ y \rightarrow x$	'his/her'가 단일 형식인 'su'에 대응됨
5 대응	$X \rightarrow x$	'~ing', '~ndo'가 지각동사의 보충어로 쓰임

1에서 5로 갈수록 난이도는 낮아진다. 이 표는 통사, 형태 등 구체적인 개념의 속박에서 벗어나 난이도를 공식화했기 때문에 적용 범위가 비교적 넓다.

현재 주로 소개되고 있는 것은 Cliford Prator(1967)가 제기한 비교적 간명한 난이도위계 모형이다. 그는 난이도위계를 여섯 등급으로 나누었는데, 수준0에서 수준5로 갈수록 난이도가 높아진다. 아래에서는 중국어를 예로 들어 이 모형에 대해서 상세하게 설명하겠다.

---

[1] 역자주: 예를 들면 중국어의 보어가 이에 해당한다.
[2] 역자주: 예를 들면 한국어의 격조사가 이에 해당한다.

1. 수준0: 긍정적 전이(positive transfer)

두 언어의 동일한 성분은 긍정적 전이가 발생하여 학습에 어려움이 없다. 아래에서는 긍정적 전이의 구조와 의미에 대해서 설명하고자 한다.

1.1 구조상의 긍정적 전이

1.1.1 어순

두 언어에서 특정 언어항목의 어순이 동일한 경우를 말한다. 일본어 명사의 수식어는 일반적으로 명사 앞에 놓이며 중국어의 경우도 마찬가지이다. 아래의 예를 보자.

> 일본어: これは 私の がいた 本です。
> 　　　　 这　　 我的　 买的　 书
> 중국어: 这是我买的书。

일본어와 중국어는 절대시간사(시간의 추이와는 무관하고 고정적인 시간을 나타냄)와 상대시간사(시간의 추이에 따라 시간사가 가리키는 시간이 변화함)가 연이어 사용될 때의 어순도 완전히 일치하여 모두 '상대시간사+절대시간사'의 순서로 출현한다. 아래의 예를 보자.

> 일본어: 今日植木の日。今日10月30日。
> 중국어: 今天植物节。　 今天10月30日。

1.1.2 문법수단

베트남어와 중국어는 모두 형태변화가 적은 언어이므로 어순과 기능어

(function word)가 중요한 문법수단이 된다. 아래의 예를 보자.

베트남어: Tôi ăn cơm rôi.
我 吃 饭 了
중국어: 我吃饭了。

베트남어: Tôi đang ăn cơm.
我 正在 吃 饭
중국어: 我正在吃饭。

1.2 의미상의 긍정적 전이

의미상의 긍정적 전이는 주로 어구와 문형(sentence patterns)에 나타난다. 예컨대 영어의 'may'와 중국어의 '可以'는 모두 허가의 의미를 나타내는데, 이처럼 다수의 외국어에는 중국어와 마찬가지로 평서문, 명령문, 의문문, 감탄문 등의 네 가지 문형이 있다.

긍정적 전이는 학습 초기에 학습자의 흥미 유발과 자신감의 형성에 유리하다.

2. 수준1: 합병(coalescence)

제1언어의 두 가지 항목이 제2언어에서 한 가지 항목으로 합병될 경우, 학습자는 원래의 차이를 무시하고 새로운 항목에 익숙해진다.

2.1 구조적 합병

베트남어 피동문에서 상용하는 표지로 'được'와 'bị' 두 가지가 있다. 이들은 각각 만족스러움과 만족스럽지 못함을 나타내는데, 이에 반하여 중국어 피동문에서 상용하는 표지인 '被'에는 이러한 구분이 없다.

베트남어: Chị ấy được bầu làm bí thư thành uỷ. (만족스러움)
　　　　　 她　　被　　选　作　书记　　市　委
중국어:　　她被选为市委书记。

베트남어: Nó bị thầy giáo phê bình một trận. (만족스럽지 못함)
　　　　　 他 被　老师　　批评　　一　顿
중국어:　　他被老师批评了一顿。

2.2 의미적 합병

영어의 'like'와 'love'는 중국어에서 모두 '喜欢'을 사용해서 나타낼 수 있다. 다음 예를 보자.

I like playing basketball.
我喜欢打篮球。

I love you.
我喜欢你。

일본어에서 존재를 나타내는 동사에는 다음 두 가지가 있다.

ある 화초, 책걸상 등과 같은 무생물체의 존재를 나타냄.
いる 사람, 동물 등과 같은 생물체의 존재를 나타냄.

이에 반하여 중국어에서 존재를 나타내는 단어는 이러한 의미적 구분이 없다. 다음 예를 보자.

일본어: 部屋に 机が あります。

중국어: 房间里有桌子。

일본어: 机の下に 猫が います。

중국어: 桌子下面有一只猫。

3. 수준2: 과소 세분화(under differentiation)

제1언어에는 있으나 제2언어에는 없는 언어항목의 경우, 초급 단계의 학습자는 제1언어의 언어항목을 그대로 제2언어로 옮겨오기 때문에 개입성 간섭이 나타나기 쉽다.

3.1 구조

중국어에는 관사가 없지만, 유럽과 미주의 학습자가 중국어를 처음 배울때에는 모든 명사의 앞에 '一个', '某个', '这/那个' 등과 같이 영어의 부정관사에 해당하거나 수식 기능을 갖는 단어들을 사용할 가능성이 있다.

중국어는 의미적 결합을 중시하는 반면 형태적 결합은 중시하지 않아서, 모든 불필요한 형식적 장치를 가능한 한 생략한다. 따라서 영어의 형식주어 'it'과 같은 보결사(替补词)가 존재하지 않는다. 영어 모국어 학습자가 중국어의 긴 주어를 접했을 경우, '它', '这/那'를 형식주어로 사용하기도 한다. 다음 예를 보자.

It's nice to meet you.
(*认识你这很高兴。)

It is diffcult to finish all the homework.
(*完成所有作业这很难。)

3.2 의미

일본어나 한국어의 인사말 중에는 중국어에는 없는 경우가 있다. 예를 들어 'おつかれさまでした'는 퇴근할 때 직원이 사장에게 작별 인사를 하는 경우나 수업이 끝났을 때 학생이 선생님에게 감사를 표시하는 경우에 사용하고, 'いただきます'는 식사 전에 예의를 갖추어서 하는 상투어이다. 이러한 말들은 '您辛苦了'와 '那我就吃/喝了'로 번역할 수 있지만 이는 중국어의 표현 습관은 아니므로, 일본이나 한국인 학습자들은 중국어를 말할 때 이러한 표현들을 쓰지 않는 것이 좋다.

4. 수준3: 재해석(reinterpretation)

제1언어의 특정 언어항목이 제2언어의 특정 언어항목에 상응한다고 하더라도 항목의 분포(distribution)에 차이가 있으면, 학습자는 그것을 새로운 항목으로 다시 습득해야 한다. 제대로 습득하지 않으면 오류가 발생하기 쉽다.

분포의 전통적인 정의는 하나의 언어성분이 출현할 수 있는 전체 환경의 총수이다. 즉 다른 성분과 비교했을 때 특정 성분이 출현할 수 있는 모든 위치의 총합을 말한다. 그런데 언어항목을 대조할 때 언급되는 분포는 상술한 내용에 국한되어서는 안 된다. 여기에서의 분포는 부등치(non-equivalence)로 이해할 수 있는데, 다시 말하면 두 개의 언어항목이 같은 부분도 있고 다른 부분도 있어서 형식과 의미에서 단순한 다대일(多对一) 혹은 일대다(一对多)의 관계가 아니다.

4.1 형식 분포

형식 분포의 차이는 다음 세 가지 측면에서 구체적으로 드러난다.

4.1.1 구문의 비대칭(non-correspondence)

두 언어에서 의미적으로 대응하는 언어항목이 서로 다른 구문형식으로 나타나는 것을 가리킨다.

영어와 중국어의 피동 표현을 예로 들면, 영어에는 구조적 피동문(syntactic passive)이 의미적 피동문(notional passive)보다 훨씬 많다. 반면 중국어에서는 구조적 피동문인 '被'피동구문, '由'피동구문3, '让'피동구문, '叫'피동구문, '给' 피동구문을 자주 사용할 뿐 아니라 '是……的'구문과 수동자주어문(recipient sentence)을 대표로 하는 의미적 피동문도 많이 사용한다. 영어에서 'be+과거분사(+by+행위자)'로 나타내는 피동의미를 중국어에서는 훨씬 더 많은 형식으로 표현할 수 있다. 예를 들면 다음과 같다.

It was well done.
这件事做得好。

The paper has already been translated into English.
论文已译成英文。

This TV set is made by our factory.
这台电视机是我们厂生产的。

This article is handled by our corp.
这项商品由我公司经营。

The crops were washed away by the flood.
庄稼让大水冲跑了。

This factory was seriously damaged.
这家工厂遭到严重破坏。

---

3 역자주: 전치사 '由'의 행위자를 나타내는 기능 때문에 일부 연구자는 '由'구문을 피동문으로 간주하지만 다수 의견은 아니다.

또 다른 예를 들면, 영어와 중국어에는 모두 의사소통의 필요로 인해 초점성분을 '문두에 놓는' 초점전치문이 있다. 차이점은 영어에서는 이름을 제외한 다른 문장성분은 거의 문두로 이동하지 않지만, 중국어에서는 여러 가지 명사와 명사구, 심지어 각종 용언이 초점으로서 문두에 출현하는 것이 가능하다(陆镜光, 2004). 예를 들면 다음과 같다.

> Dot, I think her name is. (多特, 我想她的名字是。)
> David, you called him. (大卫, 你叫他作。)
> 历史, 我学的专业是。
> 要开学了, 我们。

그밖에 한국어와 중국어의 피동형식에도 분포의 차이가 있는데, 'NP$_1$+被+NP$_2$+VP'를 예로 들어 설명할 수 있다. 한국어에서 NP$_1$은 불특정적인 것을 가리키는 체언성 단위일 수 있지만 중국어에서 NP$_1$은 반드시 특정적인 것을 가리키는 성분이어야 한다. 예를 들면 다음과 같다.

> 한국어: 옷   이   그 에게 찢 겼   다.
>   一件衣服 주격조사 他 조사 撕 피동어미   了
> 중국어: 那件衣服被他撕破了。

한국인 학습자가 자주 범하는 오류는 다음과 같다.

> *一件衣服被他撕了。

한국어 피동문에서는 장소를 나타내는 단어가 주어로 올 수 없지만 중국어에서는 가능하다. 예를 들면 다음과 같다.

한국어: 벽에 구멍   이 하나 뚫 렸   다.
　　　 墙上 洞   주격조사 一   挖 피동어미 了
중국어: 墙上被挖了一个洞。

한국인 학습자가 자주 범하는 오류는 다음과 같다.

*一个洞墙上被挖了。

한국어 피동 표현에서는 수동자주어 NP$_1$이 행하는 VP만 출현해도 되지만, 중국어 피동 표현에서는 NP$_2$가 행하는 VP가 없으면 문장이 성립될 수 없다. 예를 들면 다음과 같다.

한국어: 먼지   가 바람   에   날렸   다.
　　　 灰尘 주격조사 风   被   起来   了
중국어: 灰尘被风吹起来了。

한국인 학습자가 자주 범하는 오류는 다음과 같다.

*灰尘被风起来了。

한국어에서는 동사 홀로 쓰일 수 있지만, 중국어에서는 동사가 일반적으로 복잡한 형식을 취한다. 예를 들면 다음과 같다.

한국어: 옷   이   찢   어졌다.
　　　 衣服   主格   撕   被动助动词
중국어: 衣服被撕破了。

한국인 학습자가 자주 범하는 오류는 다음과 같다.

*衣服被撕。

4.1.2 어순의 불일치

두 언어에서 의미적으로 대응하는 언어항목이 어순(Word Order)에서는 다른 분포를 보이는 것을 말한다.

명사를 수식할 때 인도네시아어와 중국어의 수식어와 피수식어의 어순은 상반된다. 예를 들면 다음과 같다.

인도네시아어: mahasiswa yang <u>baru</u> <u>meninggalkan</u> perpustakaan
                              ①   ②

중국어: <u>刚</u> <u>离开图书馆</u>的大学生。
     ①   ②

일본어의 보격조사 に는 중국어의 '在'에 해당하며 존재하는 장소를 나타내지만 이 둘의 위치는 서로 다르다.

일본어: アメリカ に   일본어: どこ に
       美国   在   哪里 在
중국어: 在美国   중국어: 在哪里

4.1.3 결합의 비대칭

두 언어에서 의미적으로 대응하는 언어항목이 결합(collocation)의 측면에서는 다른 분포를 보이는 것을 말한다. 즉 해당 언어항목과 결합하는 성분이 다르거나 특정 성분과 결합할 때의 조건이 다르다.

중국어 전치사 '从', '往' 등의 목적어는 반드시 장소를 나타내는 명사, 대체사 혹은 방위사이며, 일반 명사와 대체사는 반드시 장소 의미를 나타내는 단어를 더해야만 목적어가 될 수 있다. 그러나 영어에서는 전치사 from, toward 등은 목적어에 대해 이러한 제한이 없다. 예를 들면 다음과 같다.

영어: from me   영어: toward   its   mouth
        从   我   从   它的   嘴
중국어: 从我这儿/身上   중국어: 从它的嘴里/中

4.2 의미 분포

의미 분포의 차이는 주로 두 언어에서 대체로 대응하는 성분이 나타내는 의미가 공통점과 차이점을 갖는 것으로 표현된다. 예를 들어, 중국어의 조사 '了'와 일본어의 조동사 'た'는 의미적으로 대응하는 부분도 있고 대응하지 않는 부분도 있다. 일본어의 'た'는 과거시제와 완성상을 나타내며 반드시 모든 동사와 형용사의 어미에 붙어야 하는데, 이는 '了'와 완전히 다르다. 중국어에는 '了$_1$'과 '了$_2$'의 구분이 있으며, 하나는 완성 혹은 실현을 나타내고, 다른 하나는 상황에 변화가 발생하였음을 나타낸다. 이들 역시 이미 완성되었거나 실현된 일을 나타내기는 하지만 모든 동사와 형용사 뒤에 반드시 '了'를 사용해야 하는 것은 아니다.

다시 중국어와 베트남어의 피동문을 예로 들자. 베트남어의 피동문은 được와 bị 두 개의 표지를 자주 사용하며, 이들은 각각 만족스러움과 만족스럽지 못함을 뜻한다. 중국어에서 자주 사용하는 표지인 '被'는 이러한 구분이 없다.

중국어: 她被选为市委书记。
베트남어: Chị ấy được bầu làm bí thư thành uỷ. (만족스러움)
          她   被   选   作 书记   市委。

중국어: 他被老师批评了一顿。

베트남어: Nó bị thầy giáo phê bình một trận. (만족스럽지 못함)

          他 被 老师   批评   一顿。

베트남어에서는 được를 사용하여 만족스러움을 의미하는 피동을 나타낼 수 있지만 중국어는 그렇지 않다. 예를 들면 다음과 같다.

베트남어: Ngày sinh nhật, nó được (bạn bè) tặng rất nhiều quà.

          天   生日, 他 被 (朋友) 送 很 多 礼物。

중국어: 生日那天朋友送他很多礼物。

이러한 차이 때문에 학습자는 다음과 같은 오류를 범할 수 있다.

    *生日那天, 他被(朋友)送很多礼物。(…朋友送了他很多礼物。)

베트남어의 bị는 자동사와 형용사 앞에도 사용할 수 있는데, 이때는 피동을 나타내지 않는다. 다만 발화자가 여기기에 동작이나 상황의 발생에 주체에게 만족스럽지 못함을 나타낸다. 중국어의 被는 이렇게 사용할 수 없다. 예를 들면 다음과 같다.

베트남어: Tôi bị ốm rồi.

          我 被 病 了。

중국어: 我病了。

모국어의 영향 외에도 베트남어의 bị와 중국어의 '被'가 만족스럽지 않은 피동을 나타낼 때 동일한 부분이 존재하기 때문에 일부 학습자는 이 두 가지가 같다고 생각한다. 이 때문에 고급 단계에서도 아래와 같은 오류가 발생할 수 있다.

*我被病了。// *我被失去记忆力。

5. 수준4: 과잉세분화(over differentiation)

제2언어의 특정 언어항목들에 대해 제1언어의 상응하는 항목이 없는 경우이다.

5.1 구조

중국어의 '把'구문, 동사반복구문4, '是……的'구문, 구조조사, 동태조사5, 고정구 등은 다른 많은 언어에는 존재하지 않는 문법구조이다. 예를 들어 베트남어에는 '着'에 상응하는 단어가 없어서 학습자들이 이를 습득하기 매우 어렵기 때문에, 동작이 진행되고 있음을 나타내고자 할 때 학습자들은 부사 '着' 대신 '正/正在/在'를 사용하는 경향이 있다. 또한 영어에는 보어 표지 '得'가 없어서 학습자들이 의사 표현을 할 때 이를 빠뜨리는 경우가 많다.

5.2 의미

중국어에서는 동사를 중첩시키면 시간의 짧음, 부드럽고 완곡한 뉘앙스, 시도의 의미를 나타낼 수 있다. 예를 들면 '你看看'은 '你看一会儿', '你随便看看', '你试着看一下' 등과 같은 의미를 나타낸다.

많은 언어의 경우 단위사가 존재하지 않아 중국어 학습자는 이를 습득하기가 쉽지 않다. 게다가 단위사가 명사와 결합할 때의 의미관계는 습득하기가 더욱 어렵다. 예를 들어, 가는 물건은 '一支笔', '一支烟'처럼 '支'를 사용하고, 표면

---

4 역자주: 보어구문에서 목적어가 출현하였을 때, 'VOV得C'와 같이 동사를 반복 출현시키는 구문을 가리킨다.

5 역자주: 원문에서는 '时态助词'라고 되어 있으나 본문에서는 '동태조사'로 번역했다.

이 평평한 물건은 '一张纸', '一张桌子'와 같이 '张'을 사용하는 것처럼 사물마다 각각 다른 단위사를 선택해서 사용해야 한다. 한편 동일한 사물을 수식할 경우, 단위사의 선택은 표현하고자 하는 의미의 초점에 따라 달라진다. 예를 들어 '一亩地'와 '一块地'는 각각 사물의 면적과 형상을 나타내며, '骂了一阵'과 '骂了一次'는 각각 동작의 시간과 빈도를 나타낸다.

어기사 '吧'는 다른 외국어에는 없는 항목으로 그 의미가 매우 다양하다. 예를 들면 다음과 같다.

那是大卫吧? (추측)

Is that David?

我们走吧。 (건의)

Let's go.

你快告诉我吧。 (요청)

Please tell me.

好吧。 (동의)

Ok.

표면적으로만 종속 관계를 나타내는 일부 관형어 또한 다수의 다른 외국어에서는 찾아볼 수 없는데, 중국어의 이러한 관형어는 단지 형식만 취했을 뿐 종속관계의 뜻은 없다.

他的汉语教得好。 (他教汉语教得好。)

He teaches Chinese well.

他的篮球很好。 (他打篮球打得很好。)

He plays basketball well.

別生他的气。(別跟他生气。)

Don't be angry with him.

你不要开我的玩笑。(你不要拿我开玩笑。)

Don't play a joke on me.

6. 수준5: 분할(split)

제1언어의 한 개의 언어항목이 제2언어의 두 개 혹은 여러 개의 언어항목에 대응되는 것을 말한다. 이 단계는 제1단계와 상반되는 내용으로 학습자들은 이를 구분할 필요가 있다.

6.1 구조

6.1.1 어순

Greenberg(1963)는 세계의 여러 언어를 살펴볼 때, 명사와 동사의 출현 순서에는 주로 SVO, SOV, VSO의 세 가지 유형이 있다고 보았다. 영어의 어순은 주로 SVO로 나타나는데 반해, 중국어의 어순은 대부분의 경우 문장의 의미에 따라 결정되기 때문에 주어와 동사의 위치가 비교적 자유롭다. 영어 문장 'I bought the book.'은 중국어에서 다음과 같은 세 가지 형식으로 표현될 수 있다.

我买书了。SVO
我书买了。SOV
书我买了。OSV (Li, 1981)

寮菲(1998)는 실험을 통하여, 미국인 학습자들은 중국어 문장이 SVO의 순서로 배열되면 이는 영어의 어순과 일치하므로 이해하는데 어려움이 없으나, SOV 또는 OSV 순서로 배열될 경우 이를 영어의 어순(SVO)에 따라 이해하는 경향, 즉 모국어의 부정적 전이가 발생한다는 점을 지적한 바 있다.

6.1.2 위치

'多'류의 단어들이 나타나는 위치를 살펴보자. 예를 들면 다음과 같다.

영어:　　more than three　kilograms
베트남어: hon(多)　ba(三)　can(公斤)
중국어:　　三公斤多

영어:　　more than　　thirty　　　kilograms
베트남어: hon(多)　ba(三) muoi(十) can(公斤)
중국어:　　三十多公斤

영어나 베트남어의 경우, '多'에 상응하는 단어는 수사의 앞에만 위치한다. 그러나 중국어에서는 끝 자릿수가 1부터 9일 때는 수사구조(즉 수량사)의 뒤에 위치하고, 끝 자릿수가 0일 때는 수사와 단위사의 사이에 위치한다. 이처럼 제1언어의 특정 언어항목이 중국어에서 두 가지로 나누어질 때는 난이도가 높다.

6.1.3 구문

불어의 동등비교문에서는 'aussi…que…' 구문을 사용하지만, 중국어에서는 비교하는 사람이나 사물의 성질, 형상, 수량이 같거나 비슷할 때는 '……有……那么(这么)……'를 사용하고, 완전히 동일할 때는 '跟……一样……'을 쓴다. 예를 들면 다음과 같다.

불어:　Cette sale-ci est　aussi　grande que celle-la
　　　　这个　教室　是　一样的　大　　那个
중국어: 这个教室有那个教室那么大。

불어:　Le vin rouge est　　aussi bon que le vin blanc
　　　　酒　　红　是　一样的　好　　酒　　白
중국어: 红酒跟白酒一样好喝。

6.2 의미

일본어의 'も'는 중국어에서는 '也'와 '都'로 나누어진다. 이미 서술한 사실을 다시 언급할 때의 'も'는 '也'에 상응하고, 여러 항목이 가지고 있는 공통점과 보편성을 나타낼 때의 'も'는 '都'에 상응한다. 예를 들면 다음과 같다.

일본어: あそこも 教室です。
중국어: 那里也是教室。

일본어: あにも あねも まだ どくしんです。
중국어: 哥哥和姐姐现在都还是独身。

일본어: 街は どこも 清洁です。
중국어: 街上哪儿都很干净。

영어의 'know'는 중국어에서는 '知道, 认识, 懂' 등의 의미로 나누어진다. 예를 들면 다음과 같다.

He knows a lot of language.
他懂许多语言。

Do you know her?

你认识她吗?

I know Shanghai but I haven't been there.

我知道上海，但没有去过。

일본어의 종료조사 'ね'는 확인을 요청하거나 명령, 감탄 등의 뉘앙스를 나타내는데 쓰인다. 그러나 중국어에서는 이러한 의미를 각각 다른 어기사로 표현한다. 예를 들면 다음과 같다.

일본어: 明日は すいようびですね。 (확인 요청)
중국어: 明天是星期三吧?

일본어: よく 聞いてくださいね。 (명령)
중국어: 好好听着啊!

일본어: 王さんは 日本语が お上手ですね。(감탄)
중국어: 小王日语真好呀!

요컨대, 난이도위계 모형은 예측을 도식화하는데 도움이 되고, 예측 시의 주관성을 감소시킨다. 그러나 이 모형은 논리적 추리성이 강하여 추리만으로 등급을 설계하므로, 실제 교육에서의 난점이 이 모형과 일치하는지를 알기 위해서는 실험연구와 심리학 이론의 검증을 거쳐야 한다. 그 밖에, 차이(difference)와 난점(difficulty)을 동일시하는 관점도 논쟁의 여지가 많다. 차이는 주로 언어의 형식적인 면에서 드러나지만 난점은 심리학적 개념이기 때문에 경우에 따라서는 차이가 커진다고 해서 학습자의 난점과 오류 출현 가능성도 높아지는 것은 아니다.

제3절 언어 간 오류의 유형

언어 간 오류(interlingual error)란 모국어의 부정적 전이에 의해 야기된 오류로, 구체적으로 말하면 학습자가 어떤 언어를 학습할 때 모국어의 사유방식대로 목표언어를 구사하면서 만들어진 표현상의 오류이다. 언어 대조에 의하면 언어 간 오류는 합병에 의한 오류, 과소 세분화에 의한 오류, 재해석에 의한 오류, 과잉세분화에 의한 오류, 분할에 의한 오류, 기타 유형의 오류 등으로 나눈다.

1. 합병에 의한 오류

합병에 의한 오류란 모국어의 둘 혹은 그 이상의 언어항목이 중국어에서 하나의 항목으로 합병됨으로써 발생하는 오류로서, 학습자가 원래 있었던 차이점을 의식하지 않으면 오류를 피할 수 있기 때문에 합병에 의한 오류는 그다지 많지 않다. 예를 들면 다음과 같다.

> *这的人是谁?
> 적격문: 这(个)人是谁?

일본어의 지시대체사 これ와 연체사[6] この는 중국어에서 '这'로 합병되기 때문에 모국어의 영향을 받으면 일본인 학습자는 '这'의 뒤에 'の'에 대응되는 '的'을 덧붙이게 된다.

2. 과소 세분화에 의한 오류

모국어 중의 특정한 언어항목이 중국어에 존재하지 않아서 발생하는 오류

---

[6] 역자주: 일본어 사전에도 '连体词'로 표기한다. 연체사는 활용이 없고 체언 앞에서 체언을 수식하는데, この, その, あの, どの 등의 여러 가지가 있다.

로, 누락오류, 추가오류, 대체오류가 있다.

2.1 누락오류

　*我的本书谁借了?

　*双鞋好漂亮! 在哪里买的?

위의 예문은 베트남인 학습자의 초급단계에서 자주 출현하는 오류인데, 이는 베트남어의 '단위사+명사'가 수사 또는 지시대체사 없이 직접 주어와 목적어가 될 수 있는 반면 중국어에는 이러한 용법이 없기 때문에 발생한 오류이다.

　*喧闹声醒了我们。

　The noise awaked us.

　*他断了我的铅笔。

　He broke my pencil.

영어에서는 많은 경우 동사, 형용사가 사동용법(causative usage)을 가지고 있지만 이러한 용법이 중국어에는 없기 때문에 동일한 의미를 표현하기 위해서는 '동사+결과보어'의 형식을 사용해야 한다. 학습자는 영어에서의 이러한 용법을 유사한 의미의 중국어 동사나 형용사에 적용함으로써, 사동용법이 없는 중국어의 동사와 형용사를 사역동사로 잘못 사용하는 경우가 있다.

2.2 추가오류

　*我和我的妈妈去超市。

　I go to the supermarket with my mother.

*他正在做他的作业。

He is doing his homework.

이것은 영어의 영향을 받아서 발생한 오류로 학습자가 명사 앞에 관형성분을 잘못 추가한 것이다.

2.3 대체오류

대체오류는 모국어의 특정 문법형식이 나타내는 의미를 상응하는 목표언어의 형식으로 나타낼 수 없어서 발생하는 것으로, 주로 문법형식에서 많이 나타난다. 아래 예를 보자.

> *蛋糕比面包我更喜欢吃。
> 한국어: 나는 케잌(먹는 것)을 빵　보다 더 좋아한다.
> 　　　　我　蛋糕(吃)　　面包　比 　更　喜欢
> 적격문: 与面包相比，我更喜欢吃蛋糕。

> *我在来。
> 한국어: 나는 오고 있는 중이다.
> 　　　　我　　来　　在
> 적격문: 我在来的路上。

> *我住在比较南边的地方。('비교적 남쪽'이라는 의미는 중국어로
> 　나타내기 어렵다)
> 한국어: 나는 비교적　남쪽　지방　에　산다.
> 　　　　我　　比较　南边　地方　在　住

한국인 학습자는 위의 의미를 표현할 때 중국어의 기타 문법형식을 선택할
줄 모르거나 상응하는 중국어 형식으로 표현하는 것이 어렵다고 느껴서, 모국
어의 표현형식을 그대로 사용하는 것이다.

3. 재해석에 의한 오류

재해석에 의한 오류란 모국어의 특정 언어항목이 중국어에서 상이한 분포를
가지기 때문에 발생하는 오류로서, 누락오류, 추가오류, 대체오류, 어순오류 등
의 네 가지 유형이 있다.

3.1 누락오류

　*多时间
　*多商店
　*多学生

상술한 예문은 미국인 학습자의 오류문이다. 영어의 many, a lot of, a plenty
of 등의 단어는 모두 자유롭게 명사를 수식하거나 한정할 수 있다. 반면에 중국
어의 '多'는 명사를 수식할 때 앞에 '很'을 붙여야 하며 명사를 직접 수식하려
면 몇 가지 조건이 있다.

　*我每天晚上宿舍学习。
　*我站很多人的前边。

상술한 예문에서는 전치사 '在'가 누락되었다. 이러한 오류는 한국인 학습자
의 오류문에서 상당히 많은 비중을 차지하는데, 이는 한국어의 부정적 전이의
결과이다. 한국어에서 이 문장의 어순은 다음과 같다.

한국어: 나는 매일 저녁 기숙사에서 공부한다7.

　　我　每天　晚上　宿舍 在　　学习。

　중국어의 전치사 '在'에 해당하는 성분이 한국어에서는 장소명사 뒤에 오기 때문에 한국인 학습자가 중국어를 학습할 때 전치사를 누락시키기가 쉽다.

3.2 추가오류

　　*今天他是病了。
　　*我是很好, 谢谢。

　상술한 예문은 유럽과 미주 지역 학습자의 오류문으로, 모국어의 영향으로 인해 '是'를 쓰지 말아야 할 곳에 '是'를 쓴 것이다. 영어의 예를 들어보기로 하자. 영어의 'is, am, are'와 중국어의 '是'는 분포의 차이가 있다. 예를 들어서 '我是老师', 'I am a teacher'에서와 같이 'is' 등은 '是'와 용법이 같다. 그러나 영어에서는 형용사가 서술어로 쓰일 수 없고 형용사성 술어(predicative adjective) 앞에도 반드시 계사(copula)가 있어야 하기 때문에, 이 경우의 'is' 등은 계사의 역할은 하지만 중국어의 계사 '是'와는 용법이 다르다.

3.3 대체오류

　　*这首诗是被李白写的。
　　This poem is written by Libai.
　　*晚会被中山大学举办。
　　The evening party is held by Zhongshan University.

---

7 역자주: 원문에는 없으나 이해를 돕기 위해 추가하였다.

영어와 중국어의 피동문은 일대일로 대응되지 않는다. 따라서 학습자가 중국어 피동문의 차이에 주의를 기울이지 않으면 피동 의미를 잘못 표현하기 쉽다.

    *他买了三本牙刷。
     彼は はブラシを 3本 买いました。

    *我每天早上吃一枚面包。
     毎朝 パンを 1枚 食べます。

사물의 수량을 나타낼 때 일본어는 중국어와 마찬가지로 수사 뒤에 단위사를 써야 하지만, 단위사와 사물의 결합에서 중국어의 단위사와는 차이가 있다. 예를 들어 가늘고 긴 물건은 '本'을 쓰고, 얇고 평평한 물건은 '枚'를 사용하며, 조각으로 이루어진 물건은 '个'를 사용한다. 일본인 학습자는 중국어의 단위사와 사물의 결합 관계를 새롭게 습득해야만 모국어의 간섭을 피할 수 있다.

3.4 어순오류

먼저 일본인 학습자의 오류문을 살펴보자.

    *我好久考虑, 终于自己克服了困难。
    일본어: 私は しばらく 考えて、ついに 困難を 克服した。
         我　　好久　　考虑　　终于　困难　克服
    적격문: 我考虑好久, 终于自己克服了困难。

    *我也当然拼命地跑了。
    일본어: 私も 当然 命を かけて 走った。
        我也 当然 命 拼 跑
    적격문: 我当然也拼命地跑了。

일본인 학습자의 어순 오류에서 가장 많은 비중을 차지하는 것은 부사어와 보어이며, 이는 모국어의 간섭에 의한 것이 분명하다. 첫 번째 오류문의 경우, 일본어에서는 동사가 문미에 위치하기 때문에 일본인 학습자는 중국어를 학습할 때 보어를 동사 앞에 두는 경우가 많다. 따라서 '考虑好久'를 '好久考虑'라고 표현한다. 두 번째 오류문의 경우, 일본어에서는 동사를 수식하는 단어, 특히 부사 '也'에 상당하는 단어의 위치가 비교적 자유롭다. 반면 중국어에서는 동사를 수식하는 단어의 위치가 고정적이므로 일본인 학습자는 '也' 등의 부사를 잘못 사용하는 경우가 많다.

다음으로 한국인 학습자의 오류문을 살펴보자.

*他在饭馆四年工作了。

한국어: 그는 음식점에서 4년 일했다. (그는 4년을 음식점에서 일했다.)

    他　饭馆 在 四年 工作了

적격문: 他在饭馆工作四年了。

*从起到睡, 一般人平均多长时间看电视?

한국어: 일어나서 잘 때까지, 보통 사람들은 텔레비전을 평균　몇 시간 봅니까?

    起从　　睡到,　一般人　　　电视　平均　多长时间
    看

적격문: 从起床到睡觉, 一般人平均看多长时间电视?

*半年学习汉语以后一点点看懂。

한국어: 중국어를 반년　배우고 나니까　약간　이해가 된다.

    汉语　半年　学习　以后　一点点　　看懂

적격문: 学习汉语半年以后能看懂一点点。

한국인 학습자는 수량보어를 동사 앞에 두는 경우가 많은데, 이는 한국어에서 동사가 맨 뒤에 오기 때문이다. 이처럼 한국인 학습자는 한국어의 사유방식에 따라 무의식적으로 동사 앞에 수량보어를 쓰는데, 이러한 오류는 주로 초급단계에서 많이 나타난다.

4. 과잉세분화에 의한 오류

과잉세분화에 의한 오류란 중국어의 특정 언어항목이 학습자의 모국어에 대응하는 항목이 없어서 발생하는 오류로서, 누락오류, 대체오류 등의 두 가지 유형이 있다.

4.1 누락오류

*他打球了三个小时。

He played for three hours.

적격문: 他打球打了三个小时。

*他们打得好。

They played wonderfully.

적격문: 他们打得很好。

*上海的变化可大!

적격문: 上海的变化可大呢!

상술한 오류는 동사반복구문, 보어의 구조 표지 '得'와 어기사가 모두 학습자의 모국어에는 없는 형식이기 때문에 발생한 것이다. 학습자가 이를 습득하기 이전에는 단순화 전략을 사용하여 모국어의 문장을 그대로 중국어로 번역하는 경우가 많다.

4.2 대체오류

> *你可以扔石头到海里。
>
> You can throw the stones into the sea.
>
> 적격문: 你可以把石头扔到海里。

> *他放一封信在桌子上。
>
> He put a letter on the desk.
>
> 적격문: 他把一封信放在桌子上。

'把'구문이 학습자의 모국어에 없는 문형이기 때문에 학습자는 모국어의 다른 구문으로 '把'구문을 대체하려는 경향이 있으며, 이로 인하여 위와 같은 영어식 중국어 문장을 만들어 낸 것이다.

5. 분할에 의한 오류

분할에 의한 오류란 모국어의 한 언어항목이 중국어에서 두 개 또는 여러 개의 언어항목에 대응될 때 나타나는 오류로서, 형식면에서 보통 대체 오류로 나타난다. 예를 들어, 영어나 러시아어를 모국어로 하는 학습자들은 다음과 같은 오류를 자주 범한다.

> *他帮我找到这本书, 然后问我: "你要在阅览室看或者在家里看?"
> *这位同学每天写很多信, 不知道这是不是她的爱好或者她很想家。

위 예문은 '还是'와 '或者'를 잘못 사용한 것으로, 학습자는 모국어의 영향을 받는 경우가 많은데, 그 이유는 학습자의 모국어, 즉 영어나 러시아어에서는 '의문'과 '서술'을 나타내는 접속사가 동일하기 때문이다.

*给我送email。

Send me an email.

*中国送医生来我们国家。

China sent some doctors to our country.

*你高兴不高兴每天做很多东西？

Do you like to do a lot of things a day?

*我还没做重要的东西。

I haven't done important things.

영어의 'send'는 중국어의 '送, 寄, 派, 发' 등에 대응되고, 영어의 'thing'은 중국어의 '东西, 事情' 등에 대응된다. 그러나 위의 예에서 볼 수 있듯이 영어 사용 국가의 학습자는 모국어의 간섭으로 자주 사용되는 중국어 동사(예컨대, 送) 하나로 모국어에서는 여러 가지 의미를 지닌 단어(예컨대, send)를 표현하는 경우가 많다.

■ 参考文献

陈前瑞·赵葵欣. 汉语第二语言习得研究述评. 汉语学习. 1996 (5)

崔立斌. 日本学生汉语学习的语法错误分析与汉日语言对比. 语言文字
　　应用. 2001 (4)

邓守信. 对比分析与语法教学. 首届汉语教学与习得国际学术研讨会
　　(广州2004. 12.)

邓小宁. 韩国学习者汉语偏误成因初探. 对韩(朝)汉语教学研究(一). 延
　　边大学出版社 2005

丁安琪·沈　兰. 韩国留学生口语中使用介词"在"的调查分析. 语言教学
　　与研究 2001 (6)

顾顺莲. 对外汉语学科建设中的汉日语法对比研究. 上海交通大学学
　　报. 2000 (2)

何黎金英. 汉语作为二语的中介语简述. 中山大学中文系研究生论坛. 2004

李春红. 外国留学生初级汉语习得中的虚词偏误分析. 和田师范专科学
　　校学报. 2004 (4)

李大忠. 外国人学汉语语法偏误分析. 北京语言大学出版社. 1996

李晓琪. 母语为英语者习得"再"、"又"的考察. 世界汉语教学. 2002 (2)

寮　菲. 第二语言习得中母语迁移现象分析. 外语教学与研究. 1998 (2)

铃木裕文. 汉日时间词连用对比. 吉林师范大学学报. 2004 (2)

刘辰洁. 对韩国留学生"一点儿"和"有点儿"的偏误分析. 齐齐哈尔大学
　　学报. 2002 (6)

刘苏乔. 法汉平比句式对比. 法语学习. 2001 (2)

柳英绿. 韩汉语被动句对比 - 韩国留学生"被"动句偏误分析. 汉语学习.
　　2000 (6)

鲁健骥. 外国人学汉语的语法偏误分析. 语言教学与研究. 1994 (1)

陆镜光. 延伸句的跨语言对比. 语言教学与研究. 2004 (6)

齐沪扬·陈昌来 主编. 应用语言学纲要. 复旦大学出版社. 2004

全裕慧. "使动"义的"动词+结果补语"结构的教与学. 汉语学习. 1999 (5)

任长慧. 汉语教学中的偏误分析. 武汉大学出版社. 2001

盛　炎. 语言教学原理. 重庆出版社. 1990

苏留华. 母语迁移对第二语言学习的影响. 北京第二外国语学院学报. 2000 (4)

王　还. 有关汉外语对比的三个问题. 门外偶得. 北京语言学院出版社. 1987

王建勤. 汉语作为第二语言的习得研究. 北京语言大学出版社. 1997

王文宇. 语言迁移现象研究的回顾与思考. 外语教学. 1999 (1)

邢福义. 汉语语法学. 东北师范大学出版社. 1998

徐富平·黄兆龙. 汉语印尼语复杂定语的对比分析. 暨南大学华文学院学报. 2004 (3)

徐丽华. 外国学生连词使用偏误分析. 浙江师大学报 (社会科学版). 2001 (3)

怡　冰. 维族学生和欧美学生汉语典型语法偏误的对比分析. 语言与翻译. 2000 (2)

赵永新. 中国语言对比研究的发展. 世界汉语教学. 1995 (2)

周小兵. 第二语言教学论. 河北教育出版社. 1996

周小兵. 学习难度的测定和考察. 世界汉语教学. 2004 (1)

周小兵·赵　新 等著. 对外汉语教学中的副词研究. 中国社会科学出版社. 2002

朱其智. "由"字句的语法项目选取依据研究. 对外汉语教学习得研究. 北京大学出版社. 2006

朱永平. 第二语言习得难度的预测及教学策略. 语言教学与研究. 2004 (4)

Ellis R., The Study of Second Language Acquisition. 上海外语教育出版社. 1999

제4장 영어 모국어 화자의 오류

제1절 조동사 오류 및 인지적 해석

중국어의 조동사와 영어의 양상동사는 서로 대응되기도 하고 또 상대적으로 폐쇄적인 문법·의미범주이기 때문에 언어 간 대조가 가능하다. 이러한 대조 가능성은 언어 습득 과정에 있어서 학습자에게 일정 정도의 간섭을 야기할 수 있다. 모국어가 영어인 중국어 학습자의 경우 영어 양상동사의 간섭으로 인해 중국어 조동사 습득 과정 중에 간섭형 오류가 발생한다.

언어 교육과 언어 연구의 주요 목표는 오류 발생 원인을 찾아냄으로써 습득 과정을 탐구하고, 언어 습득상의 난점을 파악함으로써 교수-학습 방법을 발전시키는 데 있다. Sridhar에 의하면 대조분석, 오류분석 및 중간언어는 관점은 서로 다르지만 목표는 동일하다(鲁健骥, 1999). 따라서 이번 절에서는 언어 대조와 오류분석을 결합하여 영어 모국어 학습자의 조동사 습득 과정에서 형성된 중간언어에 대해 인지적으로 분석하고, 형식과 기능의 대응 관계 및 맥락 등 두 가지 측면에서 오류 발생의 내재적 원인을 찾아볼 것이다. 아울러 문법적

---

[1] 역자주: 중국어에서는 조동사(Auxiliary verb)를 기능적 측면에서 '助动词'라고 부르거나 또는 의미적 측면에서 '能愿动词'라고 부른다. 본서에서는 기본적으로 '조동사'로 번역하기로 한다.

정확성, 의미·문맥적 타당성에 근거하여 표층 오류와 심층 오류를 구분해 냄으로써, 교수자로 하여금 오류 교정 전략에 대하여 생각해 볼 수 있는 기회를 제공하고자 한다.

1. 관련 이론

영어의 양상동사와 마찬가지로 중국어의 조동사에도 두 가지 기능이 있다. 첫째는 시행기능으로, 사건이나 동작으로 하여금 발생 가능성을 가지게 하는 것이고, 둘째는 추측기능으로, 해당 사건 및 동작의 명제가 만들어낸 가능성과 관련된 화자의 판단을 나타낸다. 아래의 예문을 보자.

A류	B류	C류	D류
他会说英语。 她能一分钟打200字。 他可以说三种外语。	我会牢牢记住的。 今天晚上我要看场电影。 我想跟你聊聊。 他不肯帮忙。 我愿意和你一起去。	你得去和她谈谈。 你应该坚持下去。 你要好好考虑一下。 你不能在开车前喝得太多。 你可以走了。	不耕种的话田地会荒掉的。 不顾实际一味蛮干要失败的。 满天星星, 哪能下雨? 你还可以用20年代的音乐作背景。 这是尼龙的, 应该比较结实。 这么晚才回来, 妈又得说你了。

A류의 예문은 행위자가 능력을 갖추고 있어서 어떠한 동작을 할 수 있음을 나타낸다. B류의 예문은 행위자의 주관적인 의지·소망에 따라 어떠한 행위가 이루어질 가능성이 있음을 나타낸다. 능력과 바람은 모두 행위자 자체의 내재적인 능동성이기 때문에 필자는 앞에서 말한 시행기능을 내재적 시행기능이라 부르고자 한다. 이 기능이 아마도 조동사의 주요 기능일 것이며, 따라서 중국어에서는 조동사를 능원동사라고도 한다. 이와는 대조적으로, C류 예문에서 동작

의 시행 여부는 문장의 행위자에 의해 결정되는 것이 아니라 화자의 의무 혹은 이치적 각도에서 동작이 발생할 가능성이 생기거나 필연성(명령, 건의, 요청 등 포함)을 가지게 된다. 이러한 행위는 이치에 따라 혹은 화자의 의지(행위자의 의지가 아님)에서 나온 것으로, 일종의 외재적인 압력에 의해 발생한 것이기 때문에 외재적 시행기능이라 할 수 있다. D류의 예문은 동작의 발생 여부에 대한 화자의 주관적인 추측 혹은 평가로, 조동사의 추측 기능을 나타낸다.

이상의 예문을 통해서 알 수 있듯이 내재적 시행기능인 '능력'의 의미를 나타내는 것에는 '会, 能, 可以' 등의 세 가지가 있고, 의지·소망의 의미를 나타내는 것에는 '会, 要, 想, 肯, 愿意' 등이 있으며, 추측 기능을 나타내는 것에는 '会, 要, 能, 可以, 应该, 得' 등이 있다. 이는 조동사에 있어서 기능이나 의미가 동일하더라도 서로 다른 형식으로 구현될 수 있으며, 또 형식이 동일하더라도 서로 다른 기능이나 의미를 나타낼 수 있음을 의미한다. 예컨대, '会'는 내재적 시행기능(능력, 의지·소망)을 나타낼 수도 있고 추측기능을 나타낼 수도 있으며, '要'는 내재적 시행기능(의지·소망)을 나타낼 수도 있고, 외재적 시행기능(의무) 및 추측기능을 나타낼 수도 있다. 중국어에 있어서 이러한 형식과 기능의 다중 교차 대응 현상은 학습자들이 조동사를 습득하는데 매우 큰 어려움으로 작용한다. 영어 모국어 학습자의 경우 영어의 양상동사와 중국어 조동사 사이의 형식과 기능의 교차 대응은 조동사 습득의 난이도를 가중시킨다. 다음 절에서는 형식-의미-기능의 대응 측면에서 영·중 조동사를 대조하여 언어 간 전이가 발생하게 된 원인을 찾아보고자 한다.

Klein(Ellis, 1994)에 의하면, 학습자가 습득 과정 중에 직면하게 되는 네 가지 임무에는 '분석(Analysis)', '합성(Synthesis)', '내포(Embedding)' 및 '대응(Matching)' 등이 있다. 분석은 학습자가 듣거나 읽은 연속적인 음성 신호를 작은 구성 단위로 분해하고 그것을 다시 의사소통 상황 중의 사건을 묘사한 보다 큰 언어 단위와 연계시키는 것을 가리킨다. 합성은 학습자가 제2언어의 보다 큰 언어 단위를 출력하거나 이해하기 위해서 학습한 음성이나 단어 등을 병합하는 것을 가리킨다. 이는 언어의 이해와 표현 과정에서 학습자가 반드시 거치게 되는 보편적인 인지 과정이다. 이러한 인지 과정과 긴밀히 연계되고 또 동시에 상호 작용하는 또 다른 두 가지 인지 과정이 '내포'와 '대응'이다. 내포는 학습자가 어구를 그것이 발생한 상황 맥락에 부합시키는 것이다. 즉, 어구를 상황 맥락(社交语境)과 언어적 맥락(语言语境)에 내포시키고 아울러 조화를 이루게 하는 것이다. 이를 위해서 학습자는 언어 정보와 상황 정보를 균형 있게 획득할 필요가 있다. 대응은 학습자가 모국어 형식과 목표언어 형식을 끊임없이 대조하고 또 양자를 결합하는 것을 가리킨다. 학습자는 주로 일반 상식, 상황 지식 및 문맥 정보에 따라 이 네 가지 임무를 완성하는 과정 속에서 이해와 표현이 가능하게 되며, 동시에 중간언어를 발전시킨다.

　이러한 각도에서 보았을 때, 언어 학습은 언어의 일련의 기본 기능을 습득하는 과정이다. 학습자는 반드시 이러한 기능 자체와 이러한 기능을 표현하는 수단, 즉 형식을 습득해야 한다. 제2언어 습득에 있어서 학습자는 이미 모국어를 통하여 이러한 기능을 습득했기 때문에 학습자들이 해야 할 일은 이러한 기능에 해당하는 목표언어 형식을 찾아내고, 이를 기반으로 형식을 분석하거나 합성하여 출력을 해야 한다. 아울러 오류가 포함된 중간언어 체계를 점차 목표언어에 근접시켜야 한다. 따라서 이 네 가지 임무를 완수하는 방법은 학습자가 언어항목의 기능적 의미를 이해하는데 있다. Klein이 제기한 학습자의 네 가지 임무와 기능 기반 습득론을 결합하면, 제2언어 습득 과정은 학습자가 언어 형식을 기능 및 의미와 대응시키는 과정이며, 동시에 형식과 맥락을 결합시키는 과정(즉 내포)이라고 볼 수 있다.

　이러한 각도에서 보면, 조동사 자체의 형식과 의미의 대응 관계의 복잡성, 영어와 중국어 조동사 사이의 형식과 의미의 교차 대응 및 불완전 대응 관계 때문에 학습자는 목표언어의 형식을 기능 및 의미와 대응시킬 때 대단히 높은 인지난이도에 직면하게 된다. 따라서 목표언어 형식의 맥락적 제약에 대하여 충분히 이해할 필요가 있다. 그렇지 않으면 상응하는 모국어 양상동사의 영향으로 잘못된 대응을 함으로써 간섭형 오류가 발생하게 된다. 아래에서는 영·중 대조를 통하여 형식과 기능 및 의미 측면에서 조동사의 교차 대응 관계를 드러내고 이를 통하여 습득상의 난점과 오류 발생의 근원을 예측해 보기로 한다.

2. 영어 양상동사와 중국어 조동사의 대조

비교의 편의를 위해서『现代汉语八百词』,『实用现代汉语语法』,『句法·语义·篇章』,『似同实异』,『语法讲义』등에서 제시한 조동사의 의미 항목을 참고하여 중국어 주요 조동사의 의미항목을 아래의 표와 같이 제시한다.

[표4-1] '会'의 의미항목

会의 핵심 의미-가능성		
会	会ᵥ2	능력: 어떠한 일을 완성할 가능성이 있음. (他很会下棋, 但我不会。)
	会₁3	의지·바람/허락: 어떠한 일이 발행할 가능성이 있음. (你放心, 我会好好地看着他的。)
	会₂	추측: 추측이나 습관에 근거해서 보았을 때 어떠한 일이 발생할 가능성이 있음. (看样子会有大雨。; 一到阴天他的膝盖就会痛。)

[표4-2] '要'의 의미항목

要의 핵심의미-상태의 접근		
要	要₁	의지·바람: 의지상의 접근 (教员要罢课。)
	要₂	의무: 도리상의 접근 (凡事要留有余地。)
	要₃	추측/가능성: 경험상의 접근(습관적 의미 포함) (骄傲自大要落后的。; 像这些快板, 李有才差不多每天都要编。)
	要₄	가까운 미래: 예견상의 접근 (花要谢了。)
	要₅	추측: 수치상의 접근(비교문에서 사용) (她今天在比赛中的表现要比昨天好。)

---

[2] 周小兵(1996), 郑天刚(2002) 등에 의하면 '능력'을 나타내는 '会'는 동사이므로 '会ᵥ'로 표기했다.
[3] '의지/허락'을 나타내는 '会₁'은 필자가 분류한 의미항목이다.

[표4-3] '能'의 의미항목

		能의 핵심의미-실현 조건의 구비
能	能₁	능력: 내재적 실현 조건의 구비 (他能扛起200斤。)
	能₂	조건/용도: 외재적 실현 조건의 구비 (这祭祀, 说是三十年才能轮到一回, 所以很郑重。)
	能₃	허가: 도의적 실현 조건의 구비 (你不能脱离群众。)
	能₄	추측/가능성: 사리/논리적 실현 조건의 구비 (满天星星, 哪能下雨?)
	能₅	의지·바람: 의지 실현 조건의 구비 (总管, 您要能赏我几个烟泡儿, 我可就更有出息了!)

[표4-4] '应该'의 의미항목

应该	应该₁	의무 (你应该好好学习。)
	应该₂	추측 (他这会儿应该到家了。)

[표4-5] '得'의 의미항목

得 (děi)	得₁	의무 (你得好好劝劝她。)
	得₂	추측 (반드시/분명히 ~할 것임) (这件衣服得好几百块吧?)

[표4-6] '可以'의 의미항목

可以	可以₁	능력 (他可以说三种外语。)
	可以₂	조건/용도 (天气热了, 可以游泳了。)
	可以₃	허가 (休息室里可以吸烟。)
	可以₄	추측/가능성 (您还可以用20年代的音乐作背景呢。)
	可以₅	가치 (这本书写得不错, 你可以看看。)

이상의 각 표들을 비교해보면 알 수 있듯이 하나의 조동사가 다양한 의미를 나타내기도 하고, 서로 다른 조동사가 같은 의미를 나타내기도 한다. 이러한 사실에 비추어볼 때 학습자들은 중국어 조동사들의 의미를 파악하기가 어렵고, 동일한 의미의 조동사들을 구별하기도 어려울 것이다. 동일한 의미 혹은 기능을 나타내는 몇몇 형식들은 대체할 수 있는 경우도 있고 그렇지 않은 경우도 있는데, 이는 주로 전후의 문맥 혹은 문법제약에 의해 결정된다. 이러한

현상으로 인해 조동사 습득이 더욱 복잡해지고, 형식-기능의 대응 실패를 초래하여 오류가 발생하기 쉽다. 필자는 혼동하기 쉬운 조동사의 의미항목이 어떤 것인지 명확히 하기 위하여 이상의 각 표의 의미항목과 그에 상응하는 기능을 아래의 형식-기능 대응표로 정리하였다.

[표4-7] 중국어 조동사의 형식-기능 대응표

	내재적 시행기능		외재적 시행기능			추측기능	
	능력	의지·바람	조건/용도	허가	의무	단정적 추측	추측
会	会$_v$	会$_1$				会$_2$	
要		要$_1$			要$_2$	要$_3$	要$_5$
能	能$_1$	能$_5$	能$_2$	能$_3$		能$_4$	
可以	可以$_1$		可以$_2$	可以$_3$		可以$_4$	
应该					应该$_1$	应该$_2$	
得					得$_1$	得$_2$	

위의 표에 근거하여 판단하자면, 능력을 나타내는 '会$_v$/能$_1$/可以$_1$'은 혼동하기 쉽고, 조건/용도를 나타내는 '能$_2$/可以$_2$'는 구분하기가 어렵다. 허가를 나타내는 '能$_3$/可以$_3$'은 오류를 일으키기 쉬우며, 추측을 나타내는 '会$_2$/要$_3$/能$_4$' 등은 더욱 명확히 구분하기가 어렵다. 이는 다음 절의 오류 예시에서 증명하고자 한다.

영어 양상동사와 중국어 조동사의 '의미범주와 기능'의 대조를 위해서 필자는 중국어 자막이 있는 영어권 영화나 드라마 대본과 입말 대화를 기반으로 만들어진 작품(『走出非洲』 일부, 『爱情故事』 일부, 『伦敦口语百日腾飞』 상·하권) 중에서 영어 원문에 양상동사를 포함한 모든 예문과 중국어 번역문 중에 조동사를 포함한 모든 예문을 추출하여 종류별로 분류하였다. 대화체 작품에서 예문을 추출한 이유는 대화 중에 양상동사와 조동사의 사용빈도가 비교적 높기 때문이다. '다른 이로 하여금 어떤 일을 하게 함(get things done)'이라는 시행기능과 주관적 태도를 나타내는 추측기능은 상호작용적 의미를 구현해주는 의사소통 상의 주요한 수단 혹은 발화행위이다. 앞에서 말한 언어자료의 분석을 통해 영어의 양상동사와 중국어의 조동사는 의미적 범주에 있어서 뚜렷한 차이를 보이며 형식과 기능의 대응관계는 더욱 복잡함을 알 수 있다. 분석결과는 [표4-8]과 같다.

[표4-8] 영어 양상동사와 중국어 조동사의 형식 · 기능 대조표

	내재적 시행기능		외재적 시행기능			추측기능
	능력	의지·소망	조건/용도	허가	의무	추측
May				可以$_3$		(可能)会$_2$ 可以$_4$
Might						(可能)会$_2$ 可以$_4$
Can/ Could	会$_v$ 能$_1$ 可以$_1$	能$_5$	能$_2$ 可以$_2$	能$_3$ 可以$_3$		(可能)会$_2$ 能$_4$ 可以$_4$
Shall					要$_2$	
Should					要$_2$ 应该$_1$	应该$_2$
Would		会$_1$ 要$_1$ 能$_5$	能$_2$			会$_2$ 可以$_4$
Will		会$_1$ 要$_1$	能$_2$			会$_2$
Must					要$_2$ 得$_1$	(一定/ 肯定 / 准) 要$_2$ 得$_1$
Have to					要$_2$ 得$_1$	
Be going to						会$_2$ 要$_4$

위의 표를 통해 영어 양상동사의 의미범주가 중국어 조동사를 크게 넘어서고, 중국어 조동사의 의미구분은 매우 세세하고 의미 분포 또한 비교적 분산적이며([표4-7] 참조), 상응하는 영어 양상동사에 비해 사용상의 제약도 많다는 것을 알 수 있다. 영어 양상동사의 의미범주는 중국어 조동사보다 넓은데, 이는 can/could 하나만 보아도 알 수 있다. can/could는 중국어의 '会$_v$', '(可能)会$_2$', '能'의 5개 의미항목, '可以'의 4개 의미항목, 양상부사 '也许, 可能, 说不定' 등에 대응된다. 영어의 다른 양상동사들 또한 각기 2-3개의 중국어 조동사 및

해당 조동사의 각기 다른 의미항목에 대응된다. 난이도위계에 따르면 이러한 현상을 '분할'이라고 하는데, 즉 모국어의 한 언어항목이 제2언어에서 2개 이상의 항목으로 나누어지는 현상을 가리킨다. 이러한 '일대다(一对多)' 형식의 교차대응은 학습상의 난이도에서 가장 높은 단계로, 학습하기 가장 어려운 형식이다. 그러므로 영어 모국어 학습자가 중국어 조동사를 학습할 때 직면하는 문제는 모국어에서는 동일한 형식으로 표현할 수 있는 의미를 중국어에서는 문법과 문맥에 근거해서 여러 가지의 다른 형식으로 구분해야 한다는 점이다. 바로 이러한 점으로 인해 인지난이도가 매우 높다.

[표4-7]과 [표4-8]을 대조하면 다음과 같은 결론을 내릴 수 있다.

첫째, 중국어 조동사의 의미와 기능은 영어 양상동사보다 세분화되어 있어서 동일한 형식이 전혀 다른 의미를 나타낼 수도 있고(각각의 조동사들이 모두 이러한데, 예를 들어 '会'는 능력, 의지·소망, 추측을 나타낼 수 있고, '能'은 능력, 의지·소망, 조건/용도, 허가, 추측을 나타낼 수 있음), 다른 형식이 같은 의미를 나타낼 수도 있다(예를 들어 '会$_v$ / 能$_1$ / 可以$_1$'는 모두 능력을 나타내고, '会$_1$ / 要$_1$ / 能$_5$'는 모두 의지·소망을 나타내며, '要$_2$/应该$_1$/得$_1$'은 모두 의무를 나타냄). 이에 반하여 영어의 양상동사들의 의미는 상대적으로 고정적이다. 예를 들어, may는 허가를 나타내고, would/will은 주로 의지·소망을 나타내며, should/must는 의무를 나타낸다.

이는 또한 하나의 영어 양상동사가 여러 개의 중국어 조동사에 대응되는 원인이기도 한데, 예를 들면 의지·소망을 나타낼 때는 '会$_1$ / 要$_1$ / 能$_5$'에 대응되고, 의무를 나타낼 때는 '要$_2$ / 应该$_1$'에 대응된다. 다만 can/could는 예외로, can/could는 다른 조동사들처럼 의미가 하나에 국한되지 않고 '능력, 소망, 조건/용도, 허가, 추측' 등 다양한 의미를 포괄하기 때문에 중국어의 여러 가지 조동사의 여러 가지 의미항목에 대응된다. 그러므로 can/could의 '一对多' 식의 형식-의미 교차대응이 야기하는 간섭형 오류가 영어 모국어 학습자들에게 가장 보편적으로 일어날 수 있다.

둘째, 기본적으로 영어 양상동사와 중국어 조동사는 모두 시행기능과 추측기능을 하는데, 영어 양상동사가 시행기능을 할 때 각 단어의 의미는 상대적으로 고정적이고, 구분도 명확하다(위의 서술과 같음). 추측기능을 할 때는 각 양상동사가 가능성의 정도에 따라 다음과 같이 계단식으로 분포된다.

might < may < could < can < should < would < will < must

좌측은 가능성이 가장 낮음을 나타내고, 우측은 가능성이 가장 높음을 나타낸다. 중국어 조동사가 시행기능을 할 때 각 단어의 의미는 중첩되고 교차되며, 구분도 명확하지 않다. 추측기능을 할 때 각 단어의 차이는 가능성의 정도에 있는 것이 아니다. 즉 이는 상호보완적인 분포이지 가능성의 정도에 따른 배열이 아니다. 그러므로 추측의 정도를 표시할 때 '可能/也许/说不定', '多半', '一定/肯定/准' 등과 같은 양상부사의 도움이 필요하다. 이를 통해 추측의 정도를 표현함에 있어 영어 모국어 학습자들이 적절한 양상부사와 조동사를 조합하는데 비교적 어려움을 겪으리라는 점을 예측할 수 있다.

3. 오류 예시 및 인지적 해석

다음에 제시하는 조동사 오류문의 출처는 中山大学 중국어교육과 외국인 학습자의 작문자료와『汉语病句辨析九百例』이며, 모두 영어 모국어 학습자가 작성한 것이다.『汉语病句辨析九百例』는 오류문을 이론적인 각도에서 간략하게 분석만 하고 오류의 발생 원인에 대해서는 언급하지 않았는데, 필자는 습득의 관점에서 오류 발생의 인지적 원인에 대해 살펴보고자 한다.

영어와 중국어 대조에서 살펴보았듯이, 영어의 양상동사는 형식과 기능의 대응관계가 단순한 반면 중국어의 조동사는 형식과 기능의 대응관계가 복잡하다. 이로 인해 영어와 중국어 조동사는 '일대다(一对多)'식의 교차대응을 한다. 중국어와 영어의 차이를 바탕으로 오류문 분석 결과를 종합하면, '会'와 '能', '能'과 '可以', '要'의 부정형식 및 '要'의 기타 형식 등을 쉽게 혼용한다는 것을 알 수 있다. 이밖에 모국어의 간섭에 의한 조동사의 어순 오류도 있다. 아래에서는 몇 가지 전형적인 오류문을 형식-기능 대응과 문맥대응의 측면에서 분석해보고자 한다.

3.1 A류: Can에 의한 '会'와 '能'의 혼용

A₁. 只有有才能的人, 才<u>会</u>当大使。('会'를 '能'으로 고쳐야 함)
A₂. 甲: 阿里在家吗? 乙: 他现在<u>不能</u>在家。('不能'을 '不会'로 고쳐야 함)

상술한 오류문의 조동사를 영어에서는 can으로 나타내며, [표4-8]을 보면 can은 기능적으로 '会', '能'에 대응된다. 그러나 '会'와 '能'은 기능적으로 공통점과 차이점이 있어서, 동일한 기능을 나타낼 때도 문법과 문맥의 제약을 받으므로 이런 제약을 이해하지 못하면 '会'와 '能'을 혼용하기 쉽다.

A₁의 '只有……才……'는 조건을 나타내는데, '会'는 조건을 나타낼 수 없으므로 '能'으로 바뀌야 한다. '只有傻瓜才会做出这种事'처럼 '只有……才……'를 포함한 모든 문장이 조건을 나타내는 것은 아니다. 이 문장에서의 '会'는 강조 작용을 하며 조건은 나타내지 않는다. 따라서 이 문장에서는 '会'만 쓸 수 있으며, 이때 '会'는 가능성을 나타낸다. 영어에서는 '只有有才能的人, 才能当大使'와 '只有傻瓜才会做出这种事'의 '能'과 '会'를 모두 can으로 나타내는데, 그 이유는 can은 조건을 나타낼 수도 있고 가능성을 나타낼 수도 있기 때문이다. '会'와 '能'은 모두 가능성을 나타낼 수 있지만, 구조가 동일한 문장(즉 언어적 맥락이 동일한 문장)이라도 의미지향의 차이에 따라 조동사를 선택해야 하므로, 영어 모국어 학습자는 형식과 기능을 대응시킬 때 큰 어려움을

겪는다. 즉 문맥을 구분해야 하고 형식을 문맥에 부합(즉 '내포')시켜야 할 뿐만 아니라, 문맥이 같거나 유사한 상황에서 의미도 구분해야 하기 때문이다.

A₂에서 나타내고자 한 것은 가능성의 부정형식인데, 영어에서는 이를 can't 로 나타낸다. '会'와 '能'은 모두 가능성을 나타내지만, 각각의 부정형식이 완전히 같지는 않다. '不能'은 주로 능력이 없거나 조건을 갖추지 못했거나 이치적으로 용납되지 않는 것을 나타내며, '不会'는 객관적 가능성을 갖추지 못했음을 나타낸다.

상술한 분석을 통해 다음과 같은 사실을 알 수 있다. 즉, 영어의 can은 제약 조건이 적어서 사용이 자유롭고 의미범주가 넓으며 의문이나 부정 등 문맥의 제약을 받지 않는 반면, 중국어의 조동사는 문맥과 의미의 차이가 적고 제약이 많기 때문에 학습자는 '대응'과 '내포'라는 두 가지 측면의 어려움에 부딪히고, 따라서 오류를 범하게 된다.

3.2 B류: Can에 의한 '能'과 '可以'의 혼용

B₁. 如果你没有钱, <u>不可以</u>结婚。 ('可以'를 '能'으로 고쳐야 함)

B₂. 已经十点了, 他<u>可以</u>来吗? ('可以'를 '能'으로 고쳐야 함)

B₃. 在十天内, 你们<u>可不可以</u>造好箭? ('可以'를 '能'으로 고쳐야 함)

B₄. 请把你的词典借我用用, <u>能</u>吗? ('能'을 '可以'로 고쳐야 함)

B₅. 甲: 请问, 这儿<u>能不能</u>吸烟? 乙: <u>能</u>。 ('能'을 '可以'로 고쳐야 함)

상술한 5개 오류문에 사용된 조동사는 영어에서는 can과 can의 의문형식이나 부정형식으로 나타낸다. 그런데 중국어의 조동사는 문맥에 따라 부정형식과 의문형식이 긍정형식과 완전히 일치하지 않을 수도 있다. [표4-8]에서 can은 중국어 조동사 '会', '能', '可以'에 대응된다고 밝힌 바 있다. 내재적 시행기능(능력)과 추측기능(가능성)을 나타낼 때는 '会'와 '能/可以'를 구분해야 하는데, 이에 관해서는 A류 오류에서 이미 설명했다. 외재적 시행기능(조건/용도, 허가)과 추측기능(가능성)을 나타낼 때는 '能'과 '可以'를 구분해야 한다. '能'과 '可以'는 긍정형식의 용법과 부정 및 의문 형식의 용법이 일치하지는 않는다. 조건이나 허가를 나타낼 때 긍정문에서는 '可以'를 사용할 수 있지만, 부정문에서는 '不能'을 사용해야 하므로 B₁과 같은 오류가 발생한다. 가능성에 대한 추측을 나타내는 경우, 긍정문에서는 '可以'를 사용할 수 있지만 의문문에서는 '能'(혹은 '会')을 사용해야 하므로 예문 B₂는 '能'으로 고쳐야 한다. '能'과 '可以'는 모두 긍정문에서 능력을 나타낼 수 있지만, '可以'의 의문형식인 '可不可以'는 허락을 구하는 것을 나타내며 능력에 대한 질문을 나타내지는 않으므로, 능력을 나타내는 '可以'는 의문문에서 '能不能'으로 바꿔야 한다. 이러한 규칙을 이해하지 못하면 B₃과 같은 오류를 범할 수 있다. '허가' 혹은 '허가를 구함'과 같은 외재적 시행기능과 관련해서 의문문에서는 '能'이나 '可以'를 모두 사용할 수 있지만 부가의문문(예: B₄)과 질문에 대답할 때는 '能'은 단독으로 사용할 수 없으나 '可以'는 사용할 수 있다.

중국어에서는 조동사의 부정형식과 의문형식이 긍정형식과 일대일로 대응하지 않아서 형식과 기능의 결합이 더욱 복잡하기 때문에, 중국어 조동사를 정확하게 사용하려면 부정문 및 의문문과 관련된 많은 문맥적 제약을 이해해야 한다. A류, B류 오류문의 발생 원인은 다음과 같다. 즉 영어의 can이 중국어의 '会', '能', '可以' 등의 세 가지 형식으로 분화되고, 각 형식이 부정문과 의문문에서 다른 형식으로 분화된다. 따라서 세 가지 형식의 긍정/부정과 의문형식의 교차대응은 학습자로 하여금 '형식-의미'와 문맥 결합의 실수를 유발하게 한다. A류, B류 오류문을 통해 can/could의 '一对多'식 교차대응이 유발한 간섭형 오류가 영어 모국어 학습자에게 매우 보편적으로 발생한다는 것을 알 수 있다.

3.3 C류: Shall / Should에 의한 '应该'와 '要'의 혼용

c. 以后我们一定<u>应该</u>生产更多的机器。('应该'를 '要'로 고쳐야 함)

Shall/Should는 외재적 시행기능(의무)을 나타내며, '应该', '要'에 대응된다. 의무를 나타낼 때 '应该'는 무표적이고 '要'는 유표적이기 때문에 학습자는 무표형식을 선택할 가능성이 더욱 크다. 다만, 상술한 예문에서는 '应该'와 강조를 나타내는 '一定'의 결합에서 오류가 발생했다. '一定'을 삭제하여 원래 나타내고자 했던 '의무'를 나타내거나, '应该'를 유표형식의 '要'로 고쳐야 한다. 그러나 이때, '一定要'의 '要'는 의지·소망을 나타내는 '要₁'이지 의무를 나타내는 '要₂'가 아니다. 그러므로 중국어에서는 동일 형식(要)이라고 하더라도 언어환경의 극히 미세한 변화에 따라(즉 '一定'의 유무에 따라) 기능과 의미에 변화가 발생할 수 있다. 학습자는 특정한 언어환경(즉 부사 '一定'을 그대로 두는 상황)에서 조동사를 선택할 때 오류를 범하거나 중의적인 문장을 만들기 쉽다.

3.4 D류: '要'의 부정형식과 Don't want to

D₁. 我身体不舒服，今天的晚会我<u>不要</u>参加了。('不要'를 '不想'으로 고쳐야 함)
D₂. 他太困了只好给我开(车)。我<u>不要</u>炫耀自己，但我开车非常好。
  ('不要'를 '不想'으로 고쳐야 함)
D₃. 我们真的<u>不要</u>再打扰他。('不要'를 '不想'으로 고쳐야 함)

의지·바람을 나타낼 때 대부분의 영어 모국어 학습자는 '不要'로 '要'의 부정을 나타내는데, 이는 영어 'want to'와 'don't want to'의 영향을 받은 것이 분명하다. 중국어에서는 의지·바람을 나타내는 '要'의 부정형식으로 '不想'을 사용해야 한다. 이때 '想'은 또 다른 조동사이다. 영어에서는 긍정형식과 부정형식이 대응되지만 중국어에서는 긍정형식과 부정형식이 대응되지 않는다는 차이점이 목표언어 부정형식의 오류를 유발하기도 한다.

3.5 E류: '要'의 기타 형식과 Be going to

E₁. 十岁的时候我给她打个电话说我<u>快要</u>去看她。('快要'를 '马上要 / 很快要'로 고쳐야 함)

상술한 문장의 '快要'에 해당하는 영어는 'be going to'로 사건이 곧 발생할 것임을 나타내는데, 중국어의 '快要'에 완전히 대응되는 것처럼 보이지만 실제로는 그렇지 않다. 郑天刚(2002a)에 따르면 '要'는 상태의 접근을 나타내며 사건의 발생 시간이 가까워짐을 나타낸다. 또한 부사 '快'는 어떤 상황이 곧 발생하려고 함을 나타내며, 이는 객관적 정세에 대한 판단이다. 필자는 '快要'가 객관적 사건에 대한 판단만 나타내고 주관적 계획은 나타내지 않는다고 생각한다. 그러나 영어의 be going to는 객관적 판단도 나타내고 주관적 계획도 나타내기 때문에 상술한 예문에서 간섭이 발생했고, 따라서 이는 형식과 의미의 대응 오류에 해당한다. 상술한 예문은 주관적 계획을 나타내므로 '马上要 / 很快要'로 고쳐야 한다.

주의할 점은, 상술한 예문의 '快要'와 같은 오류 유형은 의미의 변화를 야기하지 않으므로 의사소통의 장애를 일으킬 가능성이 없을 뿐만 아니라, 언뜻 보아서는 오류로 판단되지 않는다는 것이다. 필자는 이러한 오류를 '심층 오류'라고 부른다. 이러한 오류가 발생하는 원인은 모국어 형식과 목표언어 형식이 매우 유사하기 때문이다. 두 언어에 매우 유사한 부분이 존재할 때 간섭이 가장 쉽게 나타날 수 있기 때문에 언어 간 부정적 전이가 발생한다.

3.6 F류: 영어 어순에 의한 조동사 어순 오류

F₁.   <u>可以</u>你的词典借用一下吗?
적격문: 你的词典<u>可以</u>借用一下吗?
F₂.   我们俩觉得很幸运<u>能</u>遇到了这个很热情很友好的中国农民。
적격문: <u>能</u>遇到了这个很热情很友好的中国农民我们俩觉得很幸运。

F₁에서 '可以'가 문두에 위치한 것은 영어의 조동사 의문문에서 조동사가 문두에 오는 영어 어순(May I use your dictionary?)의 영향을 받은 것이다. '可以'는 술어동사 앞에만 올 수 있고 명사구 앞에 오는 경우는 거의 없다. F₂는 문장의 핵심 내용이 문두에 오는 영어 어순(It's lucky that……)의 영향을 받았다. 중국어에서는 문장의 핵심 내용이 문미에 오기 때문에 '能'이 이끄는 종속절이 문두로 가고 주절이 그 뒤에 와야 한다. 어순 문제는 '내포'단계에서 모국어의 영향을 받은 오류에 해당하며, 이는 학습자가 조동사가 포함된 부분을 목표언어에서 올바른 위치에 두지 못한 것이다.

상술한 내용을 종합하면, 중국어 조동사의 내부 대응 관계의 복잡성과 영·중 두 언어 사이의 형식과 기능의 교차대응이 영어 모국어 학습자가 '대응'과 '내포'라는 두 가지 인지영역에서 오류를 범하는 주요 원인이다. 제2언어 습득은 학습자가 목표언어의 형식을 특정 언어 기능에 대응시키는 과정이며, 또한 형식을 특정 언어환경에 '내포'하는 과정이기도 하다. 문법형식의 정확한 대응이 반드시 언어환경의 적절함을 의미하는 것은 아니므로, '대응'과 '내포'는 상호 작용하는 두 가지 인지 과정이다. 목표언어 규칙과 그 문맥의 결합관계를 완전하게 이해하기 전에는 이 두 가지 과정에서 모국어의 영향을 많이 받기 때문에 간섭 현상이 발생한다.

중국어 조동사의 오류는 모국어의 간섭으로 발생한 '대응'오류와 문맥의 '내포'오류가 대부분이지만, 모국어 간섭으로 설명할 수 없는 오류들도 많다. 鲁

健驤(1999)에 의하면, "하나의 중간언어 현상은 여러 가지 원인에 의해 유발될 수 있는데, 경우에 따라서는 하나의 원인일 수도 있고 또 복합적 원인일 수도 있다"고 한다. 중국어 조동사의 내부적 복잡성으로 인해 조동사 규칙의 과잉일 반화나 규칙의 불완전 적용으로 발생한 오류들도 있다. 그러나 영·중 두 언어의 경우는 조동사의 형식과 기능의 유사점 또는 차이점의 복잡성 때문에 모국어의 영향에 대해 늘 주의를 기울여야 한다. 교수자는 그 인지적인 원인을 찾아내야만 조동사 오류에 대해 충분한 해석과 평가를 할 수 있으며, 또 '대응'과 '내포'단계에 대해서도 적절한 교육을 할 수가 있다.

제2절 담화문법 오류의 언어 간 요인

중간언어는 제2언어 학습자들이 제한적인 목표언어 지식의 기초 위에서 제2언어 습득의 과정 중에 생성한 모국어와도 다르고 목표언어와도 다른 언어지식체계이다. 이는 점진적으로 목표언어에 접근하는 발전 단계로서 상대적인 안정성을 갖는다(Gass & Selinker, 2001:13). 이 중간언어 체계에 영향을 미치는 요인은 비교적 다양하여, 목표언어와 관련된 요인과 모국어와 관련된 요인, 그리고 중간언어 자체와 관련된 요인이 있는데, 이 가운데 모국어에 의한 요인이 가장 중요한 요인으로 인식되고 있다. 모국어에 의한 요인은 언어 간 요인, 간섭형 요인, 또는 모국어의 부정적 전이 등으로 불린다. 현재까지 언어 간 요인이 중간언어에 미치는 영향을 논의한 연구는 적지 않다. 다음은 1970~1980년대의 연구에서 제시된 영어 학습자의 문법에 나타난 간섭형 오류율이다(Ellis, 1985:29, 1994:302).

[표4-9] 영어 학습자의 문법에 나타난 간섭형 오류율

연구자	모국어의 영향에 의한 오류율	학습자 유형
Grauberg	36%	모국어: 독일어, 연령: 성인, 단계: 고급반
George	약 33%	모국어: 복합, 연령: 성인, 단계: 졸업반
Dulay & Burt	3%	모국어: 스페인어, 연령: 아동, 단계: 복합
Tran-Chi-Chau	51%	모국어: 중국어, 연령: 성인, 단계: 복합
Mukattash	23%	모국어: 아랍어, 연령: 성인
Flick	31%	모국어: 스페인어, 연령: 성인, 단계: 복합
Lott	약 55%	모국어: 이탈리아어, 연령: 성인, 단계: 대학

위 연구자들의 연구 결과를 종합하면, 영어 학습자에게 나타난 간섭형 오류는 평균 37.71%이다. 그러므로 간섭을 문법오류의 주요 원인 중 하나로 간주할 수 있다. 중국 내에서도 간섭 요인이 중국어 중간언어에 미치는 영향에 대해 적지 않은 연구가 진행되었다. 王建勤(1997), 程美珍(1997), 任长慧(2001) 등을 예로 들 수 있는데, 이 연구들은 대부분 음성, 어휘, 문법의 측면에서 고찰한 것이다.

그렇다면 언어 간 요인이 중국어 중간언어 담화문법에 미치는 영향은 어떠할까? 본 절에서는 영어 모국어 학습자의 중국어 중간언어 담화자료를 중심으로, 담화문법 오류의 측면에서 간섭 요인이 어느 정도 또 어떠한 방식으로 중간언어 담화문법의 생성에 영향을 미치고 있는지 살펴보고자 한다.

1. 담화문법의 함의

전통문법과 구조주의 문법에서 언어의 연구대상은 문장의 범위를 넘지 않는다. 그러나 사람들은 실제로 언어를 사용할 때 낱개의 문장을 결합하여 담화를 만든다.4 따라서 1950~1960년대부터 일부 언어학자들은 언어 연구의 범위를 '단어와

---

4 역자주: 담화문법에서의 '담화'와 텍스트언어학에서의 '텍스트'는 동일한 의미로 볼 수 있다.

문장'에서 '담화' 층위로, '문법'에서 '의미' 층위로, 언어 내부의 정태적 분석 연구에서 언어와 언어 외적 요소 간의 상호 작용에 대한 동태적 연구로 방향을 바꾸었다. 텍스트언어학은 바로 이러한 배경에서 탄생하였다. '텍스트언어학'이라는 술어는 독일의 언어학자 H. Weinnich가 1967년에 처음 사용하였는데, 그는 모든 언어 연구는 '담화'를 기술의 기본 틀로 삼아야 한다고 주장했다. (陶文好, 2001)

담화문법은 중국어로는 '语篇语法', '篇章语法'라고 한다. 담화문법은 텍스트언어학의 중요한 구성성분이다. 담화를 구성하는 요소들은 문장문법만으로는 설명할 수 없으며, 따라서 더 높은 층위의 문법인 담화문법이 필요하다. R. Hughes와 M. McCarthy(1998)는 '담화문법은 문장문법(sentence-based grammar)의 상대적 개념이다'라고 하였다. Downing과 Locke는 담화문법은 '의사소통과정'과 '참여자'라고 하는 개체의 상호작용 요인을 중시하는데, 이 상호작용 요인은 문맥에서 문법항목 선택의 순간성에 영향을 미칠 수 있다고 보았다(Cook, 1994). 여러 학자의 견해를 종합해 보면, 담화문법은 담화 구조와 담화를 구성하는 문장들의 기저의미 간의 결속 및 응집을 해석한다. 또, 이를 해석함으로써 사람들이 정보를 어떻게 연관시키고 핵심을 드러내며, 또 어떠한 방식으로 청자나 독자에게 전달하는지를 연구하는 것이다. 담화문법은 담화와 문법의 단순한 결합이 아니라 언어정보의 부각 및 전달을 중시하는 것으로, 결속(cohesion)과 응집(coherence)은 담화문법의 중요한 내용이다.

중간언어의 담화문법에 영향을 미치는 요인은 비교적 많아서, 언어 내 요인뿐만 아니라 언어 간 요인, 중간언어 자체와 관련된 요인도 있다. 따라서 중간언어 담화문법에 영향을 미치는 요인과, 중간언어 담화문법의 형성에 영향을 미치는 근본 원인을 찾아내어 중간언어 담화 구조의 규칙을 귀납해야 제2언어 교육을 직접적으로 발전시킬 수 있고, 동시에 제2언어 습득 이론 연구에 근거를 제공할 수 있다. 아래에서는 영어 모국어 학습자의 중국어 중간언어 담화문법오류를 예로 들어, 언어 간 요인이 중간언어 담화문법에 미치는 영향을 논의해 보기로 한다.

2. 간섭형 오류의 비율

Carl James(1998:4)가 정의한 바에 따르면 '오류'는 '언어 중 성공하지 못한 부분'이다. Carl James가 제시한 오류의 정의에 근거하여, 필자는 담화문법오류를 '중간언어 담화 중 성공하지 못한 부분, 특히 담화 중 성공하지 못한 결속 및 응집'이라고 정의하고자 한다. Carl James(1998:179-203)와 周小兵(2004)의 연구 결과에 근거하여, 여기서는 담화문법오류를 오류 발생 원인에 따라 다음과 같이 다섯 종류로 나누었다.

> A. 언어 간 오류: 모국어의 부정적 전이에 의하여 발생한 오류. 간섭형 오류 또는 대조성 오류라고도 함.
> B. 언어 내 오류: 이미 습득한 목표언어 지식의 영향으로 발생한 오류. 발전형 오류라고도 하며, 과도한 개괄, 잘못된 추론, 규칙 제약의 무시 등이 있음.
> C. 회피오류: 반드시 사용해야 할 언어항목을 사용하지 않고 의사소통 전략에 따라 유사하거나 간접적인 표현방식을 사용함으로써 발생한 오류.
> D. 오도오류: 교재의 오류나 교수자의 잘못된 가르침으로 인해 발생한 오류.
> E. 원인이 다양하거나 불분명한 오류: 한 가지 원인에 의한 것이 아니거나 원인을 분명하게 알 수 없는 오류.

필자는 최근 몇 년 간 中山大学 国际交流学院에서 공부했던 영어 모국어 학습자의 중국어 작문 60편을 수집, 분석하여 담화결속오류 201개를 발견하였다. 이 201개의 오류는 오류발생 원인에 따라 다음의 다섯 가지 유형으로 분류할 수 있다. [표 4-10]과 [그림 4-1]를 보자.

[표4-10] 원인별 오류 유형 통계표   [그림 4-1] 원인별 오류 유형 그래프

원인별 오류 유형	수량	오류율
A. 언어 간 오류	73	36.3%
B. 언어 내 오류	66	32.8%
C. 회피오류	10	5.0%
D. 오도오류	2	1.0%
E. 원인이 다양하거나 불분명한 오류	50	24.9%

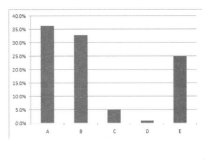

오류의 발생 원인 측면에서 보면, 언어 간 오류의 수량이 가장 많고(73개), 오류율도 가장 높다(36.3%). 이 결과는 상술한 Rod Ellis의 연구결과(영어 학습자의 문법에 나타난 간섭형 오류에 의한 오류율 평균이 37.71%)와 거의 일치하는데, 이는 모국어가 제2언어 습득에 보편적으로 영향을 미친다는 사실을 의미한다. 언어 간 요인이 중간언어 담화문법오류의 1/3 이상을 차지하고 있는 것으로 보아 언어 간 요인이 영어 모국어 학습자가 범한 중국어 담화문법오류의 주요 원인임을 알 수 있다. 따라서 언어 간 요인이 중간언어 담화문법에 미치는 영향은 중국어교육학계에서 반드시 관심을 가져야 한다.

3. 언어 간 오류의 유형

언어 간 요인은 어떻게 중간언어의 담화문법에 영향을 미치게 될까? 아래에서는 영어 모국어 학습자가 중국어 담화문법 측면에서 범하는 전형적인 오류를 일대영(一対零) 대응관계에 의한 간섭, 일대일 대응관계에 의한 간섭, 교차대응관계에 의한 간섭, 준일대일 대응관계에 의한 간섭 등의 네 가지 유형으로 나누어 살펴볼 것이다. 이를 통해 학습자 중간언어의 담화문법 형식과 모국어의 담화문법 형식 사이의 차이점과 공통점을 대조하여, 언어 간 요인이 담화문법에 어떻게 영향을 미치는지를 탐색해 보고자 한다.

3.1 일대영(一对零) 대응관계에 의한 간섭

영어와 중국어의 언어항목은 일대일로 대응되지 않는다. 언어항목에 따라, 영어에는 있지만 중국어에는 없는 경우도 있고, 영어에는 없지만 중국어에는 있는 경우도 있다. 이를 '일대영 대응관계'라 하고, 이에 의한 간섭을 일대영 대응관계에 의한 간섭이라고 한다.

3.1.1 영어에는 있으나 중국어에는 없는 경우

영어의 어떤 언어항목은 중국어에는 없기 때문에, 해당 언어항목의 의미는 중국어에서 다른 형식으로 표현되는데, 이로 인해 학습자가 중국어를 습득할 때 오류를 범하는 경우가 많다. 여기서는 관계대명사, 부정대명사 one, 목적을 나타내는 to부정사 등 세 가지 예를 들어보기로 한다.

3.1.1.1 관계대명사

영어에는 명확한 지시 대상을 갖는 관계대명사가 있지만, 중국어에는 관계대명사라고 하는 언어형식이 없다. 관계대명사는 중국어에서 일반적으로 지시대체사, 인칭대체사 또는 어휘의 반복 사용 등과 같은 수단으로 표현된다. 예를 들면 다음과 같다.

(1) This umbrella was left by John, <u>who</u> was here a moment ago.
　　 这把雨伞是约翰丢这儿的, <u>他</u>刚才到这儿来过。

영어 모국어 학습자는 이러한 대응관계를 적절히 처리하지 못하는 경우가 많다. 그들은 지칭 방식을 정확히 사용하지 못하여 다음과 같은 오류를 범한다.

(2) *我们先去法兰克福, 然后坐火车去科隆。因为要游览的地方很多, 我
们要在那个城市停留五天。(科隆)

We will first go to Frankfort, and then take a trian to Cologne, where
we will stay for only five days, for we will have many places to visit.[5]

(3) *他在东欧长大, 在美国工作, 到了澳大利亚后继续教书。因此他说话时
还有一种有较重的美国口音。这儿常使我们学生互相闹笑话。(这一点)

So he had a heavy American accent, which was often made fun of by
us students.

예문(2)의 '那个城市'는 '法兰克福'를 지칭할 수도 있고 '科隆'을 지칭할
수도 있기 때문에 지칭 대상이 불명확한 오류가 발생했다. 이 문제는 어휘 반복
사용의 방식으로 해결할 수 있는데, '科隆' 혹은 '法兰克福'로 '那个城市'를
대체하면 된다. 예문(3)의 '这儿'은 앞의 '他说话时还有一种有较重的美国
口音'을 지시하는 '这一点'으로 고쳐야 한다.

3.1.1.2 부정대명사 one

영어의 부정대명사 one은 사용빈도가 높고 용법도 다양하다. one은 ones, the
one의 형식으로 복수를 나타낼 수 있고, 특정한 대상을 대신할 수도 있다. 중국
어에는 이와 유사한 언어 형식이 없기 때문에 해당 의미는 어휘의 반복 사용
또는 '的'구조 등의 형식으로 표현된다. 예를 들면 다음과 같다.

(4) The two students over there are of Class Two. The one in red is my friend.
那边的两个学生是二班的, 那个穿红衣服的是我朋友。

---

[5] 예문의 오류 부분에 밑줄을 긋고, 괄호 안은 이를 바르게 수정하였다. 영어와 중국어의
차이점 비교의 편의를 위해 필자는 중국어 예문의 관련 부분을 영어로 번역하였다.

이러한 대응관계를 이해하지 못한 학습자는 오류를 범하기 쉽다. 예를 들면 다음과 같다.

(5) *这个星期是我第三个住在广州的。因为好忙，这三个星期过得很快。
   (住在广州的第三个星期)
   This week is the third one of my stay in Guangzhou.

(6) *那个商店卖很多漂亮的衣服，我最后选择了红色。(一件红色的)
   There are many beautiful dresses in that shop. Finally I chose a red one.

예문(5)의 오류는 어휘 반복 사용의 방식으로 수정할 수 있고, 예문(6)의 오류는 '的'구조를 사용하여 수정할 수 있다.

3.1.1.3 to 부정사

영어의 to 부정사는 표현 범위가 넓은 언어항목으로 형식적 제약이 많지 않고(자체 주어나 목적어를 취할 수 있고 피동형식이 되기도 하며, 시제와 상에 따라서도 다양한 형식이 될 수 있음), 기능 또한 다양하다(주어, 목적어, 관형어, 부사어, 보어가 될 수 있음). 중국어에는 영어의 to 부정사에 해당하는 언어형식이 없기 때문에 그 기능은 연동구조, 부사어 역할을 하는 종속절 등과 같은 다른 형식으로 표현된다. 이러한 대응관계를 이해하지 못한 학습자는 오류를 범하기 쉽다. 예를 들면 다음과 같다.

(7) *主人公发现: 一个公司，用了他的脱氧核糖核酸为了创造一个克隆，从而有两个完全相同的人。(为了创造一个克隆，一个公司用了他的脱氧核糖核酸)
   A company used his DNA to create a clone, and two same persons came into being.

(8) *第二天大哥终于找到了蜡烛和火柴有了这一点的亮光为了寻找食品。

(第二天大哥终于找到了蜡烛和火柴, 他们利用这点亮光寻找食品。)

On the next day, the elder brother found some candles and matches. So they use the light to look for food.

(9) *还有一天, 我和我的同学跟我们的老师一起吃饭。老师是一个中国人, 他从澳大利亚来到广州为了访问我们俩。(为了看望我们俩, 他从澳大利亚来到广州。)

Our teacher is Chinese. He came to Guangzhou from Australia to pay us two a visit.

예문(7)~(9)를 통해 알 수 있듯이, 목적을 나타내는 to 부정사의 부사적 용법은 중국어에서는 다른 형식으로 표현된다. 학습자는 이러한 대응관계를 모르기 때문에, 의미에만 근거하여 기계적으로 영어 to 부정사의 'to' 자리에 '为了'를 사용함으로써 위와 같은 오류를 범한 것이다.

3.1.2 중국어에는 있으나 영어에는 없는 경우

어떤 언어항목은 중국어에는 있지만, 영어에는 없거나 상응하는 의미가 다른 방식으로 표현되는 경우가 있다. 이 경우에 영어 모국어 학습자는 중국어의 해당 언어항목을 완전히 새로운 항목으로 학습해야 하기 때문에 쉽게 오류를 범하게 된다. 예를 들어, 주어 뒤에 출현하는 단음절 접속사와 접속부사는 중국어에서는 사용빈도가 높은데 반해 영어에는 이와 같은 용법이 없다. 중국어 복문에서 단음절 접속사와 접속부사는 모두 선·후행절의 주어 뒤에서만 출현할 수 있다. 예를 들면 다음과 같다.

(10) 你要不愿意去的话, 我就一个人去。(선·후행절의 주어 뒤에 출현한 경우)
(11) 这里气候挺好, 冬天也不冷。(후행절의 주어 뒤에 출현한 경우)

선행절에서 자주 사용되는 단음절 접속사에는 '既', '就', '虽', '要' 등의 네 가지가 있고, 후행절에서 사용되는 접속부사에는 '就', '才', '也', '还', '又', '都', '却' 등 일곱 가지가 있다. 상술한 원칙을 위배하게 되면 비문이 된다(李 晓琪, 2002:92). 영어 모국어 학습자는 이 점을 잘 몰라 쉽게 오류를 범한다. 예를 들면 다음과 같다.

(12) *全家人都吃完了, <u>才妈妈开始吃</u>。(妈妈才开始吃)

　　　Mother began to eat only when all the family finished eating.

(13) *如果你不同意的话, <u>就你别去</u>。(你就别去)

　　　Do not go if you do not agree.

(14) *这件外套, 式样挺好, <u>也价格不贵</u>。(价格也不贵)

　　　This coat is not only of good style, but also of low price.

학습자가 이와 같은 오류를 범하는 것은 영어의 접속사는 단음절과 이음절의 구분이 없고, 주종속절에 관계없이 일반적으로 문두에 사용되는 위치의 고정성 때문이다.

3.2 일대일 대응관계에 의한 간섭

일대일 대응관계란 모국어 중의 어떤 언어항목이 통사, 의미, 화용적 측면에서 목표언어의 어떤 언어항목과 완전히 동일한 경우를 말하는데, 예를 들면 영어의 'I've'와 프랑스어의 'j'ai'가 이에 해당한다. 영어와 중국어의 접속 범주에서 일대일 대응관계를 이루는 항목은 많지 않다. 두 언어의 접속 범주에서 일대일 대응관계를 이루는 것에는 열거를 나타내는 'First……, Second……, Third……'와 '第一……, 第二……, 第三……'이 있다. 일대일 대응관계를 이루는 언어항목의 습득 난이도는 높지 않기 때문에 오류 발생률이 낮다. 그러나 오류가 전혀 발생하지 않는 것은 아니다. 예를 들면 다음과 같다.

(15) *首先蒸糯米, 半熟, 然后拿出来放在一个锅里。<u>其次</u>把椰浆、姜黄水
煮开。(接着)

First, braise sticky rice to half ripe. Then take it out and put it into a
pot. After that, heat the coco juice and ginger water to boil.

'其次'는 어떤 항목을 열거하는데 사용되어, 순서가 뒤쪽임을 나타내거나
부차적인 사람 또는 사물을 나타낸다. 예문(15)에서는 절차를 나타내는 것으로
잘못 사용되었다.

3.3 교차 대응관계에 의한 간섭

교차 대응관계란 어떤 언어항목이 영어와 중국어에 모두 있지만, 일대일 대
응관계를 이루지 않고, 일대다(一对多) 또는 다대일(多对一) 대응 관계를 이
루는 것을 말한다.

3.3.1 영어의 한 언어항목이 중국어의 여러 언어항목에 대응되는 경우

영어의 한 언어항목이 중국어의 여러 언어항목에 대응된다. 즉, 모국어의
한 형식이 목표언어에서 둘 또는 그 이상의 형식을 갖는 언어항목으로 분화되
는 것을 가리킨다. 이러한 대응관계는 쉽게 찾아볼 수 있으며 습득 난이도가
높기 때문에 학습자가 오류를 범하기 매우 쉽다.

3.3.1.1 'or'과 '还是, 或者, 否则'

영어의 'or'은 대체로 중국어의 '还是, 或者, 否则'에 대응된다. 중국어에서
'还是, 或者, 否则'는 상보적 분포 양상을 보인다. '还是'는 선택을 나타내는

의문문 또는 확정되지 않음을 나타내는 서술문에 사용되고, '或者'는 선택을 나타내는 서술문에만 사용된다. '否则'는 후행절 첫 머리에 사용되어 전환을 나타내며 선행절은 반드시 가정문이어야 한다. 학습자는 이 세 가지의 접속사의 차이점을 구분하지 못해서 쉽게 오류를 범하게 된다. 예를 들면 다음과 같다.

(16)　*我也不知道该告诉他或者不告诉他。

I don't know whether I should tell him or not.

적격문: 我也不知道该告诉他还是不告诉他。

(17)　*Q: 你喜欢喝什么汤?　A:我喜欢牛肉汤, 还是鸡汤。(或者鸡汤)

Q: What soup do you like?　A: I like beef soup or chicken soup.

(18)　*他们认为快乐是个可以买到的东西: 如果他们的车比人家好看一点, 还是他们的电视机比他朋友的大得多的话, 那就是快乐。(或者)

If their cars are better or their TV sets bigger than others', they think they are happy.

(19)　*我们必须努力学习, 或者我们找不到工作。(否则我们将找不到工作)

We must study hard, or we shall have difficulties getting employed.

예문(16)은 확정되지 않음을 나타내는 서술문이므로 '还是'를 사용해야 한다. 예문(17), (18)은 선택관계를 나타내는 '或者'를 사용해야 한다. 예문(19)는 후행절이 전환을 나타내기 때문에 '否则'를 사용해야 한다.

3.3.1.2 'we'와 '我们, 咱们'

'咱们'은 입말 색채가 강하고 화자와 청자를 모두 지칭하는데 사용되지만, '我们'은 화자와 청자를 모두 지칭하거나 화자만을 지칭하는데 사용된다. '咱们'과 '我们'을 사용할 때 학습자가 오류를 범하는 경우가 있다. 예를 들면 다음과 같다.

(20) *"……你别着急, 咱们等着你。" (我们)

Don't hurry. We'll wait for you.

3.3.1.3 'later'와 '后来, 以后, 然后'

'later'에 대응되는 중국어 단어에는 '后来, 以后, 然后'가 있다. 학습자는 이 단어들을 사용할 때 오류를 범하는 경우가 많다. 예를 들면 다음과 같다.

(21) *一次, 我的电脑软件出了问题, 我打通了服务热线。接电话的是个小伙子, 他说能听懂英语, 我就用英语告诉他我的电脑的问题。但他不明白我说的问题。以后我用汉语告诉他我的软件的问题, 他听懂了, 告诉了我解决办法。(然后)

Later, I told him in Chinese about the problem of my software. He understood and told me the solution.

예문(21)은 어떠한 행위가 발생한 이후 또 다른 행위가 연달아 발생했음을 나타내고 있으므로, '以后'를 '然后'로 고쳐야 한다. 왜냐하면, '以后'는 단독으로 사용될 때 '발화 시점 이후의 시간 또는 어떤 시점 이후의 시간'을 나타내고, 두 행위 발생의 선후 관계를 나타내지 않기 때문이다.

(22) *两个小时以后, 手术完了, 但是我还不能动我的腿。然后医生跟我说我差一点丢了这条腿, 他说一共缝了五十一针。(后来)

Later, the doctor told me that I had almost lost the leg and that the cut was sutured with 51 stitches.

예문(22)에서는 '然后'를 '后来'로 고쳐야 하는데, 그 이유는 후행 사건이 수술 종료 후 비교적 긴 시간이 흐른 다음에 발생한 것이기 때문이다.

3.3.1.4 'but'과 '但是, 而是, 可是, 却'

영어의 'but'은 전환 관계를 나타내는 접속사로 중국어의 '但(是), 而(是), 可是, 然而, 却' 등에 대응된다. 이 접속사들은 정확하게 사용하기가 쉽지 않은데, 예를 들면 다음과 같다.

(23) *对我来说, 我觉得这个不是一个问题, <u>但</u>是一个很好的事情。(而)

To me, it is not a problem, but a good matter.

(24) *你怎么去北京旅行<u>但</u>不去长城? (而 / 却)

Why did you go to Beijing but not to go Great Wall?

'而'과 '但'은 모두 선행절과 대립되는 의미를 이끌 수 있지만 양자의 용법에는 차이가 있다. '但'이 사용된 문장의 경우 선행절은 항상 '虽然……, 尽管……' 등과 같은 양보 의미를 내포하고 있지만, '而'에는 이러한 제약이 없다(呂叔湘, 1999:194).

3.3.1.5 'though'와 '虽然, 尽管'

영어의 'though'는 양보의미를 나타낼 수도 있고 전환의미를 나타낼 수도 있는데, 이는 중국어의 '虽然'과 '尽管'에 대응된다. 『英汉大词典』(上海译文出版社, 1993)에 제시된 두 가지 예를 살펴보자.

(25) Though they know the war is lost, they continue to fight.

<u>虽然</u>他们知道这场战争必败无疑, 但仍继续战斗。

(26) Poor though she is, her life is happy.

她<u>尽管</u>穷, 但生活很幸福。

'though'가 나타내는 의미가 중국어에서 전환의미인지 아니면 양보의미인지를 분명히 할 필요가 있다. 그렇지 않으면 학습자는 다음과 같은 오류를 범하게 된다.

(27) *说了几句话, 风便用力对着老人吹, 希望把老人的大衣吹下来。<u>虽然</u>它吹来了很大风, 但是它越吹, 老人把大衣裹得越紧。(尽管)

Though it blew heavily, the old man wrapped himself more tightly as it blew harder.

(28) *A: 去意大利南部可能夏天不是最好的季节, 天气很热, 也很潮湿, 人特别多。

B: <u>无论</u>人很多, 天气不太好, 我也要去。从来没有去过意大利南部, 我对南部的习惯和传统很感兴趣。(尽管)

Though it is crowded and the weather is not fine there, I shall go there.

예문(27)의 '虽然'과 예문(28)의 '无论'은 모두 '尽管'으로 고쳐야 한다. 왜냐하면 이 두 예문에서 나타내고자 하는 것이 모두 양보의미이기 때문이다.

3.4 준일대일 대응관계에 의한 간섭

준일대일 대응관계는 일대일 대응관계와 교차 대응관계의 중간 정도로 볼 수 있다. 준일대일 대응관계란 영어의 어떤 언어항목이 중국어의 어떤 언어항목과 대체로 대응관계를 이루지만 구체적인 용법에 있어서는 약간의 차이를 보이는 경우를 말한다. 준일대일 대응관계는 다음의 두 가지 유형으로 나눌 수 있다.

3.4.1 중국어와 영어에 모두 있는 언어항목으로, 의미는 같으나 통사적 기능이 다른 경우

중국어와 영어에 모두 있는 것으로, 의미는 같으나 통사적 기능이 다른 언어항목은 간섭형 오류를 유발하는 주요 원인이 된다. 여기서는 영어의 'and'와 중국어의 '和'를 예로 들어 이 문제를 설명해 보기로 한다. 'and'의 사용 범위가 넓어서 단어와 구 및 절 등을 연결할 경우 제약 없이 쓸 수 있다. 반면 '和'의 경우는 사용 범위가 제한적이어서, 일반적으로 명사를 연결하는데 쓰인다. '和'는 술어동사나 형용사를 연결하는데 사용되기도 하지만 이때는 일정한 제약이 따른다. 즉, 연결되는 동사나 형용사는 반드시 이음절이어야 하고, 동사와 형용사 앞 또는 뒤에 동일한 부가성분 또는 목적어를 가져야 한다(呂叔湘, 1999: 266). 또한 '和'는 문장을 연결할 때는 사용될 수 없다. '和'의 이러한 사용상 제약을 알지 못해서 학습자는 다음과 같은 오류를 범한다.

(29)   *办公室的环境比较有意思和年轻人在他们的工作上比较出色。

적격문: 办公室的环境比较有意思，年轻人在他们的工作上比较出色。

The enviornment in the office is interesting and the young people there work excellently.

(30)   *回到家以后，他的克隆决定了去看一下世界和顺便想一想一个问题: 克隆到底是不是真正的人。

Being back home, his clone decided to wander around the world and at the same time think about a question: whether a clone is a real human being.

적격문: 他的克隆决定了去看一下世界并顺便想一想一个问题。

(31)   *他们想让爸爸妈妈原谅他们的错误和给他们钱。

They wish their parents to pardon them and give them money.

적격문: 他们想让爸爸妈妈原谅他们的错误并给他们钱。

(32)   *我们的教室很大和很干净。

Our classroom is very big and clean.

적격문: 我们的教室很大、很干净。

예문(29)는 두 개의 절로 구성되어 있고, 예문(30)에서는 술어동사 '看'과 '想'이 서로 다른 목적어를 취하고 있으며, 예문(31)에서도 술어동사 '原谅'과 '给'가 서로 다른 목적어를 취하고 있다. 예문(32)에서는 연결되는 두 형용사가 각각 단음절과 이음절이다. 따라서 예문(29)~(32)에서는 모두 '和'를 사용할 수 없다.

3.4.2 의미, 형식 및 통사적 기능은 같으나 사용 빈도에서 차이가 나는 경우

의미상 'this'는 '这'에, 'that'은 '那'에 대응된다. 그러나 실제 사용상 영어와 중국어의 지시대체사는 일정한 차이점을 갖는데, 주로 사용 빈도 상에서 그 차이가 드러난다. 『英国和美国英语词汇使用频率』(Longman, 1982)와 『汉语词汇的统计与分析』(外语教学与研究出版社, 1985)의 통계에 따르면, 영어 'that'과 'this'의 사용 빈도와 중국어 '这'와 '那'의 사용 빈도는 다음과 같다 (朱永生, 2001:31).

[표4-11] 'that', 'this', '这', '那'의 사용 빈도

	빈도 순위	절대 사용 빈도 수
that	7	11188
this	22	5287
这	12	2845
那	27	1398

상기 통계표를 통해 알 수 있듯이, 영어에서는 'that'의 사용 빈도가 'this'보다 한 배 남짓 높은데 반해, 중국어에서는 '这'의 사용 빈도가 '那'보다 한 배 이상 높다. 이러한 차이는 실제 담화 상에서 다음과 같이 구체적으로 드러난다. 중국어의 경우 담화 상에서 주로 '这'를 사용해서 선행 담화 중 다른 사람이 한 말, 언급한 일, 발생한지 얼마 되지 않은 사건, 선행 담화의 전체 내용 등을 지시한다. 그러나 영어에서는 동일한 상황에서 주로 'that'을 많이 사용한다.

다음을 비교해 보자.

(33) To be, or not to be. That's a question. (『햄릿』, 세익스피어)

活下去, 还是不活, 这是问题。(『哈姆雷特』, 卞之琳 번역)

또한, 중국어 담화 상에서 '这'와 '那'는 시간적 거리와 공간적 거리를 나타낼 때 심리적 또는 시각적 영향으로 양자의 사용이 모호한 경우가 생기는데 반해 영어의 'that'과 'this'는 시공간의 실제적 원근 관계를 사실적으로 나타낸다.

이러한 이유들로 인해 'this'와 '这', 'that'과 '那'는 의미와 형식적 측면에서는 기본적으로 같지만, 언제 '这'를 사용해야 하고 언제 '那'를 사용해야 할지에 대해서는 학습자가 혼란을 겪는 경우가 많다. '这', '那'와 'this', 'that'의 이러한 차이는 '这里', '那里', '这么', '那么' 등의 사용에도 영향을 미친다. 아래에 제시된 담화 연결 상의 오류문을 살펴보자.

(34) *丈夫带上眼镜, 他觉得高兴极了, 一切都看得清楚。但是他一看他的妻子就愣了半天没说话。他差不多二十年没看清楚他的妻子。<u>那时候他觉得她很丑</u>, 就说: "我的眼病太严重了, 戴眼镜也不行。"他把眼镜还给了售货员。

He had not seen his wife clearly for almost 20 years. At that moment he felt she was very ugly.

적격문: 这时候他觉得她很丑

(35) *<u>去年的水果产量没有今年的水果产量那么多</u>。

The fruit yield of this year was more than that of last year.

적격문: 去年的水果产量没有今年的水果产量这么多。

(36)   *那天晚上较冷，儿子想生炉子。那时他摸了摸袖子里的纸条，<u>他忘</u>
       <u>记了这张纸条有什么用途</u>。

       He touched the slip of paper in his sleeve and forgot its use.

적격문: 他忘记了那张纸条有什么用途。

예문(34)에서 서술하고 있는 사건은 '20년 전'의 일이 아니라 비교적 최근에
일어난 일이기 때문에 '这时候'로 고쳐야 한다. 예문(35)에서 '多'가 의미적으
로 가리키는 것은 '今年'으로 상대적으로 가까운 시간을 지칭하므로 '这么'로
고쳐야 한다('今年的水果产量没有去年的水果产量那么多'와 비교하면 의
미가 더욱 분명해짐). 예문(36)은 예문(35)와 마찬가지로 과거의 일을 서술하고
있다. 그러나 예문(36)에서는 선행 담화에서 이미 '那天', '那时' 등의 원칭을
나타내는 지시대체사를 사용하였기 때문에 후행 담화에서도 '这张纸条'를 '那
张纸条'로 고치는 것이 더 적절하다.

■ 参考文献

程美珍·李　珠. 汉语病句辨析九百例. 华语教学出版社. 1998

李晓琪. 以英语为母语者学习汉语关联词难点及对策. 对以英语为母语者的汉语教学研究 ── 牛津研讨论文集. 人民教育出版社. 2002

刘月华·潘文娱 等. 实用现代汉语语法. 常务印书馆. 2001

鲁健骥. 对外汉语教学思考集. 北京语言大学出版社. 1999

吕叔湘. 现代汉语八百词. 常务印书馆. 1996

任长慧. 汉语教学中的偏误分析. 武汉大学出版社. 2001

陶文好. 语篇语法对高年级英语教学的启示. 西安外国语学院学报. 2001 (1)

王建勤. 汉语作为第二语言的习得研究. 北京语言大学出版社. 1997

王　伟. 情态动词"能"在交际过程中的义项呈现. 中国语文. 2000 (3)

张　斌. 现代汉语虚词词典. 常务印书馆. 2001

郑天刚. 用于推测时"会"与"要"的差异. 似同实异 ── 汉语近义表达方式的认知语用分析. 中国社会科学出版社. 2002

郑天刚. "会"和"能"的差异. 似同实异 ── 汉语近义表达方式的认知语用分析. 中国社会科学出版社. 2002

周小兵. 句法·语义·篇章. 中山大学出版社. 1996

周小兵. 学习难度的测定和考察. 世界汉语教学. 2004 (1)

周小兵·李海鸥 主编. 对外汉语教学入门. 中山大学出版社. 2004

朱永生 等. 英汉语篇衔接手段对比研究. 上海外语教育出版社. 2001

Cook Guy 1994. Discourse and Literature 上海外语教育出版社 1999

Ellis R 1985. Understanding Second Language Acquisition. 上海外语教育出版社. 1999

Ellis R 1994. The Study of Second Language Acquisition. 上海外语教育出版社. 1999

Gass Susan M. & Selinker, Larry., Second Language Acquisition: an introductory course (2nd ed). Lawrence Erlbaum Associates. 2001

Graham Lock. Functional English Grammar. Cambridge University Press. 1996

Hughes Rebecca & McCarthy Michael. From Sentence to Discourse: Discourse Grammar and English Language Teaching [J]. TESOLQUARTERLY, Vol. 32, No. 2, 1998

James C. 1998 Errors in Language Learning and Use : Exploring Error Analysis 外语教学与研究出版社. 2001

Sylvia Chalker. Current English Grammar. Macmillan Publishers Ltd. 1984

제5장 한국어 모국어 학습자의 오류

제1절 자주 발생하는 오류

한국인 학습자는 중국어를 학습할 때 모국어의 부정적 전이로 인하여 특히 초급 단계에서 구미 학습자들과는 다른 오류를 범하게 된다.

1. 내용어 오류

1.1 내용어의 혼용

어떤 단어들은 중국어에서는 유의어라고 할 수 없지만, 이를 한국어로 번역하면 유의어, 또는 한 단어가 되기도 한다. 즉, '있다-有/在', '시간-时间/小时'처럼 하나의 한국어 단어가 두 개의 중국어 단어에 대응되는 것이다. '원인/이유-原因/理由', '흥취/관심-兴趣/关心' 등과 같은 단어는 중국어와 한국어에서 의미가 동일한 부분도 있지만 문법 기능은 같지 않다. 그러나 한국인 학습자는 이러한 단어를 한국어의 한자어와 같이 취급하기도 한다. 또 '气分1(기분)-心情', '雰围气2(분위기)-气氛', '教育(교육)-教学' 등과 같은 단어는 한국어와 중국어에서

---

¹ 역자주: 원문에서는 '气氛'이라고 했으나, 이는 한자어를 잘못 쓴 것으로 판단된다.

형태는 같지만 의미가 다르다. 한국인 학습자는 이러한 두 언어 사이의 차이점을
잘 모르고 다음과 같은 오류를 자주 범한다.

(1)　　*伟立回房, 房间里有建国。

적격문: 伟立回房时, 建国在房间里。

(2)　　*张老师不在, 办公室里在助教。

적격문: 张老师不在, 助教在办公室。

이러한 문장의 정확한 의미를 한국어로 번역하면 다음과 같다.

(1´)　伟立가　　　방으로　　돌아갔을 때,　방에　　　建国가　　　있었다.

　　　　伟立(어미)　房间(어미)　回　　　时　房(어미)　建国(어미)　在(어미)

(2´)　张선생님은　안 계시고,　사무실에　　조교가　　　있었다.

　　　　张老师(어미)　不在(어미)　办公室(어미)　助教(어미)　在(어미)

예문(1´), (2´)를 통하여 한국어의 어순은 '……房间里建国有/在',
'……办公室里助教在/有'임을 알 수 있다. 한국인 학습자는 중국어 학습 초
기에 중국어가 SVO구조라는 것을 알기 때문에 동사를 목적어 앞에 놓는다는
점에 주의를 기울일 것이다. 그러나 중국어에서 존재를 나타내는 '有'와 '在'는
한국어에서는 모두 동사 '있다'('있었다'는 '있다'의 과거형식이다)에 대응된
다. 그런데 '있다'의 앞에 오는 격조사가 '사무실이 있다', '사무실에 있다'처럼
주격조사는 '가/이', 처소격조사는 '에'이기 때문에 각각 '有办公室', '在办公
室'로 번역된다. 이처럼 한국어의 격조사는 중국어에는 대응되는 언어항목이
없기 때문에 학습자들은 종종 그 차이점을 간과할 수 있다. 따라서 어떤 경우에
'有'에 대응되고 어떤 경우에 '在'에 대응되는지를 초급 단계 학습자로서는

---

² 역자주: 원문에서는 '氛围气'라고 했으나, 이는 한자어를 잘못 쓴 것으로 판단된다.

쉽게 습득할 수 없다. 그밖에 중국어 '在'의 뒤에 일반적으로 출현하는 것은 '장소'이고, '有'의 뒤에 출현하는 것은 '사람이나 사물'이며 그것도 일반적으로는 불특정한 것이다. 그러나 한국어의 '있다' 앞에 출현하는 사람이나 사물은 특정한 것일 수도 있고 불특정한 것일 수도 있다. 이러한 차이점은 모두 한국인 학습자들이 예문(1), (2)와 같은 오류를 범하게 되는 주요 원인이다.

한국어의 한자어인 '시간(时间)'은 중국어의 '小时'와 '时间'의 두 가지 의미를 가지고 있다. 이 때문에 한국인 학습자는 간혹 '时间'을 써야 할 때는 '小时'를 쓰고 '小时'를 써야 할 때는 '时间'을 쓰기도 한다. 예를 들면 다음과 같다.

(3)　　*十二时间, 他一直学了法国语。

적격문: 十二个小时, 他一直在学法语。

(4)　　*所以我决定看电视的时候, 用一个小时以下, 而且比长的小时学
　　　　习中文。

적격문: 所以我决定看电视的时候, 用一个小时以下, 而且比学习中文的
　　　　时间长。

예문(3), (4)의 한국어 표현은 다음과 같다.

(3′) 12시간 동안　그는　　　줄곧　불어를　　　공부하고　있다.
　　　 12时间 期间 他(어미) 一直　法语(어미)　学习(어미) 在
(4′) 따라서 내가　　　TV를　　　보겠다고　결정했을　　때,
　　　 所以 我(어미)　电视(어미)　看(어미)　决定(어미)　时
　　　 한 시간 이내로　그리고 중국어를　학습하는　시간 보다 길다.
　　　 一时间 以内(어미) 而且　汉语(어미) 学习(어미) 时间 比　长

중국어 '理由'는 어떠한 일을 왜 그렇게 해야 하는지에 대한 이치를 나타내지만, 한국어의 한자어인 '이유(理由)'는 중국어의 '原因, 理由' 등 두 가지 의미항목에 해당한다. 한국어의 한자어인 '원인(原因)'은 일반적으로 글말이나 공식적인 경우에만 쓰인다. 한국인 학습자는 '原因'을 써야 할 때 '理由'를 쓰는 경우가 종종 있는데, 아래 예문의 '理由'는 모두 '原因'으로 고쳐야 한다.

(5)   *助教说脸色不好的理由是天天开夜车。

적격문: 助教说脸色不好的原因是天天开夜车。

(6)   *因为伟立错的理由是由于自己不小心。

적격문: 因为伟立出错的原因是自己不小心。

(7)   *建国生气的理由是今天的考试考得不好。

적격문: 建国生气的原因是今天的考试考得不好。

위의 예문들은 한국어에서는 '이유(理由)'를 써도 되고 '원인(原因)'을 써도 되기 때문에 학습자들은 중국어의 '理由'와 '原因'도 동의어라고 오해할 수 있다. 그러나 또 다른 각도에서 보면 모국어의 긍정적 전이에 의하여 학습자들은 중국어의 '理由'를 정확하게 사용할 수도 있다. 예를 들면 '他没有理由不生气'는 한국어에서도 '이유(理由)'를 쓴다.

중국어의 '关心'은 동사이며, 여기에는 '중시하고 애호한다'는 뜻도 있다. 한국어의 한자어인 '관심(关心)'은 중국어와 동일한 의미를 지니고 있어서, '校长不关心他'를 한국어에서는 '교장은 그에게 관심이 없다'라고 한다. 또 한국어의 '관심이 있다'에는 '有兴趣'의 의미도 있다. 그래서 한국인 학습자는 종종 '没兴趣'를 '没关心'이라고 말하기도 한다. 예를 들면 다음과 같다.

(8)   *校长对这样的事情没有关心，你别浪费时间了。

적격문: 校长对这样的事情没有兴趣，你别浪费时间了。

예문(8)은 한국어에서 다음과 같이 표현하기 때문이다.

(8´) 교장은   이런 일에 대해   관심이   없으니
     校长(어미) 这 事   对   关心(어미) 没有(어미)
     너는   시간낭비하지   말거라.
     你(어미)   时间浪费   不要

한국어의 한자어인 '기분(气分)'은 중국어의 '心情'에 해당하지만, 중국어의
'气氛'을 한국어로 번역하면 '분위기(雰围气)'이다. 또한 한국어의 한자어인 '교
육(教育)'에는 중국어 '教学'의 의미도 포함되어 있다. 따라서 한국인 학습자는
글자만 보고 지레짐작하여 한국어 한자어의 의미를 중국어에 그대로 적용하기도
하는데, 특히 초급 단계의 경우 이러한 오류를 범하기 쉽다. 예를 들면 다음과 같다.

(9)   *伟立以为他的气氛不太好。
적격문: 伟立以为他的心情不太好。
(10)   *我喜欢这个学校的雰围气。
적격문: 我喜欢这个学校的气氛。
(11)   *老师的化妆肯定是在教育方面能帮个忙。
적격문: 老师化妆肯定能对教学有帮助。

1.2 중국어 차용어의 부정적 전이

한국어에는 중국어에서 차용한 단어들이 있는데, 이 단어들의 의미는 중국
어와 교차되거나 거의 같다. 그러나 이 단어들은 사용환경과 범위가 다르거나
통사적 기능이 다르다. 예를 들어 '친절하다(亲切)'는 사람의 성격이나 태도를
묘사할 수 있고, '발표하다(发表)'는 수업이나 회의에서 논문을 낭독하는 경우

에 사용할 수 있다. '제출하다(提出)'의 목적어는 '作业'일 수 있고, '창고(仓库)'는 집에 있는 소규모의 창고를 의미할 수 있다. '인상(印象)'은 중국어와 같은 의미항목을 가지고 있지만 통사적 조건이 다르며, '필요하다(必要)'는 동사이다. 이러한 차이를 모르면 학습자는 단지 사전에서 중국어와 한국어의 해석이 비슷한 것만을 보고 한국어의 의미와 통사적 규칙을 중국어에 그대로 적용시킬 가능성이 있다. 예를 들면 다음과 같다.

(12) *他性格亲切。

적격문: 他性情温和。/ 他对人很和气。

(13) *明天我要发表, 我很紧张。

적격문: 明天我要发言, 所以很紧张。

(14) *张老师不在, 所以给助教提出作业。

적격문: 张老师不在, 所以把作业交给助教了。

(15) *我们家有一个仓库, 我小孩子的时候常常进去玩儿了。

적격문: 我们家有一个储藏室, 我小时候常进去玩儿。

(16) *昨天你见面我的朋友, 他的印象很好吧?

적격문: 昨天你见到我朋友了, 他给你的印象很好吧?

(17) *除了女老师外, 每个人都必要有点的打扮。

적격문: 除了女老师外, 其他人也需要打扮一下。

(18) *除了留学以外, 还必要我的努力。

적격문: 除了留学, 还需要自己的努力。

중국어의 '亲切'는 '家乡的一草一木都让我觉得非常亲切'와 같이 서술어, 부사어, 관형어 등으로 사용하여 '친근하다, 친밀하다'라는 의미를 나타낼 수 있다. 또한 '老师亲切地教导', '老师亲切地会见了当地的学生'과 같이 친절하고 관심을 갖고 있음을 묘사할 수도 있다. 한국어와 다른 점은 '亲切'는 일반적으로 사람의 성격을 나타내는데 사용하지는 않는다는 점이다. 한국어와 중국어의 이러한 차이는 학습자로 하여금 예문(12)와 같은 오류를 범하게 하는 원인을 제공한다. 중국어의 '发表'는 일반적으로 학술지에 논문을 등재하는 것을 말하는데, 한국인 학습자는 예문(13)과 같이 '发表'를 수업 중에 하는 발표나 학술대회에서 논문을 낭독하는 경우를 지칭하는데 사용하는 경우가 많다. 중국어의 '提出'는 일반적으로 '问题, 建议, 意见, 看法' 등과 결합하며 '作业'와는 결합하지 않는데, 한국인 학습자들은 흔히 예문(14)와 같이 '提出作业'라고 말한다. 예문(15)에서는 집이 부유해서 큰 창고를 가지고 있다고 생각할 수 있지만 실제로는 소규모의 창고에 불과하다. '印象'은 한국어에서도 '객관 사물이 사람의 두뇌에 남긴 흔적'이라는 의미이지만 중국어에서는 일반적으로 '对……的印象' 또는 '……给……的印象'이라고 말해야 한다. 예문(16)은 한국어로 다음과 같이 말할 수 있다.

> (16´) 어제 너는   내 친구를   만났는데, 그의   인상이 매우 좋았니?[3]
>   昨天 你(어미) 我 朋友(어미) 见(어미) 他(어미) 印象(어미) 很 好 吧

예문(16´)에서 알 수 있듯이 한국어 '그(他)' 뒤의 '의'는 속격어미로, 대체로 중국어에서 소속을 나타내는 '的'에 대응된다. 이 때문에 한국인 학습자들은 예문(16)과 같이 쓰는 경우가 많은데, 예문(16)은 '你对他的印象很好吧' 또는 '他给你的印象很好吧'로 고쳐야 한다. 한국어의 한자어인 '必要(필요)'에 '하다'를 더하면 동사가 될 수 있지만, 중국어의 '必要'는 형용사나 명사일 수는 있지만 동사는 아니다. 한국인 학습자는 모국어의 부정적 전이에 의해서 예문(17), (18)과 같은 비문을 만들어내는데, 그 원인은 한국어에서 다음과 같이 말하기 때문이다.

---

[3] 역자주: '어제 내 친구 만났잖니, 내 친구 인상 좋지?'의 의미로 보인다.

(17´) 여선생님　외에,　　모두 분장이　　　필요하다.[4]

　　　　女老师　　外(어미) 每人　化妆(어미)　必要

(18´) 유학　외에　　　또한　내 노력이　　　필요하다.[5]

　　　　留学　外(어미)　还　　我 努力(어미)　必要

결론적으로 예문(12)~(18) 중의 '亲切, 发表, 提出, 仓库, 印象, 必要'는 중국어의 분포 규칙에 부합하지 않거나, 의미범주가 확대되었거나, 통사적 기능이 바뀐 것이다.

1.3 동사 '是'의 누락

중국어의 '是'는 한국어의 '~는 ~이다'에 대응되는 경우가 많다. 또 중국어의 명사술어문에서는 '是'를 사용하지 않지만 한국어에서는 이 역시 '~는 ~이다'로 번역된다. 반면에 '강조' 의미로 사용되는 '是'는 한국어의 '~는 ~이다'에 대응되지 않기 때문에 한국인 학습자들은 그 쓰임을 잘 알지 못한다. 즉, 언제 '是'를 써야 할지, 언제 '是'를 쓰지 말아야 할지를 모르기 때문에 종종 회피 전략을 사용하여 '是'를 쓰지 않는다. 다음 예를 보자.

(19)　*电视有的时候老师, 有的时候朋友。

적격문: 电视有的时候是老师, 有的时候是朋友。

(20)　*他们俩长得很像, 说不定真的兄弟俩。

적격문: 他们俩长得很像, 说不定真的是兄弟俩。

(21)　*简直我的好汉语老师。

적격문: 简直是我学汉语的好老师。

---

[4] 역자주: '여선생님 말고 다른 사람들도 약간의 화장이 필요하다'는 의미로 보인다.
[5] 역자주: '유학하는 것 말고도 자신의 노력이 필요하다'는 의미로 보인다.

(22) *我才知道看电视学汉语一种好的方法。

적격문: 我才知道看电视是学汉语的一种好方法。

또한 형용사나 형용사구가 관형어로 쓰일 때에도 한국인 학습자들은 판단동사 '是'를 잘 쓰지 못한다. 예를 들면 다음과 같다.

(23) *她很幽默乐观的人。

(24) *她很漂亮也很可爱的朋友, 所以大家都喜欢她。

(25) *我想我幸福人, 因为在恩和明玉真好朋友。

이는 아마도 교수자가 수업 시간에 형용사가 서술어로 쓰일 때 '是'를 사용할 필요가 없음을 반복해서 강조했기 때문일 것이다. 그러나 학습자는 이러한 경우의 형용사나 형용사구가 관형어로 사용되었음을 잊고 있다. 이를 인지언어학의 관점에서 설명하자면 언어활동의 이해난이도가 높을 때 제2언어 학습자의 주의력이 대부분 비언어항목에 놓이기 때문이다. 또 다른 원인은 아마도 한국어의 '~는 ~이다'가 중국어의 '是'에 대응될 때도 있고 대응되지 않을 때도 있기 때문일 것이다. 즉, 학습자는 언제 대응되고 언제 대응되지 않는지를 모르기 때문에 회피 전략을 사용해서 '是'를 쓰지 않는 경우가 많다. 예문(23)~(25)는 다음과 같이 '是'를 첨가하거나 형용사술어문으로 고쳐야 한다.

(23′) 她是很幽默乐观的人。/ 她很幽默乐观。

(24′) 她是又漂亮又可爱的朋友, 所以大家都喜欢她。/ 她是又漂亮又可爱, 所以大家都喜欢她。

(25′) 我想我是一个幸福的人, 因为在恩和明玉是我真正的好朋友。/ 我想我很幸福, 因为在恩和明玉是我真正的好朋友。

2. 기능어 오류

2.1 조사의 추가오류

중국어의 어기사 '了'는 형용사나 심리상태를 나타내는 동사 뒤에서 상태에 변화가 발생했음을 나타낸다. 과거에 늘 발생했던 상황을 나타내거나 형용사 혹은 심리동사가 상태의 변화를 나타내지 않을 때는 일반적으로 '了'를 쓰지 않는다. 그러나 일부 한국인 학습자는 한국어의 과거시제와 중국어의 '了'를 동일시하여 한국어에서 과거시제 어미 '았, 었, 였'이 사용된 부분을 중국어로 옮길 때 '了'를 쓰기 때문에, 항상 '了'의 추가오류를 범하게 된다. 예를 들면 다음과 같다.

(26) *从小时候, 我爸爸的公司很忙, 我妈妈真的辛苦了。

적격문: 小时候, 我爸爸的公司很忙, 我妈妈真的很辛苦。

(27) *我刚来的时候, 中国语说得不好了。

적격문: 我刚来的时候, 中国语说得不好。

(28) *我小时候我的爸爸和妈妈一起的时间没有了, 所以无聊了。

적격문: 我小时候我爸爸和妈妈没有在一起的时间, 所以很无聊。

(29) *我在韩国时经常看电视了。

적격문: 我在韩国时经常看电视。

(30) *去年去了中国的时候, 我妈妈很担心我了。

적격문: 去年去中国的时候, 我妈妈很担心我。

예문(26)~(28)의 '辛苦, 好, 无聊'는 모두 형용사이며, 상태의 변화를 나타내지 않는다. 예문(29)는 과거의 습관인 행위이므로 '了'를 사용해서는 안된다. 예문(30)의 '担心'은 심리동사이며, 이 예문에서 변화를 나타내지 않으므로 '了'를 쓸 수 없다. 그러나 이 단어들을 한국어로 번역할 때는 과거시제를 사용해야 하기 때문에 한국인 학습자는 모국어의 간섭으로 인해 '了'를 쓰지 말아야 할 곳에 '了'를 쓰는 것이다. 예문(26)~(30)의 정확한 한국어 표현은 다음과 같다.

(26´) 어렸을 때, 우리 아빠의 회사는 매우 바빠서 우리 엄마는 매우 고생하셨다.
　　年幼(어미)时 我们 爸爸(어미)公司(어미) 很 忙(어미) 我们 妈妈(어미) 很 辛苦(어미)

(27´) 내가 　 막 왔을 때, 중국어를 　 잘 못했다.
　　我(어미) 刚 来(어미)时 汉语(어미) 　 好没做

(28´) 내가 어렸을 때 우리 아빠 엄마와 같이 있는 시간이 없어 매우 심심했다.
　　我(어미) 幼年(어미)时 我们 爸爸妈妈(어미)一起 在(어미) 时间(어미)
　　没(어미)很 无聊(어미)

(29´) 내가 　 한국에 　 있을 때 　 자주 TV를 　 　 보았다.
　　我(어미) 韩国(어미) 在(어미)时 常 电视(어미) 看(어미)

(30´) 작년 중국에 갔을 때 우리 엄마는 매우 나를 　 걱정하셨다.
　　去年 中国(어미) 去(어미)时 我们 妈妈(어미) 很 我(어미) 担心(어미)

상술한 예문에서 밑줄 친 부분에 모두 과거시제 어미를 사용했는데, 어떤 것은 과거시제 어미에 존경 어미를 더한 것이고, 어떤 것은 음운변화나 음운축약으로 인해 단어의 형태에 약간의 차이가 있다. 그러므로 한국인 학습자가 모국어 과거시제 어미의 부정적 전이로 예문(26)~(30)과 같은 문장을 만들었음을 알 수 있다.

2.2 전치사의 남용

한국어는 교착어로 거의 모든 체언이 어미를 갖는다. 그리고 중국어 전치사의 문법의미는 간혹 한국어의 어미에 대응되기도 한다. 심리학 이론에 따르면, 제2언어 학습자는 목표언어를 완전히 습득하기 전까지는 모국어에서 목표언어로 단어를 하나하나 전환하는 것이 일반적이다. 한국인 학습자는 간혹 한국어의 문법의미에 해당하는 일부 중국어 전치사를 전치사가 필요 없는 중국어 문장에 억지로 끼워 넣거나, 전치사구를 만들어 중국어의 목적어를 대체하는 등의 전치사 추가오류를 범한다. 예를 들면 다음과 같다.

(31) *伟立去了系办公室为了(~위하여)提出作业。

적격문: 伟立去系办公室交作业。

(32) *他们谈了对(~에 대해서)学习方法。

적격문: 他们讨论了学习方法。

(33) *伟立对(~에게)他忠告平常要多看书。

적격문: 伟立忠告他平常要多看书。

(34) *他对(~에게)张老师问为什么要扣两分。

적격문: 他问张老师为什么要扣两分。

(35) *因为我们不知道好吃的中国菜, 所以我们给(~에게)老师问了好吃的中国菜。

적격문: 因为我们不知道什么是好吃的中国菜, 所以去问老师。

예문(31)~(32)는 각각 전치사 '为了, 对'의 추가오류이므로 '为了'와 '对'를 삭제해야 한다. 예문(33)~(35)는 전치사구를 만들어 '忠告'와 '问'의 목적어를 대체한 것이므로, 전치사는 삭제하고 목적어는 동사 뒤로 옮겨야 한다.

3. 어순의 도치

한국어의 기본 어순은 SOV이다. 어느 정도 중국어 기초가 있는 한국인 학습자는 일반적으로 서술어와 목적어의 위치를 혼동하지 않기 때문에, 어순의 도치는 그 외 다른 성분 사이에서 일어난다.

3.1 연동문

한국인 학습자는 연동문을 사용할 때 동사의 순서를 혼동하기 쉽다. 특히 하나의 동작이 다른 동작의 목적을 나타낼 경우, 목적을 나타내는 동사가 앞에 오는 한국어 어순의 영향으로 다음과 같은 오류가 발생한다.

(36)   *他找老师去办公室。

적격문: 他去办公室找老师。

(37)   *伟力找去老师。

적격문: 伟力去找老师。

이러한 오류가 발생하는 원인은 한국어에서 다음과 같이 표현하기 때문이다.

(36′) 그는   선생님을   찾으러   사무실에   갔다.

      他(어미)   老师(어미)   找(어미)   办公室(어미)   去

(37′) 위력은   교수를   찾으러   갔다.

      伟力(어미)   教授(어미)   找(어미)   去

戴浩一(1988)의 시간순서원칙에 따르면 중국어의 어순은 사건이 발생하는 순서대로 배열되며, 이를 인지언어학의 관점에서는 중국어가 '순서도상성원칙'을 따른다고 해석한다. 한국어도 '순서도상성원칙'을 따른다. 다만 동작이 실현되는 실제시간을 순서로 하는 것이 아니라 심리활동을 포함한 동작 행위의 출현을 순서로 한다.[6] 즉 목적이 먼저 있어야 행위가 발생한다고 보기 때문에

---

[6] 역자주: 중국어에서는 '간다(去)'는 행위가 먼저 실현되고 난 후, 이어서 '찾는다(找)'는 행위가 발생한다고 본다. 반면, 한국어에서는 '찾는다'는 목적이 먼저 출현한 후 '간다'는 행위가 발생하는 것으로 본다.

통사적으로도 이와 같은 순서가 반영된다.

3.2 수량보어

한국인 학습자는 수량보어를 동사 앞에 놓는 오류를 자주 범하는데, 이는 한국어에서 동사가 맨 뒤에 위치하기 때문이다. 한국식 사유방식에 따라 습관적으로 수량보어를 동사 앞에 놓으며, 특히 초급 단계 학습자의 경우 이러한 습관적 사유는 일정 기간 동안 지속된다. 다음의 예를 보자.

(38)   *他在饭馆四年工作了。
적격문: 他在饭馆工作了四年。
(39)   *中国菜比较油腻，但几次吃了以后习惯了。
적격문: 中国菜比较油腻，但吃过几次以后就习惯了。
(40)   *从起到睡，一般人平均多长时间看电视?
적격문: 从起床到上床睡觉，一般人平均看多长时间的电视?

3.3 주술구조

중국어에서 주술구조로 표현해야 할 문장이 한국어에서는 수식구조로 나타나는 경우가 있다. 이로 인해 한국인 학습자들은 한국어의 구조대로 중국어를 표현함으로써 중국어의 어순을 도치시키는 오류를 범하게 된다.

(42)   *这件事对我很大的压力。
적격문: 这件事对我压力很大 / 这件事给我很大的压力。

이러한 오류가 발생하는 원인은 한국어에서는 다음과 같이 표현하기 때문이다.

(42ʹ) 이 일은　　내게　　매우 큰 스트레스를　　주는　　것이다.
　　　 这 事(어미) 我(어미) 很　大　压力(어미) 给(어미)　(조사)

　위 예문에 나타난 한국어의 '내(我)' 뒤에 위치한 어미 '게'는 여격조사로서
중국어의 전치사 '对'의 의미에 해당한다. 따라서 한국인 학습자는 예문(42)와
같은 오류를 범한다. 만약 뒤에 나오는 '주는 것이다'에 주목했다면 이 같은
오류를 범하지 않았을 것이다. 왜냐하면 한국어에서도 '주다(给予)'라는 동사
뒤에 어미 '는'과 불완전명사 '것'을 붙여서 동사를 명사화하는 기능이 있다.
맨 뒤의 '이다'는 서술격 조사[7]이다. 만약 한국어를 중국어로 직역하면 '给我
很大的压力'라는 정확한 중국어 문장이 되지만, 학습자들은 인상적인 언어항
목에만 주의를 기울인다. 의사소통상의 필요 때문에 '게'는 학습자들에게 가장
먼저 중국어로 바꿀 줄 알아야 하는 형태소로 여겨진다. 이것의 문법적 의미는
이미 학습자의 머릿속에 깊은 인상을 남겼기 때문에, 이러한 유형의 언어항목
을 접할 때 위와 같은 문법적 의미가 두드러지는 것이고, 이에 상응하는 제2언
어 단어가 머릿속에서 바로 출력되는 것이다. 여기서 모국어 전이의 경로는
매우 복잡하며, 이는 인간의 인지와 깊은 관련이 있음을 알 수 있다. 때로 특정
언어항목 가운데 경쟁에서 이긴 것이 우선적으로 전이된다. 그러나 초기에 습
득된 언어항목 외에 어떠한 요소들에 의해 특정 언어항목이 모국어 전이의
'승리자'가 되는지는 지속적으로 관심을 가지고 탐구해야 할 과제이다.

제2절 한중 양범주의 차이에 의한 오류

　'很多', '很少'와 '一点(有点)'은 초급 단계면 배우고 또 자주 사용하기도

---

[7] 역자주: 원문에는 '조동사'이지만 잘못 설명한 것으로 보인다. '서술격 조사'는 체언
뒤에 출현하여 주어가 지시하는 대상의 속성이나 부류를 지정하는 뜻을 나타낸다.

하지만, 한국인 학습자는 이를 사용할 때 오류를 범하는 경우가 많다. 예를 들면 다음과 같다.

*很多有跟自然亲近的机会。

*他比我很高。

*他有很少机会出去旅游。

*我一点矮。

중고급 단계의 학습자도 자칫 주의를 기울이지 않으면 이러한 오류를 범할 가능성이 있다. 이번 절에서는 중국어의 '(很)多', '(很)少', '一点'과 한국어의 대응어를 의미와 기능의 측면에서 대조분석하여 위의 예문과 같은 오류가 발생하는 원인을 찾아보고자 한다.

1. 한국어의 '많다, 많이'와 중국어의 '多'[8]

(43)   *我父母年纪比你父母多。

적격문: 我父母年纪比你父母大。

---

[8] 중국어의 '多'는 품사가 여러 가지이다.
   a. 수사. 임의의 나머지 수를 나타낸다.
     예) 十多个人
         一个多月
   b. 동사. 본래의 수량이나 한도를 초과함을 나타낸다.
     예) 多的钱怎么处置?
         多了一倍
   c. 형용사. 수량이 많음을 나타낸다.
     예) 钱很多
   앞의 두 가지는 이번 절의 논의 대상이 아니다. 이번 절에서는 형용사로서 수량이 많음을 나타내는 '多'에 대해서만 논의하고자 하는데, 이때 '多'는 한국어의 '많다/많이'에 대응된다. 朱德熙(1982)는 '很多'는 경우에 따라 수사·단위사구에 해당하고 대체사의 성격을 지니는데, 이 때 '很多'의 '多'는 수사가 아니라 형용사로 보아야 한다고 지적한 바 있다.

한국어의 '많다'(형용사)는 '수량이 많음'을 나타낼 수도 있고, '나이가 많음'을 나타낼 수도 있다. 예를 들면 다음과 같다.

(43´) 부모님은　　연세가　　　많은데　　　모두 건강하십니다.
　　　父母　　　年岁(주격)　多(전환어미)　都　　健康
　　　父母岁数虽大, 身体都还健康。

한국어 '많다'와 중국어 '多'의 기본적인 인지의미는 모두 '수량이 많다'는 뜻이지만 인지적 은유의 의미 확장 범위와 양상이 같지 않기 때문에, 의미항목 및 이들과 결합할 수 있는 대상이 모두 일대일로 대응되지는 않는다. 한국어에서는 '나이가 많다(年岁多)'고 하고, 중국어에서는 '岁数大'라고 한다. 이와 관련된 오류는 초급 단계에서 발생하지만 지속 시간은 길지 않으며, 대부분 두 성분의 차이를 알지 못할 때 발생한다.

(44)　 *很多有跟自然亲近的机会。
적격문: 有很多跟自然亲近的机会。
(45)　 *现在我住的番禹市祈福新村哪(那)边很多住韩国人。
적격문: 现在我住的番禹市祈福新村哪(那)边住了很多韩国人。
(46)　 *我觉得在韩国开这种早餐厅好像很多挣钱。
적격문: 我觉得在韩国开这种早餐厅应该可以挣很多钱。

한국어 '많다(多)'의 부사형은 '많이'인데, 이는 부사어로 쓰여 동사를 수식하며 동작과 관련된 목적어의 수량이 많음을 의미한다. '많이'에 대응되는 중국어는 매우 복잡하여 '多, 很, 很多' 등으로 번역되며 여러 가지 의미를 나타낼 수 있다.
중국어의 '多'도 '多想, 多想想, 多学习, 多学习学习'처럼 부사어로 쓰여 동사나 동사의 중첩 형식을 수식할 수 있지만 대부분 아직 발생하지 않은 상황에 쓰이며, 명령 등의 의미를 내포하고 있다.

한국어의 '많이'에는 이러한 제약이 없어서 아직 발생하지 않은 상황을 나타낼 수도 있고, 이미 발생한 상황을 나타낼 수도 있다. 또, 명령 등의 의미를 나타낼 수도 있고, 이러한 의미를 나타내지 않을 수도 있다. 예를 들면 다음과 같다.

(47) 많이 도와 주세요.
　　多　帮助　给
　　请多帮助。

(48) 많이 도와 주 셔서, 　　　　　감사합니다.
　　多　帮助 给 (원인을 나타냄) 感谢
　　你帮了我很多，谢谢。

예문(47)은 '请多帮助'로 번역할 수 있지만, 예문(48)은 '*你多帮了我, 谢谢'로 직역할 수 없다.

이미 발생한 사건이나 평서문의 의미를 나타내는 '많이+V'는 중국어에서는 대부분 'V+很多+목적어' 혹은 'V+得+很多' 형식을 사용한다. 예를 들면 다음과 같다.

(49) 그는 　　　　돈을 　　　　많이 쓴다.
　　他(강조격) 钱(목적격) 　多 花
　　他花钱花得很多。(他花了很多钱。)

중국어의 '多'는 단독으로 관형어의 역할을 하는 경우가 거의 없기 때문에 많은 한국인 학습자는 '많이'를 '很多'에 직접 대응시킨다. 그러나 '很多'는 부사어로 쓰여 동사를 수식할 수는 없고, 관형어로 쓰여 목적어를 수식하거나 동사의 보어로 쓰일 수 있다. 아직 발생하지 않은 상황을 예로 들면 다음과 같다.

(50) 말을   많이 할 필요가   없다.

　　話(목적격)   多   说 需要(주격)   没有

　　不需要多说话。(不需要说很多话。)

'多'를 부사어로 써서 '不需要多说话'로 번역할 수 있다. 만일 '很多'를 쓴다면 '很多'를 '话'의 관형어로 써서 '不需要说很多话'라고 할 수는 있지만 '不需要很多说话'라고 할 수는 없다.

이미 발생한 상황을 나타낼 때는 예문(49)처럼 '很多'를 목적어 '钱'의 관형어로 쓸 수도 있고, 동사 '花'의 보어로 쓸 수도 있다. 하지만 보어로 쓰였을 때의 번역 형식이 한국어의 본래 의미에 더욱 가깝다. '很多'는 동사 '花'와 직접적으로 문법적 관계(술보관계)가 발생하지만 의미에 있어서는 목적어 '钱'을 지향하여 수량이 많음을 나타내기 때문이다.

중국어의 '很多'는 체언의 성격도 일부 지니고 있어서 명사를 가리킬 수 있는데, 이는 수량사의 기능에 상당한다(朱德熙, 1982). 예를 들면 '韩国人很多(人)住在那里', '买了很多(书)' 등과 같다. 반면 한국어의 '많다'와 '많이'에는 이러한 기능이 없다. '많이'가 동사를 수식하고 목적어가 출현하지 않을 때 중국어로는 '동사+목적어'(吃了很多)로 번역할 수도 있고, '동사+보어'(吃得很多)로 번역할 수도 있다. 예를 들면 다음과 같다.

(51) 많이 먹었어요.

　　多   吃(과거시제)

　　吃得很多。(吃了很多了。)

중국어의 '多'와 '很多'는 용법이 비교적 복잡해서 한국어 '많이'와 일대일로 대응시킬 수 없는데, 한국인 학습자는 종종 한국어의 규칙에 따라 '很多'를 부사어의 위치에 놓아 동사를 직접 수식함으로써 (44)~(46)과 같은 오류를 범한다.

(52) *朋友们都对我很多好。

적격문: 朋友们都对我很好。

(53) *他比我很高。

적격문: 他比我高得多(多了/很多)。 / 他比我更高。

(54) *他(比去年)很高了。

적격문: 他(比去年)高多了。 / 他(比去年)高了很多。

(55) *他比我很多高。

적격문: 他比我高得多(多了/很多)。 / 他比我更高。

한국어의 '많이'는 형용사를 수식할 수도 있고 절대적인 정도나 상대적인 정도가 높음을 나타낼 수도 있다. 절대적인 정도가 심함을 나타내는 경우를 예로 들면 다음과 같다.

(56) 많이 아프다.

　　　多　　疼

　　　很疼

예문(56)에서 '많이'는 절대적인 정도가 높음을 나타내며 '너무/아주'에 해당한다. 중국어의 '多'는 평서문에서 절대적인 정도가 높음을 나타내는데 사용할 수 없으며, 이러한 경우에는 상응하는 절대정도부사 '很', '挺', '好', '非常' 등을 사용해야 한다('今天的天气多好啊!' '你多大?'와 같이 형용사 앞에 쓰이는 경우는 감탄이나 질문을 나타냄). 한국어에서는 '많이'가 절대적인 정도가 높음을 나타낼 수 있기 때문에 한국인 학습자는 이를 중국어의 '很多'에 대응시키며, 따라서 예문(52)와 같은 오류를 범할 수 있다.

'많이'는 또한 상대적인 정도가 심함을 나타낼 수도 있다. 예를 들면 다음과 같다.

(57) 그는 (나보다) 키가 많이 크다.

     他　(我比) 个子　多　高

     他(比我)高得多(多了)。

(58) 그는 (전년보다)　많이 컸어요.

     他　(去年比)　　多　高了

     他(比去年)高多了。

한국어의 '많이'와 중국어의 '多'는 모두 차이가 큼을 나타낼 수 있으나 다음과 같은 차이점이 있다.

첫째, '많이'는 부사어로 서술어의 앞에 위치하고, '多'는 보어로 서술어의 뒤에 위치한다.

둘째, 중국어에는 'VP+得多/多了'의 두 가지 형식이 있다.

'VP+得多'는 예문(57)의 '他(比我)高得多。'와 같이 대부분 다른 대상과의 비교를 나타내며, 객관성이 강하다. 'VP+多了'는 예문(57)의 '他(比我)高了。'나 예문(58)에서와 같이 다른 대상과의 비교를 나타낼 수 있을 뿐만 아니라 자체 비교(동일 대상의 다른 시간, 다른 지점에 대한 비교)를 나타낼 수도 있으며, 주관적 의미가 강하다. 한국어의 '많이'는 이러한 제약이 없지만 시제에서 중국어의 '多'와 차이가 있다. 현재시제는 예문(57)에서와 같이 '得多', '多了'로 번역할 수 있고, 과거시제는 예문(58)에서와 같이 '多了'로 번역할 수 있다.

셋째, '많이'는 '아주'(很)에 더 가깝다. 즉 시제 변화가 없고 비교문이 아닌 문장에 사용될 경우 절대적인 정도를 나타낸다. 한국어의 '훨씬'('远', '显著'의 의미)은 중국어의 'X+得多/多了' 중에 사용된 '多'와 더욱 유사하다.

상술한 특징들은 한국어에서 정도와 수량의 경계가 모호함을 반영한다. 즉 전적으로 정도를 나타내는 부사 이외에 원래 수량을 나타내는 부사도 정도를 나타낼 수 있는 경우가 많다. 예를 들면 '많다(多), 조금(一点), 약간(一些)' 등은 '很', '有点', '有些'의 의미를 나타낼 수도 있다. 반면에 중국어에서는 쓰임이 비교적 명확하게 구분된다. 예를 들면 '一点, 一些'는 수량을 나타내고, '有点, 有些'는 정도를 나타내며, '多'는 보어로 사용될 경우에만 상대적인 정도를 나타낸다.

또, 한국어에서는 절대적인 정도와 상대적인 정도의 경계 역시 모호하다. 단독으로 사용될 때 '너무/아주/매우'처럼 절대적인 정도만을 나타내는 부사가 있고, '더/훨씬'과 같이 상대적인 정도만을 나타내는 부사도 있다. 또 '많이/조금/약간'과 같이 두 가지를 모두 나타낼 수 있는 부사도 있는데, 이들은 대부분 수량부사이다. 그러나 비교를 나타내는 '보다'구문에서는 상술한 세 가지 부사들이 모두 사용될 수 있다. 예를 들면 다음과 같다.

(59) 그는 나보다 아주(많이) 크다.
　　　他　　我比　　很(多)　　大
　　　跟我比, 他个子很高。
(60) 그는 나보다 키가 훨씬 크다.
　　　他　　我比　个子　远　　大
　　　他比我高多了。

반면 중국어에서는 절대정도부사('很', '非常', '极')와 상대정도부사('更')의 경계가 확실하다. 절대정도부사는 비교문에 출현할 수 없다. 수량을 나타내는 형용사 '多' 및 수사-단위사구 '一点, 一些'는 모두 비교수량보어로, 수량의 상대적인 차이만 나타내며 절대적인 정도는 나타낼 수 없다.

한국어에서 이러한 현상이 발생하는 원인으로는 다음과 같은 두 가지가 있다.

첫째, 한국어에는 보어9가 없어서 부사어만으로 서술어를 수식할 수 있다. '많다'(형용사 '多')가 부사형식 '많이'로 변하여 형용사를 수식할 경우에 수량

---

9 역자주: 일반언어학에서 말하는 보어의 개념과 중국어의 보어는 다르다. 따라서 한국어의 보어와 중국어의 보어는 다른 개념이다.

적 특징은 약화되고 문법기능은 강화되어 절대정도부사의 문법기능과 유사해진다. 예를 들면 '많다(多) < 아주/매우(很) < 너무(太) < 너무(아주/매우)+많이(太多)'와 같이 정도가 점점 강해진다.

둘째, 한국어에는 화제표지로 '는(은)'이 있고, 주격표지로 '가(이)'가 있는데, 이들은 한 문장에서 공기할 수 있다. 한국어 '보다'구문은 다음과 같이 의미상의 비교문의 성격이 비교적 강하다. 비교대상은 화제이며 표지로는 '는(은)'을 사용하고, 비교내용(때로는 출현하지 않음)은 주어이며 표지로는 '가(이)'를 사용한다. 비교기준과 비교표지('보다')는 직접적으로 화제(비교대상)와 관련이 있으며, 주어와 서술어 부분의 관계는 직접적이지 않다. 정도부사 및 정도부사가 수식하는 서술어와 주어인 '비교내용'의 관계가 밀접하고, 그러므로 정도를 강조하는 의미가 강하고 수량의 상대적인 차이를 강조하는 의미는 약하다. 따라서 '보다'문에서는 절대적인 정도와 상대적인 정도의 구분이 명확하지 않다. 예를 들면 다음과 같다.

은/는	보다	가/이10	훨씬	크다.
비교대상(화제표지)	비교기준(비교표지)	비교내용(주격표지)		
他	我比	个子	远	大

他比我高多了。(他跟我相比，个子很高/个子高多了。)

이러한 현상은 중국어발전사 중에도 있었다. 중국어의 '比'자는 허화과정 중에 'A比B, (A)Y'와 같은 의미상의 비교문형이 출현하였는데, 이때 비교결과 'Y' 앞에 절대정도부사가 출현할 수 있었다. 나중에 '比'구문은 더욱 발전하여 'A比B+Y'의 형식은 차등비교만을 나타내게 되었다. 정도부사는 절대정도부사와 상대정도부사로 나뉘는데 차등비교구문에는 상대적 정도 성분만을 사용할 수 있

---

10 역자주: 원문에는 '는/가'이 보다 훨씬 크다'로 잘못 표기되어 있어 위와 같이 수정했다.

고, 의미상의 비교를 나타내는 'A跟B比起来(相比), Y' 형식에서는 절대정도부사와 상대정도부사를 모두 사용할 수 있다.

바로 이와 같은 원인들 때문에 한국인 학습자는 '比'구문에서 절대정도부사 '很'과 상대정도부사 '多' 또는 '很多'를 구분하지 않고 부사어의 위치에 사용하는 경우가 많다. 이 때문에 예문(53)~(55)와 같은 오류가 발생한 것이다.

2. 한국어의 '적다'와 중국어의 '少'

(61)   *他有很少机会出去旅游。
적격문: 他很少有机会出去旅游。

'적다'는 중국어의 '少'에 대응되는데, 중국어의 '少'는 서술어 역할을 할때 주로 '他的书少, 我的书多。'처럼 '多'와 함께 사용되어 비교의 의미를 갖는다. '多'와 함께 사용되지 않을 때는 '我的书很少。'처럼 습관적으로 '少' 앞에 '很' 등과 같은 정도부사를 수반한다. 이 때문에 한국인 학습자는 '적다'를 중국어의 '很少'와 동일시하는 경우가 많다.

한국어의 '적다'가 관형어나 서술어로 사용될 때는 중국어와 큰 차이가 없다. 그러나 부사어일 때는 '적' 뒤에 방식을 나타내는 부사 어미 '게'를 써야 한다. 중국어의 '少'도 부사어로 쓰일 수 있으며, '多'와 마찬가지로 아직 발생하지 않은 상황이나 명령 등의 의미를 나타낼 때 주로 사용한다. 한국어의 '적게'는 이러한 제약이 없으며, 여러 종류의 시제나 문맥에서 사용할 수 있다. 예를 들면 다음과 같다.

(62) 옷   적게 사라. (명령문, 아직 발생하지 않은 상황)
      衣服   少 买
      少买衣服。

(63) 비가 조금 왔다. (평서문, 이미 발생한 상황)
　　雨　　少　来
　　雨下得不大。(很少下雨。)

명령을 나타내지 않는 경우, 한국어의 '적게'는 수량이 적음이나 빈도가 낮음을 나타낼 수 있다. 예문(63)은 중의적인 해석이 가능하며, '雨下得不大'(수량을 표시)를 나타낼 수도 있고, '很少下雨'(빈도를 표시)를 나타낼 수도 있다. 수량이 적음을 나타낼 때는 '조금'과 바꿔 쓸 수 있지만, 빈도가 낮음을 나타낼 때는 '조금'으로 바꿔 쓸 수 없다. 예를 들면 다음과 같다.

(64) 비가 조금 왔다.
　　雨　　一点　来
　　下了一点雨。

'少'에 수식어 '很'을 더한 '很少'의 가장 기본적인 기능은 부사어로 동사를 수식하는 것인데, 이때 사건이나 동작이 발생한 빈도만 나타내며 수량이 적음을 나타낼 수는 없다. 예를 들면 다음과 같다.

(65) 我很少运动。 (부사어로 빈도가 낮음을 나타냄)

'少'와 '很少'는 보어일 때만 수량이 적음과 동작의 빈도가 낮음을 모두 나타낼 수 있다. 예를 들면 다음과 같다.

(66) 她在苏州有一个儿子叫马太伯, 书读得很多, 钱拿得[很少], 每天还要喝两杯茶, 抽一包烟。(출처: 享福『小巷人物志』의 22(1)) (수량)
(67) 我们有一些关系单位, 现在不允许公款消费, 他们来得[很少]了。(빈도)

한국인 학습자는 대부분 '적다'를 '很少'와 대응시킨다. 그러나 부사어 '적게'는 '수량이 적음'과 '빈도가 낮음'을 모두 나타낼 수 있는 반면에 '很少'는 '빈도가 낮음'만을 나타낼 수 있다. 이 때문에 수량이 적음을 나타내려면 '很少'를 보어의 형식으로 바꿔야 한다. 다시 말하면 한국어의 한 가지 형식(부사어의 위치에서 '수량이 적음'과 '빈도가 낮음'을 모두 나타냄)이 중국어에서 두 가지 형식(부사어의 위치에서 '빈도가 낮음'을 나타내고, 보어의 위치에서는 '수량이 적음'과 '빈도가 낮음'을 나타냄)으로 나뉜다는 것이다. 이처럼 중국어의 규칙이 조금 더 복잡하기 때문에 한국인 학습자는 예문(61)과 같은 오류를 범하기 쉽다.

3. 한국어의 '조금'(좀: 조금의 준말)과 중국어의 '一点(有点)儿'

(68)　*饭我一点吃了。

적격문: 我吃了一点饭。(또는 饭我吃了一点。)

(69)　*我一点矮。

적격문: 我有点矮。(또는 我比较矮。)

(70)　*我有点不矮。

적격문: 我一点也不矮。

'조금'(준말 '좀')은 부사로서 중국어의 '一点儿, 一会儿, 稍微, 稍稍, 丝毫' 등과 같은 의미를 나타낸다.

3.1 수량을 나타내는 경우

(71) 밥을　　조금　　먹었다.

　　　饭　　一点　　吃

　　　吃了一点儿饭。(吃饭吃得很少。)

수량의 의미를 나타내는 '조금'은 중국어의 '一点'에 대응된다. 그러나 '조금'은 부사로서 동사 앞에 놓이며, 명사를 직접 수식할 수 없다. '一点'은 관형어로서 명사 앞에 위치하거나(예: '吃了一点饭') 또는 목적어로서 동사 뒤에 위치한다(예: '吃了一点'). 따라서 학습자들은 예문(71)과 같이 '一点'을 부사어 자리에 놓는 오류를 범하기도 한다.

3.2 동작이 지속된 시간을 나타내는 경우

(72) 그   보다   나는 조금   더   잤어요.
　　 他   比   我 一会儿   多   睡
　　 我比他多睡了一会儿。

'조금'은 시간이 짧음을 나타낼 수 있지만, '一点'은 이러한 의미를 나타낼 수 없고 반드시 보어형식 '(V+)一会儿'을 사용해야 한다. 또한 '조금'은 부사어로서 동사를 수식하지만 '一会儿'은 주로 동사의 시량보어로 사용된다. 그러나 이러한 의미와 기능의 차이는 매우 미미하기 때문에 모국어의 부정적 전이를 야기한다.

3.3 정도가 낮음을 나타내는 경우

(73) 학교가   조금   멀다.
　　 学校(주격) 一点儿 远(종결어미)
　　 学校有点儿远。

'조금'은 정도부사로서 형용사를 수식하여 정도가 낮음을 나타낼 수 있다. 중국어는 이러한 상황에서 '一点'은 사용할 수 없고, '有点'이나 '比较'를 사용해야 한다. 이처럼 '조금'은 '一点儿'과 '有点儿' 두 개의 어구에 대응되기 때문에 한국인 학습자들은 예문(69)와 같은 오류를 자주 범한다.

'有点儿'은 부정적 의미의 단어 또는 긍정-부정적 의미색채가 없는 단어에 주로 사용되고, 긍정적 의미를 나타내는 단어에는 사용할 수 없다. 예를 들면, '他有点笨', '他有点胖(瘦)'는 가능하지만 '他有点聪明'이라고 할 수는 없다. 반면에 '比较'는 이러한 제약이 없다. 이러한 점에서 한국인 학습자는 '他有点聪明'과 같은 발전형오류를 범할 가능성이 있다.

'一点'은 부정형식의 도치문에 쓰여 강조를 나타내는데, 이때 수량 또는 정도를 나타낼 수 있다.

> 我吃了一点饭。 / 我一点(饭)也没吃。
> 我有点矮。 / *我一点矮。
> 我一点也不矮。 / *我有点不矮。

'一点'과 '有点'은 긍정과 부정의 범주에서 비대칭 현상이 나타나는데, 문법규칙이 많고 이해난이도 또한 높다. 따라서 한국인 학습자는 예문(68)과 같은 발전형오류를 범할 가능성이 있다.

(74)   *我比妈妈一点矮。
적격문: 我比妈妈矮一点。

'조금'은 비교문에 쓰여 수량의 상대적 차이가 작음을 나타내는데, 이점은 '一点' 역시 마찬가지이다. 그러나 '조금'과 '一点'은 위치가 다르다. 전자는 부사어로서 서술어 앞에 위치하고, 후자는 보어로서 서술어 뒤에 위치한다. 예를 들면 다음과 같다.

(75) 그는   나보다 키가   조금   더 크다.

　　　他(주제격11)   我比 个子(주격) 一点儿 更   高

　　　他个子比我高一点儿。

이러한 원인 때문에 예문(74)와 같은 오류가 발생한다.

4. 종합분석

　양(量)은 사물의 양, 동작의 양(동작의 횟수, 동작이 지속된 시간), 상태의 양 등의 세 가지 범주로 나눌 수 있다. 중국어에서 사물의 양은 일반적으로 단위사를 사용하여 나타낸다. 동작이 지속된 시간의 양은 주로 시량보어로 나타내며, 소수의 고정형식에서는 형용사나 부사로 된 부사어로도 나타낼 수 있다. 예를 들면 '稍等', '少坐', '久留', '长住' 등이 있다. 동작의 양은 주로 동량보어를 써서 '去了一次', '玩了一回'와 같이 표현하거나 혹은 '常常', '经常', '很少' 등과 같은 빈도부사를 사용하여 나타낸다. 상태의 양은 보통 정도부사를 통해 나타내는데, 이를 다시 절대정도량(주관적인 양으로, 특정한 양 혹은 어림잡아 나타낸 양이며 구체적으로 수량화할 수 없음)과 상대정도량(객관적인 양으로, 일종의 양의 차이이며 '高, 矮, 胖, 瘦, 长, 短, 快, 慢' 등과 같이 구체적으로 수량화할 수 있음)으로 나눌 수 있다. 이러한 개념들은 언어마다 다른 방식으로 표현되는데, 각 언어에 나타난 문법형식의 복잡성은 이런 작은 차이에 대한 해당 민족의 인식 정도를 반영한다.

　다음으로 한국어의 '많다', '적다', '조금(좀)'과 중국어의 '(很)多', '(很)少', '一点(有点)'이 사물의 양과 동작의 양, 상태의 양을 나타내는데 있어서 어떠한 차이를 보이는지 살펴보자.

---

11 역자주: 원문에는 '强调格'으로 되어 있으나 주제격으로 보는 것이 타당하다.

[표5-1] 양범주 '多', '少', '一点(有点)'의 한중표현 대조[12]

		많다 많이	(很)多	적다	(很)少	조금(좀) /약간	一点/一些 有点/有些
사물의 양	서술어	+많다	+	+	+	−	−
	관형어	+많은	+('的'를 쓸 수도 있고 쓰지 않을 수도 있음)	弱[13] +적은	弱(대부 분 '的'를 써야함)	−	+(一点)
	부사어	+많이	+多(명령)	+적게	+少(명령)	+	−
동작의 횟수	빈도	+많이	− 부사어 +보어	+적게	+很少	−	−
	동작이 지속된 시간	− 많이	−	−	−	−	−
상태의 양	절대 정도	+많이	−	−	−	+	+'有点' '一点也不' 부정을 강조
	상대정도	+많이	+X得多/ 多了	−	−	−	+'一点' +'一些'
	자체비교	+많이	+X多了	−	−	−	

양의 다양성을 표현하는데 있어서 한국어와 중국어의 '多'는 겹품사적 성격이 비교적 강하다. 한국어의 '많다(형용사), 많이(부사)'도 정도, 사물의 수량, 동작의 횟수, 빈도 등 다양한 양범주를 나타낼 수 있다. 한국어에는 빈도가 높

---

[12] 역자주: 독자의 이해를 돕기 위해 표를 일부 수정하였다.

[13] '弱'는 몇몇 상황에서 가능하지만 제한이 많음을 의미한다. 예를 들어 '很少的人'은 가능하지만 '很少的+명사'는 제한이 많으며 대다수의 경우 성립되지 않는다. '적은 +명사'도 역시 마찬가지이다.

은 것을 나타내는 '자주', 절대 정도를 나타내는 '너무/아주/매우' 등과 같이 전문적으로 이러한 범주들을 나타내는 부사가 있으며, '많이'는 절대정도부사의 수식도 받을 수 있다. 한국어의 경우 절대정도량과 상대정도량의 구분이 모호해서 '很高'와 '高多了'에 대응되는 표현은 모두 '많이 크다'이며, 그 출현 위치 또한 같다. 그러나 중국어의 '多'는 동사, 형용사, 수사 등의 여러 용법이 있는데, 형용사로 쓰일 때는 주로 사물의 양을 나타내거나 빈도를 나타내고 (보어의 위치에 있을 때에만 빈도를 나타냄), 동작이 지속된 시간이나 절대정도를 나타낼 수는 없다. 이는 '많다(형용사), 많이(부사)'와 비교할 때 양범주의 표현범위가 좁다.

한국어의 '조금'과 중국어의 '少'(형용사)는 그 기능이 유사하여 사물의 양과 빈도를 모두 표현할 수 있는데, 명사를 수식하는 관형어로서 사물의 양을 나타낼 때 제약이 많은 편이다. '很少'의 기본 기능은 빈도를 나타내는 것인 반면, '적게'는 사물의 양과 빈도를 나타내는 기능의 강도가 비슷하다.

한국어의 '적다'는 사물의 양, 시간의 양, 정도를 나타낼 수 있으며, 중국어의 세 가지 언어항목에 대응된다. 즉 '一点'은 사물의 양과 상대정도를 나타내고, '有点'은 절대정도를 나타내며, '一会'은 시간의 양을 나타낸다.

이러한 내용을 이해하고 앞에 나타난 오류들을 다시 살펴보면 오류가 발생한 원인을 쉽게 납득할 수 있다. 예문(44), (46)은 모두 '많이'가 서술어 앞에 위치하여 수량이나 빈도를 나타낸다는 규칙의 영향을 받은 것으로, 중국어에는 이에 대응되는 용법이 없기 때문에 반드시 상응하는 보어의 형식으로 전환해야 한다. 예문(52)~(55)는 한국어의 상대절도량과 절대절도량의 영향을 받은 것이 분명하다. 예문(61)은 학습자가 '很少'가 주로 부사어로서 빈도를 나타내는데 쓰이며 관형어로서 명사를 수식하는 경우는 적다는 것을 잘 몰라서 발생한 경우이다. 예문(68)과 예문(69)는 한국인 학습자가 모국어의 '조금(좀)'의 의미적·문법적 기능을 중국어의 '一点'에 잘못 전이시킴으로써 발생한 경우이다.

제3절 '比'구문

이번 절에서는 'A比B+비교결과' 구문에 대해서 논의해 보기로 한다. '比'구문은 중국어 비교문 중에서 가장 복잡하면서도 가장 보편적으로 사용되는 구문이다. '比'구문에서 발생하는 오류는 유형도 가장 많고 복잡하지만 또한 매우 규칙적이기도 하다. '比'구문오류의 여러 가지 원인은 표면적으로는 매우 복잡해 보이지만 그 이면에는 의외로 통일된 규칙이 있다. 이러한 오류 유형의 대부분은 형식적 복잡성과는 그다지 큰 관련이 없고(형식이 복잡한 경우 학습자는 대부분 회피하고 사용하지 않음), 의미적 복잡성과 직접적인 관련이 있다.

1. 오류 유형의 분포와 비율

먼저 세 가지 언어자료의 오류 유형 분포와 비율을 보자.

[표5-2] 세 가지 언어자료 중 '比'구문오류 유형의 상대적 빈도표

오류 유형	언어자료 유형	글말		입말 (공시적 자료)		입말 (통시적 자료)	
		빈도	비율	빈도	비율	빈도	비율
1	比B + 很 등	10	6.90%	6	6.90%	8	5.33%
2	比B + 比较	2	1.38%	4	4.60%	14	9.33%
3	比B + 배수	1	0.69%	0	0.00%	5	3.33%
4	比B + 중첩	0	0.00%	1	1.15%	0	0.00%
5	'比'구문의 부정형식 오류	4	2.76%	3	3.45%	10	6.67%
6	比B + (不)一样 / 差不多	1	0.69%	2	2.30%	5	2.67%
7	比가 의미상의 비교, 비교결과 등으로 다양하게 사용된 경우	0	0.00%	2	2.30%	2	1.33%
8	수사-단위사구의 오류	4	2.76%	2	2.30%	1	0.67%
9	비교대상이 목적어인 경우	3	2.07%	2	2.30%	1	0.67%
10	'比'의 후치	0	0.00%	2	2.30%	15	10.00%
11	'比B'의 전치 혹은 후치	2	1.38%	4	4.60%	20	13.33%

12	'更'과 '还'의 오류	1	0.69%	1	1.15%	1	0.67%
13	기타 원인	4	2.76%	0	0.00%	4	2.67%
계	오류/'比'구문의 전체 문장 수	32/145	22.07%	29/87	33.33%	85/150	56.67%

위의 표에 의하면 세 가지 언어자료 중에서 오류가 비교적 집중적으로 나타난 유형은 유형1(比B+很), 유형2(比B+比较), 유형5('比'구문의 부정형식 오류)임을 알 수 있다. 입말에서는 위의 세 가지 이외에 유형10('比'의 후치), 유형11('比B'의 전치 혹은 후치)에도 많이 나타나 있으며, 글말에서는 유형9(심리동사·조동사의 목적어가 비교대상이나 비교기준이 되는 경우)에도 많이 나타나 있다.

'比'구문의 형식14과 직접적인 관계가 있는 오류 유형은 유형5(형식7 '没有……比……更……', 형식8 '不比'), 유형8(형식3 "특정수나 어림수를 나타내는 '比'구문"), 유형9(형식1 '두 번째 하위범주의 비교대상이나 비교기준이 심리동사·조동사의 목적어')와 유형12(형식6 "'更', '还', '再'를 포함한 가정의 의미를 나타내는 '比'구문")뿐이다. 대부분의 오류 유형은 문형의 형식상의 복잡성과는 그다지 큰 관계가 없다. 비록 위의 네 가지 오류 유형이 문형과 상관된 오류라 하더라도 이는 의미상의 복잡성에 의해 야기된 것이다.

2. 오류 사례와 설명

'比'구문은 비교적 복잡하기 때문에 이번 절에서는 유형1~9의 오류가 발생한 공통 원인에 대해서만 논의하기로 한다.

---

14 '比'구문의 형식은 다음과 같이 정리할 수 있다. ① A比B+형용사/심리동사·조동사+목적어 ② A比B+(동목)+동사+정도보어 ③ A比B+형용사+특정수나 어림수를 나타내는 수량보어 ④ A比B+발전의 의미를 나타내는 동사(+수량목적어) ⑤ A比B+多·少·早·晚+동사(+수량보어) ⑥ A比B+更(还·再)+형용사/동사(변형형식: A比B 还B(B는 명사)) ⑦ 没有比……更……的 ⑧ 不比 ⑨ 一+단위사+比+一+단위사

2.1 유형1: '比B' 뒤에 '很', '非常', '十分' 등의 절대정도부사가 출현한 경우

(76)   *因为小慧和大辉比以前更容易亲密。(중급2 작문)

적격문: 因为小慧和大辉比以前容易亲密多了。

(77)   *所以比韩国旅游时间, 嗯, 旅游的时候很有意思。(중급2 말하기)

적격문: 所以比在韩国旅游的时候有意思多了。

이는 한국어에서 '보다'의 뒤에 절대정도부사가 출현할 수 있다는 점 및 절대정도부사와 상대정도부사의 경계가 분명하지 않다는 점의 영향을 받은 것이다. 전통적인 대조분석의 각도에서는 이러한 오류의 발생 원인을 하나로 규정짓기가 어려운데, 그 이유는 그것이 여러 측면의 문법항목과 관계가 있기 때문이다.

'比'구문의 비교결과로 볼 때 (제5장 제2절 참조) 한국어에서는 모든 정도부사가 '보다'구문에서 비교의미를 나타낼 수 있는데, 이러한 단어들은 단독으로 쓰일 때 각각 절대의미, 상대의미 및 절대·상대의미 등 세 가지 의미를 나타낸다. 그러나 중국어에서는 절대정도부사와 상대정도부사는 용법상의 경계가 비교적 분명한 편이어서, 절대정도부사는 '比'구문에 쓰일 수 없지만 상대정도부사는 쓰일 수 있다. 겹품사어는 부사 '比较' 하나 밖에 없는데, 이것 역시 '比'구문에 쓰일 수 없다. 정도부사가 비교구문에 쓰일 수 있느냐 없느냐의 각도에서 보았을 때 유형1은 전통적인 대조 난이도위계15의 6급에 해당한다.

---

15 Ellis(1985)의 난이도위계는 다음과 같이 분류된다. (1) 모국어와 제2언어의 어떤 언어항목에 차이가 없다(난이도 없음). (2) 모국어의 두 가지 언어항목이 제2언어의 한 가지 언어항목에 대응되므로 학습자는 모국어의 두 가지 언어항목을 목표언어의 한 가지 언어항목으로 합병하기만 하면 된다(난이도가 비교적 낮음). (3) 모국어의 어떤 언어항목이 목표언어에는 존재하지 않는다(난이도 중). (4) 모국어의 어떤 언어항목이 제2언어의 등가항목에서의 분포가 완전히 일치하지는 않는다(난이도가 비교적 높음). (5) 제2언어의 어떤 언어항목이 모국어에는 없다(난이도가 매우 높음). (6) 모국어의 하나의 언어항목이 제2언어의 두 개 혹은 그 이상의 언어항목에 대응되기 때문에 학습자는 어떻게 문맥에 근거하여 적합한 어구를 선택해야 할지를 알지 못한다(분할, 난이도가 가장 높음).

비교구문에서는 정도부사가 쓰일 수 없다는 사실을 모르기 때문에 학습자는 '更'이나 '还' 대신 '很'을 사용하게 된다.

정도부사와 정도보어의 각도에서 보았을 때 한국어에는 '서술어 앞의 정도 부사'라는 하나의 형식 밖에 없고, 중국어에는 서술어 앞의 정도부사와 서술어 뒤의 정도부사 등의 두 가지 형식이 있기 때문에 이는 분할에 해당하고, 난이도위계는 6급으로 학습상의 난이도가 가장 높다. 이는 학습자가 '형용사+得多'를 사용하지 않고 '很+형용사'를 사용하기 때문이다.

학습자는 학습 중에 'A比B+형용사+得很' 혹은 'A比B+형용사+极了' 등과 같은 오류를 범할 가능성도 있다. 이러한 오류는 한편으로는 상술한 두 가지 원인의 영향을 받았을 수도 있고, 또 한편으로는 학습자가 목표언어 규칙을 전면적으로 습득하지 못하였거나 과잉일반화 시켰기 때문일 수도 있다. 설문 조사에 의하면, 많은 학습자들은 '比……很+형용사'가 성립할 수 없는 이유를 '很', '非常', '十分' 등과 같은 절대정도부사가 '比'구문에 출현할 수 없기 때문이 아니라 이들 정도부사가 서술어의 앞에 출현하기 때문이라고 알고 있다. '很', '非常', '十分'을 서술어의 뒤에 놓아 보어 형식으로 변환시켜서 '형용사+得多', '형용사+一点'처럼 만들면 성립한다. 다시 말해서 학습자들은 정도부사의 위치를 바꿀 줄은 알지만 절대적 정도와 상대적 정도를 구분할 줄은 모른다. 이러한 점에서 보았을 때 학습자는 형식적인 측면에서의 변환은 쉽게 실현하지만 의미상의 구분에서는 어려움을 겪고 있음을 알 수 있다. 이는 매우 복잡한 성격의 오류로, 모국어의 부정적 전이와 목표언어 규칙의 불완전 습득에 의한 복합적인 것이다.

2.2 유형2: '比 B + 比较'

(78)   *我特别喜欢的料理是东北菜，比广东菜比较合适韩国人的口味。
　　　　 (중급2 작문)

적격문: 跟广东菜比起来，东北菜比较适合韩国人的口味。

(79)   *很有名在日本，我听说日本的女人喜欢韩国的人，因为韩国的男
　　　　人一定去当兵，因为他比较大人，比日本的男人。 (중급1 말하기)

적격문: 因为跟日本的男人比起来，他(韩国人)比较成熟。

　　한국어의 '비교적(부사)'과 중국어의 '比较(부사)'의 대응관계는 다음과 같
다. 중국어에서 '比较'는 '比'구문에 사용할 수 없지만, 한국어의 '비교적'은
비교문에서도 사용할 수 있다.

　　'比'와 '比较'는 기원이 같고 의미 또한 동일하기 때문에, 만약 같은 문장에
쓰이면 의미가 중복된다. 하지만 한국어의 경우 중국어의 '比'에 상응하는 '보
다'는 고유어이고, '비교적'은 한자어이기 때문에 이러한 문제가 발생하지 않
는다. 그러므로 한국어에서 '비교적'은 '보다'비교문에서 사용할 수 있다. 다른
측면에서 보면 이는 두 언어의 문법규칙체계와 관련이 있다. 즉 중국어에서
모든 정도부사는 부사의 형식으로 '比'구문에서 사용될 수 없지만, 한국어에서
모든 정도부사(절대정도부사, 상대정도부사, 수량사 등)는 '보다' 비교문에서
사용할 수 있다.

2.3 유형3: '比 B + 倍数'

(80)   *统计数表示，比女性的两倍左右的男性都答应(回答)了 "是"。
　　　　 (고급 작문)

적격문: 有女性两倍左右的男性都回答了 "是"。

(81)   *中大什么都有。中大面积比我们学校的面积大概10倍。(초급2 말하기)
적격문: 中大面积大概是我们学校的面积的10倍。

이러한 오류는 한국어의 배수 표현방법과 밀접한 관련이 있다. 한국어에서
는 다음과 같이 말할 수 있기 때문이다.

　　　금년의 생산량은 전년보다 2배가 되었다
　　　今年的　产量　　去年比　2倍　达到了
　　　今年的产量达到了去年的两倍。

이러한 문장은 중국어에서는 '今年的产量达到了去年的两倍', 혹은 '今
年的产量比去年增加了(多)一倍'와 같은 방식으로만 표현된다. 다시 말해서
중국어의 '比'는 '무엇보다 크거나 작다'는 개념만을 나타낼 수 있지만, 한국어
의 '보다' 구문에서는 '같다'는 개념16까지 나타낼 수 있다. 이는 중국어와 매우
다른 부분이다. 대조의 각도에서 보면 이는 난이도위계 3급에 해당한다.

2.4 유형4: '比B+重叠'

(82)   *北京比广州人慢慢的。(중급1 작문)
적격문: 北京人比广州人慢多了。

대조의 각도에서 보면 이는 난이도위계 5급에 해당한다. 학습자들은 의도적
으로 예문(82)와 같은 새로운 언어 형식을 사용했지만 이는 잘못된 것이다. 사
실 이러한 오류는 모국어에서 이와 대응되는 형식을 찾아 사용한 것이 아니므
로 모국어의 부정적전으로 볼 수 없다. 이는 학습자가 '중첩'17의 문법규칙을

---

16 역자주: 제시한 한국어의 예문 및 설명이 적절치 않다.

제대로 파악하지 못했기 때문에 발생한 것으로, 발전형오류에 해당한다고 할 수 있다. 하지만 학습자들이 '형용사중첩'을 '比'구문에 사용한 심층적인 원인을 파악해야 할 것이다. 중첩은 중국어 고유의 문법 현상으로 중첩이라는 수단을 통해 양의 변화를 나타내는데, 형용사의 중첩은 종종 양의 증가를 나타낸다. 한국어에는 중첩이라는 문법 현상이 없지만 학습자들은 이 중첩형식을 양의 증가라는 범위 안에 포함시켜, '比'구문에서 정도부사처럼 사용할 수도 있을 것이라고 생각한 것이다. 이것은 사실상 학습자가 자신만의 문법체계에 근거하여 새로운 문법현상을 잘못 분류했기 때문에 발생한 오류라고 할 수 있다.

2.5 유형5: '(没有) 比 B + 不(或正反句)'[18](차등비교문 부정형식의 오류)

(83)　*嗯, 帅。我觉得都是这样, 看里面比真的人不好。一点胖。不是很矮, 比较矮。(중급1 말하기)

적격문: 看里面(电视里面)没有真的人好。

(84)　*在宿舍里自己煮饭比大家想象中不太麻烦。 (고급 작문)

적격문: 在宿舍里自己煮饭没有大家想象中那么麻烦。

한국인 학습자의 오류는 '比B'와 형용사 사이에 부정사 '不' 또는 '不太, 不怎么' 등을 추가하는 부정형식 또는 긍정부정의문문형식에 많이 나타난다. 이러한 오류는 연속성이 비교적 강해서 고급단계에서도 나타난다. '比……不(不太, 不怎么, X 不 X)' 와 같은 오류들은 모국어의 부정적 전이 때문에 발생하는 것으로, 한국어의 '보다' 뒤에 부정형식이 출현할 수 있는 것과 직접적인 관련이 있다.

---

[17] 중국어 형용사의 중첩형식에 사용하는 형용사는 상태형용사로, 나타내는 양이 상대적으로 고정되어 있으므로 '比'구문에 사용할 수 없다.

[18] 차등비교의 부정식은 비교적 복잡하다. 여기서는 전체 '比'구문의 오류와 관련된 부분에 대해서만 간단하게 설명하고자 한다.

하지만 고급단계에서 '没有'와 '比'를 함께 사용하는 것은 발전형오류에 해당하며, 중국어의 '没有', '不比', '没有……比……更'의 세 가지 차등비교문의 부정형식을 혼동한데서 기인한다.

2.6 유형6: '比B(不) 一样 / 差不多' ('比'구문의 뒷부분에 동등비교의 비교결과가 출현한 경우)

(85)   *她的个子比我差不多。(중급1 작문)

적격문: 她的个子跟我差不多。

(86)   *昨天考了。昨天很难了, 比以前的。比以前不一样的方式。这个是第一次改成的, 实验的是我们。(중급1 말하기)

적격문: 昨天的考试比以前难多了。跟以前不一样的方式。

한국어에서는 '보다' 다음에 동등비교의 비교결과가 출현하는 것을 허용하며, 이는 오류 유형3의 원인인 한국어의 배수 표현법과 함께 하나의 체계를 이룬다. 중국어의 경우도 변천 과정 중에 위와 같은 현상이 출현한 적이 있으나, 현대중국어에서는 이를 허용하지 않는다. 한국어에서도 상용하는 동등비교 형식 '와(과)……같다/비슷하다'가 존재하며, 학습자가 작문과 같은 격식 있는 문체에서는 이러한 문형을 잘 쓰지 않기 때문에 당연히 이러한 오류 유형이 빈번히 출현하지는 않는다. 관찰에 의하면 다른 언어가 모국어인 학습자도 위와 같은 오류를 범하는 경우가 많다. 이는 학습자가 말을 할 때 '차등비교'를 먼저 떠올린 후 비교의 결과가 동등비교임을 나중에 발견하기 때문일 가능성이 있다. 대조의 각도에서 보면 이는 대조 난이도위계의 3급에 해당하며 모국어(한국어)의 어떤 언어항목이 목표언어(중국어)에 존재하지 않는 경우이다.

2.7 유형7: '比'구문을 의미상의 비교로 사용한 경우

(87)   *我觉得这里用地铁的人很少，就比广州城市的大小。广州城市很
        大，利用地铁的人还少，……(초급2 말하기)

적격문: 我觉得这里用地铁的人，跟广州城市的大小比起来，很少。

중국어에서는 비교의 두 대상이 같은 종류의 사물이어야 하며, 같은 종류가
아닌 경우에는 '比'구문을 쓸 수 없다. 그러나 한국어에서는 비교대상의 범위
가 중국어보다 넓어서, 중국어의 '她的体重相对他的身高来说不算胖', '广
州使用地铁的人跟广州市的大小相比, 比较少'와 같은 문장은 한국어에서
모두 '보다'구문으로 나타낼 수 있다.19 이는 비교대상 범위의 문제이며, 형식
적인 차이가 아니라 표면적으로는 잘 드러나지 않는 문법적인 차이이다. 이러
한 오류는 한국어와 중국어에 모두 한 가지 형식만 존재하지만 한국어에서 표
현할 수 있는 의미가 중국어보다 넓기 때문에 전통적인 대조 난이도위계에 포
함시킬 수 없다.

2.8 유형8: 수사 - 단위사(구)의 전치 혹은 '多'의 형식 오류

(88)   *我跟大哥像我妈妈，二哥三哥像我爸爸。全部不一样。哥哥比我
        多大，四岁大。(초급2 말하기)

적격문: 哥哥比我大多了，大四岁。

(89)   *而且我的邻居都进了比我好多学校。(중급2 작문)

적격문: 而且我的邻居都进了比我好多了的学校。

한국어의 수량사는 서술어의 부사어 기능을 할 때 형용사 앞에 위치한다.

---

19 역자주: 제시된 중국어 예문은 한국어에서 일반적으로 '보다'를 사용하여 표현하지
않는다.

반면 중국어의 수량사는 보어로 쓰일 때 형용사의 뒤에 위치한다. 이는 대조 난이도위계에서 난이도 6급 즉 분할에 해당한다고 할 수 있다. '比'구문의 경우 한국어에서는 비교수량부사어를 사용하고, 중국어에서는 상대정도부사나 비교수량보어를 사용할 수 있다. 그러나 학습자는 학습 초기에 '他比我一点/多高'와 같은 위치 오류를 범할 수 있지만, 사실 상술한 오류는 출현 빈도가 매우 낮고 학습자가 오류를 쉽게 수정할 수 있기 때문에, 대조 난이도위계에 부합하지 않는다.

학습자가 수사-단위사구에서 범하는 오류는 대부분 '多'가 수량보어로 사용될 때 발생한다. 다른 대상과의 비교인 '*他比我高多'나 동일 대상의 시간·공간상의 비교인 '*你来中国以后胖得多' 등을 예로 들 수 있다. 이는 아래에서 볼 수 있듯이 대부분 중국어에서 '多'가 비교수량을 나타낼 때의 형식과 의미의 복잡성으로 야기된 것이다. '多'의 형식을 살펴보면, 한국어의 '훨씬(많이) 동사/형용사+(시제어미)+(종결어미)'의 한 가지 형식이 중국어에서는 '형용사+得多', '형용사+多了', '형용사(了)+很多'의 세 가지 형식에 대응된다. 게다가 이 세 가지 형식의 사용 조건과 의미는 다음과 같은 차이점이 있다. '형용사+得多'는 일반적으로 다른 대상과의 비교에만 사용할 수 있고, 동일 대상의 시간·공간상의 비교에는 사용할 수 없다. '형용사+多了'는 동일 대상의 비교에도 사용할 수 있고 다른 대상과의 비교에도 사용할 수 있다. '형용사+很多'는 다른 대상과의 비교에 사용하고, '형용사了+很多'는 동일 대상의 시간·공간상의 비교에 사용한다. 대조의 각도에서 이는 난이도위계 6급에 해당한다. 인지 측면에서 보았을 때 목표언어의 이러한 규칙은 난이도는 높고 자연도는 높지 않으므로, 학습자는 이 규칙을 명확하게 이해하기가 어렵다.

2.9 유형9: 비교대상이 심리동사·조동사의 목적어인 경우

(90)   *元彬。但是我比较喜欢歌手, 比电视表演喜欢, 歌手比表演喜欢。
       唱歌的人, 我不喜欢, 比表演。(초급2 말하기)

적격문: 跟电视表演相比, 我更喜欢歌手。

(91)   *不过近年来, 妈妈做给我的菜比家里人更想。(중급2 작문)

적격문: 跟想家里人比起来, 我更想妈妈做的菜。

한국어의 '보다' 비교문은 심리동사·조동사의 목적어를 비교할 수 있다. 반면에 중국어 '比'구문은 심리동사·조동사의 목적어를 비교할 수 없으며, 이는 '比'구문의 기능적인 약점이다. 대부분의 상황에서 상술한 문장은 단일 항목의 점층비교문으로 바꾸거나 의미상의 비교문 등 다른 형식으로 바꿔서 표현해야 한다. 예컨대 예문(91)은 '我想家里人, 更想妈妈做的菜' 또는 '跟想家人比起来, 我更想妈妈做的菜'로 바꿔야 한다. 난이도위계를 살펴보면 오류 유형 7과 마찬가지로 형식적 차이가 아니라 동일 형식의 표현 범주의 차이에 속하므로 전통적인 대조 난이도위계에 포함시킬 수 없다.

3. 관찰 결과

위에서 살펴본 아홉 가지 오류의 발생 원인은 내부적으로는 미세한 차이가 있지만, 이들은 크게 한국어의 절대정도량과 상대정도량 사이의 모호성(1, 2, 4, 8), '보다' 구문이 갖는 의미상의 비교문의 성격(1-7, 9)이라는 이 두 가지 특징에서 기인된 것임을 알 수 있다. 이상의 분석을 통해서 세 가지 주목할 만한 현상을 관찰할 수 있다.

3.1 학습자에 대한 모국어의 영향은 하나의 체계를 이루고 있다.

모국어가 목표언어 습득에 미치는 영향은 해당 문법항목의 개별적인 전이가 아니라 특정한 체계 내에서 이루어진다. 다음 예와 같이 관련 문법항목 하나가 또 다른 문법항목에 영향을 끼쳐 복합적인 전이가 발생한다.

첫째, '보다'구문이 동등비교의 비교결과가 될 수 있다는 점과 한국어의 배수 표현법 사이의 상호영향.

둘째, 한국어의 '정도'와 '수량'의 모호성과 '절대정도량과 상대정도량의 모호성' 사이의 상호영향.

셋째, '보다'구문 비교결과의 '의미상의 비교문'적 성격과 '절대정도량과 상대정도량의 모호성'의 상호영향.

상술한 '比'구문의 오류를 예로 볼 때, 한국어의 '보다' 비교결과의 '의미상의 비교문'적 성격과 절대정도·상대정도의 모호성은 상관성이 매우 강한 두 가지 속성(이 두 가지 속성은 다수의 작은 문법규칙을 포함함)이다. 이 두 가지 두드러진 속성은 서로 영향을 끼치면서 유형1, 유형2, 유형4의 오류를 발생시킨다. 만약 하나하나의 작은 문법항목만을 대상으로 대조·분석한다면 나무만 보고 숲은 보지 못하기 때문에 진정한 규칙을 찾을 수 없다. 예를 들면 오류 유형1에서처럼 단지 '比' 뒤에 '很'이 올 수 있다는 것만 보면, 한국어에서는 '보다'구문 뒤에 절대정도부사를 쓸 수 있지만 중국어에서는 반드시 이에 상응하는 상대정도부사의 형식으로 전환해야 한다고 단순하게 결론을 내릴 수 있다. 그러나 실제로 한국어에서 표현하고자 하는 의미는 중국어에서는 주로 '형용사+多了/得很' 등의 형식을 사용한다.

3.2 중간언어는 발전하는 체계이다.

학습자의 중간언어는 흩어진 모래알과 같은 것이 아니라 하나의 연관된 유기체이다. 또한 중간언어는 끊임없이 발전, 변화하고 있지만 이러한 변화는 체계적인 것이다. 학습자가 오류를 범한 원인은 매우 복잡하여, 모국어의 부정적 전이도 있을 수 있고, 목표언어 규칙의 영향도 있을 수 있기 때문에 그 원인을 간단히 귀납할 수가 없다.

목표언어의 새로운 문법항목을 습득할 때, 학습자가 이미 갖추고 있는 중간 언어체계는 해당 문법항목을 자연스럽게 흡수, 변화, 분석하여 새로운 규칙체계를 형성한다. 오류 유형1의 '比······형용사+得很', '比······형용사+极了'와 오류 유형4의 '比+중첩'은 모국어의 전이와 과잉일반화의 영향을 모두 가지고 있다. 그러나 한국어에는 '보어'나 '중첩'과 같은 문법항목이 없어서 학습자는 이러한 문법항목을 습득할 때, 중국어에서는 정도보어나 중첩의 방식으로 수량의 증가를 나타낸다는 것만 인식한다. 따라서 학습자는 원래 가지고 있던 정도부사와 '比'구문의 문법체계를 사용하여 이를 가공하고, 자연스레 그것을 비교구문에 쓰인 비교결과의 구성성분으로 받아들인다. 그 이유는 학습자의 언어체계에서 정도의 강약을 나타내는 형식은 모두 '보다'구문의 비교결과의 위치에 나타날 수 있기 때문이다. 이는 한국어의 정도의 강약에 대한 관념이 오류 유형4 '比'구문에 나타난 '형용사중첩'에 잠재적인 영향을 끼친 것이다. 어떤 오류들은 모국어의 특정 문법항목의 단순한 전이로 인해 발생한 것이라고 말하기 힘든 경우도 있으나 이들 또한 모국어의 문법 체계와 밀접한 관계를 맺고 있다.

요컨대, 학습자의 입장에서 보면 학습자의 모국어는 그의 세계관, 인식관과 밀접하게 연관되어 있는 치밀한 체계이다. 목표언어는 하나의 체계를 이루고 있으나 학습자가 접하는 목표언어는 영원히 그 체계 중의 한 부분이며 단편적인 것이기 때문에 학습자 입장에서 보면 목표언어는 하나의 완전한 체계가 아니다. 학습자는 학습하는 과정 중에 부단히 새로운 언어체계, 즉 중간언어를 구축한다. 중간언어 체계의 구축은 학습자의 모국어 지식을 기초로 하고, 학습자가 습득한 언어규칙에 따라 끊임없는 수정과 변화를 거쳐 이루어진다. 그러나 이러한 규칙들은 분산되거나 고립된 것이 아니라 서로 긴밀하게 연결되어 있으며, 학습자는 특정한 규칙의 오류를 발견하게 되면 새로운 규칙으로 보완

한다. 바로 이러한 과정 속에서 학습자의 언어체계가 목표언어의 체계에 점차 가까워지는 것이다.

3.3 의미상의 차이는 형식상의 차이보다 상대적으로 오류를 발생시키기 쉽다. 특히 형식은 일치하고 기능상의 차이만 있을 때 더욱 그러하다.

예를 들면 오류 유형7과 오류 유형9의 경우, 한국인 학습자는 거의 대부분이 오류가 잘못된 형식이라는 것을 인식하지 못한다. 왜냐하면 비교구문의 형식에서 교수자가 이러한 문장을 잘못된 것이라고 강조하지 않기 때문에 의미·기능과 관련지을 때에서야 비로소 문제를 발견하게 된다.

4. 맺음말

본 장에서는 '比'구문의 오류 유형1~9의 발생 원인에 대해 중점적으로 살펴보았다. 표면적으로 볼 때 이 오류들은 각각 다른 형식으로 보이지만 실질적으로 이러한 문법항목들은 상호 연관적, 상호 영향적인 체계를 이루고 있다. 이는 우리가 언어체계를 바라보는 일관된 관점, 즉 언어의 변화가 개별적이지 않고 총체적이라는 인식과 일치한다. 특정 단어의 의미항목이 확대될 때 다른 관련 단어의 의미항목은 필연적으로 소멸하고, 특정 구문의 기능이 확대될 때 그 구문이 가지고 있던 일부 기능들은 필연적으로 퇴화하게 된다. 중간언어 체계도 이와 같아서 학습자의 모국어와 그들이 습득한 목표언어의 부분적인 규칙들은 서로 충돌하는 과정 속에서 새로운 중간언어 체계를 형성한다.

■ 参考文献

白　林·崔　健. 汉朝语对比和偏误分析. 教育科学出版社. 1991
北京大学中文系 1955、1957级语言班. 现代汉语虚词例释. 商务印书馆.
　　1982
储译祥·肖　扬·曾庆香. 通比性的"很"字结构. 世界汉语教学. 1999 (10)
崔　健. 朝汉比较句对比. 朝鲜语言文学论文集. 1996 (10)
崔　健. 韩汉表达范畴研究. 中国大百科全书出版社. 2002
戴浩一 (黄河 译). 时间顺序和汉语的语序. 国外语言学. 1988 (1)
傅雨贤·周小兵 等. 现代汉语介词研究. 中山大学出版社. 1997
韩宝成. 外语教学科研中的统计方法. 外语教学与研究出版社. 2001
侯学超. 现代汉语虚词词典. 北京大学出版社. 1998
金琮镐. 韩中比较副词与[+关系]述语共现对比 - 以"更"与"더"为中心.
　　汉语学习. 2001 (1)
康寔镇·李相度·南德铉·郭树竟 编. 进明韩中词典. 黑龙江朝鲜民族出版
　　社. 2003 (根据韩国进明出版社 1998年6月30日第1版 改订出版)
康寔镇·李相度·南德铉·张皓得 编. 进明中韩词典 (改订新版). 黑龙江朝
　　鲜民族出版社. 2003 (根据韩国进明出版社 1997年1月10日第1版
　　第3次 改订出版)
刘润清. 外语教学中的科研方法. 外语教学与研究出版社. 2000
刘　焱. 现代汉语比较范畴的语义认知基础. 学林出版社. 2004
柳英绿. 朝汉语语法对比. 延边大学出版社. 1999
柳英绿. 韩汉比较句对比. 汉语学习. 2002 (6)
刘月华 等. 实用现代汉语语法. 商务印书馆. 2002
卢福波. 对外汉语教学实用语法. 北京语言大学出版社. 1996
卢福波. 박정구·오문의·김우석 역. 新중국어HSK 실용문법(新中国语HSK
　　实用语法). 송산출판사. 1999
吕叔湘. 现代汉语八百词(增订本). 商务印书馆. 2001
苗春梅·裴祐成·赵南卿. 韩国语入门. 外语教学与研究出版社. 2003
彭聃龄. 汉语的认知研究. 山东教育出版社. 1997
朴民庭. 比字句的语用分析及否定形式. 台湾师大硕士论文. 2002

任海波. 现代汉语"比字句"结论项的结构类型. 语言教学与研究. 1987 (4)

邵敬敏. "比"字句替换规律刍议. 中国语文. 1990 (6)

沈家煊. 界与无界. 中国语文. 1995 (5)

石毓智. 语法的认知语义基础. 江西教育出版社. 2000

王灿龙. 也谈"很多"与"很少". 世界汉语教育. 1995 (2)

王初明. 应用心理语言学. 湖南教育出版社. 1990

王建勤 외. 汉语作为第二语言的习得研究. 北京语言大学出版社. 1997

王建勤 외. 表差异比较的否定结构习得的分化过程. 第六届国际汉语教
    学讨论会论文选. 北京大学出版社. 2000

韦旭升·许东振. 韩国语实用语法. 外语教学与研究出版社. 1995

相原茂·石田知子·户沼市子原. 박귀진·민병석 편역. 중국어문법책(中国
    语文法书). 시사중국문화원. 1998

相原茂. 汉语比较句的两种否定形式: "不比型"和"没有型". 语言教学
    与研究. 1992 (3)

肖奚强. 现代汉语语法与对外汉语教学. 学林出版社. 2002

肖奚强. 韩国学生汉语语法偏误分析. 世界汉语教学. 2000 (2)

谢红华. 法语的beaucoup与汉语的"很、很多、多". 世界汉语教学. 2000 (2)

徐燕青. "不比"型比较句的语义类型. 语言教学与研究. 1996 (2)

徐燕青. "没有"型比较句的初步考察 - 兼及"不像"型比较句. 世界汉语
    教学. 1997 (1)

许성도·崔　健. 중국어작문과 어법(中国语作文和语法). 사람과 책. 1997

许维翰. 现代韩国语语法. 北京大学出版社. 2004

张国宪. 现代汉语形容词的选择性研究. 上海师范大学博士论文. 1993

张国宪. 形容词的记量. 世界汉语学习. 1996 (6)

张　凯. 语言测验理论与实践. 北京语言大学出版社. 2002

张　敏. 认知语言学与汉语名词短语. 中国社会科学出版社. 1998

张维耿. 很多与很少. 汉语学习. 1993 (6)

张亚军. 程度副词与比较结构. 扬州大学学报(人文社会科学版). 2003 (3)

中国社会科学院语言研究所词典编辑室. 现代汉语词典(第5版). 商务印
    书馆. 2005

中山大学中文系 主编. 现代汉语. 广西人民出版社. 1982

周小兵. 比字句否定式的语用分析. 语法研究与语法应用. 北京语言学
    院出版社. 1994

周小兵. 论现代汉语程度副词. 中国语文. 1995 (2)

朱德熙. 语法讲义. 商务印书馆. 1982

김하인. 국화꽃향기(菊花香). 혜원출판사. 2000

김종호. 현대중국어문법(現代中国语文法). 신아사. 1998

김태성. 최신 중국어법 노트(最新中国语法主释). 문예림. 1999

맹주억. 현대중국어문법(現代中国语文法). 청년사. 1992

이재돈 감수. 모해연 편저. 중국어문법@easy. fun. com(中国语文法@easy.
    fun. com). 진명출판사. 1999

조우 作 한상덕 译. 雷雨. 한국문화사. 1996

제3부
목표언어 규칙의 과잉일반화

제6장 결합오류

외국인 학습자가 중국어를 배울 때 출현하는 결합오류 문제는 많은 연구자들의 관심과 중시를 받고 있다. 그중에서도 통사 단위의 결합은 중요한 난점으로 파악된다.

현재까지의 여러 연구 가운데 결합오류에 대해 가장 집중적으로 분석한 논문은 方艳(2002)의 「论词语搭配与对外汉语教学」이다. 이 논문에서는 "어구 결합상의 오류에 대한 분석을 통하여 학습자의 학습전략과 오류의 발생 원인을 발견하고, 또한 교수자의 지도와 학습자의 학습이라는 두 가지 각도에서 합목적적인 전략과 방법을 제시했다." 이 논문은 학습자의 어구 결합상의 오류를 분석할 때 습득상의 원인에 초점을 맞추었으며, 아울러 비교언어학적 방법으로 연구를 진행하였다. 그러나 저자가 '어구 결합'에 대해 분명한 정의를 내리지 않았기 때문에, 논문에서 제시된 일부 '어구 결합이 부적절한' 예문은 문법 연구의 각도에서 볼 때 결코 '어구 결합' 문제에 해당하지 않는 경우도 있다. 그밖에 저자도 논문에서 언급했듯이 그는 오류의 발생 원인 및 그에 대한 대책의 각도에서 논의를 전개했기 때문에, 분석 과정 중에 열거한 오류문의 유형도 완전하지 않고 결합이 적절하지 못한 오류문에 대해서 체계적으로 분류하여 분석하지도 못하였다. 따라서 '결합오류' 분석에 있어서 일정한 규칙을 찾아내지 못한 결과가 되었다. 또한 저자는 학습자의 습득·습관의 각도에서 예문을 수집하였기 때문에, 일부 예문의 경우 '결합오류' 문제에 속하는지의 여부에 있어서 이론의 여지가 있을 뿐만 아니라 논증에 있어서도 설득력이 부족하다. 또 다른 측면으로는, 이론 연구의 많은 성과도 교육 연구에 충분히 이용되지 못했다. 따라서 외국인 학습자의 중국어 결합오류에 대한 분석이라는 문제에 대해서는 여전히 연구할 과제가 많이 남아있으며, 따라서 이에 대해 앞으로 보다 세밀하고 체계적인 연구를 할 필요가 있다.

외국인 학습자의 중국어 '결합오류' 문제에 일정한 규칙이 없다고 여겨지는 이유는, 상당 부분 오류문이 체계적으로 분류되지 않았고 연구자들은 오류문에 대해서 단지 지엽적인 문제만 해결하려고 했을 뿐 거시적인 각도에서 이 문제를 분석하지 못했기 때문이다. 따라서 이번 장에서는 이론 연구의 기본적인 틀과 기술 방법을 이용하여 외국인 학습자의 '결합이 부적절한' 오류문에 대해서 체계적으로 분석하고자 한다. 나아가 언어자료에 대한 분류를 통해 다음 단계인 교수 대책을 찾아내기 위하여 일정 정도의 준비 작업을 마친 후 교수-학습상의 난점을 해결해 보기로 한다.

현대 중국어 문법에 근거하여 문장구조 오류 가운데 하나인 '결합오류'는 주어와 서술어의 결합오류, 동사술어와 목적어의 결합오류, 수식어와 피수식어의 결합오류(관형어와 피수식어(체언)의 결합오류, 부사어와 피수식어(용언)의 결합오류, 피수식어(용언)와 보어의 결합오류), 주어와 목적어의 의미상의 결합오류, 단위사(양사)의 결합오류, 접속사의 결합오류 등으로 분류한다. 본 연구에서는 이상의 분류에 근거하여 외국인 학습자의 오류문에 대해 기술하고자 한다.

'결합오류'가 발생하는 이유는 많은 경우 지식의 습득이 완전하지 못하거나 목표언어 규칙의 과잉일반화 혹은 모국어의 부정적 전이 등 여러 가지 요인의 영향 하에, 학습자가 유의어 사이에 나타나는 사람 지칭 혹은 사물 지칭, 감정 색채, 의미의 범위, 적용 대상, 품사자질, 능동과 피동 관계 등 여러 측면의 차이를 모르고 그 용법을 혼동하기 때문이다. 이러한 차이점은 통사, 의미, 화용 등 세 가지 층위의 차이로 귀결된다. 이번 장에서는 상술한 몇 가지 결합오류의 큰 틀 아래 통사, 의미 등의 측면에서 오류 및 그 관련 문법규칙에 대해서 설명하고자 한다.

이번 장에서는 외국인 학습자의 작문 100편을 선별하여 오류분석 자료로 삼았다. 학습자는 각각 일본인, 한국인, 인도네시아인, 태국인, 베트남인, 러시아인, 쿠바인, 호주인, 독일인, 우크라이나인, 루마니아인, 폴란드인, 프랑스인, 미국인, 체코인, 스웨덴인 학습자이다.

제1절 주어와 서술어의 결합오류

1. 동사술어

먼저 아래의 예문을 보자.

(1) *看凋落的叶子我觉得好玩的夏天要完了, 什么的都要完成。 (러시아)

예문(1)에서는 서술어 '完成'과 주어 '什么'의 결합이 적절치 못하다. 이 문장에서 학습자는 "夏天快要结束, 而与夏天有关的事情也随之结束、完了"를 표현하고자 했지만 서술어를 '完成'으로 잘못 사용했다. '完成'은 '예기했던 목적대로 마치다, 이루어내다'는 의미를 나타내며, [+주관적인 목적성]이라는 의미자질[1]을 가진 2가의 타동사로, 일반적으로 행위자와 수동자를 모두 가질 수 있다. 그러나 '夏天' 등과 같은 자연 현상은 자연 법칙에 따라 나타나거나

---

[1] 역자주: '义项'은 원래 의미항목을 나타내며 의미항목이란 다의관계에 의해 엮어진 다양한 의미들 중 개별 의미들을 지칭한다. 그러나 본문 중의 설명을 보면 본문에서의 '义项'은 사실 의미자질(语义特征, 语义成分)을 지칭하고 있다.

사라지는 하나의 객관적인 과정으로 [-주관적인 목적성]이라는 의미자질을 지니기 때문에 서술어 '完成'과 결합할 수 없다. '完成'을 '结束'(마지막 단계까지 발전하거나 진행됨을 가리킴)로 바꾸어 사물 발전의 단계성을 강조할 수 있다. '结束'는 1가의 자동사로, 일반적으로 '工作结束了'의 '工作'처럼 주어 밖에 가질 수 없다. 이러한 사실을 통해 앞의 오류는 통사와 의미 등 두 가지 측면의 요인과 관계됨을 알 수 있다.

이번에는 주어 오류의 예를 보자.

(2) *在感情生活中, 有些快乐、忧患要有人来分享。(일본)

예문(2)의 '忧患'은 의미의 범위가 매우 넓은 단어로, 일반적으로 국가, 민족, 국민 전체의 감정과 의식을 가리킨다. '忧愁'는 보통 사람들의 일반적인 감정에 사용되며, '快乐'와 같은 층위의 반의어로 개인의 정서를 나타내는데 쓰일 수 있지만, 그에 상응하는 동사는 '分担'이지 '分享'이 아니다. 학습자는 '忧患'을 사용하는데 급급했을 뿐 '忧患'과 '忧愁'의 차이, 명사와 동사의 결합 관계를 분명히 구분하지 못했기 때문에 위와 같은 오류를 범한 것이다.

2. 형용사술어

먼저 다음의 예문을 살펴보자.

(3) *个子不高不低。(러시아)
(4) *我们却感到生活是多么优美啊!(베트남)
(5) *他的脸色很严格。(스웨덴)
(6) *我遇到了不少老师, 其中也有"倒霉"的, 也有"很好"的。(일본)

예문(3)에서는 서술어 '低'와 주어 '个子'의 결합이 적절하지 않다. '低'는 '아래에서 위를 향한 거리가 짧아서 지면에서 가까움'을 나타내는데, [-사람의 신체 길이]라는 의미자질을 가지고 있으며, 주로 '位置', '地位', '水平' 등과 결합한다. 이에 반해 '个子'는 [+사람의 신체 길이]라는 의미자질을 내포하고 있어서 '低'와 결합할 수 없다. 이러한 의미를 가지고 있으면서 '个子'와 결합할 수 있는 단어로는 '矮'('키가 작음')가 있으므로 이러한 경우에는 '低'를 '矮'로 바꾸어야 한다.

예문(4)에서는 서술어 '优美'와 주어 '生活'의 결합이 적절하지 않다. '优美'가 '아름다움, 좋음'을 나타내긴 하지만, '姿势优美', '旋律优美' 등에서와 같이 주로 구체적인 사물과 결합하며 [-추상적인 사물]이라는 의미자질을 가지고 있다. 이에 반해 '生活'는 추상적인 사물로 [+추상적인 사물]이라는 의미자질을 가지고 있어 '优美'와 결합할 수 없으므로, 이러한 경우의 '优美'는 '좋음(대부분 생활, 전도, 소망 등의 추상적인 사물에 사용됨)'을 가리키는 '美好'로 바꾸어야 한다.

예문(5)에서는 서술어 '严格'와 주어 '脸色'의 결합이 적절하지 않다. '严格'는 '제도를 따르거나 기준을 파악함에 있어 진지하다'는 의미로, 사람이 일을 하는 태도를 묘사하는 데 사용하지만 사람의 표정이나 안색을 나타내는 데는 사용할 수 없다. 다시 말하면 '严格'는 [-사람의 표정]이라는 의미자질을 가지고 있으므로 [+사람의 표정]이라는 의미자질을 가지고 있는 '脸色'와는 결합할 수 없다. 따라서 이러한 경우의 '严格'는 사람의 표정이나 안색이 경외로움을 느끼게 함을 나타내는 '严肃'로 바꿀 수 있다.

예문(6)에서는 관형어 '倒霉'와 피수식어 '老师'의 결합이 부적절하다. '倒霉'는 '운이 없음'을 나타내어 일반적으로 행위를 묘사하는데 사용하며, 사람에 대해 서술할 경우 대부분은 '他上班坐车时被人偷了钱包, 下班回家时又扭伤了脚, 真倒霉'와 같이 객관적인 논평을 나타낸다. 예문(6)에서 나타내고자 하는 것은, 학습자가 느끼기에 어떤 선생님은 좋지만 어떤 선생님은 좋지 않아서 짜증이 난다는 것이지 선생님과의 만남에 대해서 논평하는 것이 아니다. 따라서 이러한 경우의 '倒霉'는 '讨厌'으로 바꾸어야 한다. '讨厌'은 일반적으로 어떤 사람에 대한 주관적인 느낌, 즉 어떤 이가 말할 때 받은 느낌을 나타낸다. 예문(3)~(6)의 오류는 주로 의미결합 문제에 해당된다.

3. 내포문술어

먼저 다음의 예문을 살펴보자.

(7) *你就会发现这儿的风景真光彩照人。(프랑스)

예문(7)은 서술어 '光彩照人'과 주어 '风景'의 결합이 부적절하다. '光彩照人'은 [+사람]이라는 의미자질을 가지고 있어 사람의 외모가 대단히 매력적임을 나타내며, 사물을 나타내는 데는 사용하지 않는다. '风景'은 [-사람]이라는 의미자질을 가지고 있어 사람을 지칭하는 단어와는 결합할 수 없다. 이러한 경우에 서술어는 '매력적이다, 매혹적이다'라는 의미로 사람과 사물에 모두 사용할 수 있는 '迷人'으로 바꿀 수 있다.

제2절 동사술어와 목적어의 결합오류

1. 체언목적어

먼저 다음의 예문을 살펴보자.

(8) *这就<u>发生</u>了许多不容易扫除的<u>弊病</u>。

(9) *后来他们<u>给</u>我们一种<u>方法</u>, 让我们去计划生育部, 得到这个部的批
      准的话可以出单身证明。

(10) *提出一个严格的学习计划使我们<u>补充</u>我们的<u>缺点</u>。

(11) *一个新的调查说美国人的锻炼习惯和日常饮食<u>造成</u>很严重的<u>效果</u>。(미국)

예문(8)의 서술어 '发生'은 '원래 없었던 일이 출현하다'는 뜻을 나타내는
것으로, '弊病'과 술목관계를 이룰 수 없다. 그러므로 서술어를 '产生'으로 바
꿀 수 있는데, '产生'은 '기존의 사물에서 새로운 사물이 나오다, 출현하다'는
뜻을 나타내며 주로 사물과 결합한다.

예문(9)에서는 서술어 '给'와 목적어 '方法'의 결합이 적절하지 않다. '方
法'는 생각, 말, 행동 등의 문제를 해결하는 것과 관련된 비결이나 절차를 가리
키며, [-구체적 사물]의 의미자질을 갖기 때문에 구체적인 동작을 나타내는
'给'와는 결합할 수 없다. 따라서 '给'는 '教'로 고치는 것이 좋다.

예문(10)에서는 서술어 '补充'과 목적어 '缺点'의 결합이 적절하지 않다.
'补充'은 '원래 부족하거나 손실이 났을 때 일부분을 더하거나 주요 사물 외에
무엇인가를 추가하다'는 뜻을 나타낸다. '缺点'은 '부족하거나 불완전한 것'으
로 사람들이 회피하고 싶은 것이지 추가하고자 하는 것이 아니기 때문에 '补
充'과 결합할 수 없다. 그러므로 '补充'은 '改正'으로 고치는 것이 좋다.

예문(11)에서 '效果'와 '后果'는 의미색채의 차이가 있다. '效果'는 긍정적
의미 색채를 갖는 단어로, 주로 '出现' '产生' 등의 중성적 의미 색채를 갖는
동사 뒤에서 목적어로 사용되며, '造成' 등의 부정적 의미 색채를 갖는 동사
뒤에서는 목적어로 쓰이지 않는다. '后果'는 부정적 의미 색채를 갖는 단어로
주로 '造成' 등의 부정적 의미 색채를 갖는 동사 뒤에서 목적어로 사용되고,
중성적 의미 색채를 갖는 동사 뒤에 사용될 수도 있다. 예문(9)에서 발생한
결합오류의 원인은 유의어의 감정색채의 차이에 있다.

2. 용언목적어

(12) *经过450万年的发展，我们的生活<u>发生</u>很大的<u>进步</u>。

예문(12)에서는 서술어 '发生'과 목적어 '进步'의 결합이 적절하지 않다. '发生'은 원래 존재하지 않던 것이 출현함을 나타내며, [-기존에 있었음]의 의미자질을 갖는다. '进步'는 (사람이나 사물이) 앞을 향해 발전하는 것으로 원래보다 좋아짐을 뜻하고, [+기존에 있었음]의 의미자질을 갖기 때문에 '发生'과 결합할 수 없다. 그러므로 '进步'는 '变化'로 바꾸는 것이 좋다.

(13) *他在夜校学习<u>做饭</u>。(한국)

예문(13)에서는 학습자가 구어 단어인 '做饭'을 사용하여 야간학교의 교과목을 나타냈는데, 일반적으로 교과목의 명칭은 서면어를 사용한다. 학습자는 '做饭'과 '烹饪'의 문체적 색채의 차이(전자는 구어 단어이고 후자는 서면어 단어임)를 분명히 알지 못했기 때문에 이와 같은 결합오류를 범한 것이다. 해당 예문에서 결합오류의 원인은 유의어 간 문체적 색채의 의미 특징을 혼동한 데에 있다.

제3절 관형어와 중심어의 결합오류

1. 사람을 수식하는 관형어

(14) *我母亲是一个<u>正常</u>的<u>母亲</u>，但对我来说她真了不起。(프랑스)

예문(14)에서는 관형어 '正常'과 중심어 '母亲'의 결합이 적절하지 않다. 사람을 묘사할 때 '正常'은 '일반적인 규율이나 상황에 부합되며 생리적·심리적으로 어떤 문제가 없음'을 나타내고, '不正常'은 '신체적·심리적으로 문제가 있음'을 나타낸다. 예문(14)에서 학습자가 표현하고자 한 것은 자기의 어머니가 다른 어머니와 하는 일이 별반 다르지 않다는 것이므로 '正常'을 '普通' 또는 '平常'으로 고치는 것이 좋다. '平常'은 '출중하지 않음, 특별하지 않음, 일반인과 같음'을 나타낸다.

2. 사물을 수식하는 관형어

(15) *他们只是过着比较严肃的生活。(프랑스)

(16) *因为最聪明的计划也要人来实施。(미국)

(17) *对老年人来说在瑞典没有(照顾孙子) 这样自然的任务。(스웨덴)

예문(15)에서는 관형어 '严肃'와 중심어 '生活'의 결합이 적절하지 않다. '严肃'는 '(표정, 기분 등이) 사람으로 하여금 경외감을 느끼게 함, 혹은 (기풍이나 태도 등이) 엄격하고 진지함'을 나타내는데, [+사람]의 의미자질을 지니므로 [-사람]의 의미자질을 갖는 '生活'와 결합할 수 없다. 그러므로 '严肃'는 '艰苦'로 고치는 것이 좋다. '艰苦'는 '힘들고 고통스러움'을 뜻하며 관형어로 쓰일 때 보통 '生活, 环境, 工作'등을 수식한다.

예문(16)에서는 관형어 '聪明'은 중심어 '计划'와 결합하는 것이 적절하지 않다. '聪明'은 '지능이 발달하여 기억력과 이해력이 좋음'을 뜻하는데, [+사람]의 의미자질을 지니고 있으며 일반적으로 사람을 묘사하는데 쓰이므로, [-사람]의 의미자질을 지닌 '计划'와 서로 결합할 수 없다. '明智'는 '원대한 식견이 있고 생각이 주도면밀함'을 나타내는데, 예를 들어 '这是一个明智的决策', '这样做很明智' 등과 같이 주로 사물이나 행위를 묘사하는데 쓰인다.

따라서 예문(16)은 '明智的计划'로 말할 수 있다.

예문(17)에서는 관형어 '自然'과 중심어 '任务'의 결합이 적절하지 않다. '自然'은 '사람의 힘을 거치지 않고 자유롭게 발전함'을 나타내고, [-사물]의 의미자질을 지니고 있어서 [+사물]의 의미자질을 지니고 있는 '任务'와 결합할 수 없다. 그러므로 '自然'을 '마땅히 이러해야 함, 사리와 도리에 맞고 의문이 없음'을 나타내는 '当然'으로 고치는 것이 좋다.

제4절 부사어와 중심어의 결합오류

1. 통사적 오류

먼저 예문을 보자.

(18) *她非常批评了我们。(독일)
(19) *我们必须远见地看事物。(인도)

예문(18)에서는 부사어 '非常'과 중심어 '批评'이 부적합한 결합관계를 이루고 있다. '非常'은 정도부사로 주로 성질형용사를 수식하고 상태형용사는 수식할 수 없다. 예를 들면 다음과 같다.

> 非常红 / 非常漂亮
> *非常通红 / *非常漂漂亮亮(的)

정도부사 '非常'은 심리동사를 수식할 수 있지만, 일반적인 동작·행위 동사는 수식할 수 없다. 예를 들면 다음과 같다.

非常想 / 非常喜欢
*非常学习 / *非常表扬

‘批评’은 일반적인 동작·행위 동사로 ‘非常’의 수식을 받을 수 없다. ‘严厉地批评’이라고는 할 수 있는데, 그 이유는 ‘호되게, 매섭게’를 의미하는 ‘严厉地’는 의미적으로 관련 있는 동작·행위 동사를 수식할 수 있기 때문이다. 예문(19)에서는 부사어 자리에 출현한 ‘远见’과 중심어 ‘看’의 결합이 부적절하다. 왜냐하면 원대한 안목을 의미하는 ‘远见’은 명사로서 부사어가 될 수 없기 때문이다. 그런데 ‘远见’을 ‘有远见’으로 바꾸면 동사구에 ‘地’가 결합한 형태로 부사어 자격을 얻게 되어 적격문이 된다.

2. 의미적 오류

(20) *丈夫对医院说他的眼睛有很大的问题, 吞吞吐吐地看东西。(일본)

(21) *课堂上谁也不问她这样的事情, 她亲自讲起来。(일본)

(22) *他个子不高也不矮, 没胖。(폴란드)

의미적 오류에는 두 유형이 있다. 첫 번째 유형은 통사적으로 용언을 수식하는 부사어가 될 수 있는 어휘라 할지라도 의미적으로 특정 서술어와 결합할 수 없는 경우이다. 예문(20)에서 부사어 ‘吞吞吐吐’와 중심어 ‘看’의 결합이 이에 해당한다. ‘吞吞吐吐’는 말이나 글을 통한 의사 표현이 분명치 못하고 주저하는 모습을 형용하는 말로, [+구두 동작]의 의미자질과 관련되기 때문에 [-구두 동작]인 ‘看’과 결합할 수 없다. ‘朦胧’은 잠들기 직전 혹은 잠에서 막 깨어났을 때처럼, 두 눈이 반쯤 감긴 상태로 잘 보이지 않는 듯 뭔가를 보는 모습 또는 보려고 하는 물체나 광경이 흐릿함을 나타낸다. 따라서 예문 중의 ‘吞吞吐吐’를 ‘朦朦胧胧’으로 바꾸거나, 아니면 ‘吞吞吐吐地看东西’를 ‘看东西不清楚’로 구조자체를 바꾸는 것이 좋다. 예문(21)에서는 부사어 '亲自'가 중심어와 부적절한 결합관계를 이루고 있다. '亲自'는 누군가가 자신이 하지 않아도 될 일을 직접 함을 나타내고, 상급자나 지위가 높은 사람에게 주로 사용된다. 예문(21) 중의 '讲'은 동작주체 '她'가 자의에 의해 적극적으로 한 동작이기 때문에 '亲自'로 다시 수식할 필요가 없다. 선행하는 명사 또는 대체사를 지칭하여 동격관계를 나타내는 대체사 '自己'로 바꾸는 것이 좋다. '自己'는 종종 '명사(대체사)+自己+동사'의 구조를 이루어, 동사가 나타내는 동작·행위가 명사의 지칭대상인 행위자의 자의에 의해 적극적으로 수행된 것임을 나타내기 때문이다. 예를 들면 다음과 같다.

> 张三自己承认了错误。
> 他自己找到这里的。
> 我自己把自行车修好了。

두 번째 유형은 다음과 같다. 아래와 같이 '没'는 '胖'을 수식할 수 있다.

> 甲: 小王最近胖了一点。
> 乙: 他没胖。只是有点儿水肿。

그런데 이 때 문맥의미에 따라 후행하는 용언과 의미적 결합관계를 이루지 못할 수도 있다. 예문(19)의 부사어 '没'와 중심어 '胖'의 결합이 이에 해당한다. 주지하듯이, '不'가 성질형용사를 수식할 경우 부정되는 것은 해당 형용사가 갖는 일반적 성질·속성이다. 예를 들면 다음과 같다.

> 他挺胖—他不胖　花很红—花不红

반면 '没'가 부정하는 것은 성질·속성의 변화이다. 예를 들면 다음과 같다.

他胖了—他没胖　花红了—花没红

　　예문(22)에서 표현하고자 하는 바는 누군가의 신체조건에 대한 평가로 모종의 성질·속성에 대한 부정이지 변화에 대한 부정이 아니다. 따라서 '没'와 결합할 수 없고 '不'와 결합해야 한다.

제5절 동사술어와 보어의 결합오류

(23) *很多我没看到过的水果卖得又丰富又便宜。(일본)
(24) *我的房间的温度很低，住得不轻松。(러시아)

　　예문(23)에서는 보어 '丰富'와 동사술어 '卖'가 부적절한 결합관계를 이루고 있다. '丰富'는 (물질적 재화, 학문적 경험 등) 추상적인 사물의 종류나 수량이 많음을 나타내고, '多'는 구체적인 사물의 개체수가 많음을 나타낸다. '丰富'는 일반적으로 추상적인 사물을 형용하는데 사용된다. [+추상성]의 의미자질을 가지기 때문에 구체적 행위를 나타내는 '卖水果'와 결합할 수 없다. 따라서 '丰富'를 '多'로 바꿔 적절한 결합관계를 이루는 것이 좋다. 예문(24)에서는 보어 '轻松'이 동사술어 '住'와 부적절한 결합관계를 맺고 있다. '轻松'은 부담과 긴장을 느끼지 않는 상태를 가리킨다. '住'는 [-심리적(으로)]의 의미자질을 지니기 때문에 전적으로 [+심리적(으로)]의 의미자질을 갖는 '轻松'과는 결합할 수 없다. 따라서 '轻松'을 (육체적 또는 정신적으로 여유롭고 즐거운 상태를 나타내는) '舒服'로 바꿔야 한다.

제6절 주어와 목적어의 결합오류

1. 명사목적어

(25) *对儿童来说, **教师**是最大的教育**环境**。(일본)

(26) ***它们**(对人类不好的事情)是我的反面**教员**。(일본)

(27) *虽然学习中文的每一个方面都很重要, 但是**提高口语**有更大的**利益**。
　　　(미국)

　　주어와 목적어의 결합오류는 주로 '是'구문과 '有'구문에서 나타난다. 예문 (25)에서는 주어 '教师'와 목적어 '环境'이 부적절한 결합관계를 이루고 있다. '环境'은 주변의 상황과 조건을 나타낸다. [-사람]의 의미자질을 지니고 있어서, 사람을 형용하는데 사용될 수 없기 때문에 [+사람]의 의미자질을 갖는 '教师'와 결합관계를 이룰 수 없다. 반면 '资源'의 경우 생산수단 또는 삶의 수단의 근원을 의미한다. '人力资源'이란 표현에서 알 수 있듯이, 사람을 형용하는데 사용될 수 있으므로 '环境'을 '资源'으로 바꿔야 한다. 예문(26)에서는 주어 '事情' 과 목적어 '教员'이 부적절한 결합관계를 맺고 있다. 왜냐하면 '教员'은 교육에 종사하는 사람의 의미로 [+사람]의 의미자질을 지니고 있어서 [-사람]의 의미자질을 갖는 '它(事情)'와 공기할 수 없기 때문이다. 따라서 '对人类不好的事情' 은 사람을 나타내는 '教员'과 결합할 수 없기 때문에 '教员'을 '教材'로 바꿔야 한다. 예문(27)에서는 주어 '提高汉语'와 목적어 '利益'가 부적절한 결합관계를 맺고 있다. '利益'는 주로 금전상의 이득을 나타내는데, 문맥의미를 살펴보면 '提高口语'는 금전적인 것과는 무관하기 때문에 '利益'를 '益处' 또는 '好处' 로 바꾸는 것이 적절하다. 한편 문장 전체의 동사술어와 주어, 목적어가 동시에 부적절한 결합관계를 맺고 있는 오류도 있다. 아래 예문을 보자.

(28) *我觉得生词会提高我们的科学关于汉语和汉字……(인도네시아, 여, 中3)

예문(28)에서는 내포문의 주어 중 일부인 '生词'는 '提高'라는 효과를 유발하는 주체이므로, '生词'만으로 사용할 수 없고 '学习生词'로 바꿔야 한다. 또한 '提高'는 일반적으로 '水平', '能力' 등을 목적어로 취하기 때문에, 여기서는 '提高我们关于汉语和汉字的知识水平'이라고 해야 한다. 즉, '水平'을 누락한 것으로 볼 수 있다.

2. 시간사목적어

(29) *学汉语的<u>学历</u>总共是一年半了。(일본)

예문(29)에서는 주어 '学历'와 목적어 '一年半'이 부적절한 결합관계를 맺고 있다. '一年半'은 시간개념을 나타내는데 반해 '学历'는 [+시간]의 의미자질을 갖지 않기 때문에 서로 결합관계를 맺을 수 없다. 따라서 '学历'를 '时间'으로 바꿔야 한다.

제7절 접속사 결합오류

먼저 예문을 보자.

(30) *我学潜水的目的<u>不单</u>是为了再回去看PP岛那边的海底世界，<u>但</u>我还想到处去看。(태국)

예문(30)에서는 접속사 '不单'과 '但'이 부적절한 결합관계를 맺고 있다.

'不单'은 [+점층]의 의미자질을 갖는 접속사인데 반해, '但'은 전환을 나타내는 접속사로 [-점층]의 의미자질을 지니기 때문에 서로 결합관계를 이룰 수 없다. 따라서 문맥을 고려하여 '但'을 '而且'로 바꿔야 한다.

(31) *只有让他开心，我什么都愿意这样爱她。(필리핀)

예문(31)에서는 접속사 '只有'와 '都'가 부적절한 결합관계를 이루고 있다. '只有'는 필요조건 즉, 어떤 결과가 나타나기 위해 반드시 있어야 하는 조건을 나타낸다. 따라서 조건에 구애 받지 않음을 나타내는 '都'는 '只有'와 결합관계를 맺을 수 없다. 그러나 충분조건을 나타내는 '只要'는 '都'와 결합관계를 맺을 수 있기 때문에, 위 예문의 '只有'는 '只要'로 바꿔야 한다.

이상으로 주어-서술어·동사-목적어·관형어-중심어·부사어-중심어·동사술어-보어·주어-목적어·접속사 등 일곱 가지 측면에서, 부적절한 결합관계의 오류 유형을 분석하였다. 동시에, 학습자의 목표언어 지식에 대한 불완전한 숙지와 목표언어 제반 규칙의 과잉일반화 등을 중심으로 한 몇 가지 오류의 발생 원인도 탐색해 보았다. 그리고 오류를 유발하는 다양한 요인 중 목표언어 지식에 대한 불완전한 숙지는 다시 통사·의미·문체 등 세 부분으로 나누어 고찰하였다. 이 세 가지 측면에 대한 학습자의 부족한 지식으로 인해 부적절한 어휘 선택과 사용이 야기되고, 결과적으로 부적절한 결합관계의 오류 유형이 형성되었다.

■ 参考文献

程美珍. 汉语病句辨析九百例. 华语教学出版社. 1997

邓耀臣. 词语搭配研究中的统计方法. 大连海事大学学报. 2003 (10)

范　晓·张豫峰 等. 语法理论纲要. 上海译文出版社. 2003

方　艳. 论词语搭配与对外汉语教学. 连云港职业技术学院学报. 2002 (3)

李葆嘉. 汉语的词语搭配和义征的提取辨析. 兰州大学学报. 2003 (11)

李子云. 词语搭配的制约因素. 安徽教育学院学报. 1995 (3)

鲁健骥. 外国人汉语词语偏误分析. 语言教学与研究. 1987 (4)

马挺生. 试谈词语搭配的形式和条件. 语言教学与研究. 1986 (3)

王希杰. 论词语搭配的规则和偏离. 山东师大学报. 1995 (1)

吴勇毅. 汉语作为第二语言语法教学的"语法词汇化"问题. 第七届国际
　　　汉语教学讨论会会议简报. 2002

Leech G., 语义学. 上海外语教育出版社. 1987

Peccei J. S., 语用学. 外语教学与研究出版社. 2002

제7장 목적어 오류

이번 장에서는 목적어 사용의 측면에서 외국인 학습자가 중국어를 학습할 때 발생하는 오류에 대해 고찰해 보기로 한다. 언어자료의 출처는 '중국어 중간언어 오류표기 말뭉치'[1]이다.

오류분석 과정에서 오류 유형을 어떻게 분류해야 하는가에 대해서는 이미 여러 학자들이 논술한 바 있다. 魯健骥(1994)는 누락오류, 추가오류, 대체오류, 어순오류 등의 네 가지로 분류했고, 周小兵(1996a)은 어순오류, 결합오류, 어휘누락오류, 어휘추가오류, 어휘혼용오류, 문형혼합오류 등의 여섯 가지로 분류했으며, Carl James(2001)는 대체오류, 추가오류, 누락오류, 혼합오류, 어순오류 등의 다섯 가지로 분류했다.

이번 장에서는 체언성 목적어, 용언성 목적어, 내포문 목적어, 이중목적어 등의 네 가지 구조 유형을 중심으로 Carl James의 대체오류, 추가오류, 누락오류, 혼합오류, 어순오류 등 다섯 가지 오류 유형의 각도에서 분석해 보고자 한다. 여기에서 사용된 예문은 기본적으로 원래의 모습대로 제시했으며, 분석할 때는 주로 목적어 부분을 중심으로 분석하였다.

---

[1] '중국어 중간언어 오류표기 말뭉치(汉语中介语偏误标注语料库)'는 주로 中山大学 외국인 학습자의 평상시 작문과 시험 작문을 수집한 것이다. 쓰기 교과목은 중급1반에 개설된 교과목이기 때문에 말뭉치의 언어자료는 중·고급반 위주이다.

제1절 체언성 목적어 오류

1. 일반적인 체언(구) 목적어

1.1 대체오류

대체오류란 두 개 혹은 두 개 이상의 형식 중에서 특정한 언어 환경에 적합하지 않은 형식을 취한 것이다(魯健驥, 1994). 이러한 형식들은 의미는 유사하지만 용법이 다를 수도 있고, 용법은 같지만 의미가 다를 수도 있으며, 또 형식적인 측면에서는 유사한 점(예를 들면 동일한 글자)이 있지만 의미와 용법이 다른 경우도 있다. 다섯 가지 오류 유형 중에서 대체오류가 가장 많은데, 대체오류에는 다음과 같은 두 가지 유형이 있다. 첫째는, 유의어를 사용한 경우이고, 둘째는 품사 자질이 다른 단어를 사용한 경우이다.

(1) *我们用英文介绍了自己, 然后谈了各种各样的题目。(폴란드, 여, 중급2반)[2]
(2) *但, 没有季节感, 忘了夏天在很热的气候中过, 冬天在很冷的气候中过的风趣。(일본, 여, 중급2반)

예문(1)은 유의어 대체오류로서, '谈'의 목적어로는 '题目'가 아니라 '话题'를 써야한다. 예문(2)는 품사 대체오류인데, '风趣'는 형용사이므로 여기서는 명사 '乐趣'로 고쳐 '생활 속에서 계절의 변화를 분명히 느낄 수 있어서 즐겁다'는 뜻을 나타내야 한다.

---

[2] 괄호 안에 주석을 단 것은 외국인 학습자의 국적·성별 및 학급인데, 자료에 따라서는 완전하지 못한 것도 있고, 전혀 알 수 없는 것도 있다. 전혀 알 수 없는 경우는 물음표로 나타냈다.

1.2 추가오류

추가오류는 대부분 동사(구)가 이미 목적어를 가지고 있는데 동일한 의미의
어휘를 또 취한 경우와 목적어를 가질 수 없는 동사가 목적어를 취한 경우이다.

(3) *我只看他们, 他们又看我自己。(폴란드, 여, 중급2반)
(4) *我听到那个消息的话, 我很可惜。我很想留下平八郎老师。(일본, 남)
(5) *先生在中国公司工作半导体。(일본, 여, 초급A3반)

예문(3)은 '我看我自己(내가 내 자신을 보다)'라는 의미가 아니라면 '自己'
를 쓸 필요 없이 '看我'만으로도 충분하다. 예문(4)는 '那个消息'와 '话'가 중
복되었으므로 '的话'를 삭제해야 한다. 예문(5)의 '工作'는 자동사이므로 목적
어를 취할 수 없다.

1.3 누락오류

누락오류는 주로 목적어의 관형어가 너무 길어서 목적어를 빠뜨린 경우이다.

(6) *我还没毕业的时候, 我就在泰国国际机场工作了, 那个时候我碰到很
多从各国来[ ], 特别是中国人。(태국, 여, 중급4반)
(7) *解放以后我姨公被共产党派去哈尔滨研究中国农业发展[ ]。(미국,
남, 중급3반)
(8) *如果丰田老师不在中山大学的话, 我也不在中山大学读书, 丰田老师
不在中国的话, 没有实现我的中国留学[ ]。(일본)

예문(6)의 '碰到'는 목적어가 빠졌기 때문에 '从各国来' 뒤에 '的人'을 추

가해야 한다. 예문(7)의 '研究'는 일반적으로 '问题'와 결합하므로 '农业发展' 뒤에 '问题'를 추가해야 한다. 예문(8)에서 '实现'하고자 하는 것은 일반적으로 '바람'이므로 '中国留学' 뒤에 '的愿望'을 추가해야 한다.

1.4 혼합오류

혼합오류는 주로 의미나 용법이 유사한 두 개의 문장 구조를 혼합 사용함으로써 발생한 것이다.

(9) *她排第四个女儿。 (말레이시아, 여, 중급3반)
(10) *一分钟你很有名, 第二分钟没有人理你, 谁知道谁真是你的朋友或者喜欢你因为你出了有名。 (?)

예문(9)는 '她排行第四'일 수도 있고, '她是第四个女儿'일 수도 있다. 예문(10)의 '出了有名'은 '出名'과 '有名'이 혼합된 것이다. 문장의 의미에 따르면 여기서는 '出了名'이라고 하는 것이 좋다.

1.5 어순오류

먼저 아래의 예문을 보자.

(11) *山上很多树种着。 (한국, 남, 초급3B반)
(12) *我经常被加塞儿时, 没有一句话说过。 (일본, 여, 중급2반)
(13) *今天跑步以后肚子很饿了, 所以随便点儿东西吃了。 (일본, 남, 초급3A반)

예문(11)은 '山上种着很多树'이다. 이러한 오류가 발생한 이유는 학습자가 존현문의 동사와 목적어의 위치를 분명히 알지 못했기 때문이다. 예문(12)는 '没有说过一句话'이거나 '一句话也没说过'이다. 이러한 오류는 학습자가 '一+단위사+명사'의 보편적인 용법은 배웠지만, 전치된 후의 구체적인 위치를 잘 알지 못했기 때문에 발생한 것이다. 예문(13)은 '随便吃了点儿东西'이다. 물론 상술한 오류는 한국어와 일본어에서 동목구조의 어순이 모두 '목적어+동사'인 것과도 관계가 있다.

2. 처소사(구) 목적어

2.1 대체오류

대체오류는 주로 학습자가 특정한 언어 환경에 적합하지 않은 단어를 사용하여 발생한 것이다.

> (14) *吃完以后两个女儿做作业, 我的太太收拾房间。那只小狗马上回它
>   的家里睡觉。(일본, 남, 초급3A반)

예문(14)는 유의어 대체오류인데 '家里'를 '窝里'로 고쳐야 한다. 그 이유는 중국어에서 동화에서와 같은 특수한 상황을 제외하고는 사람과 동물에 사용하는 단어가 다르기 때문이다.

> (15) *我送朋友到飞机[　]。(일본, 초급1반)
> (16) *王婆婆很担心这会发生了危险, 就忙带他去眼镜商[　]。(말레이시아,
>   여, 중급1반)

예문(15), (16)은 품사의 대체오류이다. '到, 去'류 동사 뒤의 목적어는 처소

사이거나 일반명사에 방위사를 결합한 것이어야 하기 때문이다. 따라서 예문
(15)에서 '飞机'는 '飞机场'으로 수정하여야 하고, 예문(16)에서 '眼镜商'은
'眼镜商店'으로 수정하여야 한다.

2.2 추가오류

추가오류는 주로 자동사가 목적어를 수반하거나, 동사가 이미 목적어를 수반하
였음에도 불구하고 동일한 의미의 단어를 또 다시 취했을 때 발생한다.

(17) *我们俩并肩散散步步那边。(일본, 여, 중급3반)
(18) *如果去旅游别外的地方, 我认为能发现另外的风俗, 另外的想法。
(19) *我还没去过中国的农村地方。(일본, 여, 중급3반)

예문(17)에서 '散步'는 자동사이므로 뒤에 목적어를 수반할 수 없기 때문에
'那边'을 삭제해야 한다. 만일 산보하는 지점을 명시하고자 한다면, 앞부분에
'去' 또는 '到'를 먼저 쓰고 그 뒤에 처소목적어를 쓸 수 있다. 그리고 '散步'의
중첩형식은 'AABB'식이나 'ABAB'식이 아니라 'AAB'식이고, 또한 전후 맥락
에 비추어 보아 '散步'는 이미 발생한 동작이므로 '我们俩并肩去那边散了散
步'로 고쳐야 한다. 예문(18)에서 '旅游'는 목적어를 수반할 수 없으므로 '去别
的地方旅游'로 고쳐야 한다. 예문(19)에서 '农村地方'은 사실 '农村'을 의미
하므로 '地方'을 삭제하는 것이 더욱 간결하다.

2.3 누락오류

누락오류는 주로 일반명사를 처소사 목적어로 사용할 때, 방위사 또는 '这里
(这儿) / 那里(那儿)' 등을 누락해서 발생한다.

(20) *第二天, 夫妇都又去了别的医生[　]想知道有什么病。(여, 중급1반)

(21) *走了半天, 他们俩都觉得很累, 想去公园里的喷水池[　]休息一下。
    (중급3반)

(22) *马克马上飞到他的弟弟[　]。但他还是在睡觉。

처소사 목적어는 주로 처소사나 일반명사와 방위사가 결합한 구로 충당된
다. 예문(20)에서 '去'의 목적어는 '医生'일 수 없으며 '医生那里'로 써야 한
다. 사람을 나타내는 명사는 뒤에 '这里(这儿)/那里(那儿)' 등을 첨가하여야
장소를 나타낼 수 있는데 여기서는 문장의 의미에 따라 '那里(那儿)'를 첨가하
는 것이 좋다. 예문(21)에서 '喷水池'는 뒤에 '边'을 첨가해야 한다. 예문(22)의
'飞(跑)到他弟弟' 역시 뒤에 장소를 나타내는 단어가 빠졌으므로 문장의 의미
에 따라 '弟弟的房间里'로 고쳐야 한다.

2.4 어순오류

어순오류는 주로 처소사 목적어와 방향보어가 동시에 출현할 때 발생한다.

(23) *他开隧道进去家里。(일본, 여, 중급1반)

(24) *现在他们很亲密, 他们决定一起住, 所以李四到张三搬来了。(한국,
    여, 중급4반)

동사 뒤에 처소사 목적어와 방향보어가 동시에 출현할 경우, 처소사 목적어
는 반드시 동사와 방향보어 사이에 놓아야 한다. 그러므로 예문(23)은 '进家里
去'로 바꾸어야 한다. 예문(24)에서 '搬'은 반드시 '到'의 앞에 출현해야 하므
로 '所以李四搬到张三家来了'로 고쳐야 한다(물론 예문(24)에는 누락오류
도 있는데, '张三' 만으로는 '到'의 목적어가 될 수 없으므로 뒤에 '家' 또는

'这里'를 덧붙여야 한다).

제2절 용언성 목적어 오류

1. 동사(구) 목적어

1.1 대체오류

첫째, 용언성 목적어로 부적합한 유의어를 사용한 경우이다. 예를 들면 다음과 같다.

(25) *刚结婚时她的身材苗条, 皮肤也很好, 很喜欢装饰。现在老了, 不如从前。(중급2반)

예문(25)의 '装饰'는 일반적으로 사물에 사용된다. 그러나 예문(25)는 사람에 대해 서술하고 있으므로 '打扮'으로 고쳐야 한다.
둘째, 품사의 대체오류이다. 예를 들면 다음과 같다.

(26) *我刚来广州的时候, 整个热得闷闷不乐, 什么都不想做, 却越来越知道不如考虑在夏天合适生活, 衣服和食品, 积极生活。(일본, 여, 중급2반)

'合适'는 형용사이다. 문맥으로 보아 동사 '适应'을 사용해야 한다.

1.2 누락오류

누락오류의 원인은 주로 동사(구)를 목적어로 가질 수 있는 동사를 제대로 습득하지 못했기 때문이다. 특히 초급 학습자의 경우, 특정 동사 뒤에는 동사(구)를 목적어로 사용해야 한다는 점을 알지 못한다. 예를 들면 다음과 같다.

(27) *我喜欢[　]生意。(한국, 여, 초급3B반)
(28) *女同学毕业以后打算[　]翻译。(한국, 남, 초급3B반)

예문(27)에서는 '喜欢' 뒤에 동사 '做'가 누락되었으며, 이 문장은 '喜欢做生意'로 수정해야 한다. 예문(28)에서는 '翻译' 앞에 동사 '当'이 누락되었다.

1.3 어순오류

어순오류는 초급반에서 출현하는 경우가 비교적 많은데, 이는 학습자가 동사(구) 목적어를 어디에 놓아야 할지 몰라서 발생한 오류이다.

(29) *我的小儿子两岁。他很喜欢汽车和火车玩具玩儿。(일본, 여, 초급3A반)
(30) *我哥哥寒假结束前两三天, 才做开始作业。(일본, 여, 초급3A반)

예문(29)에서 '汽车和火车玩具'는 '玩儿'의 목적어이므로 동사 '玩儿' 뒤에 놓아야 한다. 예문(30)에서 '开始'는 주로 동사(구)를 목적어로 가지므로 '开始做作业'로 수정해야 한다.

2. 형용사(구) 목적어

형용사(구) 목적어 오류는 대체오류와 추가오류 두 종류뿐이며, 현재로서는 다른 유형은 발견되지 않았다.

2.1 대체오류

대체오류는 주로 유의어를 사용하거나 동사나 명사로 형용사를 대체한 경우
이다. 유의어 대체오류는 다음과 같다.

(31) *天气慢慢地变<u>温暖</u>。 (러시아, 여)

'温暖'은 사람을 묘사할 때 사용되며, 날씨의 경우에는 주로 '暖和'를 사용한다.
품사 대체오류는 다음과 같다.

(32) *我常常说错, 常常听不懂, 常常觉得很<u>阻扰</u>。 (스웨덴)
(33) *在路上更显得<u>窒闷性</u>, 是令人害怕。 (베트남, 남, 중급1반)

예문(32)의 '阻扰'는 동사인데, 문맥으로 보아 형용사 '烦恼'로 고쳐야 한다.
예문(33)의 '显得' 뒤에는 형용사 목적어가 오는 것이 일반적인데, '窒闷性'은
명사이므로 '窒闷'으로 쓰면 된다. 예문(33)은 품사 대체오류로, 학습자가 '窒
闷性'을 형용사로 생각한 듯하다.

2.2 추가오류

형용사가 목적어 역할을 하는 경우 특별한 제약은 없다. 그러나 특수한 문장구
조에서는 제약을 받기도 하는데, 이 점을 이해하지 못하면 오류가 발생하기 쉽다.

(34) *这样的情况很多, 我越来越觉得很<u>奇怪</u>。 (일본, 여, 중급3반)

즉, 예문(34)에서와 같이 '越来越'가 이미 정도의 심화를 나타내는 경우, 뒤에
다시 절대정도부사 '很'을 사용할 수 없다. 예문(34)는 '很'을 삭제해야 한다.

제3절 이중목적어 오류

1. 체언성 이중목적어

1.1 대체오류

(35) *因为在她的身边有一个很好的丈夫, 关心她, 照顾她, 给她生活的<u>力气</u>, 对生活有信心。(베트남, 여, 중급4반)

예문(35)의 '力气'는 '勇气'로 고쳐야 한다. 이는 유의어 대체오류이다.

1.2 누락오류

일부 이중목적어는 두 개의 목적어가 모두 명사이어야 하고, 일부 이중목적어는 명사가 아닌 다른 품사일 수도 있다. 또 경우에 따라 두 개의 목적어가 모두 출현해야 하는 경우도 있고, 특정한 조건 하에서는 하나만 나타날 수도 있다. 이러한 내용을 알지 못하면 누락오류가 발생하게 된다.

(36) *他常常给我打电话, 说汉语。这事情给了我们练习汉语[__]也来更亲近。(한국, 여, 초급3B반)
(37) *在办公室的时候, 我借王老师[__]。(초급3A반)

예문(36)에서는 '给'의 두 목적어가 모두 명사이어야 하므로, '给了我们练习汉语的机会'로 고쳐야 한다. 일반적으로 '借'의 직접목적어는 반드시 출현해야 하고 간접목적어는 출현하지 않을 수도 있으므로 예문(37)에서는 직접목적어 '一本书' 혹은 기타성분을 추가해야 한다. '借'의 동작 방향을 나타내기 위해

'借' 뒤에 '给'를 추가하거나('我借给王老师一本书'), '向'을 써서 '王老师'를 동사 앞으로 이동시켜 부사어로 만들 수도 있다('我向王老师借了一本书').

1.3 문형혼합오류

이중목적어는 일반적으로 전치사가 필요하지 않지만, '借, 请教' 등은 전치사를 사용하여 '向老师借一本书'나 '向老同学请教这个问题'와 같은 단일목적어구조로 변환할 수 있다. 학습자는 이 규칙을 과잉일반화하여 이중목적어를 가지는 동사이면 모두 이와 같이 변환할 수 있는 것으로 판단하기 쉽다. 그 결과 다음과 같은 오류가 발생한다.

(38) *我现在要向你们告诉他的故事。 (독일, 여, 중급2반)

'告诉'는 대부분 이중목적어를 가지므로 전치사 '向'을 사용하여 직접목적어를 전치시킬 필요가 없다. 이 문장은 다음과 같이 고쳐야 한다.

　　　我现在要告诉你们他的故事。

직접목적어를 전치시킬 필요가 있을 경우에는 '把'를 사용할 수 있다.

　　　我现在要把他的故事告诉你们。

만약 반드시 '向'을 써야 한다면 '告诉'를 다른 동사로 바꾸어야 한다.

　　　我现在要向你们讲述他的故事。

1.4 어순오류

특정 이중목적어는 '把'를 사용하여 직접목적어를 전치시킬 수 있는데, 이 두 성분이 동시에 출현할 경우 학습자가 오류를 범하기 쉽다.

(39) *他把眼镜售货员还回了, 就跟妻子一起离开商店。

'还回(给)'가 목적어를 가져야 하고, '售货员'은 동사 앞에 잘못 위치하였으므로 '把眼镜还给了售货员'으로 고쳐야 한다.

2. 내포문 이중목적어

내포문 이중목적어에는 대체오류와 누락오류만 출현한다.

2.1 대체오류

대체오류는 품사를 잘못 사용한 경우로 다음과 같은 예가 있다.

(40) *有人帮他们找电话号码, 所以他们打电话给对方告诉另外他要离开
　　　城市。(남, 중급3반)

이 문장의 직접목적어(他要离开城市)는 내포문인데, 간접목적어 위치에 부사 '另外'를 잘못 사용하였다. 부사는 목적어가 될 수 없으므로 이를 명사 '对方' 또는 대체사 '他(她)'로 고쳐야 한다. 학습자가 '对方'을 사용하지 않은 것은 아마도 앞에 '对方'이 출현했으므로 같은 성분이 동시에 출현하는 것을 피하기 위한 판단으로 보인다. 만약 뒤에 나오는 내포문의 주어가 '他'가 아니라면 부사 '另外'의 위치에 '他'를 사용할 수 있다. 또는 '另外'를 '他'로 대체하고, 내포문 주어인 '他'를 고유명사로 바꿀 수도 있다.

2.2 누락오류

때로는 두 개의 목적어가 모두 출현해야 하는 경우가 있는데, 이 때 학습자는 목적어를 누락시키는 오류를 자주 범한다.

(41) *她告诉[ ]，我在白云(山)的时候有很多人给我电话，她觉得很奇怪，所以问一位电话者为什么给我打电话。(폴란드, 여, 중급2반)

'告诉'는 이중목적어를 가지므로 반드시 간접목적어가 있어야 한다. 위 문장은 직접목적어(내포문)만 있고 간접목적어 '我'가 누락되었다.

제4절 내포문 목적어 오류

내포문이 동사의 목적어로 쓰일 때는 그 내부 구조가 복잡하기 때문에 인지난이도가 높다. 게다가 학습자는 문장 전체의 주술관계에만 주의를 기울이고, 목적어 역할을 하는 내포문의 내부 구조는 소홀히 함으로써 오류를 범하기가 쉽다. 내포문 목적어 오류는 내포문의 내부 구조에 따라 하위분류될 수 있지만, 분석의 편의를 위해 '내포문 목적어'라는 절에서 집중적으로 논의하기로 한다.

1. 대체오류

대체오류에는 내포문 목적어 중의 동사술어 대체오류, 형용사술어 대체오류, 명사목적어 대체오류, 형용사목적어 대체오류 등 네 가지가 있는데, 부적절한 유의어나 품사를 사용한 경우가 다수를 차지한다.

1.1 동사술어 대체오류

(42) *我们都不明白为什么, 因为医生也不知道她到底<u>发生</u>了什么病, 真奇怪。 (인도네시아, 여, 중급4반)

(43) *一点五十分到医院, 姐姐马上下车叫医生, 但那边的护士一看她就马上让她坐在轮椅又想她要<u>出</u>孩子。 (마닐라, 중급4반)

예문(42)의 '病'은 '发生'과 결합할 수 없으므로 '生病'이라고 해야 한다. 예문(43)의 '孩子'는 일반적으로 '生孩子'라 하고, '出孩子'라고 하지 않는다. 예문(42), (43)은 사실상 동사-목적어 결합에서의 동사 오류에 해당하지만, 이 오류가 내포문 안에서 출현했기 때문에 여기에서 논의한다.

1.2 형용사술어 대체오류

(44) *我觉得他很<u>怕</u>但是很温柔, 很严格可很宽容。 (일본, 남)

문맥에 비추어 보면 예문(44)에서는 동사인 '怕' 대신에 형용사 '可怕'를 사용해야 한다. 엄격히 말해서 이것은 주어-술어 결합오류이지만, 목적어 역할을 하는 내포문 안에서 출현했기 때문에 여기에서 논의한다.

1.3 명사목적어 대체오류

(45) *我认为通过跟别人交流、沟通, 从他们本身能够学到好多<u>事情</u>, 而且能够了解自己的缺点。 (일본, 남, 학부)

(46) *我觉得生词会提高我们的科学关于汉语和汉字, 因为很多生词我们
　　常常用的。(인도네시아, 여, 중급3반)

　‘事情’은 배워서 얻을 수 있는 것이 아니기 때문에, 예문(45)는 ‘学到好多
东西’로 고쳐야 한다. 예문(46)에서 내포문의 주어 ‘生词’가 ‘提高’라는 효과
를 유발하는 주체가 되기 위해서는 ‘学习生词’로 고쳐야 한다. 또한 ‘提高’는
일반적으로 ‘水平’, ‘能力’ 등을 목적어로 취하기 때문에, 여기에서는 ‘提高我
们关于汉语和汉字的知识水平’이라고 해야 한다. 이 예문은 ‘水平’이 누락
된 것으로 볼 수도 있다.

1.4 형용사목적어 대체오류

(47) *希望有吃的有穿的我就可以感觉满以(意), 但是并没有这么简单。
　　(스웨덴, 남, 중급3반)

　예문(47)에서는 ‘满以(意)’의 사용이 부적절한데, 문맥에 비추어 보아 ‘……
我就满足了’로 고치는 것이 좋다. 이와 관련된 또 한 가지 문제는 ‘感觉 / 感
到 / 觉得+형용사’와 ‘형용사’가 어떻게 다른가 하는 것이다. 외국인 학습자들
은 이와 관련된 규칙도 모르고, 양자의 차이를 구별할 언어적 직관력도 없기
때문에 쉽게 오류를 범한다.

2. 추가오류

　추가오류는 주로 내포문 내에서 불필요한 접속사, 목적어, 동사 등을 사용한
경우이다.

(48) *商量了多长时间, 但是价格还是有点儿贵了, 因为卖的人知道<u>如果</u>
　　　我们是外国人。(인도네시아, 여, 중급3반)

(49) *他认为自由就是想作什么就作什么<u>这个想法</u>。(호주, 남, 중급3반)

(50) *我觉得第一个<u>是</u>对。(러시아, 여, 중급3반)

　예문(48)에서는 내포문 목적어 내에 불필요한 접속사 '如果'를 사용했는데, 문맥에 비추어 보면 가설의 의미를 나타내지 않기 때문에 '如果'를 삭제해야 한다. 예문(49)의 '自由'는 '생각'이 아니라 '하고 싶은 대로 하는 것'을 의미하기 때문에 '这个想法'를 삭제해야 한다. 예문(50)의 내포문은 형용사술어문이다. 형용사술어문에서는 강조하기 위한 경우가 아니면 일반적으로 '是'를 사용할 필요가 없기 때문에 '是'를 삭제해야 한다.

3. 어순오류

　이 유형은 내포문 목적어 내부의 어순오류에 해당한다.

(51) *虽然她们有自己的钱, 但觉得<u>麻烦结婚</u>。我也认为<u>麻烦结婚</u>。(일본, 여, 중급3반)

　'觉得'의 목적어는 형용사일 수도 있고 내포문일 수도 있다. '认为'는 주로 내포문을 목적어로 취하는데, 경우에 따라서는 형용사를 목적어로 취하기도 한다. 예문(51)의 문제는 목적어를 취할 수 없는 형용사 '麻烦'이 '结婚'을 목적어로 취한 것이다. '结婚'을 '麻烦' 앞에 두어 '麻烦'의 주어가 되도록 '觉得 / 认为结婚麻烦'으로 고쳐야 한다.

　이상에서 대체오류, 추가오류, 누락오류, 혼합오류, 어순오류 등 다섯 가지의 목적어 오류 유형에 대해 상세히 분석해 보았다. 외국인 학습자의 목적어 사용

오류는 다양한 학습 전략과 기타 요인들이 복합적으로 작용한 결과이기 때문에, 실제 오류 유형과 원인이 이 책의 분석처럼 명확하게 나누어지거나 이 다섯 가지 오류 유형에 모두 포함될 수는 없다. 그러나 필자는 이상의 분석을 통해 외국인 학습자의 학습과 교수자의 교육 중에 나타나는 일부 새로운 문제를 발견하였다. 이 문제들을 정확히 파악해야만 이에 상응하는 대책을 마련하여 보다 나은 교육을 할 수 있을 것이다.

■ 参考文献

丁　全. 谈谈对传统双宾语范围的突破. 南都学坛(哲学社会科学版).
　　1998 (1)

程美珍. 汉语病句辨析九百句. 华语教学出版社. 1997

房玉清. 实用汉语语法. 北京大学出版社. 2001

高思欣. 留学生汉语动宾式离合词偏误分析. 暨南大学硕士学位论文. 2002

高云莉·方琰. 浅谈汉语宾语的语义类别问题. 语言教学与研究. 2001 (6)

高运莲·傅维贵. 对带非名词性宾语的动词研究的一点看法. 松辽学刊
　　(社会科学版). 1994 (4)

郭继懋. 谈动宾语义关系分类的性质问题. 南开学报 (哲学社会科学版).
　　1998 (4)

郭　莉. 越南留学生汉语学习语法偏误分析. 广西师范大学硕士学位论文.
　　2003

金明淑. 韩国学生汉语习得情况的调查与研究. 苏州大学硕士学位论文.
　　2003

金锡谟. 动词"进行"的错误简析. 新闻与写作. 1997 (8)

亢世勇. 现代汉语谓宾动词分类统计研究. 辽宁师范大学学报 (社科版).
　　1998 (1)

李大忠. 外国人学汉语语法偏误分析. 北京语言大学出版社. 1996

李临定. 动词的宾语和结构的宾语. 语言教学与研究. 1984 (3)

李晓琪. 以英语为母语者学习汉语关联词难点及对策. 暨南大学华文学
　　院学报. 2001 (4)

鲁健骥. 外国人汉语语法偏误分析. 语言教学与研究. 1994 (1)

刘月华. 实用现代汉语语法. 商务印书馆. 2003

马庆株. 名词性宾语的类别. 汉语学习. 1987 (2)

彭可君. 谓词性宾语补议. 语言教学与研究. 1990 (1)

裘荣棠. 名动词质疑-评朱德熙先生关于名动词的说法. 汉语学习. 1994 (6)

任长慧. 汉语教学中的偏误分析. 武汉大学出版社. 2001

宋玉柱. 关于体宾动词和谓宾动词. 世界汉语教学. 1991 (2)

田卫平. 指代性专名宾语的多维阐释. 汉语学习. 1994 (4)

佟慧君. 外国人学汉语病句分析. 北京语言学院出版社. 1986

王建勤 主编. 汉语作为第二语言的习得研究. 北京语言大学出版社. 1997

肖奚强. 略论偏误分析的基本原则. 语言文字应用. 2001 (1)

刑福义. 汉语里宾语代入现象之观察. 世界汉语教学. 1991 (2)

杨成凯. 广义谓词性宾语的类型研究. 中国语文. 1992 (1)

张伯江. 施事宾语的主要类型. 中国语文. 1989 (1)

张小荫. 谓词性成分充当远宾语的双宾语的构造. 天津师范大学学报. 1998 (6)

周　刚. "加以"补议. 汉语学习. 1985 (2)

周小兵. "进行""加以"句型比较. 汉语学习. 1987 (6)

周小兵. 第二语言教学论. 河北教育出版社. 1996

周小兵. 对外汉语语法项目的选择和排序. 对外汉语教学与中国文化-2003
　　国际汉语教学学术研讨会论文选集. 汉学出版社. 2003

周小兵. 学习难度的测定和考察. 世界汉语教学. 2004 (1)

Corder. Errors Analysis and Interlanguage. OUP: Oxford. 1981

Ellis R., The Study of Second Language Acquisition. 上海外语教育出版社. 1999

Hatch E., Psycholinguistics: a Second Language Perspective Rowley. Newbury
　　House. 1983

James C., Errors in Languages Learning and Use: Exploring Error Analysis.
　　语言学习和语言使用中的错误: 错误分析探讨. 外语教学与研究出
　　版社. 2001

Krashen. The Input Hypothesis: Issues and Implications. Longman: London. 1985

Selínker L. Interlanguage. LRAL. 1972

제8장 문법 단위의 혼합

Dulay·Burt·Krashen(1982)과 鲁健骥(1994)에서는 모두 제2언어 습득 중의 오류 유형을 크게 누락오류(omission), 추가오류(addition), 대체오류(overrepresentation), 어순오류(misordering) 등의 네 가지로 분류했다. 이 네 가지 유형은 문법형식의 오류를 분류한 것으로, 오류분석 연구 시 일반적으로 이러한 틀을 따른다. 周小兵 (1996:161)과 Carl James(1998/2001:111)에서는 문형혼합오류(blends)를 다섯 번째 오류 유형에 편입시켰는데, 이는 오류분석에 있어서 꼭 필요할 뿐만 아니라 이를 통해 오류분석의 내용도 풍부해졌다.

문형혼합오류는 '结构纠缠' 혹은 '结构混乱'이라고도 하는데, 이는 제1언어에서도 발생하기 쉬운 오류이다. 呂叔湘·朱德熙는 문형혼합오류란 어떤 때는 '구조A'를 사용하려고 하고, 또 어떤 때는 '구조A'를 사용하려고 한 결과 두 가지 구조가 모두 사용된 경우라고 보았다. 또 제2언어의 오류분석에 있어서도 간혹 문형혼합오류에 대해 언급한 경우가 있다.(程美珍, 1997:19, 262)

杨翼(1998)는 제2언어로서의 중국어 습득 중의 문형혼합오류 현상에 대해서 비교적 전면적으로 기술하고 분석하였으며, 아울러 인지심리학의 각도에서 문형혼합오류의 발생 원인을 고찰하였다. 그는 문형혼합오류의 하위 유형을 '叠加(중복오류)', '拼接(조합오류)', '替换(교체오류)', '缩减(축소오류)', '移位(위치이동오류)', '嵌入(삽입오류)' 등의 여섯 가지로 분류했다. 이러한 분류는 그 자체만 보면 일리가 없는 것도 아니지만, 이 여섯 가지 유형을 다섯 가지 문법오류 유형의 틀에 맞추어 살펴보면 진정으로 문형혼합오류에 포함되는 것은 '叠加'와 '拼接'뿐이라는 사실을 알 수 있다. '替换', '缩减', '移位', '嵌入' 등 네 가지 하위 유형은 기타 오류 유형과 중복되는 것이다. 杨翼의 논문에서 제시한 예문과 그 분석에 따르면 '替换'은 대체오류에 해당하고, '缩减'은 누락오류에 해당한다. '移位'는 어순오류 가운데 하나이며, '嵌入'는 '拼接'와 합칠 수 있을 것이다.

예컨대, '替换'오류의 예인 '其实城市生活比乡村生活多先进、多方便'은 ① 其实城市生活比乡村生活更先进、更方便과 ② 其实城市生活比乡村生活先进得多、方便得多의 혼합으로 볼 수 있다. 이러한 오류는 사실 저자가 지적한 바와 같이 '多'로 '更'을 대체한 경우로서, 이는 곧 감탄을 나타내는 부사 '多'로 비교를 나타내는 부사 '更'을 잘못 대체한 것이다. 따라서 이러한 오류는 대체오류에 해당한다.

또 '缩减'오류의 예인 '任何方面都比乡村方便多'는 구조조사 '得'가 누락된 것으로 볼 수 있으며, ① 任何方面都比乡村方便과 ② 任何方面都比乡村方便得多가 혼합된 것으로 볼 필요는 없다.

마지막으로 '移位'오류의 예인 '在农村封建时代的观念还比城市存在得多'에서 주요 오류는 저자 자신이 지적한 바와 같이 "부가성분 '存在'가 서술어의 위치로 이동한 것"이기 때문에 이 문장은 어순오류로 볼 수 있다.[1]

Hockett(1967)의 '경쟁계획가설(competing plans hypothesis)'에 따르면 문형혼합오류는 두 가지 구조의 경쟁에서 발생한다. 이에 근거하여 Stemberger(1982: 319)와 Carl James(1998/2001:112)는 문형혼합오류를 세 가지로 분류했다. 두 가지 구조의 경쟁 결과는 첫째, 두 가지 구조가 모두 삭제(deletion)된 경우, 둘째, 두 가지 구조를 간단하게 결합한 경우, 셋째, 두 가지 구조 가운데 일부는 취하고 일부

---

[1] 역자주: 이 문장의 적격문은 '在农村存在的封建时代的观念还比城市多'이다.

는 버린 경우이다. 첫 번째 유형에서 말하는 '삭제'는 곧 누락오류에 해당하기 때문에 필자는 이를 문형혼합오류의 하위 유형으로 보지 않는다. 두 번째 유형은 위에서 언급한 '叠加'이고, 세 번째 유형은 '拼接'에 해당한다. 田善继(1995/1997:101-103)는 비대조성 오류를 연구할 때 '유추'라는 오류 유형을 제시했는데, 유추의 두 가지 하위 유형이 '累加'와 '叠加'이다. 사실 이것이 곧 우리가 논의하는 문형혼합오류의 두 가지 하위 유형, 즉 '叠加'와 '拼接'이다. 그러나 田善继는 문형혼합오류에 대해서는 언급하지 않고 오류의 발생 원인에 있어서 '累加'와 '叠加'를 유추로 귀납시켰다.[2]

필자는 中山大学의 周小兵 교수가 주관하여 구축한 '중국어 중간언어 오류표기 말뭉치'중에서 20여 만 자에 달하는 중급단계 학습자의 작문을 대상으로 문형혼합오류를 중복오류와 조합오류로 나누어 연구했다. 여기서는 문형혼합오류가 발생하는 원인을 첫째, 의미가 유사한 형식을 식별하지 못하고 불필요하게 사용한 경우, 둘째, 어떤 형식을 써야 할지 몰라서 뒤섞어 쓴 경우 등 두 가지로 본다. 문형혼합오류를 바로잡는 방법은 일반적으로 두 가지 구조를 분해한 후 그 중 하나를 선택하는 것이다.

제1절 오류 유형

1. 단어와 통사구조의 중복오류

혼합오류의 하위 유형 가운데 하나인 중복오류는 추가오류와 어떤 점이 다른가? 추가오류는 추가한 성분만 삭제하면 곧 적격문이 된다. 예를 들면 다음과 같다.

---

[2] 田善继의 논문에 따르면 유추의 하위 범주에는 '类比'도 있는데, 이는 문형혼합오류와는 관계가 없다.

(1) *他常常地看电影。

예문(1)에서는 '地'를 잘못 추가하였으므로 '地'를 삭제하면 된다. 이에 반해 중복오류의 교정 방법에는 두 가지가 있다. 다음 예를 보자.

(2) *他非常很高兴。

예문(2)는 '非常'을 삭제해서 '他很高兴'이라는 적격문을 만들 수도 있고, '很'을 삭제하여 '他非常高兴'이라는 적격문을 만들 수도 있다.

1.1 단어의 중복

(3) *从前, 有两位男和女人住在城市郊区的一个栋旧公寓大楼里。
(W048P1[3])

예문(3)은 단위사 '个'와 '栋'이 중복된 경우로, '一个旧公寓大楼'로 고칠 수도 있고 '一栋旧公寓大楼'로 고칠 수도 있다.

(4) *那天是十一多年以前, 不过我和那个女孩现在是很好的朋友。
(Z043P2)

예문(4)는 일 자릿수의 수사가 어림수 '多'와 중복된 경우이다. 어림수 '多'는 일 자릿수의 뒤에 출현할 수 없고 십 자릿수 이상의 정수 뒤에만 출현할 수 있다. 따라서 예문(4)는 '十一年' 또는 '十多年'으로 고쳐야 한다.

---

[3] 예문 뒤의 번호는 中山大学 周小兵교수가 주관하여 구축한 '중국어 중간언어 오류표기 말뭉치' 내의 번호이다. 이하 같다.

(5) *他往到一个小湖走。(W046P2)

예문(5)는 전치사 '往'과 '到'가 중복된 경우이다. 전치사 '到'를 선택하였을 경우 동사 '走'는 반드시 '到'의 앞으로 이동시켜야 한다. 그 이유는 이 예문이 혼합오류 중에 어순오류도 포함하고 있기 때문이다.

(6) *去北京路的时候, 我们要买书包, 但是价钱有点儿贵, 所以我们商量商量一下。(W057PI)

예문(6)과 같이 동사의 중첩형식이 '시간의 짧음'을 나타낼 경우, 이와 동일한 의미를 나타내는 '一下'와 함께 사용할 수 없고, 둘 중 하나만 선택해야 한다.

(7) *他的眼很非常不好。(Z158PI)

이러한 유형의 오류에 대하여 鲁健骥(1994/1997:81)는 다음과 같이 설명하였다. "형용사술어문에는 다음과 같은 규칙이 있다. 긍정형식에서 술어로 사용되는 형용사 앞에는 의미가 약화된 '很'을 사용해야 한다. ……교수-학습 중에 약화된 '很'의 사용을 강조하지만, 다른 정도부사가 술어나 형용사로 충당되는 상태보어를 수식하는 내용을 학습하는 단계에 이르러서는 이러한 상황에서 '很'을 반드시 삭제해야 함을 설명하지 않기 때문에 학습자의 오해를 야기시킨다."

(8) *这样, 印尼会变比较好很多。(W026P3)

예문(8)은 '比较'와 '很多'가 중복된 경우이다.

(9) *我住在中国半年了, 在这儿交了许多外国朋友, 真很有意思得不得了。(W061PI)

예문(9)는 '真有意思', '很有意思', '有意思得不得了'가 삼중으로 중복된 경우이다. 부사 '真'은 감탄문에서 정도가 심함을 나타내고, '很'은 평서문에서 정도가 심함을 나타내며, '不得了'는 보어형식으로 정도가 심함을 나타내는데, 이는 학습자가 '정도가 심함'을 표현하고자 할 때 해당하는 세 가지 표현을 동시에 사용했기 때문에 발생한 오류이다.

(10) *某个夜里传飘来的歌声在继续回荡。(Z132PI)

예문(10)은 동사 '传'과 '飘'가 중복된 경우로, '传来'로 고치거나 '飘来'로 고쳐야 한다.

(11) *我在印尼时, 最不喜欢也是印尼课, 我觉非常得无聊, 所以请你使我
　　　对这课有感兴趣。(W064PI)

예문(11)은 동사구 '有兴趣'와 '感兴趣'가 중복된 경우이다.

(12) *他现在在古巴读高中中学。(YQY-033)

예문(12)는 명사 '高中'과 '中学'가 중복된 경우이다.

1.2 통사구조의 중복

(13) *我对语言也很感兴趣, 特别是汉语和英语。这个也是为什么我要来
　　　到中国留学的原因。(W075PI)

예문(13)은 '为什么'와 '原因'이 중복된 경우인데, 이 둘은 동시에 사용할 수 없으므로 '为什么要来到中国留学'로 고치거나 '我要来到中国留学的原因'으로 고치는 것이 좋다.

> (14) *但对我来说, 觉得它们(指防盗网)太不顺眼了, 住在这样的房子人像是被关在监狱似的。(W021P3)
> (15) *逛大概十五分钟他们找到一个眼镜店, 看起来他们觉得好。(Z007PI)

위의 두 예문은 삽입어와 감각동사가 중복된 경우이다. 위의 예문에서와 같이 '对我来说', '看起来' 등 화자의 주관적인 견해를 나타내는 삽입어를 사용할 때는 '觉得'를 다시 쓸 필요가 없다. 혹은 삽입어를 삭제하고 '觉得'만 사용할 수도 있다.

2. 단어와 통사구조의 조합오류

조합오류는 두 가지 구조의 단순한 결합이 아니라, 조합 과정에서 두 가지 구조 가운데 일부는 취하고 일부는 버리는 것이다.

2.1 단어 조합오류

> (16) *好一会儿他看到旁边的妻子, 大吃惊一跳。(Z223P1)

오류항목인 '大吃惊一跳'는 '大吃一惊'과 '吓了一跳' 두 가지 구조에서 각각 일부를 취하여 조합한 것이다.

> (17) *BANDUNG是一个很难以忘的地方, ⋯⋯ (1-M3-015X)

예문(17)은 '很难忘记', '难以忘记'와 '难忘'이 조합된 것이다.

(18) *我来中国留学, 这段一年的留学生活快要结束了, ……这段一年中, 跟中国人接触的时间最多。(W022P2)

예문(18)은 '这段时间'과 '这一年'이 조합된 것으로, '这段一年的留学生活'에 대한 잘못된 분석이 유발한 오류이다.

(19) *我坐在窗户边的椅子上, 边喝茶发愣愣地查看E-mail。(W049P1)

예문(19)는 '发愣'과 '愣愣' 두 단어가 조합된 것이다.

2.2 통사구조 조합오류

2.2.1 중복조합오류
중복조합오류는 두 구조의 교차로 인하여 형성된 혼합오류이다.

(20) *我问她, "你是不是灵魂还是人?" (Z171P3)

예문(20)은 '是不是……'와 '是……还是……' 구조를 '是不是……还是……'로 조합한 것이다. '你是不是灵(鬼)魂'이나 '你是灵(鬼)魂还是人'으로 수정하는 것이 좋다.

(21) *开始学习的时我觉得很难过。(Z177P1)

예문(21)은 '……时'와 '……的时候'를 '……的时'로 조합한 것이다.

(22) *有一次他<u>当小张的面前</u>露出一脸骄傲的神色。(Z089P1)

예문(22)는 '当……的面'과 '在……的面前'을 '当……的面前'으로 조합한 것이다.

(23) *<u>还是不戴眼睛也好</u>。(Z184P2)

예문(23)은 '还是……형용사'와 '……也형용사'를 조합한 것이다.

(24) *三四天以后那个小鸟可以小鸟可以飞走了, <u>真好了</u>。(A035P1)

예문(24)는 '真+형용사'와 '太+형용사了'를 '真+형용사了'로 조합한 것이다.

(25) *学习写作的时候, 我才发现写作是<u>最难的门课之一</u>。(CFF-H-001)

예문(25)는 '最难的一门课'와 '最难的课之一'를 '最难的门课之一'로 조합한 것이다.

(26) *他要跟我朋友<u>继续交朋友关系</u>。(Z122P1)

예문(26)은 '保持朋友关系'와 '交朋友'를 조합한 것이다.

(27) *所以交通很乱, 而且<u>按喇叭的声音也一直在响</u>。(Z096P2)

예문(27)은 '喇叭的声音一直在响'과 '一直在按喇叭'를 조합한 것이다.

2.2.2 전후조합오류

'전후조합오류'를 최초로 제기한 사람은 呂叔湘·朱德熙(1952/2002:160)이다. 『词语评改五百例』(1984:154)에서는 '전후조합오류'에 대해서 '하나의 문장은 하나의 완전한 의미를 나타내며, 의미가 완전하면 하나의 문장으로 처리해야 한다. 그러나 어떤 경우에는 의미가 완전함에도 불구하고 앞 문장의 꼬리 부분이 뒤 문장의 머리 부분이 되는 경우가 있다'고 정의했다. 叶景烈(1994:10)가 제시한 예문은 다음과 같다.

> *我非常感动。我走遍全球, 从来没有[ ]这样一种场面是无法用
> 言语形容的。

叶景烈는 위의 예문에 대해 "'从来没有'의 뒤에 '见过'를 보충해야 한다. 또 '是无法用言语形容的'는 하나의 절로 처리하고 그 앞에 휴지를 두어야 하는데, 원문에서는 이를 앞의 절과 연결했다."라고 분석했다. 전후조합오류를 수정하는 방법은 다른 혼합오류를 수정하는 방법과는 다른데, 둘 중에서 하나만 취하는 것이 아니라 전후조합오류의 두 가지 구조를 분해해서 두 개의 절로 만들어야 한다.

(28) *第一弟弟是二十九岁。他住在韩国工作。(2-X-013)

'他住在韩国'는 그 자체로 하나의 완전한 문장이다. 그러나 예문(28)에서는 '住在韩国'에서 끊지 않고 그 뒤에 동사 '工作'를 연결함으로써 전후조합오류가 발생했다. 이 문장은 '他住在韩国, 也在那儿工作'로 고쳐야 한다.

(29) *去送我的人很多, 谁都跟我笑笑谈谈很多事。(Z085P1)

'笑笑谈谈'에서 문장을 끝맺어야 하는데, 학습자는 '谈谈' 뒤에 목적어 '很多事'를 추가했기 때문에 오류가 발생했다.

(30) *老嫦觉得很莫名其妙地跟着老王回家。(Z163P2)

예문(30)에서는 '地'를 추가해서 앞의 절 '老嫦觉得很莫名其妙'와 뒤의 절 '跟着老王回家'를 조합함으로써 오류가 발생했다. 이 경우 '地'를 삭제하고 그 자리에 쉼표를 써서 문장을 끊어야 한다. 반드시 하나의 문장으로 만들어야 하는 경우라면 동사 '觉得'를 삭제하고 '老嫦很莫名其妙地跟着老王回家'로 고쳐야 한다.

제2절 오류발생 원인

1. 유의어 형식의 식별오류

1.1 유의어 식별오류

제1언어 사용자가 동의어를 반복 사용하는 경우 때로는 긍정적인 수사 효과를 나타낼 수도 있으나 더 많은 경우 문장이 간결하지 않고 군더더기 말이 중복되는 부정적인 작용을 한다. 외국인 학습자의 경우, 동의어에 대한 정확한 구분 없이 이를 중복 사용함으로써 오류를 범하게 된다.

(31) *来中国学汉语的目的是本身自己很喜欢中国。(CFF-M2-005)

예문(31)은 '本身'과 '自己'가 동의어임을 모르고 중복한 오류로서, 둘 중 하나만 사용하면 된다.

(32) *很多人认为, 将来对于亚洲的发展和安全, 中日关系是<u>非常重要的</u>
<u>关键因素</u>之一。(LDD-H-001)

예문(32)에서는 '重要'와 '关键'의 의미가 유사하므로 '非常重要的因素'
또는 '非常关键的因素'로 고쳐야 한다.

(33) *小王和小嫦<u>由打</u>小时候就被他各自的父母受好好的教育。(Z163P1)

예문(33)에서는 '由'와 '打'가 모두 '从'의 의미를 나타내므로 둘 중 하나를
삭제하면 적격문이 된다.

1.2 합성어·구 구성성분의 식별오류

외국인 학습자는 합성어[4]를 하나의 단어로 습득하고, 합성어를 구성하는 형
태소의 의미에 대해서는 잘 모르거나 그다지 주의를 기울이지 않는다. 이로
인해 동일한 의미의 형태소를 하나 더 추가하는 오류가 종종 발생한다. 따라서
필자는 어휘교육에 있어서 형태소 교수법이 필요하다고 생각한다. 즉, 개별 합
성어의 전체 의미를 파악하는 동시에 이를 구성하는 각 형태소의 의미도 분석
해야 한다.

(34) *广州是富饶的城市。看我的意见, 比汉城的<u>富翁人</u>更好的生活。
    (YQY-034)

---

[4] 역자주: 합성어는 어근과 어근이 결합한 복합어와 어근과 접사가 결합한 파생어로
  나뉜다.

예문(34)는 '富翁' 중의 '翁'의 의미를 제대로 알지 못하고, '人'을 덧붙여
사용한 오류이다.

(35) *男女对家庭和事业的看法有什么区别。根据调查数据，可以看得出
来他们有知识分子的人的观念怎么样。(2-X-009)

예문(35)에서 '分子'는 '人'을 나타내므로 '有知识的人' 또는 '知识分子'
로 고쳐야 한다.

(36) *从此，我一定学好汉语，专心学习，主要是听力能力。这个能力可以
帮我容易看电视。(2-028)

예문(36)은 '听力'의 '力'와 '能力'가 동일한 의미임을 모르고 중복 사용한
오류로서 '能力'를 삭제하면 적격문이 된다.

(37) *我很高兴因为比较了解我祖先的祖国，我真的很自豪。(Z041P1)

예문(37)은 '祖国'의 '祖', 즉 '祖先'의 의미를 제대로 파악하지 못하여 동의
어를 중복 사용하였다.

(38) *大部分的留学生学习汉语是为了以后比较容易找工作，我是其中一个。
所以我认为写记述文的文章并不重要。(CFF-H-017)

예문(38)은 학습자가 '文', 즉 '文章'의 의미를 잘 모르고 중복 사용하는 오
류를 범하였다.

(39) *丈夫<u>不可能看见清楚</u>。……穿眼睛以后, 丈夫<u>可以看见差不多清楚</u>。
　　　(Z161P1)

　　술보구조를 가르칠 때 '看见' 등은 하나의 합성어로 설명하고, 'V+清楚'와
같은 2음절 결과보어는 구로 설명한다. 그러나 외국인 학습자들은 '看见'이 합
성어로서 이미 '동작+결과'의 구조이며 또 다른 결과보어와 결합할 수 없다는
사실을 인식하지 못한다. 예문(39)는 '不可能看见' 또는 '不可能看清楚', '差
不多可以看见' 또는 '差不多可以看清楚'로 수정해야 한다.
　　외국인 학습자는 종종 구를 한 개의 발화 단위(a chunk of speech)(Ellis,
1994/1999:84-88)로 인식하여 한 단어로 기억하고 습득하기 때문에, 각 구성성
분을 분석하지 못하고 그 기능과 의미를 정확히 알지 못한다. 이로 인해 동일한
의미의 어휘를 중복 사용하는 오류를 범한다.

(40) *快<u>做打工</u>, 赚钱吧! 到了暑假的时候, 一起去吧! (YQY-034)

　　예문(40)에서는 학습자가 '打工'을 한 단어로 보고 여기에 쓰인 '打'가 곧
'做'의 의미임을 파악하지 못했다.

(41) *我星期天<u>坐打</u>的去北京路。

　　예문(41)은 학습자의 구어시험을 전사한 것인데, '打的'를 한 단어로 습득하
여 '打'가 곧 '坐'의 의미임을 알지 못한 것이다. 이는 '坐的士(出租车)' 혹은
'打的'로 고쳐야 한다.

(42) *每天超过二十多度, 如果走了一个小时就<u>出汗出来</u>。(W018)

예문(42)에서는 '出汗'을 한 단어로 잘못 파악하였다. '出汗' 또는 '汗(流)出来'로 고쳐야 한다.

(43) *有一天, 我在跟几个朋友玩玩儿, 突然看见一支小狗躺在地上, 看起来它很好像<u>被受伤了</u>。(LDD-H-013)

예문(43)에서는 '受伤'을 한 단어로 보았는데 즉, '受伤'은 동사 '受'로써 이미 피동을 나타내고 있다는 사실을 몰라서 발생한 오류이다. '受伤了' 또는 '被打伤了'로 고쳐야 한다.

1.3 어휘형식과 문법형식의 식별오류

특정 언어에서는 모종의 의미·개념·범주 등을 문법형식으로 나타낼 수도 있고, 어휘형식으로 나타낼 수도 있다. 동일한 의미·개념·범주를 나타내는 어휘형식과 문법형식이 때로는 한 문장에서 공기할 수 있다. 예를 들면, 완성상의 조사 '了'와 '已经', 과거를 나타내는 조사 '过'와 '曾经', 진행상의 '着'와 '正在/正/在'가 한 문장에서 공기할 수 있다.

그러나 특정 성분은 한 문장 안에서 동시에 출현할 수 없다. 예를 들면 예문(44)의 중첩형식 '轻松轻松'과 수사-단위사구 '一下', 예문(45)의 형용사 중첩형식 '高高兴兴'과 정도부사 '很', 예문(46)의 조동사 '有'[5]와 완성상을 나타내는 '了'가 그러한데, 이때 어휘형식과 문법형식 중 하나만 선택해야 한다.

(44) *每天晚上我都会留一点点时间来看电视<u>轻松轻松</u><u>一下</u>。(2-057)
(45) *他们俩<u>很</u><u>高高兴兴</u>回家了。(Z026P2)

---

[5] 역자주: 예문 '有去过'에서처럼 완성을 나타내는 '有'는 조동사로 분류하기도 한다.

예문(45)는 '很高兴(地)回家了' 또는 '高高兴兴(地)回家了'로 고쳐야 한다.

'有+V'구조는 중국어 문법발전사에서 최근에 출현한 형식으로, '有去过'라고 말하는 것을 종종 들을 수 있다. 학자들의 연구에 따르면 이 구조는 싱가폴, 대만 지역에서 유입된 것이라고 한다. 만약 이 '有+V'형식을 문법 체계 안에 받아들일 수 있는 것으로 간주한다면 이는 '了'와 공기할 수 없으며, 부정식 '没(有)+V' 역시 '了'와 공기할 수 없다. 그 이유는 동태조사 '了'와 조동사 '有' 모두 '완성'을 나타내기 때문이다.

(46) *和尚有关灯了。(Z171P2)

예문(46)은 '有关灯' 또는 '关灯了'로 고쳐야 한다.

사실 현대중국어에서 '有+所+V'구문은 일찍부터 존재하였다. 다음 예문을 보자.

(47) *对于这里的生活我已经有所习惯了。(Z128P1)

그러나 예문(47) 또한 '了'와 공기할 수 없고, '已经有所习惯' 혹은 '已经习惯了'로 고쳐야 한다.

의문대체사 '为什么'와 명사 '原因/理由'는 둘 중에 하나만 사용할 수 있다. 다음 예문을 보자.

(48) *丈夫往往回晚的原因, 因为他有一个不好的习惯, 就是下班以后, 他很喜欢和同事一起走打扑克。(W084P1)

예문(48)은 '丈夫往往回晚的原因, 是他有一个不好的习惯' 또는 '丈夫往往回晚, 因为他有一个不好的习惯'로 고쳐야 한다.

(49) *那个是我的理由<u>为什么</u>我想学很多生词和写文章的条例。(YQY-M3-012)

예문(49)는 '那就是为什么我想学很多生词和写文章的条例' 또는 '那个是我想学很多生词和写文章条例的理由'로 고치는 것이 좋다.

2. 유사의미형식의 경쟁

유사의미형식 혼합오류의 첫 번째 발생 원인이 관련 지식의 부재 때문이라면, 두 번째 발생 원인은 두 가지 구조 또는 두 종류의 표현 방식은 알지만 어떻게 사용해야 할지 몰라서 생기는 뒤섞임(吕叔湘·朱德熙, 1952/2002: 158), 또는 '경쟁(competing)'(Hockett:1967)때문이다. 이에 대해, Karl James (1998/2001:111-112)는 아래와 같이 구체적으로 설명한 바 있다.

> 학습자가 의미상 관련 있는 두 구조를 동시에 떠올리는 경우가 있다. 두 구조를 독립적으로 사용할 때는 의사소통의 목적을 달성할 수 있지만, 때로는 두 가지 중 어떤 것을 사용할지 선택하지 못하고 혼용함으로써 두 가지의 특징이 뒤섞인 구조를 만들어 내기도 한다.

한 걸음 더 나아가 杨翼(1998:66)는 유사의미형식 혼합오류의 발생 원인을 심리학적 각도에서 다음과 같이 지적한 바 있다.

> 교과과정이 심화됨에 따라 학습자가 축적하게 되는 중국어 표현 방식은 지속적으로 증가한다. 이로 인해, 학습자는 각 문형 및 표현 방식의 전체적 특징을 면밀히 살피지 못하고 관련된 정보 저장 시 부분적 특징을 종종 놓침으로써, 전체적 특징은 다르지만 부분적 특징은 유사한 표현 방식들을 상호 혼합하는 오류를 발생시킨다.

아래의 예를 보자.

(50) *被访问的各国女士大部分都说对家务<u>没什么感兴趣</u>。(LDD-H-008)

예문(50)의 경우 학습자는 '对……(没)有兴趣'와 '对……(不)感兴趣'를 모두 학습한 경험이 있는 것으로 보인다. 긍정형식의 경우 '有感兴趣'와 같은 혼합오류의 예가 있었는데(예문(11)), 예문(50)은 부정형식에 나타난 오류로서 '没什么兴趣'와 '不感兴趣'를 혼합한 상황이다. 두 경우 모두 '对……(没)有 兴趣'와 '对……(不)感兴趣'를 동시에 떠올림으로써 두 가지 특징이 뒤섞인 혼합구조를 만들어 낸 것이다.

(51) *茉莉花茶、菊花茶<u>也好喝是好喝</u>, 可是还没习惯的人不太喜欢喝。
　　(A056P1)

양보관계를 나타내는 종속절은 '(虽然)也+형용사' 또는 '형용사+是+형용 사'로 표현할 수 있는데, 두 구조가 경쟁한 결과 혼합오류가 발생했다.

(52) *<u>他决定他最想学习中文</u>。(Z101P3)

예문(52)에서는 '他决定学习中文'과 '他最想学习中文'을 동시에 표현하 고자 한 결과, 양자를 적절히 배치하지 못하고 뒤섞어 썼다.

(53) *我觉得一般的父母绝对不可能<u>让他自己的13岁孩子送到外国留学</u>。
　　(Z003P1)

예문(53)에서 학습자는 본래 사역동사 '让'를 사용하여 '让他自己的13岁

孩子到外国留学'로 표현하고자 하였다. 그런데 겸어 '他自己的13岁孩子'가 비교적 길어 전체 문장(구조)에 끝까지 집중력을 유지하지 못함으로써 두 번째 동사를 사용할 때 '把구문'인 '把他自己的13岁孩子送到外国留学'와 뒤섞어 썼다.

■ 参考文献

程美珍 等. 汉语病句辨析九百例. 华语教学出版社. 1997

『词语评改五百例』编辑组 编. 词语评改五百例. 语文出版社. 1984

鲁健骥. 外国人汉语语法偏误分析. 语言教学与研究. 1994 (1)

吕叔湘·朱德熙. 语法修辞讲话. 辽宁教育出版社. 2002

田善继. 非对比性偏误浅析. 汉语学习. 1995 (6)

肖奚强. 略论偏误分析的基本原则. 语言文字应用. 2001 (1)

杨　翼. B级证书获得者作文中的杂糅现象分析. 语言教学与研究. 1998 (1)

叶景烈. 杂糅:报刊上常见的一种语病. 语文建设. 1994 (8)

周小兵. 第二语言教学论. 河北教育出版社. 1996

Dulay Burt & Krashen. Language Two. Newbury House. 1982

Ellis R., The Study of Second Language Acquisition. 上海外语教育出版社. 1999

Hocket C. F., Where the tonge slips the slip I. To Honour Roman. Jakobson :Essays. on the Occasion of his 70th Birthday: Vol. Ⅱ Mouton. 1967

James C., Errors in Language Learning and Use : Exploring Error Analysis. 语言学习和语言使用中的错误:错误分析探讨. 外语教学与研究出版社. 2001

Stemberger J. P., Syntactic errors in speech. Journal of Psycho-linguistic Research Vol. 11. 1982 (4)

제9장 텍스트 오류

최근에 이르기까지 목표언어가 중간언어에 미치는 영향에 대한 연구는 적잖이 이루어졌으나, 王建勤(1997), 鲁健骥(1999), 任长慧(2001) 등과 같이 음성, 어휘, 통사의 각도에서 논의한 연구들이 대부분이다.

텍스트나 담화의 경우 문장 단위의 문법에만 의존할 수 없기 때문에 한 층 더 높은 층위의 문법, 즉 텍스트문법이 필요하다. 텍스트문법 연구의 목적은 텍스트의 구조와, 텍스트를 구성하고 있는 문장 사이의 심층의미와 연관된 문법 현상을 설명하고, 사람들이 어떻게 정보를 앞뒤로 연관시키고 핵심을 드러내며 또 적절하게 청자 혹은 독자에게 전달하는지를 규명하는데 있다. 이러한 텍스트문법은 단순히 텍스트와 문법을 결합시킨 것이 아니며, 언어 정보의 강조와 전달을 중시하는데, 결속과 응집은 텍스트문법의 중요한 내용이다. 본 장에서는 중간언어 텍스트문법의 결속오류에 대한 언어 내 요인의 영향 정도와 영향 방식에 대해서 논의해 보고자 한다. 즉, 실질적인 언어자료를 기초로 중간언어 텍스트 결속오류의 각도에서 목표언어가 어느 정도로 또 어떠한 방식으로 중간언어의 형성에 영향을 미치는지를 고찰하여 중국어교육에 참고 자료로 제공하고자 한다.

필자는 최근 몇 년 간 中山大学의 国际交流学院에서 공부한 영어 모국어 학습자의 작문 60편을 수집하고 이를 분석하는 과정을 통해서 텍스트문법의 결속오류 201개를 발견했다. 그중 목표언어 규칙의 과잉일반화와 관련된 오류가 66개로, 오류 발생 비율이 32.9%에 달한다. 이를 통해 언어 내 요인이 영어 모국어 학습자의 중국어 텍스트문법의 결속오류를 발생시키는 주요 원인 가운데 하나임을 알 수 있다. 따라서 중국어교육 종사자들은 이 점에 주목할 필요가 있다.

그렇다면 언어 내 요인은 중간언어에 어떠한 방식으로 영향을 미치는 것일까? 이는 쉽게 대답할 수 있는 문제가 아니다. Carl James(2001)는 중간언어에 영향을 미치는 언어 내 오류의 발생 원인에 대해서 다음과 같이 언급한 바 있다. 즉, 제2언어 학습 과정은 하나의 코드 해독의 과정으로, 학습자의 학습전략은 중간언어 오류를 발생시키는 매우 중요한 원인 가운데 하나라는 것이다. 그는 학습자의 학습전략에 의해 발생하는 언어 내 오류를 다음의 일곱 가지 유형으로 나누었다.

(a) 잘못된 추론에 의한 오류
(b) 잘못된 분석에 의한 오류
(c) 규칙의 불완전한 적용에 의한 오류
(d) 과도한 활용에 의한 오류
(e) 공기 규칙의 홀시에 의한 오류
(f) 과도한 모니터링에 의한 오류
(g) 과도한 개괄 혹은 체계적인 규칙의 획일적 사용에 의한 오류

그러나 이 가운데 (d)와 (e)는 주로 문장 단위의 문법오류와 관련되며, 텍스트문법 오류와는 관계가 없다. 본 장에서는 James가 제시한 유형을 텍스트문법 오류 분석의 틀로 삼아, 필자가 수집한 학습자의 중국어 텍스트문법의 결속오류에 대해 고찰한다. 나아가 학습자가 학습 과정 중에 취한 학습전략 및 그로 인한 오류의 발생 원인에 대한 분석을 통하여 중간언어에 미치는 언어 내 요인의 영향 방식에 대해서 논의해 보고자 한다. 아래에서는 오류의 발생 원인에 대해

논의할 것인데, 논의의 순서는 필자가 발견한 오류 유형 중에서 오류의 수량을 기준으로 한다. 즉, 수량이 많은 오류 유형부터 차례대로 논의하기로 한다.

제1절 잘못된 추론에 의한 오류

잘못된 추론이란 학습자가 새로운 언어항목 B의 용법이 기존의 A의 용법과 동일하다고 잘못 이해하는 것, 즉 B를 학습할 때 A의 규칙을 그대로 적용하는 것을 지칭한다. 외국인 학습자의 오류 중 이러한 경우가 가장 많은데 아래에서 그 예들을 살펴보자.

1. '虽然', '尽管', '不论/无论'

'虽然'은 복문 앞 절의 시작부분에 사용되어 뒷 절의 내용이 앞부분의 내용에 이어지는 것이 아니고 전환됨을 나타낸다. 한편 '尽管'은 주로 복문에서 앞 절의 시작부분에 사용되어 양보관계를 나타낸다. 이 두 단어를 사용할 때는 절이 나타내고자 하는 내용이 전환관계인지 양보관계인지를 분명히 알아야 한다. '不论/无论'은 임의의 사람이나 사물을 나타내는 의문대체사 혹은 선택관계를 나타내는 병렬성분의 앞부분에 사용되며, 뒤에는 '都'나 '也'가 이들과 호응하여 어떠한 조건 아래에서도 결과나 결론이 바뀌지 않을 것임을 나타낸다. 학습자는 이러한 접속사를 사용할 때 종종 추론을 통하여 한 단어의 용법을 다른 단어에 그대로 적용시킴으로써 오류를 범한다. 다음 예문을 보자.

(1) *<u>虽然</u>澳洲离中国很远, 我希望我还能跟她联系。(尽管)

예문(1)에서 나타내고자 하는 것은 양보관계이므로 '虽然'은 '尽管'으로 고쳐야 한다.

(2) *尽管学习怎么忙, 他每天还是坚持看报。(无论/不论……都……)

예문(2)에서 나타내고자 하는 것은 절대조건이므로 '尽管……还是……'를 '不论/无论……都……'로 고쳐야 한다.

(3) *司机对王先生很抱歉, 所以他建议把王先生送到城市。无论王先生恨司机, 但他接受了司机的建议。(尽管)

예문(3)에서 나타내고자 하는 것은 양보관계이므로 '无论'은 '尽管'으로 고쳐야 한다.

2. '还'와 '也'

'也'는 일반적으로 '동일한 부류'를 나타내고, '还'는 범위의 확대를 나타낸다. 이 두 부사의 사용에 있어서 학습자는 종종 잘못된 추론에 의한 오류를 범한다.

(4) *北方的冬天不但很冷, 而且也常常刮风。(还)

예문(4)에서 '冷'은 북방 겨울의 특징이고, '常常刮风'은 북방 겨울의 또다른 특징이다. 그러나 위 예문에서는 '동일한 부류'를 나타내는 것이 아니라 범위의 확대를 나타내고 있으므로 '也'를 '还'로 고쳐야 한다.

(5) *我死了以后有儿子, 儿子死了也有孙子。(还)

예문(5)에서 '儿子, 孙子'가 모두 가족의 구성원이기는 하지만 항렬이 같지 않기 때문에 동일한 부류가 아니며 따라서 '也'를 사용할 수 없다. '儿子, 孙子'는 기존의 가족 범위에서 늘어난 식구로 범위의 확대와 수량의 증가를 나타내므로 '还'를 사용해야 한다.

(6) *我个人认为这样的实利快乐是假的, 在最有利的情况下还只能算是短期的快乐而已。(也)

예문(6)은 사실상 가설 겸 양보의 성분을 가지고 있으므로 '即使在最有利的情况下也……'의 생략형식이라고 볼 수 있다. 따라서 '还'는 '也'로 고쳐야 한다.

3. '怎么'와 '这么'

'这么'는 성질, 상태, 방식, 정도 등을 나타내고 '怎么'는 방식과 의문을 나타낸다. 즉, 전자는 의문을 나타내지 않고, 후자는 방식만을 나타내며 주로 의문문에 사용된다. 학습자는 '这么'와 '怎么'를 사용할 때 혼동하는 경우가 많다. 다음의 예문을 살펴보자.

(7) *这样的情况越来越多, 很多老板和经理不高兴, 但是不知道这么来解决这个问题。(怎么)

예문(7)에서 '不知道'의 목적어는 의문문 형식의 평서문인데, '这么'는 의문을 나타내지 않으므로 '这么'를 '怎么'로 고쳐야 한다. 유사한 예로 다음과 같은 것이 있다.

他不知道为什么去, 跟谁去, 怎么去。

(8) *Q: 你觉得你可以还在中国学习五年?

　　*A: 五年? 怎么长时间? (这么)

　　예문(8)에서 '长'의 수식어로는 정도를 나타내는 부사가 와야 하는데, '怎么'는 정도를 나타내지 않으므로 '怎么'를 '这么'로 고쳐야 한다. 예문(8)은 문장의 끝을 올려 읽고 의문부호를 쓰기는 했지만, '답변을 요구하지 않는' 반어문이다. '这么'는 '长'을 수식해서 정도가 강함을 나타낸다.

4. '一边……, 一边……'

　　갑(甲)이라는 의미범주를 나타내는 단어를 사용해서 을(乙)이라는 의미범주를 나타내는 것 역시 '잘못된 추론'의 한 가지 유형이다.

(9) *他喜欢一方面吃饭, 一方面看报。(一边吃饭, 一边看报)

　　'一方面……一方面……'은 하나의 사물이나 사건의 다른 측면을 나타내고, '一边……一边……'은 동시에 진행되는 두 가지 이상의 동작을 나타낸다. 따라서 예문(9)의 '一方面……一方面……'은 '一边……一边……'으로 고쳐야 한다.

(10) *这个故事一边有意思一边可怜。(既……又……)

　　'一边……一边……'은 두 가지 이상의 동작이 동시에 진행됨을 나타내는 것으로, 이는 사물의 동작이나 상태에 대한 묘사이다. 반면에 '既……又……'는 두 가지 측면의 성질이나 상황을 동시에 갖추고 있음을 나타내는 것으로, 이는 사물의 속성에 대한 묘사이다. 예문(10)은 이야기의 특징에 대해 서술하고 있으므로 '既……又……'를 사용해야 한다.

제2절 규칙의 불완전한 적용에 의한 오류

규칙의 불완전한 적용이란 마땅히 적용해야 할 규칙의 일부분만 적용하고 다른 부분은 누락한 것을 말하는데, 여기에는 다음과 같은 두 가지 예가 있다.

1. '幸亏'

(11) *幸亏那个小姑娘, 我才认识了我最好的朋友。(多亏)

예문(11)에서는 학습자가 목표언어 지식의 영향으로 인해 '多亏'를 써야 할 곳에 '幸亏'를 사용하였다. '多亏'와 '幸亏'는 둘 다 '앞에서 제시된 유리한 조건 때문에 뒤에 출현하는 불리한 사건에서 벗어날 수 있었음'을 나타내지만 이 둘 사이에는 차이점도 있다. '多亏'는 상술한 의미 외에도 고마움의 뉘앙스를 많이 담고 있는 반면, '幸亏'는 이러한 뉘앙스가 없고 무거운 짐을 벗어서 다행이라는 어감이 더 강하다. (张斌, 2001)

2. '好像'

(12) *对我来说, 好像其他的西方人, 汉字非常难: 他们很多看起来一个样, 很难记得清楚。(像其他的西方人一样)

예문(12)의 '好像'은 서술하는 기능을 가지는데 '확신 없는 추측'을 나타낸다. 또한 비유에도 사용되어 '사실성이 결여된 과장된 비유'를 나타낼 수 있다.

(侯学超, 1998) 반면 '像……一样'은 위에서 말한 '好像'의 의미 이외에 실제 상황도 나타낼 수 있으며, 그 예는 다음과 같다.

他靠做生意养家, 像许多小生意人一样, 他不愿意做有风险的生意。

예문(12)는 실제 상황을 나타내는 문장으로, 학습자는 서양인이기도 하고 또 한자도 매우 어렵다고 느끼므로 '好像'을 '像……一样'으로 수정해야 한다.

제3절 체계적인 규칙의 획일적 사용에 의한 오류

체계적인 규칙의 획일적 사용에 의한 오류란 하나의 의미체계에 속한 선택 가능한 여러 언어항목 중 학습자가 특정 항목만 사용하고, 다른 언어항목들은 거의 또는 전혀 사용하지 않는 것을 말한다. 예를 들면 다음과 같다.

중국어에서 두 개의 병렬성분을 연결할 때 상용하는 접속사로 '和', '并', '并且', '及', '与', '同' 등이 있고, 문장부호에는 '모점(、)'과 '쉼표(,)'가 있다. 이 중에서 학습자들이 가장 흔히 사용하는 것은 '和'이다. 학습자들은 '和'의 사용범위에 개의치 않고 병렬성분을 연결하는 거의 모든 경우에 '和'를 사용한다. 이로 인해 체계적인 규칙의 획일적 사용에 의한 오류가 발생한다. 아래의 예문을 보자.

(13) *我们复习旧课和我们预习新课。(我们复习旧课, 预习新课。)
(14) *诸葛亮叫船上的士兵大喊大叫和擂起鼓来。(大喊大叫并擂起鼓来)
(15) *他们的房子很小和很潮湿。(他们的房子很小, 很潮湿。)

중국어에서 '和'는 일반적으로 두 개의 명사를 연결하는데 사용된다. 동사 또는 형용사를 연결할 경우에는 일정한 제약(이음절의 동사·형용사이어야 하고, 동사의 경우 앞뒤에 동일한 형식의 부사어 또는 목적어를 취해야 하며, 형용사의 경우 앞뒤에 동일한 형식의 부사어 또는 중심어를 취해야 함)이 따르고, 두 문장을 연결하는 데는 사용되지 않는다. 예문(13)에서 연결되고 있는 것은 두 개의 문장이기 때문에 '和'를 사용할 수 없다. 예문(14)에서 연결되는 두 동사구의 경우, 하나는 목적어를 취하고 있고 다른 하나는 목적어를 취하고 있지 않기 때문에 둘 사이에 '和'를 사용할 수 없다. 예문(15)에서 연결되는 두 성분이 다 이음절 형용사인 것은 아니기 때문에 역시 '和'를 사용할 수 없다.

제4절 잘못된 분석에 의한 오류

잘못된 분석이란 학습자가 목표언어의 특정한 언어현상에 대해 정확하게 분석하지 못하고 이를 통해 잘못된 결론을 도출하는 경우를 말한다. 예를 들어 영어의 'they'를 'its'(it+복수를 나타내는 s)로 잘못 사용한 경우가 이에 해당한다. 아래의 예문을 보자.

(16) *一个小镇有这么好的便利条件吗? 有时我自己也难以相信, 但是事实就是这样。现在<u>他们</u>不仅在交通方面发展着, 也在别的方面发展着。(它)

예문(16)의 '他们'은 '它' 또는 의인화 한 '她'로 수정해야 앞의 '小镇'을 지시하는데 사용될 수 있다. 이 담화를 구성한 학습자는 小镇이 형성되기 위해서는 사람이 있어야 하고, 小镇의 발전 또한 그 사람들의 노력의 결과라고 분석했을 것이다. 따라서 '他们'을 사용해서 앞서 언급된 小镇을 지시하고자 한 것으로 보이나 위 예문에서 '他们'을 사용한 것은 적절치 못하다.

■ 参考文헌

侯学超. 现代汉语虚词词典. 北京大学出版社. 1998
鲁健骥. 对外汉语教学思考集. 北京语言大学出版社. 1999
任长慧. 汉语教学中的偏误分析. 武汉大学出版社. 2001
陶文好. 语篇语法对高年级英语教学的启示. 西安外国语学院学报. 2001 (1)
王建勤 等. 汉语作为第二语言的习得研究. 北京语言大学出版社. 1997
张　斌. 现代汉语虚词词典. 商务印书馆. 2001
周小兵. 学习难度的测定和考察. 世界汉语教学. 2004 (1)
James C., Errors in Language Learning and Use : Exploring Error Analysis.
　　语言学习和 语言使用中的错误 : 错误分析探讨. 外语教学与研究
　　出版社. 2001

제10장 구조 유발성 오류

중간언어의 변이가 발생하는 데는 일정한 조건이 있는데, 이러한 변이의 조건을 연구하는 것은 중간언어를 이해하기 위한 효과적인 수단이 된다. Young(1993)은 영어에서 복수를 나타내는 형태소 '-s'의 누락 현상 연구를 통하여 명사 앞의 수사가 '-s'를 누락시키는 조건임을 지적한 바 있다. 예를 들면 다음과 같다.

*There are 26 student__ in our classroom.

중국어 습득의 영역에 있어서 변이의 조건이라는 측면에서 중간언어를 연구한 논문은 거의 없고 문법 습득의 측면에서 田善继(1995)와 陈小荷(1996)의 연구에서는 중간언어 변이의 언어 내 조건에 대해서 언급하고 있는데, 이는 우리에게 시사하는 바가 크다. 이번 장에서는 학습자들이 자주 범하는 몇몇 문법오류에 대해서 분석하고자 하는데, 주로 이러한 오류를 발생시키는 유발성 요인에 대해서 논의할 것이다.

제1절 과거시간사(구)가 유발하는 '了' 추가오류

중국어 중간언어 가운데 과거시간사(구)는 '了'의 사용에 영향을 미치기가 쉽다. 중국어의 '了'는 시제표지는 아니지만, 과거시간을 나타내는 어구와 동시에 출현하는 빈도가 높기 때문에 학습자는 '과거'라는 개념을 '了'와 연계시킬 수 있다. 이들의 관계는 다음과 같이 나타낼 수 있다.

과거 ↔ 了

위의 도식은 양자가 매우 긴밀하게 연계되어 있기 때문에 상호 간에 영향을 줄 수 있음을 의미한다. 동일한 과거의 사건이라도 과거시간사(구)를 포함하고 있을 경우 이러한 현상이 더욱 두드러진다. 따라서 학습자는 '了'가 곧 과거에 발생한 사건을 나타낸다고 생각하여 일단 과거시간사(구)가 있으면 '了'를 추가하는 오류를 쉽게 범한다. 어순으로 보면 과거시간사(구)는 앞쪽에 출현하는 경우가 많다. 따라서 먼저 출현한 과거시간사(구)가 학습자로 하여금 그 뒤에 '了'를 사용하도록 유도하는 것이다. 이를 통해서 위의 도식을 다음과 같이 구체화할 수 있다.

과거시간사(구) → 了

즉, 과거시간사(구)가 '了'의 사용에 영향을 미친다는 것이다. 필자는 이러한 영향을 '유발'이라 부르고자 하는데, 이는 과거시간사(구)가 '了'의 출현을 유발한 것이다. 아래에서는 학습자의 중간언어 자료를 예로 이러한 유발 현상에 대해 분석해보기로 한다.

필자는 중국어 중간언어 오류표기 말뭉치[1]에서 '了' 사용 오류가 포함된 예

---

[1] 이 말뭉치는 中山大學 國際交流學院에서 학습자의 작문과 연습문제의 답안을 다년

문을 모두 찾아내고, 이를 다시 분류와 통계 작업을 통하여 시간사(구)에 의해 유발된 오류를 추출했다. 아래에서는 설명을 보다 명확하게 하기 위하여 '了'를 세 종류로 분류하는 일반적인 견해를 취했다. 즉, 동사 뒤에만 출현하는 것은 '了$_1$', 문장 끝에만 출현하는 것은 '了$_2$', 동사 뒤나 문장 끝에 모두 출현하는 것은 '了$_{1+2}$'라고 하기로 한다.

1. 오류발생항목 '了$_1$'

(1) *我第一次去上海的时候, 就是五年前, 坐飞机到达了上海已经过了下午四五点了。

(2) *在中国的时候, 我每天上了四个小时的汉语课。

(3) *去年夏天我常常去了游泳。

예문(1)~(3)의 적격문은 다음과 같다.

(1′) 我第一次去上海的时候, 就是五年前, 坐飞机到达上海已经过了下午4、5点了。

(2′) 在中国的时候, 我每天上四个小时的汉语课。

(3′) 去年夏天我常常去游泳。

위의 오류문에서 밑줄 친 부분이 오류유발항목인데 이를 A로 표시하기로 하자. 그렇다면 예문(1)~(3)에서 A는 각각 '我第一次去上海的时候, 就是五年

간 축적하여 구축한 것이다. 여기에는 중급 학습자의 언어자료가 대략 80%, 초급과 고급 학습자의 언어자료가 각각 10%씩 포함되어 있다. 학습자는 세계 각국의 학습자로 구성되어 있다. 그 중에서 아시아 학습자가 가장 많으나 유럽이나 미주 지역의 학습자도 적지 않다. 이와 같이 학습자가 매우 넓게 분포되어 있으므로 본 언어자료는 일정 정도 대표성을 지닌다고 할 수 있다.

前’, ‘在中国的时候’, ‘去年’으로 모두 과거 시간을 나타내는 명사 또는 명사구이다. 한편 기울여서 진하게 표시한 것이 오류발생항목인데 이를 B로 표시한다면 B=‘了₁’이다. 오류유발항목과 오류발생항목 사이의 관계는 A→B로 표시할 수 있는데, 그 의미는 A가 B를 유발하였다는 것이다.

위의 오류문에서 진하게 표시를 한 ‘了’는 다음 규칙들 때문에 문장 안에서 사용할 수 없다. 즉, ‘了₁’은 동작의 완성을 나타내므로 빈도를 나타내는 부사 ‘常常, 有时……’와 함께 쓰일 수 없고, 또한 ‘每+시간사’와도 함께 쓰일 수 없다. 그러므로 예문(2), (3)에서 동사 뒤의 ‘了₁’을 삭제하여야 한다.

예문(1)의 주절구조는 상당히 복잡하다. 동사 세 개가 출현하였으며 ‘了’ 또한 세 개가 출현하였는데, 앞의 두 개는 모두 동사 뒤에 사용되는 ‘了₁’이고 가장 뒤의 것은 ‘了₂’이다. 이러한 구문의 구조에 대하여 두 가지의 견해가 있는데, 하나는 연동문으로 보는 견해이고, 다른 하나는 연동구가 주어의 역할을 하고 있는 것으로 보는 견해이다.

먼저 첫 번째 견해에 따라 분석해보자. 연동문에서 ‘了₁’은 일반적으로 두 번째 동사의 뒤에 사용된다. 만일 ‘坐飞机到达上海’와 같이 두 개의 동사로 이루어진 연동문이라면 ‘坐飞机到达了上海’라고 말할 수 있다. 그러나 예문 (1) ‘坐飞机到达上海已经过了下午4、5点’은 세 개의 동사로 이루어진 연동문이고, 게다가 ‘坐飞机到达上海’구조는 시간을 나타내므로 ‘坐飞机到达上海时’라는 의미를 나타내고 있어서 ‘了₁’은 세 번째 동사 ‘过’의 뒤에 써야 한다.

두 번째 견해에 따라 분석해보면 다음과 같다. ‘坐飞机到达上海’는 연동구로, 주어의 역할을 하고 있으며 전체 문장의 서술어는 ‘过’이다. 일반적으로 연동구가 주어의 역할을 하는 경우에 동사의 뒤에는 ‘了₁’을 사용하지 않는다. 완성상 표지인 ‘了₁’은 문장의 서술어인 ‘过’의 뒤에 놓아야 한다.

2. 오류발생항목 '了₂'

(4) *<u>我在日本的时候</u>, 我是设计家了。
(5) *<u>五年以前</u>, 那时候我是中学生了。
(6) *<u>以前</u>我在大学学了大概两年了。

예문(4)~(6)의 적격문은 다음과 같다.

(4′) 在日本的时候, 我是设计家。
(5′) 五年以前, 那时候我(还)是中学生。
(6′) 以前我在大学学了大概两年。

위의 오류문에서 밑줄 친 부분이 오류유발항목인데, 이를 A로 표시하기로 한다. 그렇다면 예문(4)~(6)에서의 A는 각각 '我在日本的时候', '五年以前', '以前'이다. 한편 B로 오류발생항목을 표시한다면 B='了₂'이다. 오류유발항목과 오류발생항목 사이의 관계는 A→B로 표시할 수 있다.

'了₂'는 어떠한 사건에 변화가 일어났음을 나타낸다. 만일 단순히 과거의 사건에 대한 서술이고, 해당 사건이 말하는 시점까지 연속되지 않았다면 예문(4), (5)처럼 '了₂'를 사용할 필요가 없다.

예문(6)은 '了₁'과 '了₂'가 동시에 사용되었다. 문법규칙에 비추어 보면 'V+了₁+지속시간을 나타내는 어구+了₂'는 과거에 어떠한 동작이 발생하였으며 발화 시점인 현재까지도 지속되고 있음을 나타낸다. 반면 아래의 예문에서와 같이 'V+了₁+지속시간을 나타내는 어구'는 과거에 어떠한 동작이 발생하였는데, 발화 시점인 현재까지도 지속되고 있음을 나타낼 수도 있고 발화 시점 이전에 이미 끝났음을 나타낼 수도 있다.

他学了两年汉语了，现在还准备学下去。

*他学了两年汉语了，现在大部分都还给老师了。

他学了两年汉语，现在还准备继续学下去。

他学了两年汉语，现在大部分都还给老师了。

예문(6)에는 과거시간사인 '以前'이 있으므로 과거에 동작이 발생하여 발화 시점 이전에 이미 끝났음을 명확히 나타내고 있다. 따라서 '了$_2$'를 사용할 수 없다.

3. 오류발생항목 '了$_{1+2}$'

(7) *我现在才十九岁，<u>去年</u>在日本高中毕业了。

(8) <u>上上个学期</u>我在中大开始学中文的时候，我在8班学习了，那之前都是自学了。

(9) *<u>昨天</u>我们开了个晚会，大家都很高兴了。

예문(7)~(9)의 적격문은 다음과 같다.

(7′) 我现在才十九岁，去年在日本高中毕业。

(8′) 上上个学期我在中大开始学中文的时候，我在8班学习，那之前都是自学。

(9′) 昨天我们开了个晚会，大家都很高兴。

예문(7)~(9)에서 오류유발항목을 A로 표시하면, A는 각각 '去年', '上上个 学期', '昨天'이다. 오류발생항목을 B로 표시하면 'B=了$_{1+2}$'이다. 오류유발항 목과 오류발생항목의 관계는 'A→B'로 나타낼 수 있다.

'了$_{1+2}$'는 동작도 완성되었고 상황에도 변화가 생겼음을 나타낸다. 그러므로 단지 과거의 사건만 진술하는 것이라면 '了$_{1+2}$'를 쓸 필요가 없다. 예문

(7)~(9) 모두 '了$_{1+2}$'의 의미를 내포하지 않으므로 '了'를 쓸 수 없다.

언어자료를 수집하면서, 대표성을 갖는 외국인 학습자의 작문 중에서 '了'를 사용한 문장을 살펴 본 결과, 대부분 과거시간사가 포함되어 있음을 발견했다. 예를 들어 예문(9)는 외국인 학습자의 작문인 「对写作课的要求」에서 발췌한 것인데, 해당 작문(총 221자, 11개 문장)에는 '了'가 두 번 밖에 출현하지 않는다. 여기에는 분명 '了'의 회피 현상이 존재한다고 보아야 한다. 한편 흥미로운 것은 '了'가 사용된 두 개의 문장에 모두 과거시간사가 포함되어 있으며, 이 두 문장에 사용된 '了'는 모두 중국어의 문법규칙에 부합하지 않는다는 점이다. 또 몇몇 학습자에게 왜 '了'를 사용했는지에 대해 질문했었는데, 많은 학습자가 과거시간사가 있고 과거에 발생했기 때문이라고 대답했다. 이 또한 우리의 가설을 뒷받침하는 근거이다.

제2절 방위처소사가 유발하는 '在' 추가 오류

시간과 공간은 어떠한 상황이나 사건을 객관적으로 파악하는데 매우 중요한 인류 언어의 두 가지 인지영역으로, 공간 개념 어휘는 시간 개념 어휘와 마찬가지로 중간언어 변이의 조건이며 유발성 오류를 발생시킬 수 있다. 공간 개념은 장소 개념이라고도 할 수 있는데 이는 인류의 생활과 밀접한 관련이 있는 중요한 개념으로서 현대중국어 문법체계의 중요한 구성 성분이다(储泽祥, 1997:365).

'在'와 같은 어휘의 목적어가 될 수 있다는 것은 장소 개념을 성립시키는 조건 중 하나이다. '在'는 장소와 밀접한 관련이 있으며, 따라서 장소를 나타내는 어휘와 함께 한 문장에 출현하는 경우가 많다. '在'와 '장소'는 공기하는 비율이 높고 둘 사이의 거리도 가깝기 때문에(일반적으로 둘 사이에 다른 성분이 놓이지 않음), 학습자들은 '장소'와 '在'를 연계시킬 가능성이 높다. 이를 다음과 같이 표시할 수 있다.

이는 학습자의 대뇌 속에 두 가지 개념이 긴밀하게 연계되어 있기 때문에 상호 간에 영향을 줄 수 있음을 의미한다. 그러나 중국어의 문법체계에서 '장소'를 나타내는 모든 어휘 앞에 항상 '在'를 쓸 수 있거나 써야 하는 것은 아니다. 다시 말해서 '중국어에서 전치사에 대한 장소 개념의 의존도는 높지 않으며, 반드시 전치사를 써야 하는 경우도 대부분 통사 구조의 필요에 의한 것이지 장소 자체의 필요 때문은 아니다'(储泽祥, 1997:365).

이러한 상황은 중간언어에서도 잘 나타나는데, 즉 '在'의 사용빈도가 상당히 높으며 오류발생시에도 추가오류가 많다는 사실이다. 赵葵欣(2000)의 조사에 따르면 253개의 전치사 용례 가운데 '在'가 100개로 가장 많이 출현하였고, 그 다음은 '跟'이 42개로 출현빈도의 차이가 매우 크다. '在'가 출현한 100개의 예문 중 '在' 오류문은 8개인데, 그 중에서 '在'구문이 부사어로 쓰인 경우가 6개이다. 杨丽姣(2004)는 任长慧가 제시한 48개의 '시간·장소어휘'오류에 대해 통계조사를 진행하였는데 그 중 전치사·목적어구에 쓰인 '在'의 오류가 31개로 64%를 차지하였다. 또 丁安琪·沈兰(2001)은 한국인 학습자의 입말을 대상으로 전치사 '在'의 사용 상황을 조사하였는데, 69개의 문장 중 '在'가 장소를 나타내는 경우가 85.5%를 차지하였다. 이러한 연구를 통하여 다음과 같은 사실을 알 수 있다. 즉, 전치사 중에서 학습자들은 다른 단어보다 '在'를 월등히 많이 사용하고 있으며, '在' 오류에서는 시간·공간과 관련된 오류들이 상당히 높은 비율을 차지한다. 위에서 언급한 연구들은 모두 '在' 오류에 대한 전반적인 내용을 다루고 있으며 조사한 오류의 유형도 비교적 다양한데, '在'자구의 오류, '在'와 관련된 오류, '在'와 시간, 범위, 조건의 결합 등을 포함하고 있다.

이번 장에서는 '在' 자체의 오류, 즉 '在'의 추가오류, 어순오류, 누락오류, 대체오류만 살펴보고, '在'자 구조에 관한 오류는 논외로 한다. 또한 의미적인 측면에서는 공간 개념과 '在'의 결합 상황만 고찰하도록 한다.

아래의 분석에서 사용한 언어자료는 제1절과 동일하며, 그 중에서 '在'의 사용 오류가 포함된 예문을 모두 찾아내고, 이를 다시 분류와 통계 작업을 통하여 공간 개념과 관련된 예문을 추출했다.

1. 고유명사

(10) *汉城是在韩国的第一个城市。

(11) *听说昆明是在中国最漂亮的地方。

(12) *我热爱在汉城的冬天。

(13) *住的西大门区, 是在汉城四个很有名的大门之一。

위 예문의 적격문은 다음과 같다.

(10´) 汉城是韩国的第一个城市。

(11´) 听说昆明是中国最漂亮的地方。

(12´) 我热爱汉城的冬天。

(13´) 我住的西大门区, 是汉城四个很有名的大门之一。

네 개의 예문 중, 오류유발항목 A는 각각 '韩国, 中国, 汉城, 汉城'이며 오류발생항목 B는 '在'이다. 이들의 관계는 A→B로 표시할 수 있는데, 이는 장소를 나타내는 고유명사가 '在'의 출현을 유발하여 오류를 발생시켰음을 의미한다.

만약 장소를 나타내는 고유명사와 수식하는 명사 간에 종속-피종속 관계가 성립한다면, 즉 '韩国, 中国, 汉城, 汉城'과 수식을 받는 '城市, 地方, 冬天, 大门'이 서로 종속-피종속 관계라면 지명을 나타내는 고유명사 앞에 '在'를 추가할 필요가 없다. 이는 일반적으로 '在'와 고유명사가 결합하여 장소를 나타내는 상황과는 다르다.

2. 방위사구

(14) *喝着一杯茶, 听着一首美丽的歌的时候, 我们能够得到<u>在世界上</u>比什么都好的一种满足感。

(15) *第一个就是冬天时<u>在外面</u>很多很多雪。

위 예문의 적격문은 다음과 같다.

(14′) 喝着一杯茶, 听着美丽的一首歌的时候, 我们能够得到比世界上什么都好的一种满足感。

(15′) 第一个就是冬天时外面很多很多雪。

예문(14), (15)는 모두 방위사구 앞에 '在'를 잘못 추가하였다. 오류유발항목 A는 '世界上, 外面', 오류발생항목 B는 '在'이며 이들의 관계는 A→B로 표시할 수 있는데, 이는 방위를 나타내는 구가 '在'의 출현을 유발하여 오류를 발생시켰음을 뜻한다.

중국어문법의 규칙으로 보면 예문(14)의 '世界上'은 '什么'의 수식어이고, 예문(15)의 '外面'은 존현문(外面很多很多雪)의 주어이다. 일반적으로 방위를 나타내는 구가 수식어나 존현문의 주어로 쓰일 때, 방위사구 앞에 전치사 '在'를 필요로 하지 않는다. 이것은 학습자가 초급단계에서 학습한 '在+방위사구' 구조와는 다른 것이다.

제3절 문두의 화제가 유발하는 부사어 어순오류

화제(topic)는 현대언어학에서 중요한 개념 가운데 하나로, 현재 화제에 대한 인식에는 상당한 차이가 있다. 이번 절에서는 沈开木(1996:166)에 따라 이 화제라는 개념을 주어, 문두부사어, 종속절-주절 복문 중의 선행절 등 문두에 위치하는 성분들을 지칭하는 것으로 보기로 한다.

Cook(1997)에 의하면, 관형절을 내포한 문장을 처리할 때, 기억의 과중한 부담으로 인해 모국어 화자 및 성인 외국어 학습자들은 모두 문장의 첫 번째 명사를 주어로, 동사 뒤의 첫 번째 명사를 목적어로 보려는 책략을 사용한다(周小兵, 2004:67). 중국어 습득의 과정 중에도 이와 같은 현상이 발생한다. 일반적인 학습자들은 동사 앞의 성분을 주어로 보는 경향이 있는데, 이로 인해 일부 부사어의 위치에 변화가 생기게 된다. 다시 말해서, 부사어(여기서는 하나의 부사가 부사어의 역할을 하는 경우임)의 어순오류는 문두의 화제와 관련이 있다. 따라서 필자는 문두의 화제도 중간언어 변이의 조건으로 보고자 한다.

이러한 현상과 관련하여, 陈小荷(1996)는 '也'의 위치 분석에서 '也'가 주어 앞에 출현하는 오류에는 두 가지 조건이 있음을 지적한 바 있다. 그 중 하나는 '也' 앞에 휴지 없이 다른 절이 있는 경우이고, 또 다른 하나는 '也' 앞에 문장 부사어 또는 대주어가 있는 경우이다. 陈小荷의 연구에 기초하여, 필자는 한 걸음 더 나아가 이러한 현상을 문두에 위치한 화제가 오류를 유발하는 현상으로 보고 '也' 이외의 다른 유사한 부사들도 같은 유형의 오류가 발생함을 규명하였다. 부사들이 오류발생항목이고, 부사의 어순오류를 일으키는 화제를 오류 유발항목으로 보았으며, 좀 더 구체적으로 필자는 문두에 위치한 화제가 부사어의 전치 오류를 유발하는 것으로 판단했다.

1. 대주어

주술술어문에서 대주어(화제1)의 영향으로 원래 소주어(화제2) 뒤에 두어야 할 부사어를 소주어 앞으로 옮겨오는 경우가 있다. 예를 들면 다음과 같다.

(16) *吃的东西也有, <u>早餐, 中饭, 晚饭</u>*都*他们供应。

(17) *<u>老师</u>*多么*工作认真啊!

(18) *<u>谢力和丁力</u>*都*身体很好。

위 예문의 적격문은 다음과 같다.

(16′) 吃的东西也有, 早餐、中饭、晚饭他们都供应。

(17′) 老师工作多么认真啊!

(18′) 谢力和丁力身体都很好。

예문(16)~(18)에서는 부사어가 전치된 오류가 발생했다. 오류유발항목 A는 각각 '早餐、中饭、晚饭', '老师', '谢力和丁力'이고, 오류발생항목 B는 각각 '都'와 '多么'인데 '都'와 '多么'가 모두 전치되어 있다. 이들 사이의 관계를 'A→B 전치'로 나타낼 수 있는데 이는 대주어 A의 영향으로 원래 소주어와 서술절 내의 술어 사이에 두어야 할 부사어 B를 소주어 앞, 대주어 뒤로 옮겼음을 의미한다.

2. 문두의 시간부사어 및 장소부사어

위에서 언급한 대주어 외에도 문두에 위치하여 화제(화제1)가 되는 다른 요소들이 있다. 이 중 시간부사어가 대표적인데, 시간부사어의 영향으로 주어(화제2) 뒤에 두어야 할 부사어를 주어 앞으로 옮기는 오류가 발생하기도 한다.

(19) *<u>每天</u>*都*王先生看电视。

(20) *可是, <u>到了现在</u>*也*口语水平还是差得很远。

(21) *我们只在巴黎留了一个星期左右, 所以我们只能走马看花。但<u>现在</u>*也*巴黎这个城市还在我的眼前。

(22) *<u>每天夜里十二点</u>*才*他睡觉。

위 예문의 적격문은 다음과 같다.

(19´) 王先生每天都看电视。

(20´) 可是, 到了现在口语水平也还是差得很远。

(21´) 我们只在巴黎留了一个星期左右, 所以我们只能走马看花。但现在
      巴黎这个城市也还在我的眼前。

(22´) 每天夜里十二点他才睡觉。

예문(19)~(22)도 모두 문두에 위치한 화제 성분인 시간부사어의 영향으로 주어 뒤에 두어야 할 부사어를 주어 앞으로 옮긴 것이다. 오류유발항목 A는 각각 '每天', '到了现在', '现在', '每天夜里十二点'이고 오류발생항목 B는 각각 '都', '也', '也', '才' 등이다. 이들의 관계를 'A→B 전치'로 나타낼 수 있는데, 이는 문두에 위치한 화제 성분들의 영향으로 부사어의 어순오류가 발생했음을 의미한다. 다시 말해서, 학습자는 문두의 시간부사어와 장소부사어를 주어로 오인하여 '都', '也', '才' 등의 부사를 이 오인한 '주어' 뒤에 두게 되는 것이다.

3. 선행절

문두에 위치한 선행절(화제1)의 영향을 받아 원래 주어(화제2) 뒤에 두어야 할 부사어를 주어 앞에 두는 경우가 있다. 앞의 두 유형과 달리, 이 유형의 오류유발항목은 문두의 화제 자리에 위치한 절이다. 이러한 유형에 해당하는 오류예문은 모두 13개이다. 아래의 예문을 보자.

(23) *除非解决这些经济方面的问题, 才儿童能上学。

(24) *他一打开盒子, 就白烟冒出来了。

위 예문의 적격문은 다음과 같다.

(23´) 除非解决这些经济方面的问题，儿童才能上学。
(24´) 他一打开盒子，白烟就冒出来了。

　예문(23)~(24)는 모두 종속절-주절 복문이다. 이 오류들은 종속절-주절 복문에서 화제 자리에 위치한 선행종속절(A)의 영향을 받은 부사어(B)의 어순오류로 볼 수 있다. 선행절이 화제로서 전체 문장의 주어 위치를 점함으로써 원래 주절의 주어 뒤에 두어야 할 부사어를 주절의 주어 앞에 두게 된 것이다. 이들의 관계도 'A→B 전치'로 나타낼 수 있다.
　제3절에서 언급한 부사 '都', '也', '才', '就' 등은 주어 뒤 동사술어 앞에만 둘 수 있고, 대체사를 포함한 명사성 주어 앞에는 둘 수 없다. 중국어는 화제가 두드러지는 언어이기 때문에 각종 화제 성분이 문두에 출현할 경우 상술한 부사들을 전치시키는 오류가 발생할 수 있다.

■ 参考文献

保惠红. 心理语言学的发展趋势及其在外语教学中的运用. 云南师范大学学报. 1998 (2)

陈开顺. 言语知觉中的心理模式. 外语研究. 2001 (3)

陈　平. 语言习得与外语学习过程之比较. 韩山师专学报. 1994 (2)

陈淑芳. 语际语言偏误与语际语用偏误. 外语与外语教学. 2003 (6)

陈小荷. 跟副词"也"有关的偏误分析. 世界汉语教学. 1996 (2)

程美珍. 汉语病句辨析九百例. 华语教学出版社. 1997

储译祥. 现代汉语方所系统研究. 华中师范大学出版社. 1997

崔希亮. "在"字结构解析 - 从动词的语义、配价及论元之关系考察. 世界汉语教学. 1996 (3)

狄昌运. 怎样说得对 - 日本人汉语学习中常见语法错误辨析. 北京语言学院出版社. 1996

丁安琪·沈　兰. 韩国留学生口语中使用介词"在"的调查分析. 语言教学与研究. 2001 (6)

方绪军. 中介语中动词句的配价偏误分析. 语言教学与研究. 2001 (4)

桂诗春. 心理语言学. 上海外语教育出版社. 1985

韩在均. 韩国学生学习汉语"了"的常见偏误分析. 汉语学习. 2003 (4)

何一薇. 时间词语之偏误分析. 海南师范学院学报. 2003 (1)

洪　波. 对外汉语成语教学探论. 中山大学学报论丛. 2003 (2)

胡　荣. 中介语与外语教学. 外语教学. 1998 (3)

李大忠. 外国人学汉语语法偏误分析. 北京语言大学出版社. 1996

刘鸿君. 也谈民族学生汉语习得中的常见偏误. 新疆教育学院学报. 2002

刘苏乔. 表比较的"有"字句浅析. 语言教学与研究. 2002 (2)

刘月华　等. 实用现代汉语语法. 商务印书馆. 2001

刘振前·刘蕴秋. 外国语言理解研究述论. 四川外国语学院学报. 1998 (1)

吕必松. 论汉语中介语的研究. 语言文字应用. 1993 (2)

阮亦慧. 试析英语语言错误. 广州师院学报. 1994 (1)

沈开木. 现代汉语话语语言学. 商务印书馆. 1996

沈开木. 语法 理论 话语 - 现代汉语的探索. 广东人民出版社. 1999

肖奚强. 外国学生照应偏误分析 - 偏误分析丛论之三. 汉语学习. 2001 (1)

徐子亮. 汉语作为外语教学的认知理论研究. 华语教学出版社. 2000

田善继. 非对比性偏误分析. 汉语学习. 1995 (6)

佟慧君. 外国人学汉语病句分析. 北京语言学院出版社. 1986

王建勤 等. 汉语作为第二语言的习得研究. 北京语言大学出版社. 1997

徐丽华. 外国学生连词使用偏误分析. 浙江师大学报. 2001 (3)

杨丽姣. "在+L"次序研究及其对外汉语教学策略. 云南师范大学学报.
　　2004 (1)

袁博平. 第二语言习得研究的回顾与展望. 世界汉语教学. 1995 (4)

张城护. 母语为英语的外国人学习汉语词语过程中的偏误规律研究. 娄
　　底师专学报. 2000 (4)

赵葵欣. 留学生学习和使用汉语介词的调查. 世界汉语教学. 2000 (2)

郑亨奎. 试论母语干扰对汉语学习的影响. 浙江树人大学学报. 2000 (4)

邹洪民. 语言单位的同一性与对外汉语教学中的偏误分析. 语言与翻译.
　　2002 (2)

周国光·王葆华. 儿童句式发展研究和语言习得理论. 北京语言大学出版社.
　　2001

周小兵·赵 新. 对外汉语教学中的副词研究. 中国社会科学出版社. 2002

周小兵·李海鸥. 对外汉语教学入门. 中山大学出版社. 2004

Corral David W., Psychology of language. Brooks/Cole Publishing Company. 1999

Cook V. Connitive processese in second language learning. Internatonal Review of Allied Linguistics. XV: 1-20. 1997

Ellis R. The Study of Second Language Acquisition. 上海外语教育出版社. 1999

James C. Errors in Language Learning and Use: Exploring Error Analysis. 语言学习和语言使用中的错误: 错误分析探讨. 外语教学与研究出版社. 2001

Murphy, Gardner and Joseph K. Kovach. Historical Intriduction to Modern Psychology Hartcourt Brace Jovanovich. Inc. 1972

Seliger H. 'On the possible role of the right hemisphere in second language acquisition' TESOL Quarterly. 1982 16:307-314

제4부
교육상의 오도

제11장 교재에 의한 오도 요인 분석

제2언어교육에 있어서 교재는 없어서는 안 될 도구이다. 교재는 교육 효과에 직접적으로 영향을 미칠 수 있다. 따라서 교수자이든 학습자이든 모두 좋은 교재를 구하려고 한다. 언어 교수자의 경우, 교재가 잘 만들어졌다면 교수자의 뜻대로 수업을 순조롭게 진행할 수 있기 때문에 많은 시간과 공을 들여 별도로 수업을 준비할 필요가 없다. 교수자가 모든 언어항목을 다 심도 있게 연구할 수는 없다. 특히 경험이 부족한 교수자의 경우 일반적으로 교재의 주석이나 해설대로 학습자에게 설명을 해 주기 때문에 학습자는 더더욱 교재를 중시한다. 따라서 교재 편찬자는 교재의 품질을 책임져야 한다.

본 장에서는 몇 종류의 교재에 대한 고찰을 통하여 중국어 교재에 학습자의 오류를 유발하는 직·간접적인 요인에는 어떠한 것들이 있는지에 대해 논의해 보고자 한다.

제1절 외국어 주석

현재 사용되고 있는 교재의 새 낱말표에는 대부분 영문 주석이 달려있다. 그러나 영어와 중국어 단어의 의미는 일대일 대응을 이루지 않으며, 의미가 유사한 단어도 품사자질이나 용법적인 측면에서 차이가 있다. 만일 단순히 영어 단어로 중국어의 단어를 설명한다면 그 설명은 정확하지 못하거나 완전하지 못할 가능성이 있다. 특히 중국어에는 유의어가 많기 때문에 이에 대응되는 영어 단어를 일일이 찾아서 설명을 할 수가 없다. 그러나 일부 교재와 사전에서는 종종 유사한 의미를 지닌 영어 단어 하나로 여러 개의 중국어 유의어를 설명할 뿐, 단어의 사용 범위도 제한하지 않고 의미색채 등과 같은 측면의 차이에 대해서도 설명해 놓지 않았다. 따라서 학습자는 교재의 주석만으로는 유의어를 구분할 수가 없으며, 교재의 간단한 주석대로만 이해한다면 오류가 발생하기 쉽다. 아래에 제시한 몇 가지 외국어 주석은 학습자의 오류를 유발할 가능성이 있는 것들이다.

1. 주석의 부정확성

먼저 아래의 예문을 보자.

(1)　　　*无论我不会相信他的话。
적격문: 无论如何/怎么样, 我都不会相信他的话。
(2)　　　*他现在病了, 我无论要去看望他。
적격문: 他现在病了, 我无论如何/怎么样都要去看望他。

예문(1), (2)는 각각 일본인 학습자와 호주인 학습자가 작성한 문장이다. 어떤 교재에서는 '无论'에 대한 영문 주석을 'no matter how(what)'이라 하고 있다. 주지하다시피 '无论'은 단독으로는 사용할 수 없으며, 그 뒤에 부정칭 의문대체사나 선택관계를 나타내는 병렬 성분이 수반되어야 한다. 그러나 영문 주석 'no matter how(what)'에 의문대체사는 있지만 학습자는 '无论'에 이미 의문대체사 성분이 포함되어 있는 것으로 오인하고 그 용법이 '无论怎样, 无论

如何, 尽管如此' 등과 같다고 판단하여 '无论'과 'however/whatever'를 동일시함으로써 위와 같은 오류가 발생한 것이다.

(3)   *我跑步上地铁。
적격문: 我跑<u>着</u>上地铁。

교재에서는 '跑步'에 대한 주석을 'to run; running'이라 하고 있기 때문에 학습자는 'I run to the metro'를 직역하여 '我跑步上地铁'와 같은 오류를 범한 것이다. 『现代汉语词典』에서는 '跑步'에 대해 '按照规定姿势往前跑(일정한 자세로 앞을 향해 달려나가다)'라 했고, 『现代汉语规范用法大词典』의 설명도 이와 유사하여 '按特定姿势往前跑'라 했다. 다시 말해서 '跑步'는 일반적으로 일종의 운동 즉, 특정한 자세를 갖춘 운동을 가리킨다. 그러나 '跑'는 다리의 신속한 이동이나 앞으로 나아가는 동작을 의미한다. 예문(3)에서 표현하고자 하는 바는 시간에 대기 위한 동작이지, 특정한 운동이 결코 아니다. 따라서 '跑步上地铁가 아니라 '跑着上地铁'라고 해야 한다. 중국어를 처음 배울 때는 '跑步进教室', '跑步上楼'와 같은 오류가 많이 발생한다.

(4)   *他跟前我。
적격문: 他在我跟前。

어떤 교재에서는 '跟前'을 'near'라고 설명하고 있다.[1] 새 낱말표에는 '跟前'의 품사를 명사라 하고 있으나, 영어 'near'에는 형용사, 부사, 전치사 혹은 동사적 용법은 있으나, 명사적 용법은 없다. 품사가 같지 않은 영어 단어로 중국어 단어를 설명하면 학습자가 해당 단어를 사용할 때 오류가 발생하기 쉽다.

---

[1] 『现代汉语教程 · 读写课本』의 제84과를 참조하였다.

2. 주석의 불완전성

상술한 바와 같이 중국어에는 유의어가 매우 많다. 그러나 일부 교재에서는 종종 하나의 외국어 단어로 여러 개의 중국어 유의어를 설명할 뿐 이들 유의어 사이의 의미, 문법, 화용적 측면의 차이점에 대해서는 구분을 하지 않고 있다. 학습자가 유의어를 사용할 때 오류가 발생하는 경우가 많은데, 이는 교재 내의 외국어 주석의 불완전성과도 일정 정도 관계가 있다.

(5)　　*这篇文章不难, 我了解得了。
적격문: 这篇文章不难, 我理解得了。

예문(5)는 학습자가 '了解'와 '理解'를 혼동한 경우이다. '了解'에 대해서는 'understand, know throughly'라고 설명이 되어 있기 때문에 영문 주석만 보아서는 '了解'와 '理解'를 같은 것으로 오해할 수 있다. 그러나 실질적으로 '了解'는 어떤 사물에 대해서 분명히 알고 있음을 나타내는 단어로, 이는 사물에 대한 객관적인 인식이다. 반면 '理解'는 어떠한 사물의 내용이나 의의에 대해서 알고 있음을 강조하는 단어로, 이는 사물에 대한 주관적인 인식이다. 예문(5)는 '나는 이 글의 내용 및 의의에 대해서 이해하고 있다'는 사실을 강조하는 문장이기 때문에 '理解'를 써야 한다.

(6)　　*因为我想知道中国文化所以来中国留学。
적격문: 因为我想了解中国文化所以来中国留学。
(7)　　*我认识他的家在哪儿。
적격문: 我知道他的家在哪儿。

예문(6), (7)의 오류는 학습자가 '了解', '知道', '认识' 등 세 단어를 분명히 구분하지 못하여 발생한 것이다. 교재에서는 이 세 단어에 대해서 일반적으로 'to know'라 설명하고 있다. 학습자는 이러한 주석에 근거하여 이 세 단어가 서로 통용될 수 있다고 생각하지만, 실질적으로 이 세 단어는 동일하지가 않다. '知道'는 어떠한 사람이나 사건에 대해서 듣거나 본 바가 있음을 가리키지만, '了解'는 어떠한 사람이나 사건에 대해서 잘 알고 있음을 가리키기 때문에 '知道'보다 그 의미의 정도가 깊다. 한편, '认识'는 주로 식별 능력을 강조하며, 어떠한 사람이나 사물에 대해 들었거나 보았음을 나타내고자 할 때는 주술구목적어를 취할 수 없다. 교재에는 이 단어들의 의미상의 차이에 대한 설명이 없기 때문에 학습자로서도 그 차이를 구분할 수 없는 것이다.

(8)　　*对爸爸我买了一件夏威夷衫。
적격문: 我给爸爸买了一件夏威夷衫。

교재에서는 '给'에 대해 '(동사, 전치사) to give; for; to'라 설명하고 있고, '对'에 대해서는 '(동사, 전치사) at; for; to; to face'라 설명하고 있다. 교재의 설명으로 보면 '给'와 '对'는 모두 동사일 수도 있고 전치사일 수도 있으며, 모두 'for · to'의 의미를 지니고 있다. 따라서 학습자는 이 두 단어를 혼동하여 오류를 범하게 된다. 실질적으로 '给'는 동사로 쓰일 때 '使对方得到; 使对方遭受; 容许, 致使' 등의 의미를 지니며, '对'는 '对待, 对付, 对抗; 朝, 向, 面对' 등의 의미를 나타낸다. 이 두 단어가 동사로 쓰일 때는 그 차이가 비교적 크기 때문에 일반적으로 잘 혼동하지 않는다. 학습자가 쉽게 혼동을 일으키는 경우는 '给'와 '对'가 전치사로 사용될 때의 용법으로, 예문(8)의 경우 '给'와 '对'는 모두 전치사이다. 전치사로 쓰일 때 '对'는 동작의 대상을 가리킬 수도 있고 '朝, 向' 등의 의미를 나타낼 수도 있으며, 또 '对待'의 의미를 나타낼 수도 있다. 반면 '给'는 '朝, 向, 对' 등의 의미를 나타낼 수 있을 뿐만 아니라

행위의 객체를 이끌어내는 역할을 할 수도 있다.2 예문(8)의 '爸爸'는 '我买了
一件夏威夷衫'이라는 동작의 단순한 대상이 아니고 수혜자이다. 다시 말해서
'给'가 문장 내에서 나타내고자 하는 것은 수혜 의미인 것이다. 朱德熙(1980)
는 수혜 의미에 대해 다음과 같이 기술한 바 있다.

① 수여자(A)와 수혜자(B)가 존재한다.
② 수여자가 주는 사물, 즉 수혜자가 받는 사물(C)이 존재한다.
③ A는 능동적으로 C가 A에서 B로 이동하도록 한다.

예문(8)의 수여자(A)는 곧 '我'이고 수혜자(B)는 '爸爸'이며, 수여자가 주는
사물(C)은 '一件夏威夷衫'이다. '给'는 이러한 수여 의미를 나타낼 수 있는
반면 '对'에는 이러한 의미가 없다. 따라서 예문(8)에서는 '对'가 아니라 '给'를
사용해야 한다.

(9)   *他病了，我访问他的家要看望他，可是偏偏他不在。
적격문: 他病了，我去他的家看望他，可是偏偏他不在。

일반적으로 교재에서는 '访问'에 대해 'to visit, to call on'이라 설명하고
있다. '访问'의 목적어는 사람일 수도 있고 장소일 수도 있지만, '访问'이 강조
하는 것은 어떠한 사람 혹은 어떠한 장소에 있는 사람과의 교류이다. 예문(9)에
서 표현하고자 하는 것이 단지 집에 찾아가서 환자를 만나보는 것이라면, 이는
환자와의 교류를 강조하는 것이 아니기 때문에 '访问'을 써서는 안 된다. 교재
의 새 낱말표의 주석에서 '访问'의 의미에 대해 정확하게 설명한다면 학습자의
오류를 유발하지 않을 것이다.

---

2 '给'와 '对'에 대한 설명은『现代汉语八百词(增订本)』(吕叔湘, 1999)를 참조하였다.

(10)   *王林觉得他自己受了亲人的爱。

적격문: 王林觉得他自己得到了亲人的爱。

'受'에 대한 영문 주석은 'to receive'이다. 그러나 '受'는 일반적으로 단독으로로는 쓰이지 않고, 형용사 '大', '深' 등의 수식을 받거나 뒤에 '到'와 같은 보어를 수반한다. 또한 '受'는 일반적으로 '大受欢迎', '深受好评', '受到支持', '受到威胁' 등과 같은 이음절 단어를 목적어로 취한다. 교재에는 단어의 사용 범위에 대한 설명이 없기 때문에 학습자가 이를 마음대로 사용하여 오류가 발생하게 된다.

(11)   *我热爱我的男朋友。

적격문: 我爱我的男朋友。

'热爱'에 대해서는 간단히 'to love'라고만 설명되어 있는데, 이는 '爱'에 대한 설명과 동일하다. 그러나 실질적으로 '热爱'와 '爱'는 같지 않다. '热爱'는 '热爱劳动', '热爱国家' 등과 같이 일반적으로 추상적인 사람이나 사물 혹은 행위와 결합한다. 그러나 '我的男朋友'는 구체적인 사람이기 때문에 이때는 '爱'를 쓰면 된다. 만일 주석에서 그 사용 범위를 제한하여 이 단어가 어떠한 상황에서 사용되며, 그것과 호응하는 단어는 어떠한 유형의 단어라는 점을 설명한다면 학습자가 이 단어를 공부할 때 많은 오류를 범하지 않을 것이다.

(12)   A: 司机, 快点儿!

     B: *你别急, 差一点儿就到了。

     A: 司机, 快点儿!

     B: 적격문: 你别急, 差不多到了。

‘差一点儿’에 대한 주석은 ‘almost, nearly’이다. 그러나 ‘差一点儿’의 용법은 상당히 복잡하다. 뒤에 나오는 동사가 긍정형식인 경우 ‘球差一点儿进了’, ‘车差一点儿撞到他’처럼 어떠한 일이 실현되지 않았음을 나타내며, 이때는 다행스럽다거나 애석하다는 어감을 내포하게 된다. 반면 뒤에 나오는 동사가 부정형식인 경우는 화자가 어떠한 일이 발생하기를 바랐느냐 바라지 않았느냐의 차이가 있다. 동사 자체가 화자 혹은 당사자가 바라던 일을 나타낼 때는 ‘他差一点儿没考上大学’처럼 어떠한 일이 이미 발생했음을 나타내며, 이때는 다행스럽다는 의미를 지닌다. 동사 자체가 화자 혹은 당사자가 바라지 않던 일을 나타낼 때는 ‘他差一点儿让车撞了’처럼 어떠한 일이 발생하지 않았음을 나타내며, 이때도 다행스럽다는 의미를 지닌다. 그러나 일반적인 교재에서는 새 낱말의 감정색채에 대한 설명이 없어서 학습자들이 이러한 단어를 사용할 때 오류가 발생하기 쉽다. 예문(12)에는 다행스럽다거나 애석하다는 어감이 없으며 객관적인 사실에 대한 단순한 묘사이기 때문에 ‘差不多’를 써야 한다.

 이처럼 교재에 제시된 주석의 불완전성으로 야기된 오류는 적지 않다. 영어 단어 하나로 중국어의 둘 혹은 그 이상의 유의어를 설명한 예가 많다. 예컨대 ‘忽然’과 ‘突然’은 모두 ‘suddenly’이고, ‘丢’와 ‘丢失’는 모두 ‘to lose’이다. ‘郊’, ‘郊区’와 ‘郊外’는 모두 ‘suburbs, outskirts’이고, ‘力气’와 ‘力量’은 모두 ‘strength’이다. 이와 같은 예는 더욱 많으나 여기에서 일일이 다 열거하지는 않겠다. 중국어에는 유의어가 매우 많은데, 유의어의 의미는 기본적으로 일치하지만 용법에는 약간의 차이가 있으며, 그 차이가 매우 미세한 경우도 있다. 중국인의 경우에도 유의어의 구분이 어려울 때가 있다. 하물며 언어적 직관력이 전혀 없이 교재나 교수자의 설명대로 학습하는 제2언어 학습자의 경우 유의어를 구분하기는 더욱 어렵다. 만일 교재에 유의어의 의미, 문법, 화용적 차이에 대한 설명이 없다면 학습자의 오류를 야기할 가능성이 매우 높다.

3. 이합동사에 대한 주석의 부정확성

이합동사를 단독으로 설명하는 것은 동목형 이합동사가 중국어 학습 시의 난점 가운데 하나이기 때문이다. 학습자가 이합동사를 학습할 때 오류가 발생하는 경우가 비교적 많은데, 이에 반해 교재에서는 일반적으로 이합동사에 대하여 별도로 설명을 하지 않고 다른 동사와 마찬가지로 처리하고 있어서 학습자 스스로는 구분할 수가 없다.

(13)　*有的时候跟她们一起吃饭的时候, 我们不能说话很多。
적격문: 有的时候跟她们一起吃饭的时候, 我们不能说很多话。
(14)　*我见面他。
적격문: 我跟他见面。
(15)　*他每天打招呼这个漂亮的姑娘。
적격문: 他每天跟这个漂亮的姑娘打招呼。
(16)　*我结婚她。
적격문: 我跟她结婚。

이상의 예문은 모두 흔히 발견되는 오류문이다. 이러한 오류가 발생하는 이유는 위 예문 중의 '说话, 见面, 打招呼, 结婚' 등이 교재에서는 각각 'to say, to meet, to greet sb. by word or gesture, to marry' 등으로 설명하고 있기 때문이다. 따라서 학습자는 이러한 영문 주석이 '说, 见, 问候, 娶' 등과 같이 그 뒤에 목적어나 보어를 수반할 수 있다고 생각하기 때문에 위와 같은 오류가 발생하는 것은 당연한 일이다.

4. 교육적 적용방안

이상의 문제점들에 비추어볼 때 교재에서 단어를 설명할 때는 아래의 사항들을 주의하여야 한다.

첫째, 대역어의 품사는 중국어 단어의 품사(적어도 해당 단어가 본문에서 출현할 때의 품사)와 기본적으로 대응되어야 한다. 비록 모든 학습자가 중국어와 영어의 품사에 대해서 잘 알고 있는 것은 아니지만 대역어의 품사와 중국어 단어의 대응은 학습자가 언어구조를 이해하고 운용하는데 유리하게 작용한다.

둘째, 중국어 단어의 의미를 정확하게 설명해야 한다. 중국어 단어와 영어 단어는 일대일로 대응될 수는 없지만 다른 방법을 사용하면 설명을 더욱 정확하게 할 수는 있다. 예를 들면 晏懋思(1994)가 제시하였던 '동의어참고법'이 있는데, 이는 '두 개(필요시에는 두 개 이상일 수도 있음)의 동의어를 사용하여 중국어 단어를 설명하는 방법을 말한다. 두 개의 대역어가 상호 제약 및 보완 설명을 하기 때문에 학습자가 중국어 단어의 의미를 더욱 정확하게 이해할 수 있다.' 예를 들어서 "'聰明(形) clever, intelligent'는 'intelligent'라는 설명이 있기 때문에 학습자는 '聰明'을 설명하는 clever의 의미가 skillful at using the hands or body(재주가 있는)가 아닌 mentally quick and original(영리한, 똑똑한)임을 알 수 있다."

셋째, 대응되는 중국어 단어의 용법에 대해서 설명한다. 예를 들면 '接人'의 '接'에 대한 주석이 'to meet; to welcome'이라고 한다면, 학습자는 '接', '见', '欢迎'에 어떠한 차이가 있는지 알 수 없다. 만약 이 단어의 사용범위를 제한하여 'to meet; to welcome(sb. all at the airport or station)'이라고 설명한다면 그 의미가 명료해질 것이다. 또 '俩'를 'two(persons)'라고 설명한다면 뒤의 'persons'라는 제약으로 인해 학습자는 '俩苹果'와 같은 류의 오류를 범하지 않을 것이다. 그리고 이합동사와 같이 특수한 용법을 가지고 있는 단어에 대해서는 먼저 특정한 표시를 하고 용법을 설명함으로써 다른 단어와는 차이가 있음을 나타내어야 한다.

넷째, 의미색채나 화용적 측면의 제약에 대하여도 언급을 하여야 한다. 그러나 현재 사용되고 있는 교재들은 이에 대해 아무런 설명이 없다. 물론 중국어와 영어의 단어 간의 관계는 매우 복잡해서 주석 역시 모든 부분을 만족시킬 수는 없다. 하지만 교재 편찬자가 단어의 의미, 문법, 화용 부분에 대해서 좀 더 많은 설명을 한다면 학습자의 오류를 감소시킬 수 있을 것이다.

제2절 단어와 문법에 대한 설명

단어와 문법에 대한 설명은 교재의 핵심부분이다. 설명이 부정확하고 전면적이지 못하며, 문법항목의 선택과 제시순서가 부적절하면 학습자에게 부정적인 영향을 미칠 수 있다.

1. 설명의 부정확성과 불완전성

일부 교재의 경우 특정 단어와 특정 문법항목에 대한 설명이 정확하지도 않고 전면적이지도 않다. 설명할 때 제시한 규칙에 부합되는 문장이라도 실제 상황에서는 성립하지 않는 경우도 있고, 설명할 때 제시한 규칙에 부합되지 않는 문장이라도 실제 상황에서는 성립하는 경우도 있다. 이러한 예외적인 상황은 종종 학습자를 곤란하게 한다. 제2언어 학습자는 중국어에 대한 언어적 직관력이 없으므로 설명에서 제시한 규칙을 따를 수밖에 없으며, 설명이 정확하지 않거나 충분하지 않을 경우 학습자는 오류를 범하기 쉽다.

(17)　　*我不知道他对的或者错的。
적격문: 我不知道他是对的还是错的。

많은 교재나 문법책에서 '还是'와 '或者'를 설명할 때 '还是'는 선택의문문에 사용되고 '或者'는 주로 평서문에 사용됨을 강조한다. 그러나 이와 같은 설명은 정확하지 않다. 경우에 따라서는 평서문에서도 '还是'를 사용할 수 있기 때문이다. 李大忠(1997)은 "'还是'를 사용한 문장이 경우에 따라서는 의문을 나타내지 않을 수도 있는데, 이때는 반드시 다음 두 가지 조건 중 하나를 충족해야 한다."고 했다.

첫째, 앞에 동사술어가 오고, '还是'로 연결되는 성분이 앞에 오는 동사술어의 목적어 역할을 한다. 예를 들면 다음과 같다.

(18) 我不知道开这个玩笑的结果是坏还是恰到好处。

둘째, '还是'를 포함하는 절이 앞에 오고, 뒤에 개괄이나 평가를 의미하는 후속 성분이 온다.

(19) 开这个玩笑的结果是坏还是恰到好处, 我不知道。

예문(17)은 첫 번째 조건에 부합한다. 즉 동사 '知道'의 목적어인 '他是对的还是错的'는 의문을 나타내지도 않고, 문장의 끝도 내려서 읽는다. 따라서 '或者'가 아니라 '还是'를 써야 한다.

(20)　　*他打开钱包拿出来钱。
적격문: 他打开钱包拿出钱来。 / 他打开钱包拿钱出来。

복합방향보어에 대해 설명할 때, 교재에서는 일반적으로 "술어동사 뒤의 목적어가 장소목적어인 경우는 '来'나 '去'의 앞에 위치해야 한다. 그러나 목적어가 사물인 경우에는 '来'나 '去'의 앞이나 뒤에 모두 위치할 수 있다."고 한다. 예문(20)은 학습자가 상술한 규칙에 따른 것으로, '钱'은 사물이므로 '来'의 앞이나 뒤에 모두 위치할 수 있다. 그러나 陆俭明(2002)은 "복합방향보어를 갖는 동사의 목적어가 수동자목적어이고, 동사 뒤에 '了'가 없고, 목적어에 수량성분이 없다면, 보어가 '来'이든 '去'이든 '동사+목적어+방향보어₁(出)+방향보어₂(来/去)'와 '동사+방향보어₁(出)+목적어+방향보어₂(来/去)'의 형식을 모두 사용할 수 있다. 반면 '동사+방향보어₁(出)+방향보어₂(来/去)+목적어'의 형식은 사용할 수 없다."라고 설명했다.[3]

(21)   *我们看电影去天河。
적격문: 我们去天河看电影了。

예문(21)은 연동문이다. 일부 교재에서는 연동문에 대해 "두 개 혹은 두 개 이상의 동사가 동시에 서술어 역할을 하며, 그 동사가 동일한 주어의 행위에 대해서 순차적으로 설명하는 동사술어문을 연동문이라고 한다."고 설명하고 있다. 이러한 설명은 연동문의 정의에 대해서만 서술하였을 뿐 그 용법에 대해서는 서술하지 않기 때문에 학습자는 두 개 혹은 두 개 이상의 동사가 동일한 주어의 서술어 역할을 하는 것이 연동문이라는 사실만 알고, 연동문에서는 동사의 순서가 중요하다는 것은 알지 못한다. 즉 예문(21)에서 '看电影'은 '去天河'의 목적이며, 연동문에서는 목적을 나타내는 동작이 뒤에 와야 한다. 『标准汉语教程』과 같은 교재에서는 연동문에 대해 설명한 뒤 "상술한 연동문의 특

---

[3] 陆俭明(2002) 참조. 이 논문에서는 목적어와 방향보어가 동사 뒤에 동시에 출현할 때의 위치를 다음 세 가지로 나누었다. X. '동사+방향보어+목적어', Y. '동사+목적어+방향보어', Z. '동사+방향보어+목적어+방향보어'. 이번 절에서는 복합방향보어에 대해서만 논의하므로 상술한 세 가지 상황을 각각 '동사+방향보어₁+방향보어₂+목적어', '동사+목적어+방향보어₁+방향보어₂', '동사+방향보어₁+목적어+방향보어₂'로 바꿔서 서술한다. 陆俭明은 주석에서 "'我刚拿出来词典, 就被他抢去用了。'라고 말할 수 있다고 생각하는 사람도 있다. 그러나 대부분은 이를 '我刚把词典拿出来, 就被他抢去用了。'라고 말해야 한다고 생각한다."고 언급한 바 있다.

징은 뒤의 동작이 앞의 동작의 목적을 나타낸다는 점이다. 또 연동문에서는 각각의 동사 혹은 동사구의 순서가 고정적이며 마음대로 바꿀 수 없다는 점에 주의해야 한다."고 설명하면서 오류문도 함께 제시하고 있다. 이와 같은 설명은 예문(21)과 같은 오류의 발생을 줄이는데 도움이 된다.

(22) *我想想我的女朋友。
적격문: 我想我的女朋友。
(23) 让他自己想想吧。

예문(22)는 동사중첩 오류이다. 일부 교재에서는 동사중첩에 대해 "일부 동사는 중첩할 수 있다. 동사중첩은 동작 시간이 짧고 동작이 여러 차례 반복되거나 한번 시도해본다는 의미를 나타낸다. 단음절동사의 중첩은 중간에 '一'를 추가할 수 있다. 이음절동사는 단어를 단위로 하며, 중첩 형식은 ABAB이고 중간에 '一'를 추가할 수 없다."고 설명하고 있다. 이러한 설명에서 '일부 동사'라는 설명은 그 의미가 매우 모호하며, 또 어떤 동사를 중첩할 수 있고 어떤 동사를 중첩할 수 없는지에 대해서는 전혀 서술하지 않았다. 또 다른 교재에서는 "중국어는 동작 시간의 짧음, 시도, 경미함 등의 의미를 나타낼 때 동사의 중첩형식 'V+V'를 사용한다."고 설명하고 있는데, 이러한 설명은 학습자에게 모든 동사를 중첩할 수 있다는 그릇된 인식을 심어줄 수 있다. 어떤 동사를 중첩할 수 있는지에 대해서는 이미 많은 연구가 이루어졌다. 치月华(1984)는 동작동사만 중첩할 수 있고, 동작동사가 나타내는 동작은 반드시 지속될 수 있거나 반복될 수 있는 것이며, 또 행위자가 주관적으로 통제할 수 있는 것이라고 설명한 바 있다. 행위자가 통제할 수 있는 것을 '의지동사(autonomous verb)'라고 한다.

그렇다면 예문(22)와 (23)의 동사는 모두 '想'인데, 왜 하나는 중첩할 수 있고 하나는 중첩할 수 없을까? 그 이유는 예문(22)의 '想'은 '그리워하다', '늘 마음에 두다'를 의미하는 '무의지동사(non-controllable verb)'이므로 중첩할 수 없다. 반면 예문(23)의 '想'은 '생각하다'를 의미하며, '생각하다'는 지속 가능하고 반복될 수 있는 '의지동사'이기 때문에 중첩할 수 있다.

2. 문법항목의 선택과 제시

현재까지는 문법항목의 선택 및 제시에 관한 통일된 표준이 없으며, 교육과정과 교재마다 그 처리 방법이 다르다. 그중에서 과학적이지 않고 적절하지 못한 일부 문법항목의 선택과 제시는 교수-학습을 저해할 뿐만 아니라 학습자가 오류를 범하게 할 수도 있다.

李蕊·周小兵(2005)의 조사 '着'와 관련된 문법항목의 선택과 제시에 관한 연구에 의하면, 동태적 의미를 나타내는 '着'를 제대로 이해하지 못해서 오류를 범하는 학습자가 조사 대상의 절반에 달한다. 또 많은 학습자의 경우, '着'가 '부착하다'의 정태적 의미만 나타낸다고 알고 있으며, 동태적인 의미로 '着'를 사용하면서도 '着'가 두 가지 의미를 나타낼 수 있음을 전혀 인식하지 못하는 학습자도 많다. 그러나 교재에서는 동태적 의미와 정태적 의미에 대해 대부분 설명하지 않고 있다. 따라서 李蕊·周小兵(2005)은 "'着'에는 동태적 의미와 정태적 의미가 분명히 존재하며, 실제 언어생활에서 이를 사용하지 않을 수 없다면, 이들을 명확하게 구분해서 교육하는 것이 좋다. 학습자의 습득 상황을 살펴보면, 정태적 의미를 더 쉽게 습득하므로 정태적 의미를 나타내는 '着'를 먼저 가르치고 동태적 의미를 나타내는 '着'를 나중에 가르칠 수 있다."고 주장했다.

또 魯健驥(1994)는 다음과 같은 오류를 제시했다.

(24)   *你<u>不</u>做那件事。
적격문: 你<u>別</u>做那件事。

예문(24)에서 학습자가 말하려는 것은 'Don't do that.'이다. 일반적으로 'don't'는 '別'로 표현되는데, 학습자는 때로 '別'를 아직 배우지 않았음에도, '別'의 의미를 표현해야 할 경우가 생기기도 한다. 그러나 학습자는 '不'만 배웠고 또 교재에서는 '不要'로 'don't'의 의미를 나타낼 수 있다고 설명하지 않았기 때문에, 학습자로서는 '不'로 '不要'를 대체할 수밖에 없으며, 이에 따라 오류가 발생하게 된다.

(25)   *他1米7, 你1米8, 他的个子<u>不比</u>你高。
적격문: 他1米7, 你1米8, 他的个子<u>没有</u>你高。

예문(25)에서 학습자가 표현하고 싶은 말은 '他的个子没有你高'이다. 이 오류문의 발생 원인은 교재의 문법항목 제시 순서와 관련이 있다. 일부 교재에서는 '比'구문을 제시할 때 동시에 '比'구문의 부정식 '不比……'도 제시하지만, 이 부정식을 사용할 수 있는 조건에 대해서는 분명하게 설명하지 않고 있다. 따라서 해당 부정식이 의미적으로 '比'구문과 상반되는 의미를 나타낼 수 있다고 생각하는 학습자가 많고, 이로 인해 예문(25)와 같은 오류가 발생한다.

제3절 본문

1. 문법항목의 제시

일반적으로 교재의 각 과에는 하나 또는 그 이상의 문법항목이 제시된다. 이들 항목은 해당 과에서 반복 출현해야 하며, 이 과정을 통해서 비로소 학습자들의 장기기억 속에 저장될 수 있다. 본문은 교재의 중요한 구성요소 가운데 하나로, 본문에 출현하는 언어는 단독으로 사용된 개별 문장과는 달리 일정한 문맥을 지닌다. 본문에 문법항목을 제시하면, 학습자가 구체적인 상황맥락에서 해당 문법항목이 어떻게 쓰이는지를 정확하게 습득하는데 큰 도움이 되기 때문에, 본문에 문법항목을 반복적으로 제시하는 것은 매우 중요하다.

때로 특정 교재의 본문에 제시된 문법항목이 문법설명 부분의 문법항목과 일치하지 않는 것을 발견하기도 한다. 심지어 어떤 경우에는 문법설명 부분에 제시된 문법항목이 본문에 출현하지 않는 경우도 있고, 예를 들어 『現代汉语教程·读写课本』제78과를 보면, 이 과의 문법항목은 '越来越……', '越……越……', '虽然……, 但是……'인데, 본문 '熊说了些什么'에는 이 세 구문 중 어느 것도 나타나 있지 않고, '但是'의 의미와 유사한 '可是'의 예문 '可是瘦子自己爬上去了, 就不管胖子了。'만 제시되어 있다.

또 다른 교재의 문법설명에는 "동사중첩은 동작이 진행된 시간이 짧음을 나타내기도 하고, 동작이 여러 번 반복되거나 어떠한 동작을 시도해 본다는 의미를 나타낸다. 단음절 동사의 중첩은 중첩된 동사의 사이에 '一'를 삽입할 수 있다."고 되어 있는데, 이 과의 본문에서는 위의 설명과는 다른 두 개의 동사중첩구문만 제시되어 있다.

他数了数, 一共五把。
她看了看教授手里的伞说: "你今天的运气真不错啊!"[4]

위의 예문은 중첩하는 동사 사이에 동작의 완성을 나타내는 '了'가 삽입되어 'V+了+V' 형식을 이룬 것이다. 이는 실질적으로 동사중첩과 동작의 완성을 나타내는 '了'가 결합된 것으로 문법설명 부분에 제시된 'V+V'형식과 완전히 일치하는 것은 아니다. 이러한 상황 때문에 학습자는 어려움을 느끼거나 오류를 범하기 쉽다. 아래 예문(26)에서 볼 수 있듯이 학습자는 본문에 제시된 문장 때문에 명령문에서도 완성상 '了'가 포함된 동사중첩형식을 사용하는 오류를 범했다.

---

[4] 『現代汉语教程·读写课本』제84과를 참조하였다.

(26) *这部电影很好看，你要<u>看了看</u>。

적격문: 这部电影很好看，你要<u>看看</u>。

본문에 출현하는 문법항목과 문법설명 부분에 제시되는 문법항목에 아주 작은 차이만 있더라도 거기에 불완전한 설명이 더해지면 학습자에게 상당한 어려움을 줄 수 있고, 그로 인하여 학습자들은 오도에 의한 오류를 범하게 된다.

2. 어휘의 선택

(27) *今天，我高兴<u>透顶</u>了。

적격문: 今天，我高兴<u>极了</u>。

예문(27)이 오류문이라고 하면 학습자들은 잘 납득하지 못한다. 그 이유는 본문에 '一家人生了一个男孩，合家高兴透顶了'라는 문장이 나오기 때문이다. 이 과의 본문은 鲁迅의 「효론」으로, 1925년 작품이다. 당시의 언어와 현재 사용하는 현대중국어에는 어느 정도의 차이가 있기 때문에, 현재의 각도에서 보면 당시의 특정 언어 중에는 다소 규범적이지 않은 것들도 있다. 1920년대 鲁迅의 작품을 교재에 수록하여 학습자들의 소양을 넓히고 중국에 대한 이해를 돕고자 한 점은 충분히 이해할 수 있다. 그러나 작품에 담긴 특정 언어들은 규범적인 현대중국어가 아니기 때문에 교재에 수록하려면 반드시 충분한 설명을 제시하여 학습자들이 어떤 것이 규범적이고, 어떤 것이 현재는 사용하지 않는 것인지 분명히 알 수 있도록 해야한다. 그런데 주석에 제시된 '高兴透顶'에 대한 설명은 "형용사 '透顶'은 보어로서 '极了'와 같은 의미이다. '透顶'은 일반적으로 이음절 단어 뒤에 쓰인다."고 되어 있다. 그러나 실제 사용의 측면에서 보면 일반적으로 '透顶'은 부정적인 의미를 나타내는 단어를 수식하여 '糟糕透顶, 倒霉透顶, 糊涂透顶' 등과 같이 쓰인다.[5]

(28) *他回家不<u>复返</u>。

적격문: 他回家了, 不<u>回来</u>了。

예문(28)도 학습자가 본문에 나온 朱自清의 「匆匆」에 제시된 문장을 근거로 만들어낸 문장이다. '复返'에 대한 주석이 'to return'으로 되어 있기 때문에 학습자들은 '回来'의 의미로 잘못 이해한 것이다. 그러나 본문에는 이 작품의 언어적 특징과 '复返'의 문어적 색채에 대한 어떠한 설명도 제시되어 있지 않다.

제4절 연습문제의 설계

1. 연습문제의 내용과 본문 및 문법항목과의 연계성

연습문제 설계의 취지는 학습자가 해당 과에서 배운 새 단어, 문형, 문법, 본문 등의 지식을 다질 수 있도록 하는 데 있다. 그러나 일부 연습문제에는 학습자가 앞서 배운 지식의 범위를 벗어난 새로운 내용이 포함되는 경우가 있다. 이러한 연습문제는 이미 배운 지식을 다질 수 없을 뿐 아니라, 학습자로 하여금 난처하게 하여 오류를 발생시키기도 한다. 아래의 예문을 보자.

(29) 艺术代表团在北京的时间很短, 没工夫去长城。

　　→*艺术代表团在北京的时间很短, <u>连工夫也没去长城</u>。

　　→ 艺术代表团在北京的时间很短, <u>连去长城的工夫也没有</u>。

예문(29)는 학습자가 '连……也(都)……'로 문장 고쳐 쓰기라는 연습문제

---

5 필자가 北京大学汉语语言中心의 현대중국어말뭉치(現代汉语语料库)에서 '高兴透顶'을 검색한 결과 한 문장이 추출되었는데, 바로 鲁迅의 「立论」에 나온 그 문장이었다.

를 풀 때 범한 오류이다. 해당 연습문제에서는 총 6개의 문장이 제시되어 있는데, 예문(29)를 제외한 5개의 문장은 목적어를 '连……也(都)'의 중간에 두면 된다. 예를 들면 아래와 같다.

(30) 他能翻译古典小说, 当然翻译得了这些传说故事。
  → 他连古典小说都能翻译, 当然翻译得了这些传说故事。

예문(30)은 바꿔 쓰기가 어렵지 않은데, '翻译'의 목적어인 '古典小说'를 '连……都'의 중간에 두면 된다. 그러나 예문(29)는 학습자의 학습 범위를 벗어난 것으로, '连……也(都)'를 사용해 문장을 구성해야 하는 것 외에도, 후속절의 '去长城'을 '工夫'의 관형어로 바꿔야 한다. 그러나 해당 과의 문법을 설명하는 예문 중에는 '连'과 '也(都)'의 중간에 모두 간단한 '수사+단위사+명사'의 구조만 제시되어 있다. 아래의 예를 보자.

(31) 我来得太早了, 教室里连一个人也没有。

예문(31)의 '连'과 '也(都)'의 중간에는 '去长城的工夫'처럼 상대적으로 복잡한 형식이 출현하지 않았다. 따라서 예문(29)와 같은 연습문제는 학습자의 입장에서 볼 때 난이도가 지나치게 높다.

(32) 제시된 문장을 '没有(不)……不……'를 이용해서 고쳐 쓰기
       母亲对我说的每一句话都充满了爱。
   → *母亲对我说的没有一句话不充满了爱。
   → 母亲对我说的话没有一句不充满爱。

예문(32) 역시 학습자가 연습문제를 풀 때 범한 오류이다. 이 연습문제와 관련

된 문법항목에 대한 설명은 다음과 같다. "중국어에서 때로는 두 개의 부정부사를 사용하여 긍정의 의미를 강조할 수 있다. 명사, 대체사 또는 명사성구의 앞뒤에 각각 하나의 부정부사를 사용하여 명사, 대체사 또는 명사성구가 나타내는 사람(사물)이 '모두 ……'임을 강조한다. '没有' 앞에 시간 또는 장소부사어를 둘 수 있고, 명사 앞에 종종 '一'를 사용해 예외 없음을 나타낸다." 문법 설명 시 제시하는 예문에서는 '没有'가 모두 문두에 출현하거나, '没有' 앞에 시간 또는 장소부사어가 사용된 경우도 있다. 아래의 예를 보자.

(33) 没有人不知道。(每个人都知道)

(34) 明天没有人不去参观。

(35) 这儿没有一本书不是中文的。

학습자가 연습문제를 풀 때, 문법 설명에서 제시된 '没有'와 '一'가 동시에 출현한 예문 중 '没有'가 모두 '一'의 앞에 위치하는 것에 주목하여, '每一句话都充满了爱'를 '没有一句话不充满了爱'로 바꾸고, 앞부분의 '母亲对我说的'는 고치지 않음으로써 오류를 범하게 되었다. 예문(33)~(35)의 형식이 예문(32)보다 간단한데, 예문(32)의 경우 '每一……都……' 구문을 '没有(不)……不……' 구문으로 바꿔야 하는 것 외에도, 어순 조정이 더 필요하다. 이는 학습자의 입장에서 볼 때 난이도가 비교적 높다. 바꿔 쓰기의 대상으로 제시되는 문장을 '母亲对我说的话每一句都充满了爱'로 제시하는 것이 더 나을 것으로 판단된다.

2. 언어적 착오와 설계상의 착오

교재에서 제시되는 문장은 학습자의 입장에서 보면 모두 규범적이어서 학습해야 할 대상으로 인식된다. 따라서 교재 집필 시 신중에 신중을 기해 잘못된 문장이 출현하지 않도록 해야 한다. 본문과 문법항목을 구성할 때 집필자는 매우 신중을 기하기 때문에 오류가 거의 발생하지 않는다. 그러나 때로는 착오로 인해 부적합한 연습문제가 만들어지기도 한다.

(36)　*这学期我们班<u>考试</u>过三次。
적격문: 这学期我们班考过三次试。

주지하듯이, 이합동사 '考试'가 수사-단위사구를 보어로 취할 때, 수사-단위사구는 '考'와 '试'의 중간에 두어야 한다. 예문(36)은 학습자가 연습문제에 답하는 과정에서 범한 오류이다. 학습자가 이러한 오류를 범하게 된 것은 전적으로 단순 모방에 기인한 것이다. 왜냐하면, 아래에서 볼 수 있듯이 교재 연습문제의 질문 자체가 잘못된 문장이기 때문이다.

　　*这学期你们班<u>考试</u>过几次? 你都考得怎么样?

또 한 가지는 연습문제 설계상의 착오로 인해 학습자의 오류를 유발하는 경우도 있다. 아래의 예를 보자.

(37) 제시된 문장을 '没有(不)……不……'를 이용해서 고쳐 쓰기
　　　我的朋友每个人都有远大的理想。
　　→*我的朋友<u>没有人不</u>有远大的理想。
　　→ 我的朋友没有一个人没有远大的理想。

예문(37)은 학습자가 '没有(不)……不……'를 사용하여 문장을 고쳐 쓰는 문제를 풀 때 범한 오류이다. '有'의 부정은 '没有'이지 '不有'가 아니다. 그런데 연습문제에서 요구한 것은 '没有(不)……不……'를 사용한 문장 고쳐 쓰

기이다. 연습문제에서 요구한 대로라면 앞부분은 '没有'와 '不'를 모두 사용할
수 있지만, 뒷부분에서는 '不'만 사용해야 한다. 학습자가 혼란을 겪는 것은
당연한 일이다.

(38) 어순에 주의하여 주어진 어휘로 문장 만들기
　　老师　我们　唱歌　中国　教　首　几　请
　　→*我们请老师教我们几首中国唱歌。
　　→　我们请老师教我们唱几首中国歌。

예문(38)은 학습자가 작문 수업의 연습문제를 푸는 과정에서 범한 오류이다.
연습문제에서 요구한 것은 '어순에 주의하여 문장을 구성하시오'이고, 주어진
어휘는 '老师, 我们, 唱歌, 中国, 教, 首, 几, 请'이다. 주어진 어휘 중 이합동
사인 '唱歌'에 대해, 집필자는 학습자에게 '唱歌' 두 글자를 분리하여 중간에
'几首中国'를 삽입해 '歌'의 관형어로 만들 것을 요구하는 동시에 '唱歌'를
분리할 수 없는 단어로 제시하였기 때문에 학습자가 오류를 범한 것은 당연한
일이다.

3. 문체 문제

王晓娜(2003)는 일부 교재의 '주어진 어휘로 문장 완성하기' 연습문제 중에
주어진 어휘와 부분적으로 제시되고 있는 문장 사이에 문체상 부조화의 문제가
있음을 지적한 바 있다. 즉, 연습문제에서 부분적으로 제시되는 문장은 입말
형식이고, 문장을 완성하도록 주어진 어휘들은 글말 형식인데, 이러한 문체상
의 불일치로 인해 학습자가 오류를 범하게 된다는 것이다. 王晓娜(2003)가 들
고 있는 예문은 아래와 같다.

(39)　　　?过去遇到这种情况, 老王一定要发脾气, 现在很冷静, 由此可
　　　　　见, 他的脾气变化很大。(由此可见 冷静)[6]

　　적격문: 过去遇到这种情况老王一定要发脾气, 现在很冷静, 看起来
　　　　　他的脾气变化很大。

(40)　　问题: 今天去上课的人多吗? (因为……的缘故)
　　　　学生: ?是的, 明天就有考试, 因为今天上课时教师给我们讲讲考试
　　　　　重点的缘故, 来上课的人很多。
　　　　学生: 是的, 明天就有考试, 因为今天上课时教师要给我们讲考试
　　　　　重点, 所以来上课的人很多。

　　예문(39), (40)에서 부분적으로 제시하고 있는 문장은 입말 형식인 반면, 주
어진 어휘 '由此可见'과 '因为……的缘故'는 글말 형식에 속한다. 이로 인해
문체가 조화를 이루지 못하는 오류가 발생하였다.

　　본 장에서는 외국어 주석, 어휘 및 문법 설명, 본문, 연습문제 설계 등 몇
가지 측면에서 몇몇 교재를 분석해 보았다. 학습자를 오도하지 않으려면 교재
편찬자는 어휘와 문법 설명이 정확하고 전면적일 수 있도록 신중을 기해야 한
다. 어휘, 특히 유의어의 경우 의미, 문법, 화용 등의 측면에서 그 차이점을
구별해 주어야 한다. 동시에 문법항목을 과학적으로 선택하고 제시해야 하며
문법규칙을 설명할 때는 모든 가능성을 최대한 고려해야 한다. 또한, 학습자가
장기간 기억할 수 있도록 본문 중에 문법항목을 반복적으로 제시해야 한다.
본문은 최대한 학습자의 실제 의사소통의 필요에 부합하는 내용으로 구성해야
하고, 현대 중국어에서 거의 또는 전혀 사용하지 않는 표현이 등장할 경우 별도

---

[6] 예문 중 점선을 그은 부분은 연습문제에서 제시한 것이고, 괄호 안의 어휘는 문장
을 완성하는데 사용해야 할 주어진 어휘이며, 실선을 그은 부분은 학습자가 채워
넣은 것이다. 예문은 王晓娜『第二语言语体能力的培养与教材虚拟语境的设置』
(『汉语学习』, 2003(1))에서 발췌한 것이다.

의 설명을 해야 한다. 연습문제는 학습한 본문과 문법항목을 다질 수 있도록 설계해야 하고, 문법과 화용의 측면에서도 정확성을 기해야 한다. 교재가 교육 효과와 학습자의 학습에 지대한 영향을 미치는 만큼, 교재 편찬자는 단어의 외국어 주석, 어휘와 문법 설명, 본문 구성 및 연습문제 설계 등의 측면에서 교재의 완성도를 제고하기 위해 부단히 노력하고, 교재로 인한 학습자의 오류를 최대한 줄임으로써 학습자의 학습 요구를 보다 만족시킬 수 있어야 한다.

■ 参考文献

陈　平. 释汉语中与名词性成分相关的四组概念. 中国语文. 1987 (2)

陈　灼 等. 桥梁 - 实用汉语中级教程. 北京语言学院出版社. 1996

程美珍 等. 汉语病句辨析九百例. 华语教学出版社. 1998

傅雨贤·周小兵·李炜等. 现代汉语介词研究. 中山大学出版社. 1997

黄政澄. 标准汉语教程. 北京大学出版社. 1998

胡炳忠. 基础汉语的词汇教学. 语言教学与研究. 1984 (4)

胡明扬. 对外汉语教学基础教材的编写问题. 语言教学与研究. 1999 (1)

李德津·李更新. 现代汉语教程(读写课本). 北京语言大学出版社. 1999

李　泉. 近20年对外汉语教材编写和研究的基本情况述评. 语言文字应
　　用. 2002 (3)

李　蕊·周小兵. 对外汉语教学助词"着"的选项与排序. 世界汉语教学.
　　2005 (1)

李大忠. 外国人学汉语语法偏误分析. 北京语言大学出版社. 1997

刘春梅. 通过教材编写改善对外汉语的离合词教学. 云南师范大学学报
　　(对外汉语教学研究) 2004 (6)

刘若云. 基础汉语教材编写中语法点的复现问题. 中山大学学报论丛. 2004 (1)

刘月华 等. 实用汉语语法. 外语教学与研究出版社. 1983

刘月华. 动词重叠的表达功能及可重叠动词的范围. 语法研究和探索
　　(二). 北京大学出版社. 1984

鲁健骥. 外国人学汉语的语法偏误分析. 语言教学与研究. 1994 (1)

陆俭明. 动词后趋向补语和宾语的位置问题. 世界汉语教学. 2002 (1)

罗青松. 汉语写作教程. 华语教学出版社. 2002

吕叔湘. 现代汉语八百词 (增订本). 商务印书馆. 1999

钱玉莲. 偏误例析与对外汉语教材编写. 汉语学习. 1996 (3)

佟慧君. 外国人学汉语病句分析. 北京语言学院出版社. 1986

王建勤 等. 汉语作为第二语言的习得研究. 北京语言大学出版社. 1998

王瑞敏. 留学生汉语离合词使用偏误的分析. 语言文字应用. 2005 (3)

王素云. 对外汉语教材生词表编译中的几个问题. 汉语学习. 1999 (6)

王晓娜. 第二语言语体能力的培养与教材虚拟语境的设置. 汉语学习. 2003 (1)

肖奚强. 略论偏误分析的基本原则. 语言文字应用. 2001 (1)

晏懋思. 对外汉语教材中词语翻译的一些问题及其对策. 现代外语. 1994 (1)

杨德峰. 试论对外汉语教材的规范化. 语言教学与研究. 1997 (3)

杨德峰. 初级汉语教材语法点的确定 编排存在的问题 - 兼议语法点确定编排的原则. 世界汉语教学. 2001 (2)

杨惠元. 论『速成汉语初级教程』的练习设计. 语言教学与研究. 1997 (3)

杨寄洲 等. 汉语教程. 北京语言大学出版社. 1999

杨寄洲. 编写初级汉语教材的几个问题. 语言教学与研究. 2003 (4)

赵春利. 对外汉语偏误分析二十年研究回顾. 云南师范大学学报(对外汉语教学史研究). 2005 (2)

赵金铭. 论对外汉语教材评估. 语言教学与研究. 1998 (3)

中国社会科学院语言研究所词典编辑室编. 现代汉语词典. 商务印书馆. 1995

周 健·唐 玲. 对汉语教材练习设计的考察与思考. 语言教学与研究. 2004 (4)

周小兵. 第二语言教学论. 河北教育出版社. 1996

周小兵. 汉语作为第二语言教学语法研究的特点. 对外汉语教学中的副词研究. 中国社会科学出版社. 2002

周小兵·李海鸥 主编. 对外汉语教学入门. 中山大学出版社. 2004

周小兵·赵 新. 中级汉语情读教材的现状与新型教材的编写. 汉语学习. 1999 (4)

周行健·余惠邦·杨兴发 主编. 现代汉语规范用法大词典. 学苑出版社. 1997

朱德熙. 与动词"给"相关的句法问题. 现代汉语语法研究. 商务印书馆. 1980

朱德熙. 现代汉语语法研究的对象是什么. 语法研究和探索(四). 北京大学出版社. 1988

제12장 상태보어구문의 교육상의 오도 분석

    본 장에서는 상태보어구문의 교육상의 오도 상황에 대해 살펴보고자 한다. 소위 상태보어구문이란 아래와 같은 구문을 가리킨다.

> 他跑得很快。
> 他洗衣服洗得很干净。
> 他热得满头大汗。

    刘月华 등(2002)은 이러한 구문에 대해서 다음과 같이 정의한 바 있다. "상태보어는 주로 동사나 일부 형용사의 뒤에서 '得'자로 연결되어 동작의 결과적 상태를 나타내는 보어이다." 논의의 편의상 아래에서는 '得'보어구문이라 약칭하겠다.

    필자는 평소에 학습자와의 대화나 학습자의 작문을 통해서 학습자의 '得'보어구문 사용 상황이 그다지 이상적이지 못하다는 사실을 발견했다. 필자는 대략 70시간 정도의 녹음 자료를 보유하고 있는데, 이는 필자가 일본인 학습자 11명과 일대일로 대화한 것을 녹음한 자료이다. 대화 방식은 자유대화 방식을 채택했으며, 정해진 화제는 없다. 이 학습자들은 초급3반(1명), 초급4반(2명),

---

[1] 초급3반은 대체로 한 학기 동안 배운 학습자에 해당하고, 초급4반은 한 학기 반 동안

초급5반(3명), 중급1반(2명), 중급4반(2명), 고급1반(1명)으로 구성되어 있다. 대화는 기본적으로 학습자마다 주당 1회 1시간씩 진행했다. 대화할 때 필자는 의도적으로 학습자들이 어떠한 사물에 대해서 평가하도록 유도했다. 예를 들면 다음과 같다.

你觉得那个电影怎么样?

你现在的老师和以前的老师在教学方法上有什么不同?

你为什么要搬出去住?

留学生的汉语表演怎么样?

你在这儿习惯了吗? 为什么?

你觉得你们的教材怎么样?

最近天气怎么样?

지금까지 수집된 언어자료 가운데 '得'보어구문을 써야하는 경우에 쓰지 않은 예는 모두 18개이다.

(1)　*她很聪明, 她说汉语很好。

적격문: ……她说汉语说得很好。

(2)　*她教我们很努力。

적격문: 她教我们教得很认真。

(3)　*准备, 可是准备不太好。

적격문: 准备是准备了, 可是准备得不太好。

(4)　*在日本不太好学习汉语。

적격문: 在日本不学汉语学得不太好。

(5)　*来中国以后喝很多。

적격문: ……喝酒喝得很多。

_____

배운 학습자이다. 나머지 학급도 이와 같이 유추하면 된다.

(6)　　*以前我打过(乒乓球), 可是不好。

적격문: 以前我打过, 可是打得不好。

(7)　　*我的做菜不好吃, 我妈妈好吃。

적격문: 我做的菜不好吃/我做菜做得不好吃, 我妈妈做得好吃。

(8) ?他们唱歌很好。[2]

　　이러한 오류는 모두 초급반 학습자가 범한 것으로, 이는 학습자가 '得'보어구문의 사용 시기를 잘 모른다는 사실을 의미한다. 오류가 발생한 데는 다음의 네 가지 원인이 있을 수 있다.

　　　　첫째, '得'보어구문에 대한 인지난이도가 높다.
　　　　둘째, 교과서의 주석이 분명하지 않다.
　　　　셋째, 교수자의 설명이나 수업 시간의 연습이 충분하지 못하다.
　　　　넷째, 학습자 자체의 요인(공부를 열심히 하지 않는다. 이해력이 부족
　　　　　　하다. 기억력이 나쁘다)

　　현재 '得'보어구문에 대한 이론 연구는 아직 심도 있게 이루어지지 못하여 향후 더 논의해야 할 문제들이 많이 남아 있는데, 이 점이 바로 교과서의 주석을 모호하게 하는 원인 가운데 하나이다. 학습자는 이 언어항목에 대해 인식도 부족하고 개념도 분명하지 않기 때문에 '得'보어구문은 사용빈도 측면이나 정확도 측면에서 모두 낮은 편이다.

　　필자의 의도와는 상관없이 학습자가 자발적으로 사용한 '得'보어구문의 오류율 또한 높다. 녹음 자료 가운데 학습자가 자발적으로 사용한 '得'보어구문은 39개 밖에 없는데, 그중에서 정확하고 자연스러운 것은 16개로, 전체의 41%

---

[2] 늘 발생하는 상황을 서술할 때는 이렇게 쓸 수도 있으나, 과거의 특정적인 시간에 발생한 상황을 서술할 때는 이렇게 써서는 안 된다. 예컨대 '他昨天晚上唱歌唱得怎么样?'이라는 질문에 대해서는 반드시 '他唱得很好。'라고 대답해야 한다.

에 불과하다. 대략 20만 자 정도 되는 작문과 평상시 과제 중에서 필자는 모두 239개에 달하는 '得'보어구문을 수집했다. 그 중에서 적격문은 125개로 52.3%이고, 오류문은 114개로 47.7%를 차지하여 오류율이 다소 높은 편이다.

오류의 발생에는 여러 측면의 요인이 있을 수 있는데, 다른 요인은 잠시 접어두고 우선 교재와 오류 사이에 어떠한 관계가 있는지에 대해서만 논의하기로 한다.

아래에서는 주로 관련 교재에 나타나 있는 상태보어구문의 제시, 설명 및 연습 등에 대해 살펴보고자 한다. 고찰 대상은 중국에서 영향력이 비교적 크고 사용 범위도 넓은 다섯 종의 초급 읽고 쓰기(강독) 교재이다.

> a. 『实用汉语课本』(商务印书馆, 1986年)
> b. 『汉语教程』(北京语言大学出版社, 1999年)
> c. 『初级汉语课本』(北京语言大学出版社, 2003年)
> d. 『现代汉语教程·读写课本』(北京语言大学出版社, 1997年)
> e. 『速成汉语初级教程·综合课本』(北京语言大学出版社, 1996年)

상술한 교재는 중국뿐만 아니라 국외에서도 일정 정도의 영향력이 있어 여러 지역의 교육기관에서 채택하여 사용하고 있다. 따라서 교재의 구성이나 내용, 설명 등이 우수하다는 사실에 대해서는 재차 언급할 필요가 없을 것이다. 논의의 핵심은 교재 내에서 오류를 유발할 가능성이 높은 요인에 있다.

여기서 언급하고자 하는 오도 요인에는 설명 상의 오류나 누락 이외에도 과학성, 체계성, 합리성의 결함 등과 같은 문제점도 포함된다. 이러한 문제점들은 직접적으로 학습자의 오류를 유발하지는 않지만 학습자로 하여금 오류를 범하게 하는 잠재적인 요인이 될 수 있다.

제1절 '得'보어구문의 개념

외국어로서의 중국어 교재 및 참고서에서는 동일 문법항목에 대해서 동일한 술어를 사용해야 한다. 그렇지 않을 경우 학습자가 각기 다른 술어를 보았을 때 서로 다른 문법항목으로 오해할 수 있기 때문이다.

아쉽게도 필자가 고찰해본 몇몇 교재의 '得'보어구문에 대한 술어는 동일하지 않았는데, 아래에서 이를 두 가지로 나누어 살펴보겠다.

1. 정도보어

교재a와 교재d에서는 정도보어라는 술어를 사용하고 있다.

사실상 '得' 뒤의 보어가 모두 정도를 나타내고 있는 것은 아니다. 교재a와 교재d에서 제시한 아래의 예문을 보자.

> 他来得晚, 我来得早。

위 예문 중의 '晚, 早'는 '来'의 정도를 나타내는 것이 아니다. 만일 '来'라는 동작이 정도의 의미를 지닌다면 분명히 정도부사의 수식을 받을 수 있을 것이지만, '很来'나 '非常来'라고는 말할 수 없다. 인류의 인지로는 아마도 '구체적인 동작행위는 정도의 의미를 지닌다.'는 개념을 받아들이기 어려운 듯하다. 따라서 이러한 보어를 '정도보어'라고 명명하는 것은 그다지 적합하지 않다.

그러나 일부 '得' 뒤의 보어는 확실히 정도를 나타내는데, 이 때 '得' 앞에는 일반적으로 형용사나 심리동사가 출현한다. 아래 예문을 보자.

> 喜欢得不得了 / 高兴得要命 / 漂亮得很

이러한 서술어는 정도보어로 보충 설명을 할 수 있을 뿐 아니라 아래 예문과 같이 정도부사의 수식도 받을 수 있다.

很喜欢 / 非常高兴 / 挺漂亮

반면 일반적인 동작동사는 이러한 보어도 수반할 수 없을 뿐만 아니라 정도부사의 수식도 받을 수 없다. 다음 예문을 보자.

*学习得不得了 - *很学习
*吃得要命 - *非常吃
*睡得很 - *挺睡

2. 상태보어

교재b와 교재e에서는 상태보어라는 술어를 사용하고 있다. 한편 교재c에서는 이러한 종류의 보어를 정확히 명명하지 않은 채 "'得' 뒤의 형용사는 동작에 대한 평가를 나타낸다."고 설명하고 있다. 필자는 이러한 설명이 '상태보어'와 유사하다고 보고 함께 설명하고자 한다.

'得'자 뒤의 보어는 주로 상태를 평가하는 기능을 담당하고 있다. 아래의 예에서 볼 수 있듯이 '상태보어'라고 명명하는 것이 비교적 적합하다.

他学习得很认真 / 小王吃得很香 / 他睡得非常舒服

치月华 등(2002)이 일찍이 사용하였던 '상태보어'라는 술어는 중국어의 실제 언어 사용 상황에 부합하며 학습자의 이해와 습득에도 유리하다.

제2절 주석

미국의 변형생성의미론자들은 의미가 통사 생성의 기초이고, 통사는 의미와 분리될 수 없으며, 의미는 인지에서 분리될 수 없다고 주장한다. 의미가 언어의 핵심이며, 통사는 의미를 재조합하고 상징화한 것에 불과하다. 학습자에게 '得' 보어구문은 완전히 새로운 문법범주이므로, 교재에서 '得'보어구문의 의미와 기능에 대해 정확하고 분명하게 설명한다면 학습자의 범주화 과정을 단축할 수 있고 더 빨리 이해하게 할 수 있다.

상술한 5종의 교재에서는 상태보어에 대해 각각 다르게 설명하고 있는데, 그 중에서 설명이 비교적 정확하고 완전한 교재는 b와 e이다. 교재b에서는 상태보어의 주된 기능을 결과, 정도, 상태 등에 대한 묘사, 판단, 평가라고 기술하고 있고, 교재e에서는 이미 발생한 동작의 상태를 평가하고 논의하는 것이 상태보어라고 설명하고 있다. 이에 반하여 교재a, 교재c, 교재d의 설명에는 다음에 제시하는 여러 가지 문제점이 존재한다.

1. 설명과 예문의 부조화

교재a와 교재d에서는 '정도보어'라 칭하고, '동작이나 사물의 성질이 도달한 정도를 보충 설명한다.'고 설명하고 있다.

상술한 설명이 '……得不得了', '……得要命', '……得很'과 같은 예문에 관한 것이라면 적합하지만, 교재에서는 설명과 부합하지 않는 다음과 같은 예문을 제시했다. 예를 살펴보자.

她唱得不好。
我跑得不很快。

'好', '快'는 결코 '唱', '跑'가 도달한 정도가 아니다. 위와 같이 설명과 예문이 부합하지 않는 경우, 예문은 학습자가 해당 문법항목을 이해하는데 도움이 되지 않는다.

2. 주석의 불완전성

교재c에서는 상태보어를 '得' 앞의 동사가 나타내는 동작에 대한 평가라고 설명했으나, 이 설명은 완전하지 않다. 그 이유는 상태보어는 동작의 결과나 상태에 대해 평가하거나 묘사할 수도 있기 때문이다. 예를 들면 다음과 같다.

> 河水被晚霞照得有些微红。
> 头剃得很亮, 没留胡子。
> 把脖子撑得又粗又红。

상술한 예문에서 '微红'은 '照'의 결과이고, '亮'은 '剃'의 결과에 대한 평가이며, '又粗又红'은 '撑'의 상태에 대한 묘사이다.

3. 설명의 부정확성

교재의 설명이 정확하지 않으면 학습자는 교재를 통해 언어지식을 습득할 수 없고 정확한 지도를 받지 못하여 해당 내용을 제대로 이해할 수 없게 된다.

(9) *但是报纸树上倒起来了。他看报纸看得很难了。所以他在树上倒吊着看报纸。(……, 很难看得到报纸, ……)

(10) *刚来的时候, 每天看电视。可是新闻的内容听得很难, 而且中国的节目不太有意思。(……可是新闻的内容很难听懂, ……)

(11) *切开成的鱼头、鱼肚子，看起来在鱼头里有很少肉很多骨，<u>吃得麻烦</u>，在鱼肚子里有很多肉很少骨，<u>吃得容易</u>。(……吃起来很麻烦，……吃起来很方便)

예문(9)~(11)은 학습자가 '得'보어구문의 의미에 대해 완전하게 이해하지 못했기 때문에 발생한 것이다. 학습자는 '得'보어구문의 형식에만 주의를 기울여, 동사 뒤에 '得'를 추가하고 형용사를 연결하기만 하면 '得'보어구문을 만들 수 있다고 보았다. 사실 동사와 형용사 사이에 어떤 의미관계가 존재하는지에 대해서는 상술한 설명만으로는 이해하기가 어렵다. 그 이유는 '得'보어구문은 보어와 주어, 서술어, 목적어의 의미구조관계가 매우 복잡한 반면에, 교재의 설명은 지나치게 추상적이기 때문이다. 사실, '得'보어구문의 서술어와 보어 사이에는 인과관계가 존재하기 때문에, 보어가 나타내는 결과, 상태, 평가는 '得' 앞의 서술어가 나타내는 동작이나 행위에 의해 야기된다. 예문(9)와 (10)의 '难'과 동작이나 행위 '看', '听' 간에는 필연적인 관계가 없고, 예문(11)의 '麻烦', '容易' 역시 '吃'가 야기한 것이 아니다. 그러므로 교재의 설명은 정확해야 할 뿐 아니라, 또 구체적이어야 한다. 왜냐하면 중국어교육에서의 교육 대상은 교재와 참고서에 의존해야만 단어를 조합하고 문장을 만들 수 있는 외국인 학습자나 소수민족 학습자이기 때문이다. 이는 중국인을 대상으로 하는 문법교육과는 전혀 다른 개념이다.

제3절 문법규칙의 설명

특정 언어항목의 문법규칙을 설명하는데 있어서 기술의 정확성과 면밀성은 학습자가 올바른 언어형식을 습득하는데 직접적인 영향을 미친다. 그러므로 교재에 나오는 문법규칙은 세분화 되어야 하고, 이를 통해 오류의 발생을 최대한 감소시킬 수 있다. 그러나 교재에서 모든 문법규칙을 세세히 설명하는 것은 불가능하다. 따라서 교재의 연습문제 부분에서 일부 문법규칙을 다루는 것을 고려해 볼 수 있다. 예를 들어 틀린 부분 고치기 등을 활용하는 것은 단순히 문법규칙을 설명하는 것 보다 효과적이다.

1. 문법형식의 기술

1.1 보어 역할을 하는 형용사 앞에는 일반적으로 정도부사가 수반된다

교재 a, b, d, e는 모두 "'得' 뒤에 위치하는 형용사는 일반적으로 부사를 수반한다."는 사실을 명확하게 서술하고 있지 않고, 교재c에만 '형용사 앞에 부사어가 출현할 수 있다'고 되어 있다. 만약 '부사어가 출현할 수 있다'고 서술한다면 '부사가 출현하지 않아도 된다'는 의미도 된다. 그러나 실제 언어 사용 상황에 비추어 보면, 평서문의 경우 비교의 의미로 쓰일 때를 제외하고는 일반적으로 모두 부사어를 필요로 한다. 학습자가 이러한 사실을 모를 경우, 다음과 같은 중국어 문법에 부합하지 않는 문장을 만들어 낸다.

(12)   *她们谈得[ ]起劲，气氛不错。
적격문: 她们谈得很起劲，……
(13)   *最初，我们玩儿得[ ]开心。一段时间以后，突然发现吵架了。
적격문: 最初，我们玩儿得很开心。……
(14)   *夏天湖旁边的草木长得[ ]青翠的。
적격문: 夏天湖旁边的草木长得很青翠。

중국어에서는 '得' 뒤에 출현하는 형용사 앞에는 일반적으로 부사가 와야 한다. 이는 일반적으로 형용사가 단독으로는 서술어로 쓰이지 않는 것처럼, 단독으로 상태보어로 쓰이는 경우도 매우 적다. 예문(12)~(14)는 모두 학습자가 이러한 사실을 알지 못해서 발생한 오류인데, 몇몇 교재에는 이러한 내용이 누락되어 있다.

주의해야 할 점은, 상술한 구문을 만약 긍정부정의문문이나 의문사의문문으로 변환시키려면 형용사 앞에 위치한 부사를 삭제해야 한다는 것이다. 그러나 교재c를 제외한 나머지 4종 교재는 모두 이에 대한 설명이 없다. 주지하듯이, 제2언어 학습자는 새로운 언어항목을 접하게 되었을 때, 학습자 본인의 언어적 직관력만으로는 언어규칙을 이해할 수 없기 때문에 교재 혹은 교수자의 자세한 설명을 필요로 한다. '得'보어구문에 쓰인 보어는 긍정부정의문문과 의문사의문문에서 형용사 앞에 정도보어를 수반할 수 없는데, 이러한 규칙이 분명하게 서술되어 있지 않고 적절한 연습문제도 제시되지 않는다면 학습자는 다음과 같은 오류를 범하게 된다.

(15) *你写得很快不很快?
적격문: 你写得快不快?

1.2 목적어와 보어의 공기

'得'보어구문에서 동사 뒤에 목적어가 있을 때에는 반드시 동사를 반복한 다음에 보어를 사용해야 한다. 교재c와 교재e의 경우, 동사 뒤에 목적어를 수반하는 '得'보어구문'에 대한 설명이 제시되어 있지 않기 때문에 학습자는 목적어를 쓰고자 할 때 동사를 반복 사용해야 한다는 규칙을 알지 못한다. 따라서 다음과 같은 오류를 범하게 된다.

(16)　　*他打球[ ]得很好。

적격문: 他打球打得很好。

(17)　　*她爸爸做乌冬面[ ]得很好。

적격문: 她爸爸做乌冬面做得很好。

(18)　　*我的朋友比我做菜[ ]得很好。

적격문: 我朋友比我做菜做得好。

　일부 교재는 '得'보어구문의 동사가 목적어를 수반하는 형식을 본문과 문법 설명 부분에서는 전혀 다루지 않은 채 단지 연습문제에서만 목적어가 전치되는 구문 '他网球打得很好'를 제시하였다. 필자는 연습문제에서 새로운 구문을 먼저 제시하는 것도 좋은 방법이라고 생각하는데, 그 이유는 이러한 방법은 학습자에게 새로운 구문에 대한 인상을 남겨서 나중에 그것에 대해 학습할 때 좀 더 빨리 습득하게 할 수 있기 때문이다. 그러나 '得'보어구문의 동사가 목적어를 수반하는 형식과 같이 비교적 학습하기 어려운 구문은 본문에서 먼저 제시하고 뒷부분에 이에 상응하는 문법설명을 제공해야 한다. 그렇지 않으면 학습자가 정확하게 습득하기 어렵다.

　교재 a, b, d는 모두 '得'보어구문의 동사가 목적어를 수반하는 형식에 대해 '반드시 동사를 반복시킨 후에야 보어를 수반할 수 있다.'고 설명하고 있는데, 이는 학습자가 해당 구문을 습득하는데 도움이 된다. 그러나 위의 교재를 사용한 학습자들 또한 다음과 같은 오류를 범하였다.

(19)　　*留学生表演表得都很好。

적격문: 留学生表演得都很好。

(20)　　*玛丽朗读朗得非常流利。

적격문: 玛丽朗读得非常流利。

예문(19), (20)과 같은 오류는 학습자가 수업 시간에 목적어가 출현하는 '得' 보어구문을 과도하게 연습한 것과 관련이 있다. '表演, 朗读'는 일반적인 이음절 동사이지만, '동사+목적어' 구조인 '演戏, 读书, 洗澡' 등과 유사하다. 학습자는 '동사+목적어' 구조의 단어, 특히 '동사+목적어' 구조의 이합동사가 '得' 보어구문에 쓰일 때, 동사 혹은 이합동사의 동사형태소 부분을 반복 사용해야 한다고 배웠고 과도하게 연습하였다. 그러나 대부분의 학습자가 교수자의 지도에 따라 그저 기계적으로 반복훈련을 하였기 때문에, '동사+목적어' 구조의 단어와 기타 이음절 동사의 차이점을 구별하지 못할 뿐만 아니라, 학습자에 따라서는 심지어 이음절 동사는 모두 제1음절을 반복해야 하는 것으로 간주하기도 한다. 따라서 예문(19), (20)과 같은 오류를 범한 것이다.

상술한 교재의 경우, 문법 설명은 틀리지 않았으나 동사의 반복 사용을 지나치게 강조하였다. 필자는 동사의 반복을 강조하는 것보다 "'得'는 명사의 뒤가 아니라 반드시 동사의 뒤에 와야 한다"고 설명하는 것이 더 좋으며, 그렇게 해야 학습자로 하여금 '他打球得打很好'와 같은 오류를 범하지 않게 할 수 있다고 생각한다. 따라서 필자는 교재 편찬자와 교수자가 교육과정에서 다음과 같이 '得'보어구문을 두 가지 형식으로 나누어 제시할 것을 건의한다.

A. VOV得C
술어동사가 동사+목적어 구조(洗菜)이거나 동목식 이합동사(洗澡)
인 경우
예: 他洗菜洗得很认真。// 他洗澡洗得很快。

B. V得C
술어동사가 동사+목적어 구조가 아닌 이음절 동사(洗刷)인 경우
예: 他洗刷得很干净。

위와 같은 문법형식의 기술에 교수자의 적절한 설명이 더해진다면 학습자는 실제 사용에서 그 차이점을 충분히 이해할 수 있을 것이다.

1.3 수동자주어문

교재e의 본문에는 '得'보어구문과 의미상의 피동문이 동시에 제시되어 있다. 따라서 본문에 제시된 '得'보어구문은 모두 다음과 같은 수동자주어문이다.

房间打扫得真干净。

이러한 구성은 학습자로 하여금 '得'보어구문의 동사가 수동자목적어를 수반할 때는 모두 위의 구문처럼 목적어를 문두에 위치시켜야 하는 것으로 착각하게 하여 다음과 같은 오류를 발생시킨다.

*衣服洗得很累。

교재e를 제외한 4종 교재는 모두 동사의 목적어가 전치되는 상황에 대해서 언급할 때 이에 대한 사용상의 조건을 제시하지 않고 있다. 그러나 실제로 수동자목적어가 사람일 때 동사의 목적어는 전치시킬 수 없다. 왜냐하면 행위자-수동자의 관계는 혼동하기 쉬워 중의현상이 나타나기 때문이다. 예를 들어, '他奶奶照顾得很好'라는 문장에서 '奶奶'는 행위자인가, 아니면 수동자인가? 물론 각 문법항목을 설명할 때 모든 조건을 학습자에게 일일이 제시하는 것은 수업 시간이 제한적이라는 점을 고려할 때 현실성이 없다. 그러나 교재 편찬자는 단지 한 문장에 대한 적절한 설명만으로도 학습자의 오류발생 가능성을 현저히 떨어뜨릴 수 있다는 점을 인식해야 한다. 이는 매우 가치 있는 일이며, 또한 교수자로 하여금 제한된 수업 시간에 가장 이상적인 교수-학습 효과를 얻게 할 수 있다.

2. 상

교재e를 제외한 나머지 교재는 '得'보어구문의 설명에서 모두 '得' 앞에 위치한 동작·행위가 과거에 이미 발생했거나 자주 발생하는 것이라고 서술하였고, 교재b는 현재진행 중인 동작도 가능하다고 하였는데, 교재들의 이러한 설명은 크게 틀리지 않는다. 제2언어 교수·학습과정에서 특히 초급단계의 경우 당연히 가장 자주 사용하는 구문, 가장 쉬운(오류발생 빈도가 가장 낮은) 구문을 학습자에게 가르쳐야 한다. 그러나 교재c와 교재d에는 주석의 설명과 맞지 않는 다음과 같은 예문이 제시되었다.

> 他让我朗读得慢一点儿。
> 你写得整齐一点儿, 行不行?

두 예문은 모두 분명히 '아직 발생하지 않은 상황'을 나타내고 있다. 언어적 감각이 뛰어난 학습자라면 여기에서 교재의 신뢰도에 의문을 가질 수 있다. 만약 교수자가 기존의 내용들을 깊은 사고 없이 그대로 이해한다면, 학습자의 질문에 적절히 대응하지 못하는 난처한 상황에 처하게 되고 교수자의 신뢰도 떨어진다.

이와 같은 적절치 못한 문법 설명은 학습자로 하여금 다음과 같은 화용상의 오류를 발생시킬 수 있다. 어느 날 학생들이 선생님께 식사 대접을 하는 중에 한 학생이 선생님께 '老师, 我想你吃得多。'라고 말했다. 선생님은 매우 당황스러워하며 학생이 자기를 너무 많이 먹는다고 나무라는 것으로 착각하고 불쾌하게 생각했다. 그러나 곧이어 학생이 선생님께 많이 드시라고 권했을 때 선생님은 비로소 학생이 '老师, 我希望你吃得多一点儿。'이라고 말하고 싶었다는 것을 알게 되었다.

'得'보어구문은 일반적으로 이미 발생했거나 자주 발생하는 동작·행위에 사용되는데, 때로는 미래에 발생할 동작·행위에도 사용될 수 있다. 이 경우 일반

적으로 가정이나 조건을 나타내는 복문이나 '一点, 一些'가 수반된 형용사가
보어의 기능을 하는 청유문에 쓰인다.

> 学生写得好, 老师就表扬。
> 他只要住得舒服, 再多钱也舍得花。
> 你要看得仔细一点, 别再出差错了。

'得'보어구문이 미래에 발생할 동작·행위에 사용되는 경우는 많지 않다. 따라
서 교재에 '得'보어구문이 처음 제시될 때에는 '이 구문은 일반적으로 과거에
발생했거나 자주 발생하는 동작·행위에 사용된다'고 설명하고, 이후 적당한 시
기에 다시 본문이나 연습문제 영역에서 미래에 발생할 동작·행위에 사용되는
'得'보어구문을 제시하는 것이 바람직하다. 처음부터 모든 용법을 다 설명하는
것은 불가능하며 학습자들이 소화할 수도 없기 때문이다.

이 외에도 교재 편찬자는 교재의 문법 설명이 최대한 정확하고 합리적이도록
노력하고, 주석과 본문, 연습문제가 서로 모순되지 않도록 주의해야 한다.

제4절 '得'보어구문의 제시

1. '得'보어구문의 적절한 제시 시기

'得'보어구문은 중국어의 상용 구문 중 하나이다. 그러나 일부 교재에서는
이 점을 고려하지 않고 2학기가 되서야 교육내용으로 제시한다. '得'보어구문
은 1학기의 25과와 40과 사이에서 제시하는 것이 적당하다고 판단된다. 왜냐하
면 '得'보어구문을 너무 일찍 제시하면 중국어 언어 지식이 부족한 학습자가
그 복잡한 구조를 이해할 수 없고, 한편으로는 실제 의사소통 과정에서 학습자

는 일찌감치 '평가'의 의미를 표현해야할 상황을 만날 수 있기 때문이다.

학습자는 목표언어 환경 속에서 자연스럽게 '得'보어구문을 많이 듣게 되지만, '得'를 '的'나 '了'로 오인하는 경우를 종종 볼 수 있다. '得'를 '的'나 '了'로 오인하는 이유는, 교재에서 일반적으로 '的'와 '了'가 '得'보어구문에 앞서 제시된 상황에서 학습자는 듣는 것만으로 이 두 가지 'de(的/得)'를 구별할 수 없고, 'le(了)'와 'de(得)' 역시 구별하기 어렵기 때문이다. 필자가 초급 4반(초급 2학기) 학습자를 대상으로 한 차례 받아쓰기를 실시한 결과, '了'를 'de(的/得)'로 또는 'de(的/得)'를 '了'로 잘못 들은 사례가 6차례 출현하였다. 방문 조사에서 필자가 추적 조사한 중급 1반(중급 1학기)의 학습자는 다음과 같이 말했다.

(21)　*时间过了真快。

적격문: 时间过得真快。

필자가 학습자의 오류를 지적하자 학습자는 매우 놀라며 자신은 줄곧 이 구문의 보어 표지를 '了'로 알고 있었다고 하였다. 이 문장은 학습자가 일상의 의사소통 환경 속에서 자연스럽게 익힌 것이다. 목표언어 환경 속에서 '得'보어구문을 익히긴 했지만 해당 학습자가 배우고 있는 교재에서 아직 '得'보어구문이 제시되지 않았기 때문에, 학습자는 '得'와 '了'를 음성적으로 혼동하여 오류를 범하게 된 것이다.

이 사례로 미루어 볼 때, '得'보어구문을 배우지 않은 학습자는 실제 의사소통 상황에서라면 '得'를 '了'로 잘못 듣게 될 가능성이 더 높아진다. 왜냐하면 학습자가 '了'를 선행 학습한 상태에서 같은 경성인 '得'와 '了'를 자연스러운 발화 중에서 혼동할 가능성이 매우 높기 때문이다. 교재에서 '得'보어구문이 제시되지 않으면 학습자는 '得'와 '了'를 변별할 기준을 가질 수 없다. 왜냐하면 학습자 스스로는 양자를 구별할 능력이 없기 때문이다. 따라서 교재에서 적절한 시기에 '得'보어구문을 교육하지 않으면 학습자는 '了' 또는 다른 것으로 '得'를 대신하는 대체오류를 범하게 되고, 다른 문법항목을 습득하는데 있어서도 간섭을 받게 된다. 그리고 단발성 오류가 점진적으로 굳어져 습관이 되면 고치기가 매우 어렵다.

'得'보어구문은 필자가 분석한 5종의 교재 a, b, c, d, e 중에서 각각 25과, 39과, 29과, 57과, 16과에 처음 제시되어 있다. '得'보어구문은 교재d에서 가장 늦게 제시되었는데, 읽기-쓰기 수업 시수를 매주 12시간으로 계산하더라도 2학기가 되어야 '得'보어구문을 접할 수 있다. 이는 좀 더 이른 시기에 상태보어구문을 습득해야하는 학습자의 입장에서 볼 때 합리적이지 못하다. 반면에, 교재e의 경우 '得'보어구문이 16과에 제시되어 가장 빠르다. 교재e는 단기속성용 교재여서 매 과에 비교적 많은 문법항목이 제시되어 있지만 '得'보어구문을 상대적으로 일찍 제시하는 것이 문제 될 것은 없다. 교재 a, b, c에서는 '得'보어구문이 10주차 전후에 제시되는데, 그 시기가 비교적 적절하다. 중국어를 두 달여 배운 학습자의 경우, 일상의 의사소통 과정 중에 모종의 동작·행위나 상태를 평가 또는 묘사해야 할 상황을 자주 접하게 된다. 따라서 '得'보어구문에 대한 시의적절한 교육이 이루어지지 않으면 학습자는 아래와 같은 오류를 범하게 된다.

(22)   *他是画家，他画很好。
적격문: 他是画家，他画得很好。
(23)   *玛丽的写很不错。
적격문: 玛丽写得不错。
(24)   *我昨天头疼，睡很早。
적격문: 我昨天头疼，睡得很早。

2. 나선형 배치

'得'보어구문은 언어 간 대조, 언어의 발전, 언어인지 등의 각도에서 볼 때 난이도가 매우 높은 언어항목에 속한다. 이러한 '得'보어구문을 교재에서 제시할 때는 나선형 배치가 직선형 배치보다 과학적이고 효과적이다. 왜냐하면 나선형 배치가 언어 습득의 자연적 과정에 보다 부합하기 때문이다(桂诗春, 2003). 어떤 언어항목이라도 반복적 자극을 통한 학습이 이루어져야만 잘 습득할 수 있다. 특히 인지난이도가 높은 언어항목이라면 더더욱 그러하다. 다양한 형식과 형식-의미 사이의 관계가 복잡한 '得'보어구문의 경우 나선형 배치의 필요성이 더욱 커진다. 나선형 배치를 통해 학습자들은 다양한 맥락(context) 속에서 '得'보어구문의 용법을 체득할 수 있다. 또한 나선형 배치로 '得'보어구문의 다양한 형식들을 난이도가 낮은 것에서 높은 순으로 제시하여, 점진적 심화의 과정을 거치게 되면, 복잡한 형식이 학습자에게 일시에 노출되는 것을 피할 수 있어 부담감에서 오는 학습자들의 회피책략도 막을 수 있다.

필자가 분석한 5종의 교재 중 나선형 배치 방식을 취하고 있는 것은 교재b, 교재d, 교재e 3종뿐이고, 나머지 2종의 교재는 모두 직선형 배치 방식을 취하고 있다. 물론, 나선형 배치 방식을 취하고 있는 교재들 간에도 수준 차이는 존재한다. 예를 들어, 교재b의 경우 29과에서 '得'보어구문이 처음 제시될 때부터 목적어를 수반하지 않은 경우, 목적어를 수반한 경우, 목적어가 전치된 경우 등의 세 가지 형식을 동시에 제시하고 있다. 수동자주어문은 44, 45과에 가서야 제시되는데, 이러한 제시 방식은 중국어를 10주 정도 공부한 학습자가 소화하기 어렵다. 그리고 '得'보어구문이 두 번째로 출현하는 곳은 53과인데, '得' 뒤의 보어가 동사구로 충당된 형식이 제시된다. 예를 들면 다음과 같다.

他看球赛看得忘了吃饭。

교재b에서 '得'보어구문은 두 차례 제시되는데, 그 제시 간격이 너무 멀다. 이러한 처리 방식은 학습자가 '得'보어구문과 같이 인지난이도가 매우 높은 언어 항목을 습득하는데 효과적이지 못하다. 그러나 교재b의 53과에서는 앞서 배운 '得'보어구문의 다양한 형식들도 반복 제시하여 학습자의 기억을 환기시켜 주는데, 이를 통해 교재b의 취약점이 일정 정도 보완되고 있다.

교재d에서는 '得'보어구문 중 목적어를 취하지 않는 형식과 목적어가 전치된 형식을 57과에 제시하고, 목적어를 취하는 형식과 '比'구문에 사용된 형식을 58과에 제시하고 있다. 의미상 피동문이 41과에 제시되어 목적어가 전치되는 현상을 학습자가 어느 정도 인식한 상태이기 때문에, '得'보어구문 중 목적어가 전치되는 형식을 이해하는데 큰 어려움이 없을 것이다. 교재d의 이러한 배열 방식은 교재b에 비해 더욱 합리적이다.

교재e에서 '得'보어구문은 16과에서 처음 제시되고, 수동자주어문도 같은 과에서 동시에 제시되어 있다. 본문, 주석, 연습문제 중에서 제시되는 '得'보어구문은 동사 뒤에 목적어를 취하지 않은 형식이거나 수동자주어문 형식이다. 그리고 '得'보어구문은 52과에서 두 번째로 제시되는데, 동사 뒤에 목적어를 취한 형식은 여전히 제시되지 않고, 동사성구 또는 주술구가 보어가 되는 형식이 제시되어 있다. 교재e의 경우, 교재 전반을 통틀어 동사 뒤에 목적어를 취하는 형식의 '得' 보어구문은 문법항목으로 제시되지 않았다. 교재e의 이와 같은 배치 방식에는 두 가지 문제점이 있다고 생각된다. 첫째, '得'보어구문이 처음으로 제시된 후 35과의 긴 간격을 두고 두 번째로 제시됨으로써 학습자는 앞서 배웠던 내용을 잊게 된다. 따라서 이러한 배치 방식으로는 문법항목을 나선형으로 제시할 때 가질 수 있는 본연의 효과를 기대할 수 없다. 둘째, '得'보어구문의 여러 형식 중 동사 뒤에 목적어를 취하는 형식은 상용 형식이고, 학습자의 입장에서도 일상의 의사소통 상황에서 매우 필요한 형식이기 때문에 집중적으로 교육해야 한다. 그러나 교재e에서는 이 형식이 출현하지 않는데, 일종의 누락이라 볼 수 있다.

교재의 오도가 유발하는 오류를 과학적이고 정확하게 계량화하기란 쉽지 않다. 또한 어떠한 오류가 교재의 오도에 의해 발생한 것인지를 판별할 기준 역시 마련되어 있지 않다. 그러나 필자의 분석에 따르면 '得'보어구문의 오류 발생률이 높고 사용빈도가 낮다는 점은 교재에서 '得'보어구문을 부적절하게 제시하고 있는 것과 어느 정도 관련이 있다.

필자의 연구 목적은 학습자들이 보다 빨리 그리고 보다 정확하게 중국어 문법을 숙지하여 오류 발생률을 최소화 하는데 기여할 수 있도록 교재 편찬자가 교재 편찬 시 준수해야 할 다음의 원칙을 제시하는 데 있다.

첫째, 교재 편찬자는 문법항목을 과학적이고 합리적으로 제시해야 한다.

둘째, 각 문법항목은 가능한 세분하여 정확하고 상세하게 설명해야 한다.

셋째, 연습문제는 문법 설명에서 제시된 내용과 관련된 것으로 적정량 제공해야 한다.

■ 参考文献

北京语言大学汉语速成学院. 速成汉语初级教程(综合课本). 北京语言
　　大学出版社. 1996
陈　军. 试析"厉害"作补语的特点. 汉语学习. 2002 (1)
黄　冰. 第二语言习得入门. 广东高等教育出版社. 2004
黄伯荣·廖序东. 现代汉语. 高等教育出版社. 2003
李大忠. 外国人学汉语语法偏误分析. 北京语言大学出版社. 1997
李德津·李更新. 现代汉语教程(读写课本). 北京语言大学出版社. 1997
李　英. 谈含"得"述补短语. 中山大学学报论丛. 1996 (3)
刘　珣·邓恩明·刘社会. 实用汉语课本. 商务印书馆. 1986
刘月华 等. 实用现代汉语语法. 商务印书馆. 2002
鲁健骥. 初级汉语课本. 北京语言大学出版社. 2003
吕文华. 关于对外汉语教学中的补语系统. 语言教学与研究. 1995 (4)
孙德金. 外国留学生汉语"得"字补语句习得情况考察. 语言教学与研究.
　　2002 (6)
王建勤 主编. 汉语作为第二语言的习得研究. 北京语言大学出版社. 1998
吴　颖. "动词+得+补语"的分类和语义特征分析. 苏州大学学报. 2002 (2)
杨寄洲. 汉语教程. 北京语言大学出版社. 1999
尹绍华. 试论壮语与情态补语的区别. 西南民族学院学报. 2002 (2)
张旺熹. 汉语特殊句法的语义研究. 北京语言大学出版社. 2002
张豫峰. "得"字句补语的语义指向. 山西师大学报. 2002 (1)
赵艳芳. 认知语言学概论. 上海外语教育出版社. 2001
中国社会科学院语言研究所词典编辑室. 现代汉语词典(第5版). 商务印
　　书馆. 2005
周小兵·李海鸥. 对外汉语教学入门. 中山大学出版社. 2004

제13장 어림수 표시법에 나타난
교육상의 오도 분석

제1절 어림수 표시법과 교재 분석

이번 장에서는 현대중국어 문법의 실제 상황과 결합하여 '어림수 표시법'이
라는 문법항목을 예로 5종의 중국어 교재(『现代汉语教程·读写课本』,『初级
汉语课本』,『标准汉语教程』,『新实用汉语课本』,『汉语教程』)에서 이를
어떻게 제시하고 있는지에 대해 집중적으로 살펴보고자 한다. 동시에 5종의 교
재에 나타난 편제상의 문제점에 대해서도 분석할 것이다.

1. 어림수 표시법

어림수란 개략적인 수를 가리키는데, 이는 화자가 알지 못하는 수 혹은 정확
하게 말하기를 원하지 않거나 그럴 필요가 없는 수를 나타내고자 할 때 사용된
다. 현대중국어에서 어림수를 나타내는 데는 대체로 아래의 세 가지 방식이
사용된다.

첫째, 수사의 앞이나 뒤에 '左右', '多', '来', '把', '前后', '上下', '约', '近',
'上' 등과 같은 어림수를 나타내는 어구를 직접 결합한다. 수사의 뒤에 오는

예로는 '三百左右', '六十多元钱', '二十来个人', '百把人' 등이 있고, 수사의 앞에 오는 예로는 '约四百斤', '近一万元', '上万人' 등이 있다.

둘째, 인접한 두 개의 수사를 연이어 쓴다. 연이어 쓰는 수사는 일반적으로 계수¹인데, '三四千人', '十七八岁', '二三十天' 등과 같이 작은 숫자가 앞에 오고 큰 숫자는 뒤에 온다. 주의할 점은 '2'와 '3'을 연이어 쓸 때 '2'는 '两'으로 써야 한다는 것이며, 이때는 '两三天'이라고 할 수도 있고, '三两天'이라고 할 수도 있다. 그밖에 인접하지 않은 계수를 연이어 쓸 수 있는 경우도 있다. '三'과 '五'는 '三五天', '三五百人'처럼 단위사 앞에 연이어 써서 어림수를 나타낼 수 있다.

셋째, '几'와 '两'도 '几个人' '几百天' '十几元钱', '我过两天再去上海' 처럼 어림수를 나타낼 수 있다. 이 때 '两'은 구체적인 숫자 '2(二)'를 나타내지 않는다.

중국인들은 일상생활 속에서 어림수 표시법을 자주 사용하기 때문에 이를 별도로 배울 필요가 없다. 그러나 인지와 사유 습관의 차이로 인해 어림수를 나타내는 방법은 나라마다 다르기 때문에 따라서 외국인 학습자를 대상으로 하는 중국어교육에서는 어림수 표시법을 다루어야 한다.

2. 교재 분석

2.1 문법항목의 '배열'과 설명

다음은 5종 교재의 '어림수 표시법'에 대한 제시 상황이다(수 또는 영문 알파벳으로 표시한 예문의 일련번호는 해당 교재에 제시된 대로 따름).

---

¹ 역자주: 여기서 계수(系数)는 자릿수 앞에 오는 수사를 가리킴.

2.1.1 『现代汉语教程·读写课本』

어림수 표시법을 세 부분으로 나누고, 이를 각 본문에 나누어 제시했다.

어림수(1): '多', '左右'(제1책, 406쪽)

(1) '多'는 수사-단위사구의 뒤나 수사-단위사구의 중간에 쓰여 해당 숫자를 초과한 불특정적인 나머지수를 나타낸다.

  ① 일의 자릿수 혹은 수사구 중 한 자릿수 단위사의 뒤에 '多'를 써서 한 자릿수 이하의 나머지수를 나타낸다. 예) 一斤多(水果), 两块多(钱), 十三个多(星期)

  ② 십의 자릿수 이상의 수사구와 단위사 사이에 '多'를 써서 해당 단위수 이하의 나머지 수를 나타낸다. 예) 二十多斤(梨), 一百多本(书), 两千多张(票)

(2) '左右'는 수사구 혹은 수사-단위사구(+명사)의 뒤에 쓰여 해당 숫자보다 약간 많거나 적음을 나타낸다. 예) 五十左右, 三百个左右, 十个月左右

어림수(2): 几(제1책, 480쪽)

'几'는 '十' 이하의 불특정적인 숫자를 나타낸다. 예) 几分钟, 十几张照片, 几十个演员, 几百个学生

어림수(3): 인접한 두 개의 숫자(제2책, 19쪽)

인접한 두 개의 숫자를 연이어 써서 어림수를 나타낼 수 있다. 예) 一两天, 十一二次, 二三十本书, 四五百块钱

  (1) 再过五六天我就可以出院了。

  (2) 这个医院有二三百个护士。

  (3) 我每天看一两个小时电视。

2.1.2 『汉语教程·2(上)』, 60쪽

중국어에서 어림수를 나타내는 방법에는 아래의 몇 가지가 있다.

1. 一二, 两三, 三四, 五六, 七八, 八九처럼 인접한 두 개의 수사를 연이어 쓴다.

    (1) 我每天晚上学习两三个小时。

    (2) 一件大衣要七八百块钱。

2. 多

    (1) 这些苹果一共五斤多。

    (2) 这件毛衣二百多块。

    (3) 我来中国已经两个多月了。

3. 几

    (1) 昨天去了十几个人。

    (2) 一件皮大衣要几千块钱。

2.1.3 『初级汉语课本』

세 가지 항목으로 나누고 있으나, 모두 제21과(118~119쪽)에 집중되어 있다.

1) '多'로 나타내는데, '多'의 위치는 다음의 두 가지가 있다.

    A. 십의 자릿수, 백의 자릿수

수사	多	단위사
二十	多	岁
七十	多	公斤
三百	多	米

    B. 일의 자릿수

수사	단위사	多
七	岁	多
二十三	岁	多

```
           一        米        多
          七十二      公斤       多
```

2) '几'로 불특정한 수를 나타낸다.

```
    A.  수사        几        단위사
        二十        几        岁
        二十        几        公斤
        十          几        米


    B.  几          수사       단위사
        几          十        岁
        几          百        公斤
        几          十        米
```

3) 두 개의 인접한 숫자를 사용한다.

```
        一两个  一二十斤  二十二三个
        两三个  二三十个  三十三四岁
```

2.1.4 『标准汉语教程·上(4)』, 137~140쪽

(一) 두 개의 인접한 수사를 연이어 쓴다. 일반적으로 작은 숫자가 앞에 오고 큰 숫자는 뒤에 온다. 예) 생략

　　주의사항: '九'와 '十'는 연이서 써서 어림수를 나타낼 수 없다.

(二) 수사-단위사구 뒤에 '**左右**' 등과 같은 어림수를 나타내는 어구를 쓴다. 예) 생략

(三) '几'를 써서 어림수를 나타낸다. 예) 생략

(四) '**多**'로 어림수를 나타낸다.

'**多**'는 수사-단위사구 뒤에서 불특정적인 나머지수를 나타낸다. '**多**'의 위치와 용법은 다음과 같다.

1. '0'으로 끝나는 수사＋多＋각종 단위사＋(명사)(예문 생략)

2. 수사'10'＋연속량2을 나타내는 단위사＋多＋명사

    여기서 '연속량을 나타내는 단위사'란 '年', '天', '小时', '分钟', '公斤', '克' 따위의 단위사를 가리키는 것이지 '个', '支', '瓶', '杯' 등과 같은 '개체단위사'를 가리키는 것이 아니다.(예문 생략)

3. 수사가 1~9로 끝나는 경우(17, 25, 101, 3561 등)는 그 형식이 2와 같다.(예문 생략)

(五) '来'로 어림수를 나타낸다.

여기서 '来'는 '来' 앞에 오는 수사가 나타내는 수량에 근접해있음을 나타내는데, 그 수량보다 많을 수도 있고 적을 수도 있다. '来'는 단위수에만 쓰일 수 있으며, 그 위치는 '多'와 유사하다. 예) 생략

2.1.5 『新实用汉语课本·3』, 81~82쪽

(1) '几'로 어림수를 나타낸다.

    几＋M＋N

    他买了几本书。

    几＋'十/百/千/万/亿'＋M＋N

    今年语言学院来了几百个留学生。

    '十'＋几＋M＋N

    前边来了十几个人。

    这辆车用了二十几万块钱。

(2) '多'로 어림수를 나타낸다.

    A.   '十/百/千/万'＋多＋M＋N/A

             10多本词典

---

2 역자주: 양을 나타내는 단위사는 더 작은 단위로 나눌 수 있는지 여부에 따라 연속량과 비연속량으로 분류할 수 있다.

> 1000多岁
>
> 8800多米高
>
> 1200多年历史
>
>
> B.　　　Num+M+多(+N)
>
> 两斤多葡萄
>
> 十四米多白布
>
> 一个多月
>
> 254块多钱
>
> **(3)** 인접한 숫자로 어림수를 나타낸다.
>
> 二三十 四五百 六七千
>
> 八九万 三四十万

2.2 교재평가

필자의 조사에 의하면 5종 교재 모두 '어림수 표시법'을 단독 문법항목으로 다루고 있다. 설명 내용에 대해 종합적으로 말하자면, 숫자를 연이어서 표시하는 방법과 '多', '几', '左右' 등의 어림수를 나타내는 단어를 덧붙여 사용하는 방법 두 가지로 분류할 수 있다. 또 어림수 표시법 중에서도 '多'는 위치가 비교적 복잡하여 교재에서 종종 별도로 설명하고 있다.

그러나 학습자가 이 문법항목을 습득하는 상황에 대하여 충분히 이해하지 못하고 있기 때문에 각 교재에 제시된 '어림수 표시법'에는 여전히 문제가 있다.

2.2.1 설명의 부정확성

교재 편찬에 있어서 가장 기본적인 조건은 설명의 정확성이다. 설명의 정확성을 확보하기 위해서는 적어도 동일 문법항목 안에 있는 개별적 소항목이 단독으로 성립해야 하며 서로 모순되어서는 안 된다. 예를 들면, 대부분의 교재들은 어기사 '了'를 '어떤 사건이나 상황이 이미 발생하였음을 나타냄', '상황의 변화나 새로운 상황의 출현을 나타냄'과 같은 두 개의 소항목으로 설명하고 있다. 이 두 소항목은 각각 단독으로 성립하고 상호 보완관계에 있으며 서로 모순되지 않는다. 그러나 일부 교재의 '多'와 '인접한 숫자'로 어림수를 표시하는 부분에 대해서는 논의가 필요하다.

『現代汉语教程·读写课本』에서 '多'로 어림수를 설명하는 부분 중 첫 번째 부분은 '1의 자릿수나 10의 자릿수 이상은 단위사[3]의 뒤에 '多'를 사용하여 어림수를 나타낸다'고 이해할 수 있다. 그러나 '10의 자릿수 이상의 수사구'라는 설명의 두 번째 부분에는 다음과 같은 문제가 있다. '10의 자릿수 이상의 수사구'는 10 이상의 모든 수사구를 지칭할 수 있다. 교재에서는 '二十', '一百', '两千' 등과 같이 0으로 끝나는 단위수만 제시되어 있는데, '二十三', '六十八' 등과 같은 수들도 역시 '10의 자릿수 이상의 수사구'이며, 이 경우 두 번째 설명에 따라서 '二十三多斤(梨)', '六十八多块(钱)'이라고 말할 수 없다. 교재의 이러한 설명이 학습자들의 오류를 유발할 것인지에 대해서는 다음 절의 오류분석에서 그 결과를 알 수 있을 것이다.

사실 朱德熙(1982)는 어림수 '多'(와 '来')가 계수-자릿수 조합[4] 뒤에 출현할 경우, 그 앞에는 '二十', '一百', '两千' 등과 같이 단순한 계수-자릿수 구조[5]이어야 함을 일찍이 지적한 바 있다. 그러나 '二十三', '六十八', '九十五' 중의

---

[3] 역자주: 단위사 외에 분류사, 개체사로도 부른다.
[4] 계수-자릿수 조합(系位组合): 계수-자릿수 구조 몇 개가 크기 순서로 배열되어 만들어진 수사구조를 말한다. 계수-자릿수 조합 안의 계수-자릿수 구조들은 더하기 관계이다(朱德熙, 『语法讲义』, 46쪽).
[5] 계수-자릿수 구조(系位构造): 계수와 자릿수 두 부분으로 만들어진 복합수사를 말하며, 두 부분은 곱하기 관계이다. 간단한 계수-자릿수 구조란 二十, 一百, 两千 등과 같이 계수와 자릿수가 모두 단순한 숫자인 경우를 말한다(朱德熙, 『语法讲义』, 46쪽).

'三', '八', '五' 등은 모두 계수-자릿수 구조가 아니기 때문에 위의 규칙에 부합하지 않는다. 이러한 설명에 근거하면, 상술한 두 번째 설명은 자체적으로도 설명이 충분하지 못하며 첫 번째 설명과도 모순됨을 알 수 있다. 교재에서는 본래 간단하고 학습자가 이해하기 쉬운 표현을 통해 문법규칙을 설명하고자 하였지만, '10의 자릿수 이상의 수사구'라고 기술하였기 때문에 언어의 실제 사용상황 및 관련 문법규칙과 부합하지 않는다.

그 밖에, 인접한 두 숫자로 어림수를 나타내는 경우를 설명할 때, 5종 교재의 설명은 모두 단순하여 '인접한 두 개의 숫자 또는 수사를 사용함으로써 어림수를 나타낼 수 있다'고 개괄할 수 있다.

이러한 설명은 간단명료하지만 학습자에게는 혼란을 초래할 수 있다. 그 이유는 모든 인접한 두 개의 숫자를 연속 사용한다고 해서 어림수를 나타낼 수 있는 것은 아니기 때문이다. 예를 들어 '二十三二十四, 五百二十五百二十一' 등은 인접한 두 숫자를 사용한 것이지만 이러한 방법으로 어림수를 나타낼 수는 없다. 필자가 진행한 어림수 오류분석에 따르면, 이런 오류를 범하는 학습자가 있다. 중국어의 사용 규칙을 살펴보면, 연속해서 사용하는 숫자는 1~9에 불과하다. 이 아홉 개의 숫자 중에서 인접한 두 숫자를 사용(이 경우에도 작은 숫자는 앞에 쓰고 큰 숫자는 뒤에 써야 함)하거나, 단위사 앞에 사용하거나('三四个'), 자릿수 앞에 사용하거나('三四十个'), 자릿수 뒤에 사용하여('十三四个') 어림수를 나타낸다.

이상의 분석에서 알 수 있듯이 5종 교재의 설명은 부정확할 뿐만 아니라 인접한 두 수의 위치에 대하여 설명을 하고 있지 않기 때문에, 지나치게 간단하다고 할 수 있다.

2.2.2 문법지식의 한계성

중국어교육 대상의 특수성과 중국어 자체의 복잡성으로 인하여 필자는 중국어 이론문법에서 다루고 있는 모든 문법지식을 학습자에게 가르쳐주어야 한다고 주장하지는 않는다. 그러나 일부 상용하는 규칙이나 의사소통에 있어서 필요한 지식, 특히 의사소통 중에 필요한 일부 특수한 현상과 예외적인 규칙을 빠뜨려서는 안 된다.

첫째, '左右'로 어림수를 나타내는 경우의 설명에서 『现代汉语教程·读写课本』과 『标准汉语教程』에서는 '左右'는 수사구 또는 수사-단위사구의 뒤에 쓰여 어림수를 나타낸다고 그 위치를 밝히고 있다. 그러나 '左右'의 앞에 출현하는 수사구는 일정한 제약 조건이 있음에도 불구하고 교재에서는 이에 대해 언급하지 않고 있다. 예를 들어 '二十左右', '三百左右', '六千左右', '三十万左右', '四十亿左右' 라고는 할 수 있으나 '八左右', '十左右', '十三左右', '二十四左右', '一百三十二左右', '五千六百五十九左右'라고는 할 수 없다. 즉, 중국어의 사용례를 살펴보면 '左右'의 앞에 출현하는 수사는 반드시 우수리숫자가 없는 10, 20, 30, ……, 90, 100, 200, 300, ……, 900, 1000, 2000, 3000, ……, 9000, …… 이어야 한다. 이 점을 설명하지 않을 경우 학습자는 '八左右', '十左右', '十三左右' 등도 사용할 수 있다고 여기고 오류를 범할 것이다.

둘째, 수사가 '10'이고 단위사가 연속성 단위사('年', '天', '小时', '分钟', '公斤', '克' 등과 같이 단위사가 다시 더욱 작은 단위로 나뉠 수 있는 단위사)일 때 '多'는 '十年多', '十多年'과 같이 단위사의 앞이나 뒤에 모두 사용할 수 있다. 그러나 이 점에 대해서 『标准汉语教程』을 제외한 기타 4종 교재에서는 설명을 하지 않고 있다. 따라서 수사가 '10'일 경우 학습자는 '多'와 일반 단위사의 위치관계('十多个学生'과 같이 '多'가 단위사의 앞에 오는 경우)로 인해 '多'와 연속성 단위사의 습득에 영향을 미칠 수도 있다. 바꾸어 말하면, 중국어에서 수사가 '10'일 때 '多'와 연속성 단위사 간 위치관계의 특수성도 학습자가 '多'와 일반 단위사 간 위치관계를 습득하는데 어느 정도 혼란을 야기할 수 있다. 이러한 예측들은 필자의 테스트 결과를 통해서 검증을 받은 바 있다.

더욱 중요한 점은 어림수를 나타내는 '多'를 설명함에 있어서 5종 교재는 실제 표현에서 빈번히 사용되는 '万'과 '亿'라는 특별한 자릿수를 설명하지 않고 있다는 점이다. 중국어에서는 '十万', '十亿'라고 할 수는 있지만 '十百', '十千'이라고는 할 수 없는데, 그 이유는 '十百(ten hundred를 의미함)', '十千(ten thousand를 의미함)'을 나타내는 '千'과 '万'은 있지만 '十万', '十亿'를 나타내는 수사는 없기 때문이다. 그러므로 '万'이나 '亿'을 포함한 수사구를 일반적인 수사구와 똑같이 취급해서는 안 된다. 그러나 '多'를 사용하여 '万' 또는 '亿'의 어림수를 나타낼 때는 일부 교재(예를 들면 『现代汉语教程·读写课本』)에 제시된 규칙을 적용할 수가 없다. 예를 들면 '二十万'과 '三百亿'는 모두 십자릿수 이상의 수사구이지만 교재에서 제시한 규칙대로 '多'를 단위사 앞에 놓아 '二十万多斤(粮食)', '三百亿多个(细胞)'라고는 할 수 없으며 , '二十多万斤(粮食)', '三百多亿个(细胞)'라고 해야 한다. 이러한 구조에서는 '万'과 '亿'를 단위사로 보고 '多'를 그 앞에 놓아야한다. 그러나 5종 교재에서는 '万'과 '亿'의 특수한 상황에 대하여 설명을 하고 있지 않기 때문에, 오류를 범하기가 쉽다. 다음 절의 오류분석에서 학습자가 '万'과 '亿'를 사용함에 있어 오류 발생비율이 상당히 높음을 확인할 수 있는데, 이는 교재에서 '万', '亿'와 '多'의 위치관계에 대해 충분히 설명하지 않았기 때문이다.

제2절 학습자의 '어림수 표시법'에 대한 습득과 오류분석

제1절의 분석에서 알 수 있듯이, 학습자 입장에서 '어림수 표시법'은 비교적 복잡한 문법항목이며, 특히 영어권 학습자의 경우 더욱 그러하다. 그 이유는 영어에 단위사가 없어서 어림수의 표시가 상대적으로 간단하고 공식화되어 있기 때문

이다. 따라서 중국어교재에서 어림수 표시법을 중시하지 않고 설명이 부적절하거나 불충분하면 학습자들은 이로 인해 다양한 오류를 범할 것이다.

교재가 학습자 오류에 미치는 영향을 검증하기 위해, 시험 형식으로 中山大學 중국어교육과의 초급3C반(27명), 초급5반(18명), 중급1반(19명), 중급2반(21명) 등 네 개 학급 총 85명의 학습자를 대상으로 '어림수 표시법' 습득 현황을 조사하였다. 구체적인 습득 상황과 오류 상황은 다음과 같다.

1. '左右'와 '几'

조사 결과를 통해 다음 내용을 알 수 있다. '左右'와 '几'로 어림수를 표시할 때 학습자의 습득 상황과 오류 상황은 매우 유사하다. 즉 '左右'로 어림수를 표시한 경우, 85명 중에서 2명만 오류를 범했고 '几'로 어림수를 표시한 경우에도 85명 중에서 5명만 오류를 범했는데, 그 오류는 모두 '几十'와 '十几'를 혼동한 것이다. 이를 통해 '左右'나 '几'를 사용한 어림수 표시법은 난이도가 높지 않아서 쉽게 습득할 수 있으므로 오류가 거의 발생하지 않음을 알 수 있다.

중국어와 영어의 대조를 통해서도 그 원인을 다음과 같이 분석할 수 있다. 중국어는 '五十左右', '三百个左右', '十个月左右'처럼 '左右'가 수사(구)나 수사-단위사구 뒤에 위치하여 해당 수치에 가까움을 나타낸다. 반면 영어는 숫자 앞에 'about', 'around', 'more or less' 등이 쓰인다. 예를 들면 다음과 같다.

> 五十左右: about / around / more or less fifty
> 三百个左右: about / around / more or less three hundred
> 十个月左右: about / around / more or less ten months

영어에는 중국어의 '左右'에 대응되는 단어와 위치가 있고, 숫자에 대한 제약 조건('十', '百', '千', '万', '亿' 등처럼 '십' 이상의 단위수만 사용할 수 있음)이 단순하다. 따라서 학습자 입장에서는 대조난이도가 높지 않기 때문에 오류가 거의 발생하지 않는다.

중국어에서는 '几分钟', '十几把椅子', '几十页', '几百个学生'처럼 '几'로 '10' 이하의 어림수를 나타낸다. 영어에서는 'several'로 '10'이하의 수를 나타낼 수 있으며, 이는 중국어의 '几'에 대응된다. 다만, 'several'은 단독으로 명사를 수식하는 것 외에 'several hundred', 'several thousand'처럼 100이나 100 이상의 단위와만 결합할 수 있음에 주의해야 한다. 즉, 'several'은 십 단위와는 결합할 수 없기 때문에, '十几'나 '几十'는 다른 단어로 나타내야 한다. 예를 들면 다음과 같다.

几分钟: several minutes
十几把椅子: ten or more chairs
几十页: tens / scores of pages
几百个学生: several hundred students

'어림수 표시'의 경우, 교재를 편찬할 때 '十几'와 '几十'의 표시 방법을 분명하게 밝히고, 학습자가 'several'과 '几'의 차이점에 주의하도록 해야 한다. 그 밖의 경우는 'several'과 '几'를 대응시키기만 하면 되기 때문에 학습자가 습득하기 쉽고 따라서 오류도 거의 발생하지 않을 것이다.

2. 인접한 두 숫자를 연속 사용하는 경우

이 문법항목에 대한 조사에서도 역시 상응하는 영어 제시어를 주고 학습자에게 중국어로 번역하게 하는 방식을 사용했다. 구체적인 결과는 다음과 같다 (괄호안의 숫자는 해당 답안을 제시한 인원수이며, 오류를 범한 학생수가 3이하인 경우는 제시하지 않았음).

(1) seventy or eighty yuan (RMB)

　　　七八十元 / 块钱　　(53)

　　　*七十八十元　　　　(20)

　　　*七十或八十元　　　(10)

(2) twenty-one or twenty-two students

　　　二十一二个学生　　　　(47)

　　　*二十一二十二学生　　　(22)

　　　*二十一或二十二个学生　(14)

(3) one hundred and fifty (150) or one hundred and sixty (160) people

　　　一百五六十个人　　　　(50)

　　　*一百五十一百六十个人　(18)

　　　*一百五十或一百六十人　(11)

(4) eight hundred or nine hundred students

　　　八九百(个)学生　　　(47)

　　　*八百九百学生　　　　(20)

　　　*八百或九百个学生　　(12)

(5) 250000(25万) or 260000(26万) people

　　　二十五六万(个)人　　　(50)

　　　*二十五万二十六万个人　(15)

　　　*二十五二十六万个人　　(7)

　　　*二十五万或二十六万人　(10)

(6) Seventeen or eighteen kilogram (公斤) fruits

　　　十七八公斤水果　　　　(42)

*十七十八公斤水果　　　(22)

　　*十七或十八公斤水果　　(14)

(7) Two thousand and six hundred or two thousand and seven hundred people

　　两千六七百个/位人　　　(49)

　　*两千六百两千七百人　　(18)

　　*两千六百或两千七百人　(12)

　　상술한 결과를 바탕으로 다음과 같은 통계 자료를 얻을 수 있다. 어림수 표시법에 대한 습득의 경우, 정답률은 58.4%이다. 오류 중에는 예문(7)처럼 '두 숫자의 연속 사용'에 대한 제약 조건을 모르거나 제대로 알지 못해서 발생한 오류가 142개이고 오류율은 23.8%이다. 두 개의 숫자 중간에 '或'를 사용해서 연결한 경우, 즉 영어를 축자식으로 번역함으로써 생긴 오류는 모두 83개이고 오류율은 13.9%이다.

　　이와 같은 결과는 앞의 예측과 일치한다. 즉, 연속 사용하는 숫자의 범위를 분명하게 설명하지 않으면 교재에서 제시한 예문이 모두 문법에 부합할지라도 학습자가 연속 사용하는 숫자의 범위를 벗어날 가능성이 매우 높다. 왜냐하면 제시된 예문은 학습자의 이해와 습득에는 도움을 줄 수 있지만, 그들에게 중국어는 제2언어이므로 스스로 예문에서 규칙을 도출해 낼 수 있는 능력이 상대적으로 약하기 때문이다. 특히 초급 학습자의 경우 더욱 그러하다. 따라서 규칙을 제시할 때 상응하는 예를 제시하는 것처럼 예를 제시할 때도 그에 상응하는 규칙을 제시하여 예문의 한계를 극복할 수 있도록 해야 한다.

　　한편 '或'로 두 개의 숫자를 직접 연결한 오류는 영어의 간섭에 의한 것이다. 영어에서는 'or'로 두 개의 이웃하는 숫자를 연결하여 어림수를 나타낼 수 있다. 예를 들면 다음과 같다.

seventy or eighty yuan

one hundred and fifty or one hundred and sixty people

또 영어에서는 9와 10을 이어서 사용할 수 있으므로 'nine or ten rooms'라고 말할 수 있지만, 중국어에서는 1~9 사이의 이웃하는 두 개의 숫자만 연속 사용할 수 있다. 9와 10, 10과 11은 연속 사용할 수 없다. 사실 '10' 뿐 아니라 100, 200, ······ 900, 1000, 2000, ······ 9000 등도 왼쪽이나 오른쪽의 이웃하는 숫자와 연속 사용할 수 없다. 따라서 교재에서는 상술한 제약 조건을 반드시 설명해야 하고, 또 자릿수의 유무나 숫자에 근거해서 연속 사용하는 숫자의 위치가 결정된다는 점도 밝혀야 한다. 학습자가 상술한 오류를 범하는 것은 교재에서 숫자의 연속 사용 범위에 대한 제약을 밝히지 않고 또 특수한 문법항목에 대해 충분하게 설명하지 않았기 때문이다.

3. '多'

'多'를 사용하여 어림수를 표시하는 테스트에서는 '단어를 조합하여 구 만들기' 형식을 취하였다. 통계 결과는 세 가지 유형으로 나타났는데, 구체적인 내용은 다음과 같다.

3.1 수사가 10, 20, ······ 90, 100, 200, ······ 900, 1000, 2000, ······ 9000과 10 이하의 수인 경우

(8) 多, 2, 葡萄, 斤
　　两斤多葡萄　　(70)
　　*两多斤葡萄　　(6)
　　*葡萄二多斤　　(2)

(9) 词典, 10, 多, 本

    十多本词典   (62)

    *十本多词典   (17)

    *多十本词典   (2)

(10) 岁, 100, 多

    一百多岁   (71)

    *一百岁多   (9)

(11) 5000, 年, 多

    五千多年   (68)

    *五千年多   (11)

    *多五千年   (3)

수사가 10 이하의 수, 혹은 10, 20, …… 90, 100, 200, …… 900, 1000, 2000, …… 9000인 경우를 살펴보면, 321개의 구 가운데 정답이 271개로, 정답률은 84.4%, 오류율은 가장 낮은 15.5%를 나타내었다. 그 중 수사가 '10'일 때, '十本多词典'과 같은 오류는 모두 17회 발생하여 전체 오류의 34%를 차지하였다. 이러한 현상은 아마도 '多'와 연속량을 나타내는 단위사('年', '天', '小时', '分钟', '公斤', '克' 등)의 위치의 영향을 받은 것으로 보인다. 왜냐하면 이러한 단위사가 '十', '多'와 결합할 때는 '十多年/天/公斤' 혹은 '十年/天/公斤多'와 같이 '多'가 단위사의 앞, 뒤에 모두 출현할 수 있기 때문이다. 그러나 『标准汉语教程』을 제외한 4종 교재에는 이와 관련된 설명이 없다. '多'와 연속성 단위사가 결합된 어구는 사용빈도가 매우 높은데 교재의 설명이 충분치 않기 때문에, 학습자들이 '多'와 일반 단위사(테스트에 제시된 '本'과 같은)의 배열 순서를 습득할 때 혼란을 겪게 된다.

3.2 수사가 '23', '54', '65'등 두 자릿수 이상이고 끝 자릿수가 0이 아닌 경우

(12) 23, 岁, 多

　　二十三岁多　　　　(43)

　　*二十三多岁　　　　(40)

(13) 54, 钱, 多, 块

　　五十四块多钱　　　(38)

　　*五十四多块钱　　　(31)

　　*五十四块钱多　　　(11)

(14) 65, 多, 个, 星期

　　六十五个多星期　　(46)

　　*六十五多个星期　　(27)

　　*六十五个星期多　　(8)

'23', '54', '65' 등의 수에서 '多'의 위치는 숫자 '2'일 때(예문(8))와 같다. 그러나 교재의 설명이 명확하지 않기 때문에('10자릿수 이상의 수사'라는 개념이 불분명함, 『现代汉语教程·读写课本』 참조) 정답률이 52%에 그쳐 '10 이하의 수'일 때의 정답률(숫자 '2'일 때(예문(8)), 89.7%)에 못 미쳤다. 그러나 숫자가 '23', '54', '65' 등일 때 '多'의 위치오류는 모두 117개로 오류율은 47.9%이며, 숫자가 '2'일 때 오류율 10%보다 훨씬 높았다. 이를 통해 교재에 제시된 설명이 부족할 경우 학습자가 ''多'를 사용한 어림수 표시법'이라는 문법항목을 습득하는데 직접적인 영향을 끼친다는 사실을 알 수 있다.

3.3 수사가 '万' 또는 '亿'를 포함하는 경우

(15) 字, 200000(20万), 多

    二十多万字　　　(10)

    *二十万多字　　　(62)

    *二十万字多　　　(10)

(16) 多, 大米, 斤, 3400000(340万)

    340多万斤大米　　(7)

    *340万多斤大米　　(45)

    *340万斤多大米　　(31)

(17) 多, 2000000000(20亿), 细胞(cell)

    20多亿细胞　　　(12)

    *20亿多细胞　　　(50)

    *20亿细胞多　　　(19)

    수사 '万' 또는 '亿'가 포함된 경우 오류율이 가장 높았는데, 246개의 구 가운데 총 217개의 오류가 나타나 오류율은 88%였으며, 정확하게 사용한 구는 29개로 정답은 11.8%에 그쳤다. 위의 예는 교재에 관련 설명이 부족하여 학습자가 해당 문법항목을 정확히 습득하지 못한 경우이다. 관련 설명의 부족으로 인해 정답률 또한 현저히 낮아져 습득효과에 부정적인 영향을 끼쳤다는 사실을 알 수 있다.

    이상은 테스트 결과를 근거로 한 분석이다. 이제 영·중 대조분석으로 "多'를 사용한 어림수 표시법'이라는 문법항목의 난이도에 대해 좀 더 자세히 살펴보자. 특정한 수 보다 많음을 나타낼 경우, 영어에서는 일반적으로 수사 앞에 'more than'을 쓰거나, 10, 20, ⋯⋯ 90, 100, 200, ⋯⋯ 900 등의 수사 뒤에

'odd'를 써서 나머지수를 나타낸다. 예를 들면 다음과 같다.

两个多星期: more than two weeks
八十多个人: eighty odd people
二十多年: more than twenty years 또는 twenty odd years

영어의 경우 '多'를 의미하는 단어의 위치가 고정적이어서 비교적 간단하다. 그러나 중국어에는 단위사가 있기 때문에 '多'와 단위사의 위치를 잘 살펴보아야 한다. 게다가 중국어에는 '十', '万', '亿'와 같은 특수한 단위를 나타내는 수가 있고, 이들과 '多'의 위치 또한 다소 특수하다. 따라서 영어처럼 생각한다면 학습자는 다음과 같은 오류를 범하게 될 것이다.

첫째, '*340万多斤大米', '*20亿多细胞' 등과 같이 'odd'의 위치의 영향을 받아서 발생한 오류이다. 이는 '二十多, 两百多, 三万多' 등은 습득하였으나 '万'과 '亿'의 특수 상황을 잘 알지 못하기 때문에 '多'를 단위사 앞 또는 '万'과 '亿'의 뒤에 놓아서 발생한 것이다.

둘째, '*多五千年', '*多二十万字' 등과 같이 'more than'의 위치의 영향으로 인해 발생한 오류로서 이는 모두 '多'를 수량구 앞에 놓아서 발생한 것이다. 그러나 이러한 유형의 오류는 습득 과정이 진행됨에 따라 서서히 사라지게 되는데, 우리가 조사한 4개 학급에서 이러한 유형은 거의 나타나지 않았다.

어림수 표시법에 있어서 영어와 중국어에 차이점이 있듯이 다른 언어의 경우도 마찬가지이다. 학습 과정에서 학습자는 많든 적든 모국어의 영향을 받게 되어 있다. 따라서 교재를 편찬할 때 이 점을 소홀히 한다면 설명이나 내용면에서 문제가 발생할 수 있고, 학습자가 해당 문법항목을 습득하는데 부정적인 영향을 끼치게 될 것이다.

제3절 교재 편찬에 대한 제언

1. 문법항목의 제시

5종의 교재에서는 모두 '어림수 표시법'을 서너 가지의 소항목으로 나누고 있다. 그런데『現代漢語教程·读写课本』에서만 '어림수 표시법'의 각 소항목을 서로 다른 과에 나누어 제시하고, 다른 4종의 교재에서는 하나의 문법항목에서 하위 분류되는 개별 소항목으로 보고 한 과에서 집중적으로 제시하고 있다. 필자의 테스트 결과에 의하면 네 가지 소항목은 난이도가 다르기 때문에 이들을 교재에서 구분 없이 한꺼번에 제시하는 것은 학습자의 습득 난이도를 고려하지 않은 것이다. 지금부터 어림수 표시법의 네 가지 소항목의 난이도를 구체적으로 분석할 것인데, 먼저 네 가지 소항목의 학급별 오류발생빈도를 아래의 표를 통해 살펴보자.

[표13-1] 학급별 '어림수 표시법' 네 가지 소항목의 오류발생빈도표

	'左右'	'几'	인접한 두 수의 사용	'多'
초급 3C반(27명)	3.2%	3.2%	41%	51.6%
초급 5반(18명)	2.8%	2.6%	41.2%	52.4%
중급 1반(19명)	2.6%	2.8%	39%	54.6%
중급 2반(21명)	3%	2.8%	36%	57.2%

「学习难度的測定和考察」(周小兵, 2004)에 따르면 오류와 습득 난이도의 상관관계는 언어항목의 난이도와 정비례 관계에 있는 오류의 발생빈도, 습득단계, 오류의 지속시간 등 세 가지 측면에서 분석할 수 있다. 그런데 상기 통계 결과를 보면 어림수 표시법의 네 가지 소항목에 대한 오류가 초, 중급 단계에서 두루 나타나고, 단계별 오류발생 빈도의 차이도 크지 않다. 또한 동일한 문법항목에 대해, 오류가 발생하는 단계도 오류의 지속시간을 판단하는 근거로 삼을

수 있기 때문에 필자는 '어림수 표시법'의 네 가지 소항목의 난이도는 수준별 오류의 발생빈도만을 기준으로 삼아 나누기로 한다. 위의 표를 보면 '多'를 사용한 어림수 표시법의 오류가 가장 많고, '인접한 두 수의 사용'을 통한 어림수 표시법이 두 번째이며, '左右'나 '几'를 사용한 어림수 표시법의 오류가 가장 적음을 알 수 있다. 또한 '左右'와 '几'를 사용한 어림수 표시법의 오류발생빈도가 비슷한데, 이들은 모두 난이도가 비교적 낮은 항목에 속한다.

'인접한 두 수의 사용'과 '多'를 사용한 어림수 표시법은 오류의 발생빈도도 높고 습득 난이도 역시 높다. 특히 '多'를 사용한 어림수 표시법의 경우 여러 가지 소항목으로 다시 하위분류 될 수 있기 때문에 '인접한 두 수의 사용'과 '多'를 한 과에 한꺼번에 제시하는 것은 부적절하다. 쉽고 간단한 것부터 먼저 습득하는 학습자의 습득 순서에 따라 교재에서는 '左右'와 '几'를 사용한 어림수 표시법을 가장 먼저 제시해야 한다. 또한 습득 난이도가 낮고 오류 발생의 빈도 차이가 크지 않은 점을 고려하여 '左右'와 '几'를 사용한 어림수 표시법을 같은 과에서 제시할 수도 있다. 다음으로 오류의 발생빈도에 따라 '인접한 두 수를 사용한 어림수 표시법'을 제시하고, 마지막으로 '多'를 사용한 어림수 표시법을 제시한다. 『現代汉语教程·读写课本』에서는 비록 어림수 표시법의 네 가지 소항목을 세 개의 과에 나누어 제시하고 있지만, 가장 간단한 '左右'와 가장 복잡한 '多'를 같이 제시하고, 그 다음으로 '几'를, 마지막으로 '인접한 두 수를 사용한 어림수 표시법'을 제시하였다. 이러한 제시방식은 학습자의 습득 규칙에 부합하지 않기 때문에 역시 비합리적이다.

2. 문법항목의 설명

상술한 분석 내용을 토대로 교재 편찬 시 어림수 표시법의 각 소항목에 대해 다음과 같이 설명할 것을 제안한다.

2.1 '几'를 사용한 어림수 표시법

'几'가 나타내는 어림수의 수량적 범위 및 수사와 결합하는 '几'의 세 가지 위치를 다음과 같이 순차적으로 설명한다.

'几'가 어림수를 나타낼 때는 '2에서 9까지'의 정수를 가리킨다. 이때 '几'는 단독으로 단위사 앞에 사용될 수 있고, '10, 20, 30……90' 등의 숫자 및 '100', '1000', '10000', '100000000' 등의 숫자와도 결합한 후 단위사 앞에 사용되어 어림수를 나타낸다.

> 1) '几'는 단독으로 단위사 앞에 사용될 수 있다. 예를 들면 다음과 같다.
> 几个, 几斤(水果), 几本(书), 几块(钱)
> 2) '几'는 '10, 20, 30……90' 등의 숫자 뒤에서 결합 후 단위사 앞에 사용되어 어림수를 나타낼 수 있다. 예를 들면 다음과 같다.
> 十几本(书), 二十几斤(大米), 三十几块(钱), 九十几个(学生)
> 3) '几'는 '十, 百, 千, 万, 亿' 등의 앞에서 숫자와 결합 후 단위사 앞에 사용되어 어림수를 나타낼 수 있다.
> 几十个(星期), 几百本(词典), 几千个(学生), 几万块(钱), 几亿个(细胞)

2.2 '左右'를 사용한 어림수 표시법

'左右' 앞의 성분을 숫자와 수사-단위사구로 나누어 다음과 같이 설명할 수 있다.

> 1) '左右'는 '20, 30, 40……90', '100, 200, 300……900', '1000, 2000, 3000……9000', '10000, 20000, 30000……90000', '100000000,

200000000, 300000000……900000000' 등의 숫자 뒤에 사용되어 어림수를 나타낸다. 예를 들면 다음과 같다.

二十左右, 五十左右, 六百左右, 八千左右, 七万左右, 九亿左右

2) '左右'는 '수사-단위사구'또는 '수사-단위사구+명사' 뒤에 사용되어 어림수를 나타낸다.

三个月左右, 十三岁左右, 二十块钱左右, 两千六百人左右, 三十万本书左右

2.3 인접한 두 수를 사용한 어림수 표시법

학습자의 습득 순서와 중국어의 실제 사용 상황에 근거해 인접한 두 수를 사용한 어림수 표시법을 다음의 세 가지로 세분할 수 있다.

1) 1에서 9까지의 수 중 인접한 두 수를 단위사 앞에 두어 어림수를 나타낼 수 있다. 예를 들면 다음과 같다.

八九个, 两三天, 七八岁

2) '十, 百, 千, 万, 亿' 중의 하나를 포함하고 있는 숫자라면, 1에서 9까지의 수 중 인접한 두 수를 해당 숫자 앞에 두어 어림수를 나타낼 수 있다. 예를 들면 다음과 같다.

四五十人, 五六百块钱, 四五千个, 六七万斤, 八九亿人民币

'10'의 경우, 인접한 두 수는 '10'의 앞이나 뒤에 모두 사용할 수 있지만 의미는 다르다. 예를 들면 다음과 같다.

'十一二次'와 '二三十本书'

3) '十, 百, 千, 万, 亿' 중의 두 개를 포함하고 있는 숫자라면, 1에서 9까지 수 중 인접한 두 수는 단위가 작은 수 앞에 사용되어 어림수를 나타낼 수 있다. 예를 들면 다음과 같다.

一百二三十人, 两千六七百支枪, 四万五六千亩田

4) '三五'와 '三两'도 어림수를 나타낼 수 있다. 예를 들면 다음과 같다.

　三五斤, 三两个学生

　이와 같이 기술하면 설명이 정확하고 분명하기 때문에 학습자가 잘 이해하고 수용할 수 있으므로 오류를 쉽게 범하지 않을 것이다.

2.4 '多'를 사용한 어림수 표시법

　어림수를 나타내는 '多'는 '多'와 결합하는 숫자의 특징에 따라 다음과 같이 나누어 설명할 수 있다. '多'와 결합하는 숫자가 간단한 형태의 '계수-자리수' 구조이면 '多'는 단위사 앞에 두고, '多'와 결합하는 숫자가 '계수-자리수' 구조가 아니거나 간단한 형태의 '계수-자리수' 구조가 아니면 '多'는 단위사 뒤에 두어야 한다. 이처럼 분류하면 불충분하고 모순된 설명을 피할 수 있다. 뿐만 아니라, 이 규칙에 따라 '10'이 어떤 경우에 계수가 되고 또 어떤 경우에 자리수가 되는지를 판정할 수 있다(왜냐하면 십자릿수의 숫자가 '一'일 경우 '一十'에서 '一'를 생략하고 '十'라고도 하기 때문에 구분할 필요가 있다). 예를 들어 '十斤多, 十岁多'등에서 '10'은 계수인데, '多'를 단위사 뒤에 두었다는 것은 단위사 앞이 '계수-자리수'의 구조가 아님을 나타내기 때문이다. 반면 '十多斤, 十多岁' 중의 '10'는 '계수-자리수'의 구조 '一十'에서 '一'를 생략한 것으로 보아야 하는데, 이는 '多'가 단위사 앞에 사용되었기 때문이다.

　朱德熙(1982)에서도 다음과 같이 지적한 바 있다. "계수-자리수 구조의 숫자는 '多', '来'와 결합한 후 단위사 앞에 사용되거나(一千多个, 十来个), 자리수 '万'과 '亿'의 계수가 되기도 한다(一千多万, 十来亿)." 이는 다시 말해서 '万'과 '亿' 앞의 숫자 조합이 간단한 형태의 '계수-자리수' 구조일 경우, '多'는 '万' 또는 '亿'의 앞에 사용되어 어림수를 나타낸다는 것이다.

　숫자가 '10'일 경우, '多'의 위치는 '多'와 결합하는 단위사의 연속성·비연속성 즉, 더 작은 단위로의 분해 가능 여부와도 관련된다. 따라서 이 점을 고려하여 단위사의 연속성 여부와 '多'의 위치를 하나의 소항목으로 묶어 별도로 제시해야 한다.

물론 이론 연구의 결과를 중국어 교육에 그대로 적용해서는 안 된다. 교재나 수업에서는 '둘 이상의 계수-자리수 구조의 조합', '계수-자리수 구조', '연속성·비연속성 단위사' 등과 같은 이론 연구의 술어를 사용해서는 더욱 안 된다. 이처럼 어떻게 하면 간단하고 알기 쉬운 말로 학습자에게 설명할 것인가는 소홀히 할 수 없는 문제인데, 문법지식을 최대한 공식화하는 것도 교육에서 문법을 간소화하는 방법의 하나가 될 수 있다.

5종의 교재에서 제시된 어림수 표시법에 대한 분석과 학습자의 어림수 표시법상의 습득 오류를 종합하고, 「学习难度的测定和考察」(周小兵, 2004)의 '多'를 사용한 어림수 표시법에 관한 연구결과를 참조하여, 교재 집필 및 교육에서 '多'를 사용한 어림수 표시법을 다음과 같이 설명할 수 있다.

> 1) 1, 2, 68, 362, 4821 등의 수처럼 끝자리가 1에서 9 사이의 수이면, '숫자+단위사+多'의 형식을 취한다. 예를 들면 다음과 같다.
> 一斤多(水果), 两个多(星期), 六十八块多(钱), 三百六十二米多(布), 四千八百二十一公斤多(大米)
>
> 2) 20, 100, 2350 등의 수처럼 끝자리 수가 0이면 '숫자+多+단위사'의 형식을 취한다. 예를 들면 아래와 같다.
> 二十多斤(梨), 一百多本(书), 两千三百五十多张(票)
>
> 3) '万' 또는 '亿'를 포함한 숫자일 경우, '多'를 '万' 또는 '亿'의 앞에 둔다. 예를 들면 다음과 같다.
> 三百四十多万斤大米, 二十多亿字
>
> 4) 숫자가 '10'이고, 단위사가 '年', '天', '小时', '分钟', '公斤', '克' 등과 같이 더 작은 단위로 분해될 수 있는 경우, '多'는 단위사 앞이

나 뒤에 모두 올 수 있다. 예를 들면 '十多年, 十多天, 十多个小时, 十多分钟, 十多公斤, 十多克'라고 할 수도 있고, '十年多, 十天多, 十个小时多, 十分钟多, 十公斤多, 十克多'라고 할 수도 있다. 그러나 의미는 다르다.

　'多'를 사용한 어림수 표시법을 상술한 바와 같이 설명하면 정확성의 기준에도 부합하고 실제 사용상의 필요도 충족시켜 줄 수 있으며, 학습자도 교재에서 제시하는 불완전한 문법지식에 의한 오류를 범하지 않게 될 것이다.

■ 参考文献

丁声树. 现代汉语语法讲话. 商务印书馆. 1961

傅雨贤. 现代汉语语法学. 广东高等教育出版社. 1988

郭　攀. 论概数义的表现形式. 郧阳师范高等专科学校学报. 2001 (5)

黄政澄 主编. 标准汉语教程(上册). 北京大学出版社. 2004

李大忠. 外国人学汉语语法偏误分析. 北京语言大学出版社. 1996

李大忠. 偏误成因的思维心理分析. 语言教学与研究. 1999 (2)

李德津·李更新. 现代汉语教程(读写课本第一、二册). 北京语言大学出版社. 1989

梁继超·张如芳. 论引导偏误与中介语现象. 汉语学习. 1997 (6)

凌德祥. 中介语理论与对外汉语教学. 南京大学学报. 2003 (3)

刘　珣 主编. 新实用汉语课本(第一、二、三册). 北京语言大学出版社　2002

刘月华 等. 实用现代汉语语法. 商务印书馆. 2001

卢福波. 对外汉语教学的内容确定. 层级划分与项目排序问题. 第七届国际汉语教学讨论会论文选. 北京大学出版社. 2004 (4)

鲁健骥 主编. 初级汉语课本. 北京语言大学出版社. 2003

鲁健骥. 外国人学汉语的语法偏误分析. 语言教学与研究. 1999 (1)

罗晓杰·孙　琳. 偏误理论与二语习得. 外语学刊. 2003 (2)

吕叔湘. 现代汉语八百词. 商务印书馆. 1999

吕叔湘. 中国文法要略. 商务印书馆. 1982

吕叔湘. 数量词后的来、多、半 吕叔湘文集(第2卷). 商务印书馆. 1990

钱玉莲. 偏误例析与对外汉语教材编写. 汉语学习. 1996 (3)

任长慧. 汉语教学中的偏误分析. 武汉大学出版社. 2001

石　红. 偏误分析和第二语言习得. 扬州教育学院学报. 2004 (1)

佟慧君. 外国人学汉语病句分析. 北京语言学院出版社. 1986

田善继. 非对比性偏误浅析. 汉语学习. 1995 (6)

王建勤. 汉语作为第二语言的习得研究. 北京语言大学出版社. 1997

王　力. 中国现代语法. 商务印书馆. 1985

王若江. 留学生成语偏误诱因分析 - 词典篇. 暨南大学华文学院学报. 2001 (3)

肖奚强. 略论偏误分析的基本原则. 语言文字应用. 2001 (1)

杨德峰. 初级汉语教材语法点的确定、编排存在的问题. 对外汉语教学
　　与教材研究论文集. 华语教学出版社. 2002

杨寄洲. 汉语教程. 北京语言大学出版社. 1999

杨寄洲. 编写初级汉语教材的几个问题. 语言教学与研究. 2003 (4)

杨文全·胡　琳. 中介语理论与第二语言教学中的偏误分析. 重庆三峡
　　学院学报. 2004 (3)

杨子菁. 评三部对外汉语学习词典及对提高释义水平的思考. 辞书研究.
　　2001 (3)

赵金铭. 汉语研究与对外汉语教学. 语文出版社. 1997

张如梅. 偏误分析述评. 云南师范大学学报. 2003

张卫国·梁社会. 概数的性质及语义解释. 信阳师范学院学报(哲学社会
　　科学版). 2003 (3)

张谊生. 概数助词"来"和"多". 徐州师范大学学报(哲学社会科学版). 2001 (3)

周小兵. 第二语言教学论. 河北教育出版社. 1996

周小兵. 句法·语义·篇章 - 汉语语法综合研究. 广东高等教育出版社. 1996

周小兵. 汉语作为第二语言教学语法研究的特点. 对外汉语教学中的副
　　词研究. 中国社会科学出版社. 2002

周小兵. "着"的教学与对外汉语语法. 对外汉语教学与研究. 南京大学
　　出版社. 2003

周小兵. 越南留学生学习汉语难点分析. 第七届国际汉语教学讨论会论
　　文选. 北京大学出版社. 2004

周小兵. 学习难度的测定和考察. 世界汉语教学. 2004 (1)

朱德熙. 语法讲义. 商务印书馆. 1982

Carl James. 语言学习和语言使用中的错误: 错误分析探讨. 外语教学与
　　研究出版社. 2001

Rod Ellis. 第二语言习得概论. 上海外语教育出版社. 1999

■ 附录: 概数调查测试卷

Approximate Numbers

姓名 _____   国别 _____   班级 _____

一、Make phrases using the following words, pay attention to the position of "多":

　　1. 多, 2, 葡萄, 斤 _____

　　2. 词典, 10, 多, 本 _____

　　3. 岁, 100, 多 _____

　　4. 54, 钱, 多, 块 _____

　　5. 5000, 年, 多 _____

　　6. 字, 200000(20万), 多 _____

　　7. 多, 大米, 斤, 3400000(340万) _____

　　8. 65, 多, 个, 星期 _____

　　9. 23, 岁, 多 _____

　　10. 多, 2000000000(20亿), 细胞(cell) _____

二、Put the following phrases into Chinese, using adjacent numbers:

　　1. seventy or eighty yuan(RMB) _____

　　2. twenty-one or twenty-two students _____

　　3. one hundred and fifty(150) or one hundred and sixty(160) people

　　_____

　　4. eight hundred or nine hundred students _____

5. 250000(25万) or 260000(26万) people _____

6. seventeen or eighteen kilogram(公斤) fruits _____

7. two thousand and six hundred(兩千六百) or two thousand and seven

   hundred(兩千七百) people _____

8. nine or ten pen _____

9. three or five people _____

10. two or three people _____

三、Put the following phrases into Chinese:

1. about/ around/ more or less fifty (using "左右")

   _____

2. about/ around/ more or less three hundred (using "左右")

   _____

3. about/ around/ more or less ten months (using "左右")

   _____

4. several minutes (using "几") _____

5. ten or more chairs (using "几") _____

6. tens/ scores of pages (using "几") _____

7. several hundred students (using "几") _____

제5부
의사소통전략 오류

제14장 의사소통전략이 유발하는 오류의 유형

이번 장에서는 의사소통전략이 유발하는 오류에 대해 논의하고자 한다. 王建勤(1994)은 다음과 같이 언급한 바 있다.

> "학습자는 목표언어 학습량이 지나치게 많을 경우 그 내용을 한꺼번에 모두 소화할 수 없기 때문에 그것을 간단한 체계로 단순화한다. 이것이 학습자가 일반적으로 취하는 일종의 학습전략이다. 그러나 이러한 단순화 역시 의사소통전략을 사용한 결과일 가능성이 있다. 학습자는 의사소통을 할 때 대화를 순조롭게 진행하기 위하여 의사소통에 영향을 미치지 않는 기능어를 생략하게 되는데, 이러한 현상은 특히 학습자가 언어 형식보다 의사소통 내용에 집중할 때 많이 발생한다."

필자는 조사 과정을 통해서 다음과 같은 사실을 알 수 있었다. 사전에 여러 차례의 수정과 윤문이 가능한 글말과는 달리 입말을 통한 의사소통은 즉시성이라는 특징을 지닌다. 즉 대화 참여자는 자신의 의사를 즉각적으로 전달해야 하며, 또한 상대방의 화제에 대해서도 즉각적으로 반응해야 한다. 따라서 대화 참여자는 대화의 흐름을 지속시키기 위하여 종종 의사소통전략을 사용하게 된다.

이로 이해 발생하는 오류는 글말에서 나타나는 오류와 비교해 보았을 때 일정한 특성을 지니게 되는데, 이러한 특성에 대해서 체계적으로 연구할 필요가 있다.

이번 장에서 고찰하고자 하는 언어자료의 출처는 다음과 같다.

조사 대상은 中山大学 중국어교육과의 2004년 한국인 학습자 30명(초급 9명, 중급 15명, 고급 6명)이다.[2]

조사는 개별 인터뷰 형식으로 진행하였다. 인터뷰 진행자는 中山大学 汉语中心의 교사이며, 인터뷰는 중국과 한국의 특정적인 측면(예컨대 날씨, 도시, 캠퍼스, 음식점, 교통 등)의 비교 및 학습자가 잘 알고 있는 사람이나 사물(예컨대 가족, 친구, 동물 등)의 비교를 중심으로 학습자들이 대답하도록 했다. 인터뷰 시간은 한 사람 당 30~45분이다. 인터뷰를 마친 후 녹음을 전사하였는데, 전사 자료는 편당 2,500~4,000자에 달하며, 그 중에서 학습자가 한 말이 70% 이상을 차지한다.

Faerch & Kasper(1983)는 의사소통전략을 축소책략과 성취책략으로 나누었다. 축소책략에는 형식축소와 기능축소가 포함되며, 성취책략에는 보완책략과 검색책략이 포함된다. 보완책략은 다시 제1언어에 기초한 책략(언어코드 변환, 외국어화, 직역), 제2언어에 기초한 책략(교체, 우회, 지어내기, 재구성), 비언어적 책략 및 요청책략 등으로 분류할 수 있다.

아래에서는 자주 발견되는 오류 현상을 의사소통전략의 유형과 결합하여 바꾸어 말하기, 의식적 전이, 회피, 채움말 과잉 사용 등 몇 가지 형식으로 나누어 분석해 보고자 한다.

---

[1] Rod Ellis(1999)의 결론에 의하면, 의사소통전략은 학습자가 어떠한 의사 전달에 필요한 언어재료가 부족하거나 취할 만한 언어재료가 없을 때 선택하는 조치로, 의사소통의 필요에 의해 취하는 전략이다.

[2] 이 프로젝트는 한국인 학습자와 관련된 또 다른 프로젝트와 동시에 진행된 것이기 때문에 조사 대상은 한국인 학습자로 제한한다.

제1절 바꾸어 말하기

James C.는 의사소통전략에 의해 발생하는 오류를 종합전략(holistic strategies, 동의어, 상위범주어, 반의어, 단어 지어내기 등이 포함됨)과 분석전략(analytic strategies)으로 분류했다. 중국어의 특징과 결합해보면 이 두 가지 전략은 모두 바꾸어 말하기에 해당한다. 바꾸어 말하기는 유사 책략, 지어내기 책략, 우회 책략 등의 세 가지 상황으로 세분된다.

1. 유사 책략

만일 어떤 학습자가 제2언어의 언어항목 X를 사용할 수 있다고 한다면 분명 제2언어의 언어항목 Y도 사용할 수 있을 것이다. 필요한 형식이 없을 경우 학습자는 이미 습득한 다른 유사 언어항목으로 대체할 수 있다.

1.1 동의어 혹은 유의어 대체

이러한 유형의 오류가 가장 많이 출현했으며, 그 상황도 비교적 다양하다. 이러한 오류는 다음의 몇 가지로 세분할 수 있다.

1.1.1 특정 조건하에서 호환이 가능한 동의어의 대체

(1) S_1: 你觉得广州人怎么样?[3]

---

[3] 전사부호가 의미하는 바는 다음과 같다. S_1은 교사(인터뷰 진행자)이고 S_2는 학습자(인터뷰 대상)이다. 괄호 안의 수치는 대화를 잠시 멈춘 시간을 의미한다(전사할 때 초시계 등과 같은 시간 계산을 위한 전문 도구를 사용하지는 않았고, 대략적인 수치임) 괄호 안의 문자 내용은 당시 상황에 대한 교사의 보충 설명이다. '······'는 생략했음을 의미한다. 대화 내용 중에 언급된 '交际者'는 중국어가 제2언어인 학습자를 가

S₂: ……

S₁: 那别的方面呢?

S₂: *还有我感觉广州人更好像城市人, 没有情, 比较硬, 比较厉害。

예문(1)에서 '好像'의 용법은 『现代汉语八百词』의 설명에 부합한다. 동사로 사용될 때의 의미는 '如同(~와 같음)'으로 비유를 나타내며 반드시 명사, 동사 혹은 내포문 목적어를 수반한다'. 그러나 구체적인 사용 상황을 살펴보면, 앞에 정도부사(更, 比较, 很 등)가 오면 '好像'을 단음절 동사인 '像'으로 바꾸어 써야 한다. 또 아래의 예를 보자.

(2) S₁: 中国和韩国的教育、大学情况有什么相同或者不同的地方呢? 大
学呢?

　　S₂: *很大差异是学校的大小。还有韩国学校的大小比中国大。

'大小'는 병렬식 복합어로, 두 형태소의 의미는 상반된다. 두 형태소의 어휘의미는 추상적이고 개괄적이며, '房间的大小可以决定设计的风格'처럼 면적을 나타낼 수 있다. 그러나 예문(2)의 두 번째 문장에서는 비교 결과가 '大'로, '大小'를 구성하고 있는 형태소 '大'와 동일하다. 이 문장의 핵심 부분은 '大小大'로, 이는 중의성을 띨 가능성이 높기 때문에 여기서는 '面积'로 바꾸어야 한다.

위의 두 가지 예를 통해서 알 수 있듯이 어떤 단어는 의미가 유사할 뿐만 아니라 심지어 특정 조건 하에서는 서로 바꾸어 쓸 수도 있다. 그러나 만일 이를 하나의 규칙으로 보고 구체적인 예의 개별적 특성에 주의를 기울이지 않으면 오류가 발생하기 쉽다. 또 어떤 단어들은 서로 바꾸어 쓸 수는 없지만 의미에 연관성이 있고 또 단어의 형태도 유사하기 때문에 이 경우 역시 오류가 발생하기 쉽다.

리킨다. 서술의 편의상 일부 예문 중에서 중요하지 않은 오류에 대해서는 필자가 약간의 수정을 가했다.

1.1.2 형태소가 부분적으로 동일하고 의미상 연관성이 있는 단어의 대체

(3) S₁: 你觉得北京怎么样?

   S₂: *很脏, 人脏, 路上也脏。有的人是很<u>丰富</u>, 有车啊, 很多钱。

예문(3)에서 학습자가 표현하고자 하는 의미는 '부유하다'이므로 '富' 또는 '富有'를 사용하여야 한다. 『现代汉语八百词』의 설명에 의하면 '丰富'는 '종류가 많거나 수량이 많음'을 가리키므로 의미적으로는 위의 문장에 사용할 수 있다. 또한 결합관계상 '丰富'의 주어는 이러한 특징을 직접적으로 가지고 있는 사물, 지식, 경험 등이어야 한다. 그러나 예문(3)의 주어는 재화의 소유자인 '사람'이므로 오류문이 된다.

1.1.3 품사자질이 동일하고 특정 의미항목이 유사하거나 동일한 단어의 대체

(4) S₁: 比起中国的女孩子, 你觉得韩国的女孩子穿衣、打扮有些什么不一样?

   S₂: *今天我的化妆很<u>重</u>。……

예문(4)에서 '重'과 '浓'은 모두 '정도가 깊음'이라는 의미항목을 가지고 있다. 그러나 '浓'이 '化妆'과 함께 사용될 때 '화장이 짙다'라는 의미도 갖게 된다. 이는 '浓'의 또 다른 의미항목인 '조밀함, 촘촘함'('희박함, 엷음'과 상반되는 의미)과 관련이 있는데, '重'에는 이러한 의미가 없다. 다른 예문을 살펴보자.

(5) S₁: 中国的电影院怎么样?

   S₂: *差不多, 但是在中国比较贵。看一<u>篇</u>电影60块, 韩国50块。

예문(5)에서 '篇'과 '场'은 모두 단위사가 될 수 있는데 '篇'은 '글·종이·

쪽수 등'(『现代汉语词典』, 1978:970)을 나타나는데 사용하고, '场'은 '문화
예술·체육활동'(『现代汉语词典』, 1978:143)을 나타내는데 사용한다. 따라서
위의 표현은 부정확한 것이다.

1.1.4 인지를 기초로 한 단어의 대체

바꾸어 말하기는 학습자의 문법지식에 기초할 뿐만 아니라 경우에 따라서는 인
지와도 관련이 있다. 유아는 모국어를 습득함에 있어서 사물을 나타내는 명사를
가장 먼저 습득하고, 두 번째로 동작을 나타내는 동사를 습득하며, 성질·상태를
나타내는 형용사를 가장 뒤에 습득한다. 성인의 제2언어 학습이 이러한 순서를
그대로 따르는 것은 아니지만, 학습자의 중간언어에서는 여전히 이 잠재적인 순서
가 작용하고 있다. 이러한 사실은 구체적으로 다음과 같은 상황에서 발생한다. 필
자의 조사에 참여한 학습자는 의사표현의 어려움에 부딪혔을 때 흔히 사물로 동작
을 나타내는 동사나 성질을 나타내는 형용사를 대체하곤 하였다. 다음 예를 보자.

(6) S₁: 中国和韩国的地铁比较, 怎么样?

    S₂: *椅子不一样, 广州椅子很好, 因为<u>火</u>的时候很安全, 但是汉城的
        地铁不安全, 很容易<u>火</u>。

예문(6)에서 '불이 붙다'라는 표현을 하려면 '着火'를 사용하여야 하지만,
위에서는 명사 '火'로 이를 대체하였다.

(7) S₁: 中国地铁人少, 所以舒服, 那其他呢?

    S₂: *不一样的。韩国很舒服, 这里很<u>钢</u>。我不胖, 但是这里 (指着臀部)
        很疼。

예문(7)에서는 명사 '钢'으로 '금속'이 나타내는 특징인 '硬(딱딱함)'을 대체

하였다. 또한 체언으로 체언을 대체하는 경우도 있다. 이 경우 대부분 구체적인 사물 명사로 비교적 추상적이거나 구체적인 사물 간의 관계를 나타내는 단어를 대체한다. 다음 예를 보자.

(8) S_1:　那你觉得广州的公共汽车怎么样?

　　 S_2:　*公共汽车, 我觉得是好看, ……其实我觉得那个公共汽车是每个
　　　　　 <u>站站</u>不停, 这样不好。

예문(8)에서는 '양 끝 점의 사이'를 나타내려면 '之间'을 사용할 수 있지만(呂叔湘, 1980:674), 위의 예문에서는 '站站'으로 '站与站之间'을 대체했다.

1.2 상·하위범주어 대체

학습 내용의 제약으로 인해 학습자는 상·하위범주어를 서로 바꾸어 표현할 수도 있다. 두 경우 중에서 상위범주어로 하위범주어를 대체하는 상황이 더 많다.

(9) 　S_1:　你觉得广州的交通怎么样?

　　 S_2:　*……车很多,但是<u>燃料</u>站很少。

(10) S_1:　你在韩国的时候不用上学, 那平时喜欢玩什么?

　　 S_2:　*我喜欢打——(打高尔夫球的手势)<u>运动</u>。

(11) S_1:　那你在日本用的钱多还是在广州用的多?

　　 S_2:　*在广州用的多, 日本的钱比广州的钱<u>太</u>便宜, 很便宜, 更便宜。

　　 S_1:　你是说在日本用的生活费比在广州的多是吗?

　　 S_2:　*对, 对, 生活费。

예문(9)~(11)에서 표현하고자 하는 것은 각각 '加油站(주유소), 高尔夫球

(골프), 生活费(생활비)'이지만 표현의 어려움으로 인해 학습자는 이들의 상위 범주어인 '燃料, 运动, 钱'으로 대체하였다. 그 외에 예문(10)과 (11)에서 발견할 수 있듯이 손동작의 사용, 인터뷰 진행자의 학습자에 대한 보충 질문 등은 모두 학습자의 표현 의도를 좀 더 자세히 이해하고 나아가 오류를 더 잘 발견하고 분석하는 데에도 도움이 된다. 이러한 장점은 글말자료를 연구하는 경우에는 찾아볼 수 없다.

1.3 부정부사와 반의어의 연속 사용

중국어에서 '형용사/동사'의 의미와 '부정부사+형용사/동사의 반의어'의 의미가 동일한 의미를 나타낼 때도 있다. 따라서 중국어가 제2언어인 학습자는 후자로 전자를 표현할 수 있다. 그러나 문형상의 제약, 부정부사의 오용, 사용 조건에 대한 이해부족 등의 원인으로 인해 오류를 범하기 쉽다.

(12) S₁: 那地铁呢, 跟汉城的地铁比较一下。

　　S₂: *我觉得汉城的比广州不好。

예문(12)의 오류는 '比'구문의 부정형식에 있다. '比'구문을 부정하려면 '比'를 '没有'로 고쳐야 하며, 비교결과를 부정해서는 안 된다.

(13) S₁: 那你来广州八个月了, 对广州的印象怎么样?

　　S₂: *嗯, ……对广州的印象, 我觉得对广州的印象是比较发展吧, 然后气候, 不是干燥, 所以我觉得气候对我来说不太好。

(14) S₁: 你平时在留学生宿舍会干什么, 看书? 看电视?

　　S₂: *嗯, 我喜欢看书。但是我没有喜欢看电视。

예문(13), (14)의 오류는 모두 부정부사의 오용으로 인해 발생한 것이다. 예문
(13)의 '不是'가 형용사를 수식하는 경우는 대부분 '不是A就是B'와 같은 문형에
서 두 가지 내용 중 한 가지는 반드시 사실임을 나타낸다. 형용사를 부정하고자
할 때는 '不'를 직접 형용사 앞에 써야 한다. 예문(14)에서 나타내고자 하는 것은
주관적인 의지이므로 '不'를 사용하여야 하며, 객관적인 서술을 나타내는 '没有'
를 사용해서는 안 된다. 이 외에 일부 형용사는 유계성을 가지고 있지 않으므로
이들 형용사 앞에 부정부사를 사용하더라도 반대 의미를 나타낼 수 없다. 예를
들어 '我不讨厌他'는 아마도 '我对他没什么意见'이라는 의미일 뿐 '我喜欢他'
와 동일한 의미는 아니다. 이상의 내용에서 알 수 있듯이 중국어 부정부사 자체가
가지고 있는 형태와 의미의 복잡성으로 인해 '형용사/동사'와 '부정부사+형용사/동
사의 반의어' 간의 대체가 쉽지 않다.

한편 '부정부사+명사'의 형식을 사용하는 학습자도 있다. 다음 예를 보자.

(15) S₁: 你一般是什么时候看书、学习的呢?
    S₂: *不晚上。
    S₁: "不晚上"? 白天?
    S₂: 是的, 白天。

명사는 대부분 유계성을 가지고 있지 않으며 '不'는 일반적으로 동사, 형용
사 혹은 일부 부사 앞에서 부정을 나타내므로 '부정부사+명사'의 형식으로 해
당 명사의 반대의미를 나타낼 수는 없다.

2. 임의 조합 책략

임의 조합 책략은 학습자가 목표언어의 일부 형식들을 임의로 조합하여 표현
하고자 하는 목표언어의 어구를 대체하는 것을 가리킨다. 이렇게 만들어진 어구

는 중국어의 표현 습관에 위배되며, 간혹 대화의 상대방이 그 뜻을 이해할 수 있다 하더라도, 통사적으로는 여전히 오류에 속한다. 예를 들면 다음과 같다.

(16) S₁: 有很多韩国明星靠整容变得很漂亮，你喜欢吗?

     S₂: 喜欢。

     S₁: 不喜欢他真实的一面吧!

     S₂: *喜欢。嗯，但是他这是为了他的<u>看众</u>，他们的工作吧。

(17) S₁: 香港的交通怎么样?

     S₂: *很方便，我觉得很方便，有各种的车，地铁、出租汽车，还有<u>二楼</u>
       <u>公共汽车</u>。

(18) S₁: 你哥哥比你大几岁?

     S₂ : *<u>两个七岁</u>，二十七岁。

     S₁ : 他比你大几岁?

     S₂ : 三岁。

예문(16)~(18)에서 학습자는 '看众', '二楼公共汽车', '两个七岁'라는 어구를 지어내어 '观众', '双层巴士', '二十七岁'의 의미를 전달하고자 했다. 예문(16)은 '观众'에서의 '观'이라는 의미소와 '看'의 의미가 유사하여 만들어진 것이다. 예문(17)의 '二楼公共汽车'는 '双层巴士'에 대한 직접적인 표현이다. 예문(18)의 '两个七'는 형태적으로 '二十七'와 유사한 표현이다.

3. 우회 책략

우회 책략은 James C.가 말한 '분석전략'으로, 자신의 생각을 직접적으로 표현하는 대신 암시적으로 표현하는 것이다. 학습자는 지시대상이 가지고 있는 하나 혹은 여러 개의 대표적인 특징을 식별할 수 있으며, 그러한 특징에 대한 묘사를 통해 표현하고자 하는 실체를 가리키려고 한다. 예를 들면 다음과 같다.

(19) S₁: 你觉得这些电影跟韩国的电影有什么不一样吗?
　　S₂: *嗯, 其实他们说的语言不一样, 然后, 我觉得那个在韩国的电影
　　　　是⋯⋯但是中国是, 比如说香港的是他们的警察和<u>黑人的集团</u>,
　　　　好人和坏人, 或着是<u>黑人的集团跟黑人的集团</u>之间的。

학습자가 표현하고자 하는 의미는 '黑社会'이나, 그 단어를 몰라서 '黑人'
으로 '黑'를 대체하고, '集团'으로 '社会'를 대체해서 표현했다.
　학습자는 단어 이외에 구를 우회해서 표현하기도 한다.

(20) S₁: 你觉得中国的电影电视跟韩国相比有什么特点?
　　S₂: *喜欢中国电视剧, 但是房间看不是现代的, 是以前拍的, <u>再播, 再
　　　　播, 再播</u>。

예문(20)에서 '再'는 '하나의 동작(혹은 상태)이 반복되거나 지속됨을 나타낸
다. 주로 실현되지 않았거나 늘 일어나는 동작을 가리킨다'(呂叔湘, 1980:642).
예문(20)에서 학습자는 '再+동사'를 여러 번 반복하여 방송 횟수가 많음을 표현
하고자 했지만, 중국어의 표현 습관에 부합하지 않아서 오류가 발생했다. '重
播', '播了又播', '播了很多次'처럼 고쳐야 한다.

(21) S₁: 韩国学生的成绩怎么样?
　　S₂: 一般, 可以, 但是我觉得印尼好。
　　S₁: 为什么他们好呢?
　　S₂: *他们学习很⋯⋯(3초간 발화공백) 我每天看的时候, 他们每天
　　　　<u>学习, 学习, 学习</u>。

예문(21) 역시 단어의 반복이지만, 예문(20)이 단어의 형태에 착안해서 우회적
으로 표현했다면 예문(21)은 단어의 의미에 착안했다. 즉 '学习'를 반복함으로써
'3초간 발화공백'에서 표현하고자 했던 '노력하다(努力)'라는 의미를 보충했다.

제2절 의식적 전이

의식적 전이란 학습자가 대화할 때 사용하는 제2언어가 아니라 자기가 익숙
한 언어로 표현하는 것을 가리킨다. 비교적 자주 나타나는 현상으로는 '언어
코드 전환'과 '직역'이 있다.

1. 언어 코드 전환

'언어 코드 전환'이란 목표언어로 의사소통을 할 때 모국어 혹은 특정 단어
를 사용하는 것을 말한다.

(22) S₁: 你喜欢什么运动?

    S₂: ……

    S₁: 那柔道呢?

    S₂: *我喜欢流汗, 所以我喜欢那种运动, 越来越……건강(健康)。

(23) S₁: 你常常看中国电影、美国电影还是韩国电影?

    S₂: 一般是美国电影。

    S₁: 为什么?

    S₂: *美国电影有action(动作片)。

(24) S₁: 你觉得中国的电影怎么样, 好不好?

    S₂: ……

S₁: 中国电影跟韩国的电影比的话呢?

S₂: *韩国的电影是，都是有……<u>humor</u>(幽默)的。

위의 세 가지 예는 모두 학습자가 코드 전환이라는 책략을 사용함으로써, 중국어 표현이 부자연스러워진 경우이다. 여기서 유의할 점은 조사 결과 영어를 사용한 예가 8회, 학습자의 모국어인 한국어를 사용한 예가 4회 나타났다는 점이다. 짐작컨대, 질문을 받은 한국인 학습자는 상대방이 중국인이며 그가 영어를 할 줄 알 것으로 예상하여, 무의식적으로 영어를 사용해 의사소통에 도움을 얻으려고 했을 것이다. 이러한 현상은 예문(24)에 비교적 잘 드러나 있는데, 학습자는 먼저 한국어를 사용하고 이어서 바로 영어 코드로 전환하여 표현하였다. 학습자가 '언어 코드 전환'이라는 책략을 사용할 때 반드시 본인이 가장 익숙한 언어를 사용하는 것은 아니다. 이러한 경우 학습자가 우선적으로 고려하는 것은 의사소통의 가능성 여부이다.

2. 직역

한국어와 중국어의 단어 중에는 형식은 같거나 유사하지만 의미가 완전히 같지는 않은 것들이 있다. 한국인 학습자가 이를 잘 알지 못할 경우 모국어를 직역4하는 방법을 택하게 된다. 예를 들면 다음과 같다.

(25) S₁: 你喜欢的是哪个课?

　　 S₂: *我喜欢报刊课，我每天都会去买<u>新闻</u>。

(26) S₁: 你这几天都是在看『流星花园』?

　　 S₂: *是啊。好看，很好看，很帅，昨天看的是它的<u>绝顶</u>。

---

⁴ 역자주: 여기에서의 직역은 동형이의어의 사용을 말한다. 이러한 현상은 한자문화권의 학습자에게서만 발생한다.

S₁: 绝顶?

S₂: 最好看、最紧张的地方。

한국어 '신문(新闻)'과 중국어 '报纸'는 동일한 의미를 나타낸다. 또 한국어 단어 '고조(高潮)'에는 영화 스토리에서 모순이 정점에 달한다는 의미가 없고, 이 의미는 '절정(绝顶)'이라는 단어가 나타낸다. 따라서 한국인 학습자가 직역하는 책략을 사용할 경우, 위와 같은 오류가 발생하기 쉽다.

제3절 회피책략

회피책략은 의사소통 중의 축소책략에서 분화한 것으로, 특정한 언어형식의 사용 또는 전달하고자 하는 정보를 포기하거나 간략화 하는 것을 말한다. 회피책략은 형식 회피와 기능 회피로 나눌 수 있다.

1. 형식 회피

중국어에서 형식 회피는 주로 문장성분 및 문형의 회피로 나타난다.

1.1 문장성분 회피

중국어의 기본 문장성분은 주어, 서술어, 목적어, 관형어, 부사어, 보어이다. 주어는 체언성 주어와 용언성 주어로 나뉘는데, 학습자들이 비교적 많이 사용하는 것은 명사가 주어가 되는 문장이다. 목적어도 주어와 마찬가지로 주로 명사성 성분을 사용하려는 경향을 보인다. 왜냐하면 명사성 성분은 일반적으로 직관적으로 인식할 수 있는 유형물이어서, 학습자가 의사소통 상황에서 상대적으로 덜 회피하기 때문이다. 반면에 서술어는 주로 형용사 또는 동사성 성분으로 충당되는데, 대부분 추상성을 띠기 때문에 표현하기 곤란하면 학습자는 이를 회피해 버린다. 아래의 예를 보자.

(27) S₁: 韩国和中国的电影有什么不同吗?
     S₂: *……我们韩国好像四个台? 这里80多个, 很多。你知道吗? SBS, 比较年轻人的, KBS1是比较奶奶爷爷的。

(28) S₁: 姐姐呢, 和谁比较像?
     S₂: *看眼睛的话, 我爸爸, 看下面的话, 我妈妈。

예문(27)과 (28)에서는 각각 동사 '适合'와 '像'이 누락되었지만, 의미전달에 필요한 다른 성분들은 갖추어져 있기 때문에 청자는 화자가 표현하고자 하는 의미를 추론해 낼 수 있다. 보어 역시 학습자가 회피하는 경우가 많은 성분이다. 아래의 예를 보자.

(29) S₁: 你们两个谁跑得快?
     S₂: *哦, 我跑, 快。

학습자가 어순을 바꾸면서 주어를 누락시키는 경우도 있다. 아래의 예를 보자.

(30) S₁: 你们都喜欢什么呢?
     S₂: *喜欢看『流行花园』。VCD每天常常看, 看了又看。

예문(30)에서 학습자는 강조하고자 한 목적어 'VCD'를 전치시키면서 주어를 누락하는 오류를 범했다.

1.2 접속사 회피

(31) S₁: 那你比较一下你在韩国的大学和在中国的大学的环境。

S₂: *中大很大，我们学校没有这么大。我第一次来中大的时候也觉得很奇怪的是，学校里面有公寓，<u>住在学校里面的别人</u>，韩国的学校没有。

S₁: 就是说学校里面除了住学生，还有别的人是吧? 学校里面有学生宿舍和老师宿舍，里面还住着他们的家人和学校商店、食堂、医院的工人。

S₂: 嗯，对，对。

(32) S₁: 你去过哪些历史比较有意思的地方?

S₂: *好像我还没有，……好像我觉得两个都不是澳门，好像澳门特有的一个什么特点。<u>他们只有他们的特点</u>。

S₁: 哦，只有澳门才有的特点。

학습자에게 접속사는 학습상의 난점 가운데 하나이기 때문에, 종종 회피책략을 사용해 복문을 단문의 형식으로 대체한다. 예문(31)에서 학습자는 '別人'으로 '除了……还有……'구문을 대체하였다. 중국어에서 '자신 또는 특정한 어떤 사람 이외의 사람'을 나타내는 '別人'은 전후 문맥에서 반드시 '자신 또는 특정한 어떤 사람'에 해당하는 기준이 명시된 상황에서만 사용할 수 있다. 따라서 예문(31)과 같이 '別人'만을 단독으로 사용할 수 없고 '除了……还有……' 구문으로 설명해야 한다. 예문(32)에서는 부사 '只'가 술어동사 '有'를 수식하는 '只有'를 문장의 서술어로 사용하고 '才'를 누락시킴으로써 '그들에게는 그들만의 특징이 있고, 다른 특징은 없다'는 의미가 되어 버렸다. 이는 학습자가 원래 표현하고자 한 '마카오만이 가진 특징'이라는 의미와 부합하지 않는다.

2. 기능 회피

기능 회피는 학습자가 원래의 의사소통 목적을 축소하거나 회피하는 것을 말한다. 필자의 조사에 의하면 일반적이고 모호한 어휘로 원래 표현하고자 한 바를 대체하는 경우가 주를 이루었다. 아래의 예를 보자.

(33) S₁: 来中国这些地方跟你的想象有什么不一样吗? 来以前对中国有个
　　 什么想法? 到这儿来以后感觉怎么样?

　 S₂: *嗯, ……我觉得中国很美, <u>什么什么</u>, 但还有点古老的那样的感觉。
　　 但是到了广州, 因为我来中国之前, 我爸爸对我说, 中国很危险。
　　 因为我爸爸去过哈尔滨, 那边, 爸爸说, 好像他们到了六点的时候
　　 都关门关灯, 都很黑的, 不能出去, <u>什么很害怕什么什么</u>的。

『现代汉语词典』제5판(2005:1211)에서는 '什么'에 대해 다음과 같이 설명하고 있다.

> "예문 '他们仿佛在谈论什么'에서 보는 바와 같이 '什么'는 부정칭으로 사용되어 특정되지 않은 사물을 가리킨다."

학습자는 이러한 설명의 영향으로 예문(33)에서 '什么'로 자신이 모르거나 표현할 수 없는 사물을 대체함으로써 '什么很害怕什么什么'라는 문장을 만들었을 것이다. '什么' 외에도 학습자가 상용하는 대체어휘로 '怎样', '怎么', '东西' 등이 있다.

이 밖에도 표현하기 어려운 부분을 완전히 회피해버리는 경우도 있다. 아래의 예문을 보자.

(34) S₁: 你喜欢成龙吗? 你以前看过他的电影吗? 你觉得他的电影怎么样?

　　S₂: *我喜欢成龙, 我以前很多看过。他的电影没有假的, <u>一般的电影里</u><u>的是</u>……(3초간 발화공백) 但是他的是自己做的, 我觉得很厉害。

　　예문(34)와 같이 표현하기 어려운 부분을 완전히 회피해버리는 경우는 글말에서는 잘 보이지 않는다. 예문(34)에서는 학습자가 비록 표현하기 어려운 부분을 건너뛰긴 했지만 전후 문맥과 협력원칙에 의해 의사소통의 진행에는 영향을 미치지 않는다.

제4절 적절한 어휘 탐색 중 특정 어휘의 반복

　　학습자는 대화 전개가 어렵게 되면 종종 일상의 대화에서 상용하는 어휘, 상투어, 채움말을 사용하거나 특정 어휘의 반복사용 및 망설임 등을 통하여 생각할 시간을 확보함으로써 대화의 단절을 피하고자 한다. 그러나 이러한 어휘를 남용하거나, 특정 어휘의 반복사용 및 망설임이 자주 나타나면 오류가 발생할 수 있다. 아래의 예를 보자.

(35) S₁: 你在出来留学之前有没有比较一下自己要去哪里?

　　S₂: *之前我只知道, 是北京或者上海这些发展的城市, 或者, <u>那个</u>北京是首都, <u>然后</u>如果去北京的话, <u>那个</u>, 我只知道<u>那个</u>拿棒球的话, <u>那个</u>手法, 跟北方有些不一样, <u>然后</u>, <u>然后</u>只知道这样<u>然后</u>如果到广州的话, 跟香港附近。

　　S₁: 现在在中国的生活和韩国的生活有什么一样不一样的地方?

　　S₂: *这个在中国, 中国比较大, <u>所以</u>, 土地大, <u>所以</u>每个地方的自然环境不一样, <u>所以</u>比韩国旅游时间, 嗯, 旅游的时候很有意思。还有韩国呢，从最南边到最北边，只是五个小时左右，坐火车的时候五个小时左右，可以往来往去，<u>所以</u>一天以内都可以达到。但是中国太大，<u>所以</u>旅游的时候比较需要坐公交，公交，那个公共汽车火车需要坐的时间比较长。

(36) S₁: 那你到广州来八个月了，那你对广州的印象怎么样？

S₂: *嗯，对广州的印象，广州是从秦代开始的<u>那个</u>，比较古代的<u>那个</u>，但是我觉得在广州没有那个古代的，古代的，明显国界吧，只有很少很少，但是我觉得对广州的印象是比较发展吧。

조사 결과 '那个', '所以', '然后'는 학습자가 시간을 확보하기 위해 남용한 비율이 가장 높은 어휘들이다. 이러한 어휘들의 과다 사용은 대화의 원활한 전개에 부정적 영향을 미친다.

중국어 교육학계에서는 오류발생 원인을 크게 모국어 간섭, 목표언어 규칙의 과잉일반화, 교육상의 오도, 의사소통전략 등으로 나누는데, 구체적으로 분석할 때는 이 오류발생 원인들이 명확히 나눠지지 않고 겹치는 부분이 생길 수 있다. 예를 들면 이번 장에서 논의한 의사소통전략이 유발한 오류는 엄밀히 말해 모국어 간섭과 목표언어 규칙의 과잉일반화 등의 요인과도 관련된다. 이들의 차이점은 의사소통전략의 즉시성이라는 특징으로 인해 학습자의 일차적 반응에서 드러나는 오류가 습득 중 학습자가 가진 문제를 잘 보여준다는 데에 있다.

연구자에 따라 도움요청, 모방, 손짓을 의사소통 중 오류를 유발하는 세 가지 책략으로 분류하기도 한다. 도움요청은 주로 직접적 질문 또는 휴지의 방식을 통해 이루어지는데, 상응하는 도움을 받고 나면 학습자는 정확한 표현 형식으로 의사소통을 지속해 나갈 수 있다. 도움요청이 대화의 결속 및 응집에 부정적 영향을 미치기도 하지만, 전사자료 상에는 특정한 문법오류의 형태로 가시적으로 반영되지는 않는다. 따라서 도움요청을 별도의 오류발생 원인으로 분류하기가 어렵다고 판단된다. 몸짓언어에 속하는 모방과 손짓의 경우도 도움요청과 유사하기 때문에, 이번 장에서는 이 두 가지 의사소통전략에 대해서도 별도로 논의하지 않았다.

중국어 오류연구 중 의사소통전략이 유발한 오류에 대한 연구는 아직 시작 단계로 더욱 폭넓고 깊이 있는 연구가 이루어져야 할 것이다.

■ 参考文献

江　新. 汉语作为第二语言学习策略初探. 语言教学与研究. 2000 (1)

刘悦娥·范宏雅 编著. 话语分析. 上海外语教育出版社. 2002

鲁健骥. 中介语理论与外国人学习汉语的语音偏误分析. 语言教学与研究. 1984 (3)

鲁健骥. 外国人学习汉语的词语偏误分析. 语言教学与研究. 1987 (4)

鲁健骥. 外国人学习汉语的语用失误. 汉语学习. 1993 (1)

鲁健骥. 外国人学习汉语的语法偏误分析. 语言教学与研究. 1994 (1)

罗青松. 外国人学习汉语过程中的回避策略分析. 第六届国际汉语教学讨论会论文选. 北京大学出版社. 2003

吕叔湘. 现代汉语八百词. 商务印书馆. 1980

彭增安·张少云. 第二语言学习者的交际策略研究. 云南师范大学学报 (对外汉语教学版). 2003 (2)

田善继. 外国人汉语非对比性偏误分析. 汉语学习. 1995 (6)

王建勤. 中介语产生的诸因素及相互关系. 语言教学与研究. 1994 (4)

王立非. 国外第二语言习得交际策略研究述评. 外语教学与研究. 2000 (2)

熊　文. 论第二语言教学中的简化原则. 对外汉语教学的理论与实践. 延边大学出版社. 1997

中国社会科学院语言研究所词典编辑室. 现代汉语词典 (第5版). 商务印书馆. 2005

周小兵·李海鸥 主编. 对外汉语教学入门. 中山大学出版社. 2004

Ellis R., The Study of Second Language Acquisition. 上海外语教育出版社. 1999

James C., Errors in Language Learning and Use: Exploring Error Analysis. 语言学习和语言使用中的错误：错误分析探讨. 外语教学与研究出版社. 2001

제6부
문법오류의 인지적 해석

제15장 언어보편성, 유표성, 자연도와 오류 해석

제2언어 습득연구 영역에서는 대조분석(Contrastive Analysis), 오류분석(Error Analysis) 이후 언어보편성에 대한 이론이 출현했는데, 이 이론이 접목되면서 제2언어 습득연구에 새로운 지평이 열렸다. 제2언어 습득연구에 응용되는 언어보편성에 대한 이론에는 주로 Chomsky의 보편문법(Universal Grammar: UG)과 Greenberg의 유형론(Typological Universals)이 있다. 이 두 가지 이론은 각각 내부와 외부로부터 제2언어 습득의 본질인 심리과정과 인지과정을 설명했다.

Greenberg(1996)와 Eubank(1995)는 심지어 Chomsky의 보편문법 이론은 제2언어 습득에 있어서 '최초의 진정한 의미의 이론이며, 이 이론의 출현으로 제2언어 습득이 하나의 완전한 연구 영역이 되었다'고 보기도 했다.

이 책의 제2부부터 제5부까지는 각각 모국어의 부정적 전이, 목표언어 규칙의 과잉일반화, 교육상의 오도 및 의사소통전략의 사용 등 네 가지 측면에서 중국어 학습자의 문법오류 발생 원인 및 관련 중국어 문법규칙에 대해서 자세하게 설명했다. 이를 통해 오류는 종종 복합적인 원인에 의해 발생한다는 사실을 알 수 있었다. 이번 장에서는 인지과학의 이론적 방법을 응용하고, 상술한 네 편의 기초 위에서 언어보편성, 언어유표성 및 언어항목의 자연도 등의 측면에서 관련 오류에 대해 설명하고자 한다.

제1절 언어보편성과 오류

1. 보편문법과 모국어 습득 오류

보편문법이란 '인류의 모든 언어에 공통으로 존재하는 원칙, 조건 및 규칙으로 구성된 체계로, 인류 언어의 본질'이다. 이 이론에서는 언어는 '원리(principle)'와 '매개 변항(parameter)'을 포괄한다고 본다. '원리'는 인류 언어의 보편성을 반영하며, 인간의 두뇌에 선천적으로 갖추어져 있는 것으로, 학습을 통해서 대뇌에 저장할 필요가 없다. 이러한 '원리' 내에 존재하는 고유의 문법 규칙이 핵문법(core grammar)이다. 한편 '매개 변항'은 언어와 언어 사이의 차이를 반영하며, 언어마다 매개 변수(value)는 다르다. 이러한 매개 변수를 기반으로 형성된 문법규칙은 주변 문법(periphery grammar)에 속한다. 핵문법은 쉽게 습득되지만 주변 문법은 습득하기가 어렵다. 예컨대 어린이가 아래의 두 가지 구문을 습득할 때 이와 같은 규칙이 드러난다.

(1) 在动物园我看见了一只老虎。
(2) 哥哥在外面踢球。

예문(1)의 '在'는 장소를 나타내는 전치사로 문두에 위치하고 있으며, 이는 '在'의 핵심의미에 부합하므로 핵문법에 속한다. 필자는 조사를 통하여 어린이는 이러한 용법을 잘 습득하고 있어서 오류를 범하지 않는다는 사실을 알수 있었다. 예문(2)의 '在'는 단순한 전치사가 아니라 '他在床上+他在看电视→他在床上在看电视→他在床上看电视'와 같이 상표지와 전치사의 융합 형식(陈重瑜, 1978)이다. 이러한 변형 과정은 하나의 매개 변항이 중복 제시되는 과정으로, 이는 주변 문법에 속한다. 따라서 어린이의 조기 습득 과정 중에는 다음과 같은 오류가 자주 발생한다.

(3) *哥哥在外面在踢球。

(4) *妈妈在厨房在做饭, 给宝宝吃。

(5) *有两个人在门口在说话。

(6) *有个叔叔在路灯下在看书。

(7) *老奶奶在路上在卖冰淇淋。

이러한 예는 모국어 습득 과정 중의 보편문법의 역할을 나타낼 뿐만 아니라 언어의 생성과 발전에 있어서도 언어의 보편적인 발전 규칙이 작동하고 있음을 증명한다.

만일 예문(2)의 '在'를 융합하는 과정을 거쳐야 하기 때문에 습득의 난이도가 높아진 것이라고 가정한다면, 단순히 동작의 진행이나 상태의 지속을 나타내는 부사 '在'는 훨씬 쉽게 습득될 수 있을까? 사실 필자는 어린이들이 'Np+在Vp' 구조를 잘 습득하지 못하고 있다는 사실을 발견했다. 이러한 현상은 동작의 진행이나 상태의 지속을 나타내는 '在'는 지속동사와만 결합하며 다른 동사와 공기하는 데는 많은 제약이 따르기 때문에, 이것 역시 핵문법에 속하지 않으며, 따라서 어린이의 언어에 다양한 오류가 발생한다. 예를 들면 다음과 같다.

(8) *两个小朋友在跳跳舞。

(9) *电影在结束。

(10) *小汽车在开。

(11) *他在撞车。

'跳跳舞'와 같이 동사가 중첩되면 동작 시간이 짧음을 나타내기 때문에 진행을 나타내는 '在'와 결합할 수 없다. 따라서 이 문장은 '两个小朋友在跳舞'로 고쳐야 한다. '结束'는 비지속동사로 순간적인 성격을 지니고 있기 때문에, 이 경우도 '在'와 결합할 수 없다. 적격문은 '电影结束了'이다. 동사가 2가 동사이고 또 Np가 동작의 행위자가 아닐 때에도 '在'와 결합할 수 없다. 따라서 '在'를 삭제하여 '小汽车开走了'라고 하든지, '在'를 남겨둔다면 '宝宝在开小汽车'로 고쳐야 한다. 동사가 행위자에 대한 피해 의미를 나타낼 경우에도 '在'를 쓸 수 없기 때문에 '他撞车了'로 고쳐야 한다.

2. 보편문법과 제2언어 습득 오류

제2언어 습득의 경우도 모국어 습득과 같다. 필자는 학습자의 언어 자료를 수집하는 과정 중에 유사한 오류를 발견하였다. '在'구문이 핵 의미인 장소를 나타내는 경우는 학습자가 쉽게 습득하여 오류가 거의 나타나지 않는 반면 기타 유형의 '在'구문에서는 여러 가지 오류가 나타난다. 다음 예를 보자.

(12) *我正在撞车。

(13) *两个人坐了在火车的餐厅。

(14) *今天很累, 我躺了在沙发上睡着了。

예문(12)는 어린이가 범하는 오류와 동일하다. 예문(13)과 (14)는 '了'의 추가 오류이다. 완성을 나타내는 '了'는 동사의 뒤에 출현하고, 변화를 나타내는 '了'는 문미에 출현한다. 이것은 핵문법이다. 그러나 'V+在Np'구조가 기타 결과보어식(예를 들면 'V到', 'V给' 등)과 동화된 후(邢福义, 1988) '在'와 'V'의 결합이 갈수록 긴밀해져서 중간에 다른 성분을 끼워넣을 수 없게 되었다. 따라서 '了'는 'V在'의 뒤에 놓아야 한다. 이 규칙은 주변문법에 해당하므로 학습자가 습득하기 쉽지 않다. 학습자는 '了'를 동사 뒤에 놓거나 아예 'V在'를 한 단어로 보고 다른 동사처럼 사용한다. 다음 예를 보자.

(15) *现在我的妈妈和我们一起住在。(丁安琪·沈兰, 2001)

(16) *我愿意在中国住在。(丁安琪·沈兰, 2001)

학습자의 언어자료에서 가장 빈번히 발견할 수 있는 오류 중 하나는 단위사의 오용 또는 누락오류이다. 다음 예를 보자.

(17) *今天我吃了一枚面包。

(18) *我昨天买了一件毛巾。

(19) *好大一只鱼啊!

(20) *一裤子多少钱?

언어보편성의 각도에서 보면 단위사는 중국어의 특수한 언어현상이어서 보편성을 띠지 않기 때문에 학습자들이 습득하기에는 난이도가 높다. 한편, 단위사와 명사는 결합측면에서의 제약조건이 있다. 명사와 단위사의 결합은 보편문법의 제약을 받지 않기 때문에 학습자가 단위사를 사용할 때 많은 오류가 발생한다. 다음 예를 보자.

(21) *除非解决这些经济方面的问题, 才儿童能上学。

(22) *他一打开盒子, 就白烟冒出来了。

예문(21), (22)의 적격문은 다음과 같다.

(21′) 除非解决这些经济方面的问题, 儿童才能上学。

(22′) 他一打开盒子, 白烟就冒出来了。

많은 언어에서 두 절의 연결은 후행절의 문두에 출현하는 접속사에 의해 이루어진다. 그러나 중국어에서 연결 기능을 하는 것으로는 접속사 이외에 접속부사도 있는데, 접속부사는 후행절의 문두에 출현할 수 없고 후행절의 주어와 술어 사이에 출현해야 한다. 즉, 접속부사는 두 절을 연결하는 기능을 가지고 있지만 후행절의 문두에 출현할 수 없으며 후행절의 중간 즈음에 출현할 수밖에 없다. 그 이유는 접속부사가 비록 연결기능을 가지고 있다고 하더라도 역시 부사의 일종일 뿐이기 때문이다. 모국어의 영향과 보편적 인지라는 요소 때문에 이런 오류의 발생에는 그 나름의 '합리성'을 띠기 마련이므로 오류발생빈도가 높고 오류지속시간이 긴 것도 자연스러운 현상이다.

제2절 유표성과 오류

1. 유표성과 언어습득

유표성은 언어보편성에 기초한 개념이다. Chomsky(1980, 1981)는 유표성을 언어습득이론과 명확하게 접목시켰다. 촘스키의 언어이론에서 핵규칙은 무표적이고 보편문법의 제약을 받기 때문에 쉽게 습득할 수 있다. 반면 주변규칙은 유표적이고 보편문법의 제약을 받지 않기 때문에 습득이 쉽지 않다.

Greenberg(1963)는 유표성 이론을 범언어적으로 확대하여, 서로 다른 몇 가지 언어를 연결시켰다. 즉, 특징 X를 지닌 언어는 특징 Y도 지니는 반면에, 특징 Y를 지닌 언어가 특징 X를 지니지 않는다면, Y의 유표성은 X의 유표성보다 약하다. 예컨대, 많은 형용사들은 짝을 이루는 반의어를 가지는데 그 중 하나는 긍정적인 의미를 나타내고 다른 하나는 부정적인 의미를 나타낸다. 긍정적 의미를 갖는 형용사는 긍정의미 뿐 아니라 일반의미도 나타낼 수 있으므로 무표항이다. 반면에 부정적 의미를 갖는 형용사는 부정의미만 나타내므로 유표항이다. 예를 들면 다음과 같다.

(23) a. 他很高。(긍정 의미)　　b. 他有多高? (일반 의미)

(24) a. 他很矮。(부정 의미)　　b. *他有多矮? (일반 의미)

이와 유사한 형용사로 '深-浅', '长-短', '宽-窄' 등이 있다. '高', '深', '长', '宽'은 적용 범위가 넓은 무표적 형용사이고, '矮', '浅', '短', '窄'는 적용 범위가 좁은 유표적 형용사이다. 학습자는 형용사를 습득하면서 다음과 같은 오류를 범하기도 한다.

(25) *我对他了解不深, 只能讲这么<u>少</u>。

(26) *我只跳了这么<u>矮</u>, 肯定不合格。

교수자는 상술한 오류문을 '我对他了解不深, 只能讲这么多', '我只跳了这么高, 肯定不合格'로 교정할 것이다. 이때 학습자는 '이해가 깊지 못하다(了解不深)'면 '적다(少)'고 말할 수밖에 없는데 왜 '多'를 써야 하는지에 대해 의문을 가질 것이다. 또한 '높게 뛰지 못했다(跳得不高)'면 왜 '矮'를 쓸 수 없는지에 대해 의문을 가질 것이다. 이는 형용사의 유표성 및 무표성과 관련이 있다. '少', '矮'와 같은 유표적 형용사는 부정적 의미만 나타낼 수 있으며 사용 범위의 제약이 많다. 그러나 앞의 문장에서 나타내는 것은 부정적 의미가 아니라 일반적 의미이므로 '少'와 '矮'는 사용할 수 없고, '多'와 '高'만 사용할 수 있다. 이를 통해 유표항은 학습상의 난이도가 높은 편임을 알 수 있다.

이밖에 유표성등급을 통해 특정 문법항목의 구문별 습득 난이도가 상이한 이유를 설명할 수도 있다. '是'구문 중에서도 '我是韩国人'처럼 판단을 나타내는 '是'구문은 학습자가 쉽게 습득할 수 있지만, 초점을 강조하는 '是'구문의 경우는 강조한 부분에 오류가 있거나, 구문을 잘못 사용하거나, '的'를 누락시키는 오류를 자주 범한다. 예를 들면 다음과 같다.

(27) *这样的事是每年的。

(28) *这个星期是我第三个住在广州的。

(29) *我是从菲律宾来。

위 예문의 적격문은 다음과 같다.

(27′) 这样的事是每年都发生的。

(28′) 这个星期是我住在广州的第三个星期。

(29′) 我是从菲律宾来的。

초점을 강조하는 '是'구문의 구조는 '是……的'이며, '我上星期二去的, 不过没见着他'처럼 경우에 따라 '是'는 생략할 수 있지만 '的'는 생략할 수 없다. 부사어를 강조할 때는 '是……的' 사이에 '부사어+동사', 주술구, 동사 등이 오는 것이 일반적이다. 판단을 나타내는 '是'구문과 비교할 때 초점을 강조하는 '是'구문은 구조가 복잡하고 형식이 다양하며 사용빈도가 낮아서 유표적 언어항목에 속하므로, 습득 난이도가 높아서 오류를 범하기 쉽다.

'有'구문을 습득할 때도 마찬가지이다. '他有一个姐姐'는 '黑板上写有一行字'보다 사용빈도가 높고 형식도 단순해서 무표적 언어항목에 속하므로, 습득 난이도가 낮아서 오류가 거의 발생하지 않는다. 학습자는 '黑板上写有一行字'와 같은 구문을 간단한 존현문 형식으로 대체하는 경향이 있다.

(30) 纸上写着一个字。

(31) 黑板上有一行字。

언어항목의 유표성등급 역시 습득 순서에 영향을 미친다. 施家炜(2002)는 한국인 학습자를 대상으로 한 연구를 통해 다음과 같은 사실을 발견했다. 즉,

초기에는 무표적인 상승억양을 사용한 예-아니오 의문문을 많이 사용하고, 중후기에는 유표적인 의문 어기조사를 사용한 예-아니오 의문문의 사용이 증가하여, 사용빈도가 상승억양을 사용한 예-아니오 의문문과 비슷해진다.

2. 유표성, 모국어 전이와 오류의 발생

유표성은 다른 언어 간의 대조에도 동일하게 적용되어, 모국어의 전이 여부나 오류발생의 원인 등을 설명할 수 있다. 중국어 어순의 습득을 그 예로 볼 수 있는데, 학습자들은 '주어+술어+목적어' 구조를 사용할 때, SVO의 어순은 기본적으로 잘 틀리지 않는다. 그러나 일단 '把'구문(SOV의 어순)을 사용하면 오류가 발생한다. 예를 들면 다음과 같다.

(32) *因为那时候我国家刚刚把战争脱离。
(33) *每个星期四把在阳台的花浇水。
(34) *这样的情况更把很深的印象给我。

위의 예는 각각 영어 모국어 학습자와 일본어 모국어 학습자가 만들어낸 문장이다. 중국어와 영어는 '我看书。', 'I'm reading the book.'의 예처럼 모두 SVO형 언어이다. 또한 중국어에는 SOV의 어순도 존재하는데, '我把衣服洗了'와 같은 전형적인 '把'구문을 예로 들 수 있다. 반면, 일본어는 전형적인 SOV 어순을 갖고 있다. 만약 영어 모국어 학습자가 모국어와 목표언어의 어순 차이로 인해 오류를 발생시킨다고 가정한다면, 일본어 모국어 학습자는 상대적으로 SOV 문형은 더 잘 습득하고, SVO 어순의 문형을 습득할 때는 많은 오류를 발생시켜야 한다. 그러나 실제 상황에서는 모국어가 다른 두 학습자 그룹 모두 SVO 어순은 잘 습득하였으나 '把'구문의 학습에서는 일정한 어려움을 겪는 양상을 보였다.

Greenberg(1963)의 30종 언어에 대한 표본조사에 따르면, SVO형 언어가 13종으로 가장 많았고, SOV형 언어가 11종으로 그 다음을 차지하였다. 그러므로 SVO형을 무표항으로 보고 SOV형을 유표항으로 볼 수 있다. 일본인 학습자의 경우 모국어가 유표성을 띤다고 하더라도 목표언어의 어순이 무표성을 띠기 때문에 모국어의 어순을 중간언어로 전이시키는 경우가 거의 나타나지 않는다. 반면, 영어 모국어 학습자의 경우 모국어의 어순도 무표성을 띠고 목표언어의 어순도 무표성을 띠기 때문에 중국어의 어순을 빨리 습득한다. 한편, 목표언어가 유표성을 가지는 경우에는 모국어의 유·무표성에 관계없이 오류발생률이 매우 높으므로 유표항의 난이도가 더 높다고 볼 수 있다.

그렇다면 목표언어가 유표적일 경우는 어떠할까? '종속관계를 나타내는 1인칭 관형어의 사용 상황'을 예로 살펴보자. 영어 모국어 학습자는 다음과 같은 오류를 범하였다.

(35) *昨天我和我的妹妹去我的姑姑家做客。
(36) *我叫我的哥哥不要再放音乐了。
(37) *我的妈妈和我住在汉城。

일본어 모국어 학습자는 위와 같은 오류를 거의 범하지 않는데, 이러한 습득 상황의 차이에는 어떤 요인이 작용하였을까? 주지하듯이 중국어의 1인칭은 종속관계를 나타내는 관형어로 쓰일 수 있다. 그러나 주어도 1인칭인 경우에는 일반적으로 관형어를 생략하여 다음과 같이 표현한다. '昨天我和妹妹去姑姑家做客', '我叫哥哥不要再放音乐了', '妈妈和我住在汉城'. 일본어의 경우는 중국어와 유사한 반면 영어는 종속을 나타내는 관형어를 반드시 써야한다. 비교해 보면 다음과 같다.

중국어: 我要去做作业。

영　어: I'm going to do my homework.

일본어: わたしは　　　　　　宿題を　　　　　　する つもり です

　　　　我 [화제표시 보조사]　作業 [목적격 조사] 做要 [서술격 조사]

언어유형학의 관점에서 보면, 중국어와 일본어에서 1인칭 종속관계를 나타내는 관형어를 쓰지 않는 것은 영어와 반대인 보편적 현상에 속한다. 그러므로 중국어와 일본어의 해당 문법항목은 유표적, 영어의 해당 항목은 무표적으로 볼 수 있다. 유표적인 언어항목을 학습할 때 모국어가 무표적(영어)인 학습자는 모국어의 무표성을 중국어로 전이시켜 오류를 범한다. 반면, 모국어가 유표적(일본어)인 학습자는 이 유표적인 항목을 전이시키지 않기 때문에 비교적 쉽게 습득할 수 있다.

흥미로운 사실은, 모국어가 각각 일본어와 영어인 학습자를 대상으로 조사하였을 때, 중국어의 의문사의문문에 대해서는 두 그룹 모두 잘 습득하고 있었다는 점이다. 일본어와 중국어의 의문사의문문은 일반 평서문의 어순과 기본적으로 일치하기 때문에, 의문을 나타내는 부분에 의문사만 대체시키면 된다. 이러한 점으로 볼 때, 일본어 모국어 학습자가 더 잘 습득할 것으로 예상할 수 있다.

주의할 점은, 영어의 의문사의문문은 다음과 같은 두 가지 점에서 중국어와 큰 차이가 있다는 사실이다. 첫째, 의문사가 문두에 위치한다. 둘째, 'What are you doing?'과 같이 주어와 서술어의 위치가 바뀐다. 그러나 영어 모국어 학습자는 영어의 어순을 중국어로 거의 전이시키지 않고 '你在干什么?' 등의 문장을 쉽게 습득한다.

이와는 반대로, 중국인 학습자가 영어와 일본어를 학습하는 경우는 전혀 다른 양상을 보인다. 우선 일본어의 의문사의문문은 비교적 쉽게 습득하지만, 영어의 의문사의문문을 학습할 경우, 중국인 학습자는 의문사를 문두에 놓는 것은 잘 알고 있으나 의문사의 선택, 조동사의 추가, 어순의 재배치 과정에서 오류를 자주 범한다. 예를 들면 다음과 같다.

(38) *When you back to country?

(39) *Whose that man wearing the red clothes?

(40) *Who that man on red?

유표성이론은 위와 같은 현상도 설명할 수 있다. 중국어와 일본어의 의문사의 문문은 평서문에서 변환된 것으로 비교적 간단하고, 인간의 언어적 인지에도 부합하는 무표항이다. 반면 영어에서는 평서문에서 의문문으로의 변환이 간단하지 않은데, 의문사의 전치, 조동사의 추가, 어순의 재배치 등이 필요한 매우 복잡한 과정으로 유표항에 속한다. 즉, 목표언어가 무표적일 경우, 모국어가 유표적이든 무표적이든 학습자는 해당 항목을 쉽게 습득할 수 있으나, 목표언어가 유표적일 경우에는 학습자가 습득하는데 어려움이 있다.

제3절 자연도와 오류

1. 자연도와 인지

습득난이도는 심리학적 관점에서 습득 항목의 자연도와 관련지어 분석할 필요가 있다. Hatch(1983)에 따르면, 제2언어 습득의 결정적 요소인 자연도는 주로 다음의 세 가지와 관련된다.

첫째, 목표언어 중 특정한 언어항목이 갖는 개별성
둘째, 형식과 의미 간 대응관계의 복잡성
셋째, 언어항목의 구조적 복잡성

어림수를 나타내는 '多'를 습득할 때 학습자는 다음과 같은 오류를 종종 범한다.

(41) *阮芳秋昨天买了三多斤苹果。

(42) *他很瘦，只有四十公斤多。

(43) *他已有八十岁多。

한 언어에서 어림수를 나타내는 '多'에 대응하는 성분은 일반적으로 출현 위치가 고정적이어서, 영어와 베트남어의 경우 숫자 앞에만 사용되고, 인도네시아어와 터키어에서는 숫자 뒤에만 사용된다. 예를 들면 다음과 같다.

영어	a. more than three kilograms
	b. over thirty kilograms
베트남어	a. hon(多) ba(三) can(公斤)
	b. hon ba muoi(十) can
인도네시아어	a. 8 tahun(岁) lebih(多)
	b. 80 tahun lebih
터키어	a. 8 yasin(岁) uzerind(多)
	b. 80 yasin uzerind

그러나 중국어에서 '多'와 수사-단위사구는 결합 위치에 따라 서로 다른 의미를 나타낸다. 예를 들면 다음과 같다.

(44) a. 十岁多(10세 - 11세)

    b. 十多岁(11세 - 15,6세)

이러한 차이는 多가 '10'과 결합할 때만 드러나고, 한 자리수와 10 보다 크고 끝자리수가 0인 숫자에서 '多'는 한 위치에만 출현한다. 예를 들면 다음과 같다.

(45) a.　三岁多

　　　 b. *三多岁

(46) c.　三十多岁

　　　 d. *三十岁多

　　이러한 상황 속에서 학습자는 '多'를 사용한 어림수 표시법의 형식과 의미 사이의 모호한 대응관계를 정확히 이해하지 못하는 인지적 어려움을 겪게 되어 오류를 범한다. 예문(41)~(43)과 같은 오류의 발생은 모국어의 부정적 전이와 관련될 뿐 아니라, '多', 숫자, 단위사 간 결합규칙의 복잡성 및 '多'를 사용한 어림수 표시법의 형식, 각각의 형식이 나타내는 의미 사이의 관계적 다양성과도 관련된다.

　　자연도는 언어항목의 구조적 난이도와 관련되기도 한다. 일반적으로, 간단한 구조가 복잡한 구조에 비해 인지난이도가 낮아 습득하기 쉬운 반면, 복잡한 구조는 오류를 범하기 쉽다. 예를 들면 다음과 같다.

(47) a.　会唱歌的人很少。

　　　 b. *会唱音乐英文的人很少。

　　　 적격문: 会唱英文歌的人很少。

(48) a.　他是我的老师。

　　　 b. *他是我的老师教汉语。

　　　 적격문: 他是教我汉语的老师。

2. 자연도와 오류 발생

　　자연도는 인간의 인지와 관련되기 때문에 '언어 인지난이도'라고도 할 수 있다. 또한 자연도에 의한 오류는 인지적 오류이기 때문에 '보편오류'라고도 불린다. 제2언어 학습자의 오류는 제2언어의 자연도와 관련이 있다.

중국어에서 '半'이 포함된 수량 및 시간의 양을 나타내는 어구 역시 학습자에게 난이도가 높은 언어항목이다. 예를 들면 다음과 같다.

(49) *今晚他只喝了一半瓶就醉了。
(50) *从我家坐火车到广州要八个小时半。

예문 (49)와 (50)의 적격문은 다음과 같다.

(49′) 今晚他只喝了一瓶半就醉了。
(50′) 从我家坐火车到广州要八个半小时。

예문 (49)와 (50)은 자연도에 의한 오류이다. 아래의 예들을 비교해보자.

중국어: 三个月 + 半个月 → 三个半月
영어: three months + half *month* → three months and a half
베트남어: ba tháng(3개월) + nửa *tháng(*반 달*)* → ba tháng rưỡi(3개월 반)

위의 예문 중에서 이탤릭체는 삭제하거나 추가할 부분을 나타내고, 밑줄은 교체할 부분을 나타낸다. 대조를 통해 알 수 있듯이, 영어와 베트남어의 경우 심층구조 중 뒷부분에서 중국어 '月'에 대응되는 'month/thang'을 없앤다. 표층구조와 심층구조 사이의 대응관계가 합리적이어서 자연도가 높다. 따라서 학습자는 이를 어려움 없이 습득하게 되어 오류를 쉽게 범하지 않는다. 그리고 의미 결합 표지 '+'는 영어의 경우 표층구조에서 'and'로 나타내기 때문에 습득하기 쉽다.

반면 중국어의 경우, 심층구조 중 앞부분의 '月'와 뒷부분의 '个'를 삭제한다. 이는 표층구조와 심층구조 사이의 대응관계가 합리적이지 못하기 때문에 자연도가 낮다. 따라서 학습자는 습득 시 층차를 어떻게 나눠야 할지 알지 못하여 '三个月半'과 같은 오류를 범하게 된다. 왜냐하면 '3개월+반'의 의미 조합이 학습자의 입장에서는 더 합리적이고 자연도가 높기 때문이다.

중국어와 영어의 '취득'류 이중목적어 구조 '买+某人+某物', '偷+某人+某物' 와 'buy+sb.+sth', 'steal+sb.+sth'의 경우를 예로 들어보자. 이 경우 중국어와 영어는 구조적으로는 완전히 동일하지만, 의미는 전혀 다르다. 아래의 예문을 보자.

(51) 我买了他三本书。(나는 그에게서 책 세 권을 샀다.)
(52) 他偷了张三一辆自行车。(그는 张三에게서 자전거 한 대를 훔쳤다.)
(53) I bought father a watch. (나는 아버지에게 손목시계를 하나 사 드렸다.)
(54) He stole Mary a bicycle. (그는 Mary에게 자전거 한 대를 훔쳐 주었다.)

학습자가 중국어의 이 두 구조를 습득하는 데는 대체로 별 문제가 없다. 그러나 중국인이 영어를 배울 때는 잘못 이해하는 경우가 빈번하게 발생하는데, 중국인 학습자는 예문 (53), (54)를 다음과 같이 이해한다.

(53′) 我买了父亲一个手表。
(54′) 他偷了玛丽一辆自行车。

이러한 오류는 언어 인지난이도와 무관하지 않다. [+취득]류 동사와 가장 밀접한 관계를 갖는 논항은 [출처]와 [대상] 즉, '어디로부터 (취득했는가)'와 '무엇을 (취득했는가)'이다. 예문(51), (52)의 두 구조에서 이 두 논항은 매우 명확하게 드러나 있지만, 영어의 구조에서는 '무엇을 (취득했는가)' 즉, [대상] 논항만 명시될 뿐, [출처] 논항은 드러나지 않는다. 또한 '사다'와 '훔치다'의 경우 사람들은 일반적으로 '어디로부터(사다/훔치다)'와 '무엇을(사다/훔치다)' 에 먼저 관심을 두고, 다음으로 '왜(사다/훔치다)'에 관심을 둔다. 위의 예문 중에 나타난 중국어의 어순은 이와 같은 인간의 인지적 어순과 부합하기 때문에 인지난이도가 높지 않다. 반면 영어 구조에서는 [+목적]을 나타내는 논항과 [+취득]을 의미하는 동사 사이에 직접적 연관성이 없다. 뿐만 아니라, 영어의 [+취득]의 의미를 나타내는 동사는 '우향동사[1]'로서 이중목적어의 구조에서 논항들은 [수혜자]+[대상]의 인지적 순서를 따른다. 이는 일반적인 인지적 순서에 부합하지 않기 때문에, 인지난이도가 높아서 학습자가 잘못 이해하기 쉽고 습득 난이도 역시 높다.

---

[1] 역자주: 우향동사란 이중목적어 동사의 일종으로 문장 안에서 대상물의 이동 방향이 동사를 중심으로 '좌에서 우'임을 나타낸다. 예를 들어 예문(53)은 시계를 사는 동작의 수혜자가 '아버지'임을 나타내므로 우향동사이고, 반대로 예문(53′)의 중국어에서는 시계를 산 수혜자가 '나'이므로 좌향동사이다.

■ 参考文献

戴曼纯. UG理论与第二语言习得研究. 外语与外语教学. 1998 (2)

戴曼纯. 普通语法可及性三假说. 外语教学与研究. 1998 (1)

丁安琪·沈 兰. 韩国留学生口语中使用介词"在"的调查分析. 语言教学与研究. 2001 (6)

丰国欣. 普通语法与二语习得相关程度研究综述. 湖北师范学院学报. 2002 (4)

房玉清. 实用汉语语法. 北京大学出版社. 2001

盖淑华. 标记理论在语言习得中的作用. 四川外语学院学报. 2002 (2)

郭 巍·韩晓惠. 普通语法框架下"母语迁移"作用的争论. 外语学刊. 2002 (2)

韩 芳. 普通语法理论在第二语言句法习得中的应用. 雁北师范学院学报. 2004 (4)

胡国安. 语言的标记性及其对语言迁移的影响. 福建外语. 2002 (4)

胡国安. 外语习得中的标记性. 安徽工业大学学报. 2002 (1)

黄锦章·刘 焱 主编. 对外汉语教学中的理论和方法. 北京大学出版社 2004

李 丹. 儿童发展心理学. 华东师范大学出版社. 1987

李晓琪. 母语为英语者习得"再"、"又"的考察. 世界汉语教学. 2002 (2)

李宇明. 儿童语言的发展. 华中师范大学出版社. 1995

寮 菲. 第二语言习得中母语迁移现象分析. 外语教学与研究. 1998 (2)

刘东楼. 普通语法与母语迁移. 山东师大外国语学院学报. 2002 (3)

林 榕. 论普通语法与语言习得. 湖南大学社会科学学报. 1995 (1)

罗晓英. 论普通语法观与第二语言能力研究. 暨南大学华文学院学报. 2001 (3)

尼 尔·史密斯 达埃德尔·威尔逊 著. 李谷城 等译. 现代语言学: 乔姆斯基革命的结果. 外语教学与研究出版社. 1983

潘平亮. 标记、无标记与二语习得. 黔西南民族师范高等专科学校学报 2002 (1)

阮亦慧. "习得"/"学得"与语言标记的联系. 山东外语教学. 2002 (1)

施家炜. 外国留学生22类现代汉语句式的习得顺序研究. 世界汉语教学. 1998 (4)

时锦瑞. 标记和第二语言习得. 四川外语学院学报. 2002 (4)

唐承贤. 标记理论探析. 外语研究. 2003 (4)

王初明. 解释二语习得. 连接论优于普通语法. 外国语. 2001 (5)

王瑞昀. 普通语法与语言习得. 江苏大学学报. 2004 (1)

王 薇. 从联结主义看普遍语法对二语习得的意义. 四川外语学院学报. 2002 (6)

王文斌. 普遍语法与第二语言习得理论研究. 外国语. 2001 (3)

王文琴. 论"普遍语法"对语言输入量的作用. 外语研究. 2003 (6)

武和平. 二语习得中"逻辑问题"的逻辑与普遍语法可及性假说. 外语学刊. 2004 (3)

邢福义. 汉语语法学. 东北师范大学出版社. 1998

张国宪. 语言单位的有标记与无标记现象. 语言教学与研究. 1995 (4)

周国光·王葆华. 儿童句式发展研究和语言习得理论. 北京语言大学出版社. 2001

周小兵·李海鸥 主编. 对外汉语教学入门. 中山大学出版社. 2004

周小兵. 学习难度的测定和考察. 世界汉语教学. 2004 (1)

朱曼殊 主编. 儿童语言发展研究. 华东师范大学出版社. 1986

Bardevi-Harlig K. 1987 Markedness and Salience in Second Language Acquisition Language Learning.

Bernard Comrie. 1988. Linguistic typology Linguistics: The Cambridge Survey 1:447-461 (廖秋中译. 语言类型学. 国外语言学. 1990 (4))

Eckman Fred 1997. Markedness and contrastive analysis hypothesis Language Learning 27:315-330

Doughty C. J. & Long M. H.(eds.) 2003. The Handbook of Second Language Acquisition. United Kingdom: Blackwell Publishing Press

Ellen Broselow. 1988. Language: Psychological and Biological Aspects. Linguistics: The Cambridge Survey 3 (王嘉龄 译. 第二语言习得. 国外语言学. 1990. (2))

Joseph H Greenberg. 1963. Some Universals of Grammar with Particular Reference to the Order of Meaningful Elements Universals of Language Cambridge: MIT Press (陆丙甫·陆致极 译. 某些主要跟语序有关的语法普通现象. 国外语言学. 1984 (2))

Larsen - Freeman D. et al. An Introduction to Second Language Acquisition Research. Beijing: Foreign Language Teaching and Research Press. 2000

Rod Ellis. Understanding Second Language Acquisition. Oxford: Oxford University Press (第二语言习得概论. 上海外语教育出版社. 2000) 1985.

Rutherford W., Markedness in second language acquisition. Language Learning 32:85-107. 1982.

William C., Titchie and Tej K. Bhatia (eds.) Handbook of Second Language Acquisition. Academic Press. 1996

Zobl H., Markedness and projection problem. Language Learning 33:293-313. 1993

제16장 의문문 오류의 인지적 해석

 의문문의 습득은 일정한 과정을 거치는데, 이 과정 중에 일련의 중간언어 구조가 출현할 수 있으며 또한 각종 의문표지의 발생, 다양화, 정련화 등의 과정이 나타난다. 이러한 과정 중에 발생하는 오류 중에서 전적으로 의문범주에 속하는 오류는 언어보편성, 유표성 및 자연도와 관련이 있으며, 이는 인지적인 각도에서 설명이 가능하다.

 다만 언어보편성, 유표성 및 자연도 등의 세 가지 개념은 현재로서는 통일된 명확한 구분이 없으며, 이들 사이에는 서로 겹치는 부분도 있음을 인식할 필요가 있다. 언어보편성이란, 첫째 모든 언어의 공통성을 가리키는데, 여기에는 촘스키의 보편 원리(핵문법)와 Greenberg 및 Comrie의 함축적 보편성('우세' 경향, 함축 등급)이 있다. 둘째, 어떠한 언어 내부의 분포와 빈도를 가리키는데, 분포가 넓고 빈도가 높은 언어항목일수록 보편성이 강하다. 언어의 자연도는 구조·의미의 복잡성, 특징의 현저성, 형식과 의미의 명확성[1] 등과 같이 주로 인지난이도에 근거한다. 유표성은 주로 빈도, 분포 범위, 형식의 복잡성(Croft, 1990) 및 핵 의미와 주변 의미 등의 상대적인 정도를 참고한다. 즉, 유표성은 일종의 상대적인 정도를 드러낸다. 따라서 아래에서 제시할 보편성, 유표성,

---

[1] Hatch(1983)는, 자연도는 제2언어 습득의 통사와 담화 층위에서 주도적인 역할을 한다고 보았다.

자연도 등과 관련된 개념은 다소 모호한 점이 없지 않다.

　이번 장에서 제시하는 예문 중에는 학습자의 국적과 학습시수 등급을 나타 낸 것이 있다. 예컨대 L1과 L2는 1학기 학습자이고, L3과 L4는 2학기 학습자이 며, L5와 L6은 3학기 학습자로, L2 · L4 · L6이 L1 · L3 · L5보다 중국어 실력 이 조금 더 좋다.

제1절 첨가류 의문문

1. '吗'의 누락

먼저 아래의 예문을 보자.

(1) *他们也回忆我们的幸福时光[　]?

　　*每当下雨, 他们也想见面一起[　]?

(2) *你去了旅行在中国[　]?(프랑스 L1)

(3) *你在中山大学的宿舍(住)[　]?(알제리 L1)

(4) *(这个电影)我不知道, 有名人[　]?(스웨덴 L1)

　습득 초기의 입말에서 '吗' 의문문의 주요 오류 유형은 '吗'의 누락이다. 영어 모국어 학습자에 대한 개별 연구에 있어서 '吗'와 관련된 모든 의문문을 통계내 보면 '吗'가 누락된 문장이 61%에 달한다. '吗'의 누락으로 이루어진 오류성 억양의문은 정확한 억양의문과는 다르다. 전자는 '의문'과 '물음'이 결합된 의문 의 정도가 높은 '吗' 의문 형식이고, 후자는 '의문'에 편중되어 있고 '물음'이 약한 의문으로 의아함을 나타내며, 주로 확인을 요청할 때 쓰이는 의문의 정도 가 낮은 물음이다. '吗'가 누락되는 이유는 다음과 같다. 학습자는 습득 초기에 문미에 의문표지를 써야 한다는 사실을 분명히 알지 못하기 때문에 종종 가장 자연스럽고 간단하면서도 보편적인 방법을 사용한다. 즉, 일반적인 평서문 문미의 억양을 상승시켜서 의문을 나타낸다. 이것이 바로 습득 초기에 억양의문의 사용 빈도가 높은 원인이다.

주의해야 할 점은 모국어가 다르더라도 학습자가 '吗'를 누락시키는 현상은 보편적으로 존재한다는 것이다. 영어 등 언어의 의문문에서는 첨가류 의문표지[2]를 사용하지 않으며, 따라서 이러한 언어가 모국어인 학습자가 '吗'를 누락시키는 것은 매우 자연스러운 일이다. 그러나 태국어나 일본어와 같은 언어에서는 의문문에 첨가류 의문표지를 사용하지만 태국인이나 일본인 학습자도 '吗'를 누락시킬 수 있다. 이러한 현상은 자연도나 유표성으로 설명할 수밖에 없다.

자연도의 각도에서 보면 문미의 억양을 상승시켜 예-아니오 의문을 나타내는 방법이 가장 자연스럽다. 어린이가 모국어를 습득할 때에도 종종 억양의문을 먼저 습득한 후에 기타 복잡한 의문문들을 배우게 된다. 영어 모국어 학습자가 모국어의 영향으로 '吗'를 누락시키는 것은 물론 모국어의 부정적 전이와 관련이 있지만, 이는 자연도와도 관련이 있다. 태국어나 일본어가 모국어인 학습자가 '吗'를 누락시키는 것은 자연도로 설명할 수밖에 없다. 그들은 목표언어를 배울 때 마치 어린 시절의 모국어 습득 단계로 되돌아 간 것처럼 가장 자연스러운 방식(억양의문)으로 의문을 나타낸다.

물론 이러한 오류가 출현하는 현상은 모국어에 첨가류 의문표지가 있느냐 없느냐에 따라 다르다. 즉, 모국어에 첨가류 의문표지가 없는 학습자(영어 모국어 학습자)의 오류 발생 비율은 다소 높은 편이며, 지속 시간도 길다.

그러나 '吗'의 누락률은 글말과 입말에서 상이하다. 글로 쓸 때는 '吗'를 누락시킨 예가 지극히 적은 반면 자연스런 대화에서는 '吗'를 누락시키는 현상이 훨씬 많다는 사실을 알 수 있었다. 이러한 현상은 아마도 글로 쓸 때는 수정이

---

[2] 역자주: 중국어의 '吗', '呢' 등과 같은 표지를 지칭한다.

가능한 반면, 말로 할 때는 즉시성으로 인하여 수정의 여지가 없기 때문일 것이다. 이처럼 다른 문체를 사용할 때 발화 주체의 언어 형식에 대한 집중도(Tarone)와 언어 사용 계획이 다르기 때문에(Ellis, 1994), 발화의 정확도 역시 같지 않다. 글말에서는 형식을 중시하는 반면 입말에서는 의미를 중시하여 시간적인 제약이나 계획성이 부족하기 때문에 생략이 발생하기 쉽다.

2. '呢'의 누락오류

생략의문문 'N呢?'에서 N이 '你' 이외의 다른 단어일 경우 학습자는 '呢'를 누락시키기 쉽다. 다음 예를 보자.

(5) 甲: 他叫什么? 乙: 他叫小明 甲: *她[　]?
(6) 甲: 昨天下午你干什么? 乙:我在上课。甲: *晚上[　]?

생략의문문은 한국어, 태국어, 영어, 스페인어 등과 같은 대부분의 언어에 존재한다. 그러나 태국어와 같은 일부 언어에는 '呢'에 해당하는 표지가 있고, 영어나 스페인어 같은 일부 언어에는 '呢'와 유사한 표지가 없다. 이러한 '呢'의 누락 원인은 위에서 언급한 '吗'의 누락 원인과 마찬가지로 언어항목의 자연도와 관련 있다. 또한 '呢'의 누락오류 현상은 영어모국어 학습자, 태국어 모국어 학습자('呢'에 해당하는 표지가 있음)에게서 모두 나타난다.

3. '吧'의 회피와 대체오류

중국어 의문표지 '吧'는 '吗' 만큼 전형적이거나 보편적이지 않으며 인지적 현저성이 높지 않다. '吗'와 비교해 볼때 '吧'는 분포와 빈도 측면에서 유표성이 더욱 강한 표지이다. '吧'는 인도-유럽어족의 '위치이동' 수단과는 다른 '첨가' 수단이며, 또한 '첨가' 수단을 가지고 있는 언어(예를 들면 태국어)에도 '吧'처럼 확인의문문에만 사용하는 표지는 없다. 따라서 '吧'는 매우 독특한 표지이며, 언어 간 차이가 많이 나는 표지이다. 그러므로 학습자는 더욱 간단하고 보편적인 억양의문문이나 '吗'의문문을 사용하거나 사용을 회피한다.

赵果(2003)의 연구에 의하면 '吧'를 사용하기 시작하는 시기는 비교적 늦다. 이 점은 필자가 진행한 연구 결과와 일치한다. 필자의 개별 연구에 의하면 학습자는 대략 두 번째 학기부터 '吧'를 사용하기 시작하지만 사용빈도는 매우 낮다. 이 점은 학습자가 '吧'의 사용을 회피하였음을 의미한다.

'吧'의 대체오류는 '吧'를 써야 하는 상황이나 통사적 언어환경에서 더욱 보편적인 표지인 '吗'를 사용한 것을 가리킨다. 예를 들면 다음과 같다.

(7) *还没带来你的行李吗? (韩L2) (문맥상 '吧'를 사용해야 함을 알 수 있음)
(8) *你是多(很)疲倦吗? (韩L2)
(9) *你有点胖了吗? (日L3) (문맥상 '吧'를 사용해야 함을 알 수 있음)
(10) *那广州的生活太困难吗? (日L4)

이런 대체오류는 다음과 같이 인지적으로 해석할 수 있다. 우선 중국어에서는 '吗'가 '吧'보다 보편적으로 사용된다. 또한, 일부 학습자의 모국어에는 '첨가'류 의문표지가 있더라도 대다수의 학습자는 이러한 모국어의 '첨가'류 의문표지를 중국어의 '첨가'류 의문표지 '吗'에만 대응시킨다. 오류는 다음과 같은 두 가지가 있다. 첫째, 모국어에 '첨가'류 표지가 있지만 '吗'에 대응하는 표지만 있고 '吧'에 대응하는 표지는 없다. 따라서 '吧'의 경우 언어 간 차이가 커서 학습자는 모국어의 부정적 전이와 목표언어 규칙의 과잉일반화라는 두 가지 영향에 의해 '吗'로 '吧'를 대체한다. 둘째, 모국어에 '吧'에 해당하는 성분이 있다고 하더라도 이러한 성분이 학습자의 모국어에서도 유표적이므로 모국어 습득 과정 중에서도 후반기에 습득하게 된다. 따라서 학습자는 무표적인 '吗'에 대응하는 성분을 사용하는 경향이 있어서 '吗'로 '吧'를 대체하는 오류를 범하게 된다.

제2절 긍정부정의문문

긍정형식과 부정형식을 중첩하는 방식으로 의문을 나타내는 언어는 많지 않으므로, 이러한 의문문은 습득 난이도가 높다. 긍정형식과 부정형식의 중첩에 비해 특정 표지를 첨가하는 방식은 여러 언어에 보편적으로 분포한다. 중국티베트어족(Sino-Tibetan languages)의 대부분 언어, 일본어, 말레이시아어 등도 첨가 표지로 의문을 나타내며, 중첩은 중국티베트어족의 일부 언어에만 존재한다.

1. 긍정부정의문문의 회피

인지난이도 측면에서 보면, 문장에서 적당한 술어성분을 확정한 뒤 긍정부정형식을 '중첩'하는 것은 문미에 '吗'를 첨가하는 방식에 비해 난이도가 높다. 그러므로 긍정부정의문문은 중국어 의문문 체계에서 비교적 독특하고 유표적인 의문문인 반면 예-아니오의문문은 보편적이고 무표적인 의문문이다. 통계 자료에 따르면, 예-아니오의문문과 긍정부정의문문의 출현빈도는 각각 25%와 4.7%로 예-아니오의문문의 출현빈도가 훨씬 높다. 아마도 이러한 이유에서 학습자는 특정 의미를 나타낼 때 유표적이고 인지난이도가 높은 긍정부정의문문을 회피하고 무표적이고 인지난이도가 낮은 예-아니오의문문을 선택하는 것으로 보인다.

필자는 3만자 정도의 대화 자료의 통계를 통해 다음과 같은 사실을 발견했다. 예-아니오의문문과 긍정부정의문문의 총 빈도수는 2.4:1로 예-아니오의문문의 출현 빈도가 훨씬 높고, 두 가지 의문문을 호환할 수 있는 경우(즉 구조가 단순하며 의문의 정도가 강한 의문문)에도 학습자는 긍정부정의문문 대신 예-아니오의문문을 사용하는 경향이 있다. 결국 기능이 동일한 경우 학습자는 주로 예-아니오의문문을 사용한다는 사실을 알 수 있다. 이는 중국어 모국어 화자의 경우도 마찬가지이다. 陈姝金(1995)은 대량의 언어자료를 분석하여 '북경어에서는 긍정부정의문문 대신 예-아니오의문문 특히 '吗'의문문을 주로 사용한다'는 결론을 얻었다.

2. 긍정부정의문문의 대체 오류

긍정부정의문문에서 주로 발생하는 오류는 'X不X'로 'X没X'를 대체하는 것이다.

(11) *你去不去长城了? L1
(12) *中国很大的国家, 去不去别的地方? (상대방이 과거 중국에 체류했을 때 다른 지역에 가보았는지 여부를 질문한 상황) L5

학습자는 목표언어 중에서 보편적이고 인지난이도가 낮은 언어항목을 사용하는 경향이 있다. 'X不X'는 시제와 상을 나타내지 않으며 보편성이 강하고 무표적이다. 반면 'X没X'는 '과거시제'와 '완성상'을 나타내며 보편성이 약하고 유표적이다. 제2언어 습득에서는 보편성이 강하거나 자연도가 높은(즉 무표적인) 언어형식의 경우, 인지난이도가 상대적으로 낮기 때문에 더욱 쉽게 습득할 수 있어서, 학습자는 보편성이 높은 항목('X不X')으로 유사한 언어항목을 대신하기도 한다.

예문(11)에서 문미의 '了'는 과거를 표현하고자 하는 학습자의 의도를 보여주지만, 'X没X' 대신 보편성이 강하거나 자연도가 높은 'X不X' 뒤에 '了'를 더하

는 방식으로 나타냈다. 필자가 조사한 의문문 자료(입말과 글말)에 따르면, 'X没
X'의 사용빈도는 매우 낮다. 'X没X' 대신 'X不X'를 쓴 경우는 적지 않은 반면
에 'X不X' 대신 'X没X'를 쓴 경우는 하나도 없다. 물론 이러한 오류의 발생은
대부분 '没', '了'의 습득 상황과도 관련이 있다.

제3절 의문사 의문문

1. 의문사의문문의 의문대체사

의문사의문문에 나타나는 오류는 다음 몇 가지로 나눌 수 있다.

1.1 대체오류

유사한 기능을 수행하는 간단하고 자주 사용되는 의문사로 복잡하고 자주
쓰이지 않는 의문사를 대체하는 경우를 가리킨다. '什么' 등의 의문사로 다소
복잡한 의미의 의문대체사를 대체한 결과 의미가 불분명하게 되고, 특정 단어
나 구조를 과도하게 사용하게 된다.

(13) *你们的 New Year 什么时候, 啊……什么月?
(14) *老师 (的) 老师谁人?

예문(13)은 '什么'로 '哪(一)个' 또는 '几'를 대체한 경우이다. '什么'는 주
로 관형어로 쓰여 '什么人, 什么东西, 什么学校' 등과 같이 각종 명사를 수식
할 수 있기 때문에 사용빈도가 매우 높다. '哪一个'는 '什么'에 비해 빈도와
분포가 매우 낮고 구조도 복잡하며 학습자의 모국어와 차이가 많이 난다. 따라

서 '哪一个'는 유표적이며 학습난이도가 높다. '几'의 사용빈도 역시 '什么'에 미치지 못하는데, 일반적으로 사람이나 사물의 수량을 물을 때 사용되고 '什么' 보다 습득난이도가 높다. 따라서 학습자는 형식이 간단하고 자주 쓰이는 '什么'를 선택하였다.

예문(14)는 자주 쓰이는 '谁'로 사용빈도가 낮은 관형어 위치의 '什么样/怎么样'을 대체한 경우이다. '谁'는 주로 사람을 가리키는데, 관형어로 쓰일 때는 '谁的书, 谁的报纸, 谁的老师, 谁的人' 등과 같이 '谁' 뒤에 '的'를 붙인다. 사람의 성질이나 상태를 묘사할 때는 '谁'를 쓸 수 없고, 이때는 '什么样' 또는 '怎么样'을 사용하며 그 뒤에 '的'를 붙여야 한다. 그 예는 다음과 같다.

他是什么样的人?
新来的厂长是怎么样的领导?

언어대조의 측면에서 보면, '谁'는 모든 언어에 그 대응형식이 존재한다. 그러나 '什么样', '怎么样'은 대응형식이 반드시 존재하는 것은 아니다. 어떠한 언어에 이러한 성분이 모두 존재한다고 하더라도 '谁'가 출현하는 조건이나 사용빈도는 '什么样'과 '怎么样'에 비해 현저히 높다. '谁'의 습득난이도는 상대적으로 낮기 때문에 모국어나 제2언어 습득 과정에서 '什么样'이나 '怎么样'보다 먼저 습득하게 된다. 따라서 학습자가 '谁'로 '什么样'이나 '怎么样'을 대체하는 것은 매우 자연스러운 현상이다.

이밖에 상용되는 간단한 형식의 '几岁'로 복잡한 형식의 '多大年纪'를 대체하는 것도 이 경우에 해당한다. 이러한 현상은 모두 인지난이도와 관계가 있다.

1.2 어순오류

가장 많이 출현하는 어순 오류는, 의문사를 전형적인 위치에서만 사용하려고 하고, 비전형적인 위치에서는 사용을 회피하는 것이다. 예를 들면, '为什么', '什么时候'를 문두에만 사용하고 '(전치사+) 哪儿'은 목적어 위치에서만 사용하여 문장을 어색하게 만들거나 오류문을 만드는 경우가 있다.

(15) *你看冷山哪儿了? (스웨덴)

(16) *你学习哪里? (에콰도르)

(17) *你工作在哪儿? (영국)

(18) *你们一起吃饭在哪儿? (인도네시아 L2)

(19) ?为什么你去图书馆读书? 你有没有读写课本? (문장의 연결이 부자연스러움)

(20) ?什么时候这个球拍 play?

'为什么, 什么时候' 등 일부 의문대체사는 문두로 이동하려는 경향이 있는데, 이는 기계적으로 숙달된 영어 의문문 형식의 간섭과 관련이 있다. 동시에 의문대체사의 의미, 즉 사건 전체의 원인이나 발생 시간과 관계된 '为什么, 什么时候'는 문두에 위치하기 쉽고, 사건의 일부, 문장의 특정 성분만 관계되는 '什么' 등은 문두에 놓이기 어려운 사실과도 관련이 있을 수 있다. 또한 문두와 문미는 인지적 현저성이 문장 중간의 위치보다 높아서 쉽게 기억할 수 있기 때문에 의문사 사용시 문두와 문미의 위치가 우선적으로 고려된다. 그러나 이러한 경향이 과도할 경우 위와 같은 오류가 자주 발생한다.

2. 질문항 접속사 '还是'

선택의문문의 의문표지는 둘 이상의 질문항을 연결하는 접속사 '还是'이다. 선택의문문에서는 습득 초기에 '还是'의 누락오류 또는 대체오류가 주를 이루고, 중기에는 '还是'의 누락오류가 주를 이룬다. 예를 들면 다음과 같다.

(21) *什么时候吃? 早上, 晚上, 下午?　(누락오류)

(22) *(这种水果)很便宜或很贵?　(대체오류)

(23) *(你写文章)一个月一个年?　(누락오류)

(24) *你一个人(去), 丈夫一起……去?　(누락오류)

'还是'의 누락은 1절에서 언급한 바 있는 '예-아니오 의문문'과 '생략의문문'의 습득 초기에 '吗'와 '呢'를 누락하는 오류와 같은 경우에 해당한다. 이는 Zobl(1983)이 도출해낸 다음의 보편적 규칙에 의해 뒷받침 될 수 있다.

제2언어의 새로운 형식표지를 습득할 때, 일반적으로 표지 누락 단계와 표지 '변환'(대체) 단계를 거친 후 목표언어의 형식에 근접하는 단계로 진입한다.

이러한 경향은 제2언어 습득 과정에서 언어의 보편성과 자연도의 영향으로 인해 나타나는 매우 보편적 현상이다. 다시 말해 제2언어 습득 초기에 학습자라면 누구나 보다 자연스럽고 보편적인 무표적 형식을 선호하게 된다. 한편 표지 누락 현상은 Hyltenstam이 제기한 '모국어 전이와 유표성'에 관한 규칙에 의해서도 설명될 수 있다. 그에 따르면 목표언어의 특정한 유표적 형식은 그것에 대응되는 학습자 모국어 표현 형식의 유·무표성과 관계없이 학습자의 중간언어에서는 모두 무표적 형식으로 표현된다고 한다. 이러한 사실이 표지누락 현상으로 나타나는 것이다. 또한 Hyltenstam이 제기한 '모국어 전이와 유표성'에 관한 여러 규칙 중 핵심은 '모국어의 무표적 형식이 일반적으로 제2언어로 잘 전이되는 반면, 유표적 형식의 전이는 잘 일어나지 않는다'는 점이다. 이는 '제2언어 습득이 언어 보편성의 영향을 받는다'는 사실을 뒷받침해준다.

상술한 각 오류들은 모두 학습자들의 중국어 의문문 습득 과정 중에 발생한 것들로서, 각 오류들 간에 상당한 유사성이 존재한다. 이를 종합해보면 다음의 두 가지 오류 유형으로 귀납할 수 있다.

첫째, 어기조사 '吗', '呢'와 질문항 접속사 '还是' 등 형식표지를 누락한 경우이다.

둘째, '吗'로 '吧'를, 'X不X'로 'X没X'를, 그리고 간단한 형식의 상용되는 의문대체사로 복잡한 형식의 상용되지 않는 의문대체사를 대체한 경우이다.

각각의 오류에서 공통적으로 관찰되는 점은 학습자가 목표언어를 숙지하기 전에는 무표적 형식, 자연도가 높은 형식, 간단하고 보편적인 형식을 선호하는 경향이 뚜렷하다는 것이다. 설령 모국어 전이 성분이 포함된 오류라 할지라도 자연도의 영향을 받는다. '为什么'를 일률적으로 문두에 사용하거나 '전치사+목적어 哪儿' 형식을 주로 문미에 사용하는 것처럼 모국어의 부정적 전이가 일어나는 것은 대체로 자연도가 높은 무표적 형식이다. 반면에 영어 모국어 학습자가 중국어의 의문사 의문문을 습득할 때 영어의 'wh-이동'처럼 자연도가 낮은 유표적 형식은 전이가 일어나지 않는다.

■ 参考文献

徐　杰. 普遍语法原则及汉语语法现象. 北京大学出版社. 2001

李宇明·唐志东. 汉族儿童问句系统习得探微. 华中师范大学出版社. 1991

李宇明. 语言的理解与发生. 华中师范大学出版社. 1999

李宇明. 疑问标记的复用及标记功能的衰变. 中国语文. 1997 (2)

沈家煊. 类型学中的标记模式. 外语教学与研究. 1997 (1)

陈妹金. 北京话疑问语气词的分布、功能及成因. 中国语文. 1995 (1)

赵　果. 美国学生"吗"字是非问的习得. 世界汉语教学. 2003 (1)

邵敬敏. 现代汉语疑问句研究. 华东师范大学出版社. 1996

Larsen-Freeman and Long. 第二语言习得研究概况. 外语教学与研究出版
　　社. 2000

Rod Ellis. 第二语言习得概论. 上海外语教育出版社. 1994(以上外文文
　　献基本转引自此)

■ 후기

본서는 国家汉办의 '十五' 기획 프로젝트인 '留学生语法偏误的生成原因和相关汉语语法规则的解释'(HBK01-05/068)의 주요 성과이자, 国家社科基金의 '十一五' 과학연구 프로젝트인 '对外汉语语法点学习难度、排序及偏误研究'(05BYY030)의 부분적 성과이다.

본서는 공동연구의 소중한 성과물이다. 周小兵 교수는 이 두 프로젝트의 책임연구자로서, 본서의 기획, 구성에서부터 원고의 검토, 수정, 총괄의 전 과정을 책임졌다. 邓小宁은 제2부 원고를 검토, 수정하였고, 朱其智는 제3부의 원고를 검토, 수정하였다.

각 장절의 집필진은 다음과 같다.

제1부
1장 1절 : 周小兵
1장 2절 : 源洁渝
1장 3절 : 源洁渝, 刘宏帆
2장 : 周小兵, 朱其智

제2부
3장 : 彭淑莉
4장 1절 : 赖鹏
4장 2절 : 赵成新
5장 1절 : 邓小宁

周小兵, 朱其智, 徐霄鹰, 林凌, 邓小宁, 张念, 赖鹏, 王黎今 등은 中山大学의 교수이고, 이 중 邓小宁, 张念, 赖鹏, 王黎今 교사는 박사과정을 밟고 있다. 尹世伟는 태국의 华侨崇圣대학교의 교수이다. 이들을 제외한 나머지는 모두 中山大学의 석박사과정생이거나 이미 졸업하였다. 이 중에서 丁雪欢과 赵成新은 각각 汕头大学와 河南大学에서 재직하고 있으면서 대학원에 다니고 있다. 그리고 陈珺, 李晓雪, 刘连海, 王静, 姚清垠, 源洁渝, 源洁渝, 刘宏帆 등은 졸업 후 각각 河南师范大学, 东北师范大学, 广东工业大学, 湛江海洋大学, 绵阳师范学院, 广州市国土资源和房屋管理局, 广东省检察院, 深圳市职业技术学院 등에 자리 잡았다.

본서의 연구에 사용된 주요 오류문은 中山大学의 '중국어 중간언어 오류표기 코퍼스'에서 추출했다. 본 코퍼스의 구축은 中山大学 '十五' '211 프로젝트'의 중점학문건설 프로젝트인 '智能逻辑系统及其应用'의 하위 항목이다.

본서의 머리말을 써 주신 赵金铭 교수께 감사드린다. 赵金铭 교수는 중국어 교육문법 연구를 중시하여 특별 기고문을 쓴 바 있고, 외국인 학습자의 중국어 문법오류연구에도 지속적인 관심을 가져왔다.

본서의 출판을 지원해 준 北京言语大学 출판사에도 감사드린다. 이는 오류연구에 대한 가장 든든한 지원이자 저자들에게는 최대의 격려였다.

본서의 부족한 부분들에 대해 독자제현의 질정을 기다린다.

저자

2007년 10월 10일

■ 찾아보기 및 용어대조표